자유의 불꽃

자유의 불꽃

보부아르, 아렌트, 베유, 랜드
암흑의 시대에 철학을 구한 네 명의 여성들

볼프람 아일렌베르거 지음
조이한·김정근 옮김

밤의책

SIMONE DE BEAUVOIR

시몬 드 보부아르(1908~1986)

HANNAH ARENDT

한나 아렌트(1906~1975)

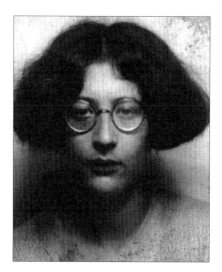

SIMONE WEIL

시몬 베유(1909~1943)

AYN RAND

아인 랜드(1905~1982)

일러두기

- 단행본 및 잡지는 『』로, 신문, 개별 문학 작품, 연극과 영화 작품, 기타 간행물은 「」로 표시해 구분했다.
- 되도록이면 국립국어원 외래어 표기법을 따랐으나, 일반적으로 통용되어 굳어졌거나 다른 언급이 있는 경우에는 그것을 고려해 표기했다.
- 본서의 저자가 생생한 현장감을 전달하기 위해 현재 시제를 사용한 곳에서는 그 느낌을 전달하기 위해 가급적 현재형을 살려서 번역했다. 부득이 한국어 어감에 어색한 부분은 과거형으로 표현했다.
- 원서의 주는 미주로 표기하고, 옮긴이 설명은 각주로 표기했다.

길을 가고 있는 여성,
벤라와 카이자를 위하여

차례

내가 삶을 증오해서

사막으로 달아난다고,

혹시 그대가 착각하고 있다면….

_요한 볼프강 폰 괴테, 『프로메테우스』(1789)

한 번 나를 우롱하고, 두 번 나를 우롱하는

그대는 죽음인가, 천국인가?

_빌리 아일리시, 「아직 죽을 때가 아니다」(2020)

1장

불티

1943년

보부아르는 몹시 기분이 좋고, 베유는 황홀경에 빠지고,
랜드는 정신을 잃을 정도로 흥분하고, 아렌트는 악몽을 꾼다.

계획

"다시 멈출 거라면, 도대체 무엇 때문에 시작을 해야 하는 걸까?"[1] 첫 문장으로 나쁘지 않다. 자기 현존의 유한성과 이 세계의 명백한 무한성 사이에서 생기는 긴장, 이것이 바로 이 에세이가 다뤄야 할 핵심 문제다. 잠시만 생각해봐도 결국 이런 심연으로 모든 계획, 모든 설계, 스스로 설정한 모든 목표가 불합리로 넘어갈 위험이 항상 존재한다. 그 계획이 전 세계를 정복하는 것이든 자신의 집 앞 정원을 가꾸는 것이든 차이가 없다.[2] 결국은 마찬가지다. 다른 사람이 없애지 않는다면 시간이 언젠가는 이루어진 그 성과를 파괴해서 영원히 잊히도록 만들 것이다. 마치 그 일이 전혀 존재한 적이 없었던 것처럼. 자신의 죽음만큼이나 아주 확실한 운명.

그렇다면 무언가를 시작해야 할 이유가 대체 무엇이란 말인가? 차라리 아무것도 하지 않는 편이 더 낫지 않을까? 고전적 삼단논법의 형식을 이용해서 다시 질문하는 게 나을 것 같다. "인간이 지닌 가치 척도는 무엇이며, 인간은 어떤 목표를 설정할 수 있고, 어떤 희망을 품을 수 있는가?"[3] 그렇다. 그것이 모든 것을 떠받치는 질문이다. 그것이 찾고 있던 구조였다!

카페 플로르Café de Flore◆의 3층 구석진 탁자에서 시몬 드 보부아르Simone de Beauvoir는 지나가는 사람들의 뒷모습을 가만히 바라보았다. 그들은 바쁘게 걸어갔다. 타인들. 여성과 남성 모두 저마다 의식을 지니고 있다. 자신만의 두려움과 근심, 계획과 희망을 품은 채 움직인다. 그녀 역시 마찬가지다. 수백만 명 중 한 사람일 뿐이다. 매번 그녀의 등줄기를 오싹하게 만드는 생각.

보부아르는 약속한 일을 쉽게 마무리할 수 없었다. 무엇보다도 발행인 장 그르니에Jean Grenier가 원하는 주제 때문이었다. 그는 현재의 중요한 철학적 흐름을 망라한 책을 출간하기 위해 그녀가 '실존주의'에 관한 글을 써주길 바랐다.[4] 지금까지는 사르트르도 그녀도 이 개념을 독자적인 개념어로 사용하지 않았다. 그 용어는 신문 문예란의 기사들이 최근에 만들어낸 용어일 뿐, 그 이상은 아니다.

그것만으로는 그렇게 주제를 정할 때 생기는 아이러니를 극복하기 어렵다. 지난 10년간 그녀와 사르트르의 길을 결정하고 이끈 주도동기Leitmotiv가 있다면, 그것은 다른 사람들이 그들을 위해 미리 만들어놓은 틀 안으로 자진해서 들어가기를 일관되게 거부한 태도였기 때문이다. 바로 이런 유형의 반항이 그녀가 세운 계획의 핵심이었다. 지금까지는 그랬다.

◆

파리 6구 생제르맹 거리와 생브누아 거리가 교차하는 모퉁이에 위치한 커피숍이다. 제3공화국 시절인 1887년에 문을 열었다. 거리 건너편에 서 있던 꽃의 여신상 '플로라Flora'에서 이름을 따왔다고 한다. 20세기 초에 보부아르, 사르트르와 같은 철학자, 알베르토 자코메티, 파블로 피카소, 보리스 비앙, 기욤 아폴리네르, 장 콕토와 같은 예술가들이 이 카페의 단골손님이었다.

전성기

다른 사람들이 그것을 편안하게 '실존주의'라고 부른다고 해도, 그녀는 의식적으로 그 개념을 피할 것이다. 대신 작가로서 그녀가 어렸을 때 처음으로 일기장에 글을 쓴 이후로 가장 즐겁게 했던 일을 할 것이다. 즉, 현재의 삶 속에서 그녀를 안절부절못하게 만드는 여러 의문에 가능한 한 집중하는 것이다. 하지만 그녀는 아직 그 의문에 대한 답을 알지 못한다. 기이하게도 여전히 같은 의문이다. 무엇보다도 그녀 자신의 존재가 지니고 있을지도 모르는 의미에 대한 의문. 자신의 삶과 연관해서 다른 사람이 갖고 있는 중요성에 관한 의문.

물론 보부아르는 이런 의문을 심사숙고하면서 1943년 봄만큼 확실하고 자유롭다고 느낀 적이 없었다. 여전히 진행되어 정점에 도달한 세계대전 속에서, 점령된 도시 한가운데에서. 식량 배급표와 물자 공급 부족에도 불구하고, 커피와 시가의 고질적인 부족 사태에도 불구하고 그렇다. 사르트르는 그사이 완전히 절망해서 매일 아침 전날 밤에 버린 꽁초를 주워 모으기 위해 카페 플로르의 바닥을 기어 돌아다녔다. 매일 벌어지는 검문을 빙자한 횡포와 통행금지에도 불구하고, 만연한 검열과 이곳 몽파르나스 지역의 카페에도 점점 더 뻔뻔하게 드나드는 독일군들의 출현에도 불구하고 그랬다. 글을 쓸 수 있는 충분한 시간과 평온함을 찾을 수만 있다면 다른 모든 것들은 아직 견딜 만했다.

가을에 그녀의 첫 번째 소설이 갈리마르 출판사에서 나올 것이다.[5] 두 번째 소설은 이미 탈고를 마친 상태로 서랍 속에 보관되어 있다.[6] 희곡 작품[7] 역시 잘 진전되고 있다. 이제 첫 번째 철학 에세이가 그 뒤를 이을 것이다. 사르트르의 1000쪽짜리 작품 『존재와 무』 역시 출판사에 넘겨져 인쇄를 기다리는 중이다. 한 달 내에 그의 희곡 「파리 떼」가 테아트르 드 라 시테Théâtre de la Cité에서 초연될 것이다. 그것은 지금까지 출간된 그의 희곡 중에서 가장 정치적인 작품이다.

사실 이 모든 것이 지난 10년 동안 거둔 지적 수확이다. 그 기간 동안 그녀는 사르트르와 함께 새로운 양식의 철학하기를 실제로 만들어냈다. 마찬가지로 철학은 삶을 영위하는 방식과 분리될 수 없었기에, 삶을 영위하는 새로운 방식도 만들어냈다. 사적인, 직업적인, 문학적인 그리고 에로틱한 측면 모두에서.

프랑스 파리 국립 고등사범학교에서 철학을 공부할 때—사르트르는 라이프니츠Leibniz에 대해 설명해달라고 그녀를 자기 집으로 초대했다—두 사람은 특별한 연애 계약을 맺었다. 그들은 무조건적인 정신적 신의와 정직함을 서로 약속했지만, 동시에 다른 상대에게 끌리는 것에 대해서도 마음을 열어놓았다. 그들은 전적으로 필연적으로 상대를 위해 존재하겠지만, 또한 우연적이지만 기꺼이 다른 사람들을 위한 존재가 될 것이다.

그 역동적인 한 쌍 속에 그들의 의지에 따라 넓은 세계 전부가 반영될 것이다. 이런 계획이 그 이후로 그들을 항상 새로운 시작과 모험으로 이끌었다. 파리에서 베를린과 아테네로. 후설에서 시작해 하이데거를 거쳐 헤겔로. 논문에서 시작해 소설을 거쳐 희곡으로. 니코틴에서부터 메스칼린을 거쳐 암페타민으로. '자그마한 러시아 여자'에서부터 출발해서 '꼬마 보스트'를 거쳐 '땅꼬마 러시아 여자'에게로. 니장*에서 시작해서 메를로퐁티를 거쳐 카뮈에게로 이끌었다. 그는 여전히 그녀를 무언가로 이끌어 갔다. 그 어느 때보다 더 견고하고 더 분명하게 그녀를 이끌고 갔다. ("사랑을 살아내는 것은 사랑을 통해 새로운 목표를 향해 자기 자신을 구성하는 것을 의미한다."8)

그동안 그녀는 철학 교사로 담당해야 하는 주당 의무 수업 시간(최대 열여섯 시간)을 커다란 열의 없이 채워나갔다. 교과 과정을 준수하는 대신 그녀는 짧게 주제를 설명한 다음에 학생들이 서로 자유롭게 토론하도록 했다. 그리고 그 방식은

◆

폴 니장Paul Nizan은 프랑스의 소설가, 철학가이자 저널리스트이다. 가난한 노동자 집안에서 태어난 그는 고등사범학교 입시 준비반인 리세 루이 르그랑에서 사르트르와 만나 절친이 되었다. 그는 사르트르보다 먼저 소설가로서 성공을 거두었다. 하지만 1940년 독일군과 전투 중에 35세의 젊은 나이에 사망한다. 그는 사르트르에게는 영원히 젊은 작가의 표상으로 남게 되며, 그의 소설 『아덴 아라비아』(1931)에 나온 유명한 문구 "나는 스무 살이었다. 그때가 가장 아름다운 시절이라고 말하는 이가 그 누구라도 가만두지 않겠다"는 기성세대에 분노한 젊은 세대를 대변하는 구호가 되었다.

항상 성공적이었다. 그것으로 청구서를, 적어도 청구서의 일부를 지불할 수 있었다. 결국 그들은 자신만이 아니라 그들이 만든 '가족'* 구성원 일부를 책임져야만 했다. 배우를 직업으로 선택한 올가는 파리에 온 지 5년이 지난 지금 겨우 출발선에 섰다. 꼬마 독립 언론인 보스트 역시 아직도 어려움을 조금도 극복하지 못했다. 그리고 올가의 여동생 완다도 여전히 자신에게 맞는 무엇인가를 절망적으로 찾고 있다. 새롭게 합류한 막내 나탈리 소로킨만이 자신의 두 다리로 꿋꿋하게 버티고 서 있었다. 전쟁이 시작된 직후 그녀는 전문적으로 자전거를 훔치기 시작했고, 그 이후로는 점점 취급 품목이 늘어난 조직이 탄탄한—분명 나치가 묵인하는—암시장 장사를 했다.

상황

전쟁과 점령을 경험하면서 그들은 더욱 친밀해졌다. 진짜 가장인 보부아르가 보기에 지난 몇 달 동안 그들의 공동생활은 정확히 제자리를 찾았다. 모두 자신의 역할을 즐겼으나, 그것에만 제한되어 있지는 않았다. 모두 자신의 요구와 권리

◆

혈연적 가족이 아니라, 사르트르와 보부아르가 염두에 두었던 철학적 삶을 실험해보기 위해 만든 일종의 생활 공동체를 의미한다.

를 잘 알고 있었지만, 지나칠 정도로 완고하게 그것을 고집하지는 않았다. 그들 모두는 저마다 혼자서도 행복했지만, 함께 할 때에도 지루하지 않았다.

그러므로 보부아르가 임박한 선고에 대해 불안해한 것은 전적으로 자신 때문만은 아니었다. 1년 남짓 전부터 비시 정권의 끄나풀들은 그녀에 대한 조사를 진행했다. 아주 우연히 소로킨의 어머니가 책상 서랍에서 딸이 당시 철학 교사였던 보부아르와 나눈 은밀한 편지를 발견했다. 곧 그녀는 독자적으로 조사를 했고, 결국에는 그 자료를 가지고 교육 당국을 찾아갔다. 그녀가 고발한 내용에 따르면 진행 방식은 항상 같았다고 한다. 우선 보부아르가 그녀를 찬양하는 학생이나 옛 제자와 개인적으로 친분을 쌓은 다음 그들을 성적으로 유혹하고, 시간이 좀 더 지난 뒤에 그들을 오랫동안 함께한 삶의 동반자이며 철학자이자 문학가인 장 폴 사르트르에게로 데려간다는 것이었다. 그렇게 "일탈 행위를 하도록 사주"[9]한 범죄 구성 요건이 경찰 수사의 핵심을 이루었다. 그로 인해 유죄 판결이 내려질 경우 보부아르에게 여러 위협적인 결과가 초래될 수 있었는데, 그중에서 가장 가벼운 처벌이 교수 자격 영구 박탈이었다.

지금까지 소로킨, 보스트, 사르트르가 소환되어 조사받았을 때 입을 굳게 다물었다는 사실만은 확실했다. 소로킨에게 보낸 결정적 증거 효력이 없는 편지를 제외하면 직접 증거는 없는 것 같았다. 대신 많은 정황 증거들이 있었다. 그 증거들은 교원으로서 보부아르가 어느 정치 진영에 속하는지, 그리고 그녀가 존재 전부를 바쳐 무엇을 옹호하는지에 대한 아주 정확한 모습을 페탱 정권의 끄나풀들에게 전해주었다.

그들은 집 대신에 몇 년 전부터 몽파르나스의 여러 호텔에서 함께 모여 살았다. 그곳에서 그들은 춤을 추었고, 웃었고, 요리를 했고, 술을 마셨고, 다투었고, 같이 잠을 잤다. 외부의 강요 없이. 최종적인 규칙 없이. 그리고 무엇보다 가능한 한 거짓 약속이나 포기 없이. 단순한 눈길, 느슨한 접촉, 함께 지새운 밤이 다시 새롭게 소생하는 삶의 불꽃으로 바뀌게 될 불씨가 될 수는 없을까? 그들은 그렇게 믿고 싶었다. 그렇다, 보부아르와 사르트르가 관련된 경우에는, 정말로 초보자만이 제정신을 유지할 수 있었다.

인간은 결코 어딘가에 도착하지 못한다. 출발점, 시작만이 있다. 인류는 각각의 사람과 함께 새롭게 시작하는 것이다. 그래서 이 세상에서 자신의 자리를 찾으려는 젊은 사람은 처음에는 그 자리를 발견하지 못하고, 결과적으로 자신이 버림받았다고 느끼게 된다.[10]

이것이 그들이 올가, 완다, 꼬마 보스트와 소로킨을 지방에서 파리로 데려와 자신들의 보호하에 두고, 그들을 지원하고 지지하고 재정적으로 도움을 준 이유를 설명하는 한 가지

방식이었다. 이 젊은이들을 명백히 버림받은 상태에서 자유로 이끌기 위해서였다. 이미 마련된 자리를 그냥 차지하는 대신 세상 속에서 스스로 자리를 만들어내도록 그들을 격려하는 것. 이것은 일종의 사랑의 행위에서 생겨난 것이지, 복종, 생생한 에로스, 맹목적인 일탈 행위로 생겨난 것이 아니었다. 인간성이 보존되어 있는 행위다. 왜냐하면 "인간은 자기 자신을 선택함으로써만 인간이 된다. 그리고 인간이 자신을 선택하기를 거부하면, 자신을 파괴하는 것이다".[11]

대죄 大罪

그녀의 새로운 철학에 따르면 신의 죽음 이후 '죄'가 차지했던 빈자리를 대신 차지할 수 있는 무엇인가가 있다면 그것은 바로 이런 자유를 고의로 거부하는 것이었다. 무슨 대가를 치르더라도 스스로가 초래한 이런 자기 파괴를 피해야만 했다. 그 자신을 위해서도 다른 사람을 위해서도. 사적으로도 정치적으로도. 지금 이곳에서, 삶의 이름으로 그리고 삶에 대한 찬양으로서 그렇다. 하지만 이른바 '실존주의자' 마르틴 하이데거Martin Heidegger가 독일의 촌락에서 가르치는 '죽음을 향해가는 존재'라는 이름으로 그렇게 하는 것은 아니다. "인간 존재는 다양한 형태의 의도된 내던져짐 속에 있다. 그렇게 내던져진 존재는 죽음이 아니라, 특정한 목적을 향해 내던져진 것이다. … 결론적으로 말하자면 인간은 죽음을 '향해 가기 위해' 존재하는 것이 아니다."[12]

그 말에 따르자면 중요한 유일한 존재는 이 세계 속에 있는 존재였다. 그것을 지탱하는 유일한 가치는 현세의 가치다. 실제로 가치를 지탱하는 원천은 자신의 자유를 손에 넣으려는 자유로운 주체의 의지다. 이것이야말로 바로 인간으로서 실존한다는 것의 진정한 의미다.

히틀러와 그의 부하들이 목표로 삼은 것이 이런 실존 형태를 파괴하고 소멸시키는 것이었다. 바로 이것이 그들이 3년 전에 보부아르의 조국을 침략했을 때 염두에 둔 목표였다. 전 세계를 상대로 최후의 승리를 거둔 후 지상에서 마지막으로 남은 인간에게 어떻게 에세이를 써야만 하는지, 아니면 어떻게 앞마당을 가꾸어야만 하는지를 지시하고 강요하기 위해서였다.

아니다. 그녀는 이 파시스트적 속물들이 내리는 판결에 전전긍긍하기보다는 더 나은 일을 해야 했다. 그들이 그녀에게서 교수 자격만을 박탈한다면! 그녀는 독자적으로 새롭게 기획할 수 있을 것이다! 많은 문이 동시에 열리는 것처럼 보이는 지금이 특히 그렇다.

도덕

보부아르는 즐거움 기대감을 가득 안고서 토론을 기다렸다. 오늘 저녁에는 사르트르의 최신 희곡 작품을 최종적으로 점검하는 리허설이 있을 예정이다. 그다음에는 항상 그랬던 것처럼 술집으로 갈 것이다. 카뮈도 오겠다고 했다. 지금까지 그녀가 자신의 생각을 제대로 이해했다면, 이 생각은 행동하는 존재로 인간을 새롭게 규정할 수 있는 가능성을 열어주었다. 사르트르의 경우처럼 궁극적으로 내용이 없거나 카뮈의 경우처럼 필연적으로 부조리한 상태를 유지할 수밖에 없는 것과는 다른 하나의 가능성. 그녀는 자신의 에세이로 또 다른 대안을 제시할 수 있을 것이다. 고유한 제3의 길을.

그녀가 알고 있던 것에 따르면 진정으로 인간적인 행동의 척도는 내부에서 생겨나는 두 개의 극단, 곧 전체주의적 침해라는 하나의 극단과 반사회적인 자기 만족이라는 또 하나의 극단에 의해 제한될 것이다. 구체적으로 이야기하자면 그런 척도는 전 세계를 점령한 다음에 필연적으로 생겨날 단 하나의 목표와 오직 자신의 앞마당만을 돌보려는 고립된 노력 사이에 존재했다. 결과적으로 자신 이외에 다른 사람도 존재한다는 것은 창밖을 내다보기만 하면 알 수 있다. 그러므로 이 토대 위에서 도덕적 참여라는 목표 역시 이 두 극단 사이에서 유지되어야만 한다. 한편에는 필연적으로 목표가 불분명한, 고통받는 다른 모든 사람을 위해 자기 자신을 비우려는 연민이 있고, 다른 한편에는 오로지 사적인 관심사만을 걱정하는 근심이 있다. 실생활의 한 장면으로 말하자면 "어느 젊은 여성이 신발에 구멍이 나서 그 구멍으로 물이 스며드는 것 때문에 화를 낸다. 그러는 동안 아마 다른 여성은 중국의 끔찍한 대기근 때문에 눈물을 흘리고 있을지도 모른다".[13]

보부아르는 이전에 이런 상황을 직접 경험한 적이 있었다. 구멍이 난 신발을 신은 젊은 여성은 그녀 자신이었다. 좀 더 정확하게 말하자면 그녀 자신의 이전 모습이었다. 울고 있는 다른 여성은 그녀의 대학교 동창이었던 시몬 베유Simone Weil였다. 그 이후로 보부아르는 자신의 삶과는 전혀 상관없는 것처럼 보이는 머나먼 어딘가에서 벌어진 재난 때문에 자발적으로 눈물을 흘리는 사람을 다시는 만나지 못했다. 그녀가 살면서 만났던, 시몬이라는 같은 이름을 지닌 다른 여성은 그녀에게 여전히 신비로운 존재였다.

보부아르는 잠시 밖을 내다보기를 멈추고, 시계를 보았다. 이제 가야 할 시간이었다. 그녀는 다시 그녀의 수수께끼에 대해 곰곰이 생각하기 위해 내일 일찍 카페 플로르로 돌아올 것이다.

임무

1943년 초, 시몬 드 보부아르와 마찬가지로 앞에서 언급한 시몬 베유도 극단적일 만큼 새로운 길을 걷기로 확고하게 결심한다. 상황의 엄중함 때문에 그녀에게는 다른 선택의 여지가 없다. 마침내 그해 봄, 서른네 살이 된 이 프랑스 여성은 치러야 할 희생이 아무리 크다고 해도 충분히 그 희생을 정당화해줄 수 있는 적과 맞서 싸우고 있다는 것을 그 어느 때보다 더 확신하고 있다. 베유처럼 신앙심으로 아주 충만한 사람에게 이런 희생이란 자신의 목숨을 바치는 것이 아니라, 다른 사람의 생명을 빼앗는 것이다.

그해 봄에 작성한 철학 일기에 그녀는 다음과 같이 적는다. "만일 내가 전략적으로 어쩔 수 없이 독일인을 죽일 준비가 되어 있다면, 그것은 내가 그들로 인해 고통을 겪었기 때문이 아니고, 그들이 신과 그리스도를 증오하기 때문도 아니다. 오히려 그들이 내 조국을 포함해서 전 세계 모든 민족의 적이기 때문이고, 내게는 아주 고통스럽고 유감스러운 일이지만, 불행하게도 어느 정도 그들을 죽이지 않는다면 그들이 사악한 짓을 저지르는 것을 막을 수 없기 때문이다."[14]

그녀는 1942년 10월 말에 피란길에 오른 부모님을 모시고 도착했던 뉴욕에서 리버풀행 화물선에 올라타 미국을 떠났다. 영국에서 샤를 드골 장군이 이끄는 자유 프랑스군에 합류하기 위해서였다.[15] 전쟁의 승패가 결정될 몇 주, 몇 달 동안 자신의 조국과 민족으로부터 멀리 떨어져 있다는 생각만큼 베유에게 고통스러운 것은 없다. 그래서 그녀는 런던 본부에 도착한 직후 그곳의 결정권자들에게 프랑스 영토에서 수행할 임무를 받고, 필요하다면 그곳에서 조국을 위해 순교자의 죽음을 맞이하겠다는 자신의 열렬한 소망을 알린다. 기꺼이 공수부대원으로 작전에 투입되고자 한다. 그녀는 이미 해당 참고서를 자세히 읽었다. 그게 아니면 현지의 동료들과 접촉하는 연락원으로 활동하고자 한다. 몇 년 전 마르세유에서 '그리스도의 증인'이라는 가톨릭 저항 단체를 위해 활동했었기 때문에 그녀는 몇몇 사람들을 개인적으로도 알고 있다. 하지만 그녀가 가장 간절하게 원하는 것은 그녀 자신이 곰곰이 생각해서 만든 특수 임무를 앞장서서 수행하는 것이다. 그녀는 그 부대가 전쟁의 승패를 결정할 능력을 증명해 보일 것이라고 확신했다. 최전선에서 직접 응급조치를 수행할 수 있도록 제일 위험한 장소에만 투입되는 프랑스 특수 간호부대를 조직하자는 것이 베유의 계획이다. 그녀는 그 계획에 필요한 의학적 지식을 이미 뉴욕의 적십자 협회가 개설한 강좌를 통해 습득했다. 이 특수부대는 최전선에서 많은 소중한 생명을 구할 수 있을 것이라고 베유는 설명한다. 그리고 그녀가 내린 평가를 보강하기 위해 지휘부 참모들에게 출간된 외과 전문 서적 중에서 엄선한 책 목록을 제시한다.

기동부대가 지닌 원래의 가치는 그것이 지닌 상징적 힘, '영적' 가치에 있다고 한다. 그녀는 마치 고무되기라도 한 것처럼 계속 설명한다. 모든 전쟁과 마찬가지로 이 전쟁도 무엇보다 정신적 태도의 전쟁, 그러니까 선전宣傳 재능과 관련된 전쟁이라고 한다. 하지만 바로 이 분야에서 적군은 지금까지 사악한 방식을 통해 그녀가 속해 있는 편보다 우월함을 보여주었다고 한다. 히틀러의 친위대와 친위대보다 앞서서 빠르게 유럽 전역으로 퍼진 악명을 생각해보는 것만으로 충분하다고 말한다.

"친위대 대원들은 완벽하게 히틀러 정신을 표현하고 있습니다. 전선에서 그들은 … 잔인함의 영웅주의를 발휘합니다. … 하지만 우리는 다른 종류의 용기를 지녔다는 것을 입증할 수 있고, 입증해야만 합니다. 그들이 지닌 용기는 잔인하고 저열하며, 권력과 파괴를 향한 의지에서 나옵니다. 우리는 다른 목표를 지니고 있기 때문에, 마찬가지로 우리의 용기도 전혀 다른 정신에서 생깁니다. 어떤 상징도 제가 제안한 이 여성 부대보다 우리의 정신을 더 잘 표현할 수는 없을 것입니다. 전장 한복판에서, 야만이 절정을 이루는 곳에서 인간성에 대한 헌신을 온전히 고수하는 일은, 적이 선택했고 우리에게도 강요된 이 같은 야만에게는 분명한 도전이 될 것입니다. 인류에 대한 헌신이 여성에 의해 수행되고 모성적인 애정으로 감싸인다면 그 도전은 그만큼 더 결정적일 것입니다. 여성은 소수이고,

그들이 돌볼 수 있는 병사들의 숫자는 상대적으로 적겠지만, 어떤 상징이 발휘하는 도덕적 효력은 숫자로 측정될 수 있는 것이 아닙니다. … 그것이 오늘날 인류가 선택해야 하는 두 가지 방향을 가장 설득력 있게 표현할 것입니다."[16] 다시 한번 프랑스 역사에서 우상 숭배의 정신에 맞서 진정한 믿음의 형식으로 대항해야 한다고 베유는 설명한다. 요컨대 그녀의 눈앞에서 어른거린 것은 오를레앙 처녀의 정신에 사로잡힌, 나치-친위대에 맞서는 여성 부대이며, 계획은 이미 문서로 작성되어 있다고 한다. 시몬 베유가 그 계획을 모리스 슈만에게 직접 건네주었을 때, 그는 드골 장군이 결정을 내릴 수 있도록 그 계획을 전달하겠다고 옛 동창에게 굳게 약속한다. 그리고 병영에 마련된 숙소로 그녀를 직접 데려간다.

슈만의 예상대로 드골이 최종적으로 '특수 간호부대'를 평가하는 데는 3초도 걸리지 않았다. "그녀는 미쳤군!"[17] 프랑스 영토에서 이루어질 수 있는 다른 모든 임무에 베유를 투입하는 것은 절대 불가능하다고 합의가 이루어졌다. 너무 위험하다는 것이다. 그녀를 한번 보는 것만으로도 충분하다고 했다. 그녀는 피골이 상접하고 안경이 없으면 실제로 시각장애인과 다름없었다. 오직 신체적으로만 판단해도 그녀는 부담을 견디지 못할 것이고, 정신적 중압감은 말할 필요도 없다.

슈만은 베유가 완고한 태도가 드러나기는 하지만, 아주 고결하며 무엇보다 비범한 지성을 지닌 사람이라고 지적한다.

엘리트 대학인 고등 사범 대학교 철학과를 졸업했고, 여러 언어에 능통하며, 수학에 뛰어난 재능이 있고, 언론과 노동조합에서 수년간 일한 경험이 있는 사람이므로 이런 능력을 이용할 필요가 있다고 말한다.

그녀가 품고 있는 이상을 위해 전선에서 죽는 일 대신 상관들은 전혀 다른 특별 임무를 베유에게 지시한다. 그녀는 히틀러를 무찌르고 승리를 거둔 다음 뒤를 이어 망명 정부가 권력을 승계할 경우를 대비해 프랑스의 정치적 재건을 위한 계획과 틀을 입안해야 한다.

그녀는 몹시 실망했지만 공개적으로는 이의를 제기하지 않은 채 그 임무를 받아들이고, 오직 그녀를 위해서 작업실로 개조한 힐 스트리트 19번지에 있는 호텔 방에 틀어박혀서 계획을 짜는 일에 착수한다.

영감을 받아서

1943년 런던의 겨울, 불과 4개월이 채 안 되는 이 짧은 기간 동안 철학적 레지스탕스 전사 시몬 베유보다 지적으로 더 생산적인 활동을 한 사람은 인류 역사에서 거의 찾을 수 없을 것이다. 그녀는 헌법 이론과 혁명 이론, 유럽의 정치적 신新질서에 관해 몇 편의 논문을 작성하고, 마르크스 이론의 인식론적 뿌리와 민주주의에서 여러 정당의 기능에 대한 조사 보고서를 작성한다. 그녀는 『우파니샤드』*의 여러 부분을 산스크리트어에서 프랑스어로 번역하고, 그리스와 인도의 종교사에 관한 논문, 성체 성사와 기독교에서 인간의 신성에 관한 이론을 다룬 논문, 현시대에서 인간의 문화적 존재를 새롭게 기획한 300쪽에 달하는 『뿌리내림』[18]이라는 제목의 책을 쓴다.

그녀의 '최전방 간호부대 연계를 위한 계획'이 보여주는 것처럼, 베유는 이념과 영감의 영역에서 시대의 본질적 궁핍을 확인한다. 20년 사이에 벌써 두 차례 세계대전의 근원지가 된 유럽 대륙은 한때 정치적, 문화적 버팀목 역할을 했던 가치와 이상의 속이 비고 황폐해지는 병을 이미 오래전부터 앓고 있었다고 그녀는 분석한다. 실제로 그녀는 2월에 프랑스 레지스탕스 운동을 이끄는 군사 지도부에 보낸 같은 이름의 청원서에서 이 전쟁이 "종교 간의 전쟁"[19]이라고 보고한다.

◆
'스승의 발아래에 앉아 직접 들은 이야기'라는 의미의 산스크리트어에서 '오의서' 라고 번역되기도 하는 고대 인도 시대의 이야기들을 모은 책이다. 기원전 800~기원전 200년 사이에 작성된 '구 우파니샤드'와 10세기 이후 만들어진 '신 우파니샤드'로 대별된다. 인도의 철학 및 종교의 토대를 이루는 사상으로서, 대우주의 본체인 브라만Brahman, 梵과 개인의 본질인 아트만Ātman, 我이 일체라고 보는 '범아일여梵我一如' 사상이 가장 널리 알려진 교리이며, 업에 따라 윤회를 반복하지만 깨달음을 얻은 사람은 해탈을 한다는 윤회설 또한 널리 영향을 끼쳤다.

유럽은 여전히 드라마의 중심에 서 있다. 그리스도가 지상으로 던졌던 불―아마도 그것은 프로메테우스의 불이었을 것이다―가운데 이글거리는 숯 몇 덩어리가 아직 영국에 남아 있다. 그것이 최악의 사태를 막았다. … 대륙에서 연기 없이 타고 있는 이 숯과 불씨에서 유럽을 밝힐 수 있는 불꽃이 피어나지 않는다면 우리는 패배할 것이다. 오로지 미국의 돈과 공장 때문에 해방된다면 우리는 이러저러한 방식으로 오늘의 상태와 비슷한 또 다른 굴종 상태로 떨어지게 될 것이다. 유럽이 다른 대륙이나 화성에서 온 무리에게 굴복한 것이 아니라는 점을, 그들을 몰아내는 것으로는 충분하지 않다는 점을 잊지 말자. 유럽은 내부의 병을 앓고 있다. 치료가 필요하다. … 굴복한 나라들은 승리자에 맞서서 오직 하나의 종교만을 내세울 수 있다. … 적을 이어주는 선은 … 유럽 전역에서 진정한 믿음의 불꽃이 퍼지게 되면 무너지게 될 것이다.[20]

이 치료 과정을 먼저 군사적으로, 그다음에 정치적, 문화적으로 진행하기 위해서는 유럽 대륙에 새로운 "영감을 불어넣어야"[21] 한다. 베유에 의하면 그 영감은 특히 플라톤의 텍스트와 신약 성서에서 나온다. 가장 암울한 시기에도 진정한 치유를 원하는 사람은 그저 이 세상 것만이 아닌 근원을 고수해야 하기 때문이다.

베유에 따르면 무엇보다도 이것은 그녀의 조국 프랑스에 해당한다. 1789년 자유의 추동력이 탄생했던 나라 프랑스는 전쟁을 수행하는 모든 민족 중에서 정신적으로 가장 밑바닥까지 떨어져 있다. 1940년 여름, 몇 주 만에 거의 싸우지도 않고 히틀러 군대에 굴복한 프랑스는 해방되기 위해 타인의 도움에 의존해야 하는 상태가 되었고, 민족으로서는 자신에 대한 모든 근본적 믿음을 잃었다. 다른 말로 표현하자면 프랑스 민족은 인간의 모든 정신적 욕구 중에서 가장 중요하면서 가장 심오한 욕구, 즉 '뿌리내리기' 욕구가 아주 심하게 흔들리고 있는 모습이라는 것이다.

뿌리내리기는 아마도 가장 중요하고 가장 빈번하게 오인된 인간 영혼의 소망일 것이다. 그것은 정의 내리기 매우 어려운 것 중 하나다. 인간은 공동체가 현존하는 데 있어 자신의 실제적이고 활동적이며 자연적인 몫을 통해 하나의 뿌리를 갖게 되는데, 그 공동체 안에는 과거의 어떤 보물과 미래에 대한 어떤 예감이 보존되어 있다. 자연적인 몫이란 장소, 출생, 직업, 환경을 통해 자동적으로 주어지는 것을 말한다. 인간은 도덕적, 지적, 영적인 삶 거의 전부를 태어나면서부터 그가 속하게 된 삶의 공간을 통해 얻는다. … 군사적 정복은 매번 뿌리 뽑힘 현상을 일으킨다. … 하지만 정복자가 자신이 손아귀에 넣은 영토에서 계속 이방인으로 남는 반면, 뿌리 뽑히기는 굴복한 민족들에게는 거의 치명적인 질병이 된다. 그런 뿌리 뽑히기는 독일에 점령당한 유럽에서 볼 수 있는 것처럼 수용자의 대규모 이송에서 절정에 도달한다.[22]

1943년 봄 드골 장군의 그림자 내각의 철학자 선구자로 특별히 임명된 시몬 베유의 상황 평가가 그렇다. 유대인으로 태어났지만 수년 전부터 신실한 기독교적 분위기를 풍기는 그녀에게 흉악한 사건의 근본 원인에서 영적 결핍을 찾아낸 이런 분석은 거의 초인적으로 보이는 그녀의 사고 생산 활동의 원천으로 도움이 되었다.

황홀경에 빠진 것처럼

그녀는 황홀경에 빠진 것처럼 이 몇 달 동안 자신의 비범한 정신 영역 전부를 종이 위에 쏟아낸다. 매일, 매시간. 충분히 잠을 자지 않은 상태에서. 그리고 이미 몇 년 전부터 그랬듯이 음식을 충분히 섭취하지 않은 채로. 그녀는 런던에서 작성한 철학 일기에 다음과 같이 적는다. "하지만 이 세상 인류의 일반적이고 지속적인 상태가 보여주듯이, 아마도 배불리 먹는다는 것은 항상 남을 속이는 행위일 것이다(나는 종종 그런 기만 행위를 저지른다).”[23]

1943년 4월 15일 도취 상태는 갑자기 끝난다. 베유는 방에서 탈진하여 의식을 잃는다. 몇 시간 후 동료가 그녀를 발견한다. 다시 정신이 든 베유는 동료에게 절대 의사를 부르지 못하게 한다. 그녀는 여전히 전투에 투입되리라는 희망을 완전히 포기하지 않았다. 대신 그녀는 슈만에게 직접 전화를 건다. 그는 그녀를 프랑스에 투입하는 것에 대해 아직 최종 결정이 내려지지 않았으며 원칙적으로는 모든 것이 가능하다고, 특히 그녀가 확실하고 신속하게 회복된다면 그럴 것이라고 여러 번 확약한다. 그런 다음에야 비로소 베유는 병원 이송에 동의한다.

정신이 박약한 사람

뉴욕에 사는 작가이자 철학자인 아인 랜드Ayn Rand◆가 세계대전의 파국에 책임이 있다고 확신한 모든 가치를 체현하는 또 다른 인물을 생각해내고자 했다면, 런던에 실제로 살고 있던 시몬 베유보다 더 적합한 후보는 없었을 것이다. 실제로 1943년 봄, 랜드가 보기에 국가를 위해 자신의 목숨을 바치려

◆ 외래어 표기법상 ‘에인 랜드’로 되어 있으나 그녀 스스로 자신의 이름을 ‘아인’으로 발음한다고 설명하고 있으므로, 본문에서는 ‘아인 랜드’로 표기했다.

고 준비하는 것만큼 정치적으로 더 파괴적인 것은 없다. 도덕적 측면에서는 무엇보다도 다른 사람들을 도우려는 의지보다 더 치명적인 것은 없으며, 철학적 측면에서는 맹목적으로 신을 믿는 것만큼 본질에서 벗어난 것은 없다. 형이상학적 측면에서는 행동을 이끄는 가치를 초월적인 피안의 왕국에 굳게 고정시키려고 하는 것보다 더 혼란스러운 것은 없으며, 실존적 측면에서는 세상을 구원하기 위한 개인적 금욕보다 더 미친 짓은 없다.

바로 이런 태도와 이런 태도를 이끄는 윤리야말로 진짜 적이다. 그런 윤리를 극복하고, 그것이 나타날 때마다 무조건 싸워야만 한다. 이런 비이성주의에 한 발자국도 양보해서는 안 된다. 당연히 자신의 생존이 걸린 문제에서는 더더욱 양보해서는 안 된다.

랜드가 10년 동안 프리랜서 작가로 살면서 고통스럽게 배운 것처럼, 이것들은 미국에서는 결국 사업의 문제였다. 그래서 그녀는 1943년 5월 6일 편집자 아치볼드 오그던Archibald Ogden에게 보낸 편지에서 그 어느 때보다 화를 냈다. "신뢰 … 신뢰, 나는 이 말이 의미하는 바를 전혀 모르겠습니다. 종교적 의미, 즉 맹목적으로 받아들이고 수용하는 것을 뜻한다면, 실제로 나는 아무것도 그리고 누구도 신뢰하지 않습니다. 이전에도 그렇게 해본 적이 없고, 앞으로도 그러지 않을 겁니다. 내가 유일하게 의지할 수 있는 것은 나의 이성과 사실입니다." 그렇게 랜드는 세계에 다가가는 자신의 접근 방식이 지닌 실제적인 토대를 드러낸다. 그리고 자신의 원래 이익과 관련해서 오그던에게 그 원칙을 적용한다. "내 책을 성공적으로 판매할 수 있는 봅스 메릴 출판사의 능력과 관련해서 지금 있는 객관적 근거가 무엇이죠? 이 점에서 제가 정확히 누구를 믿어야 하는 거죠? 그리고 어떤 근거에서 그래야만 하죠?"[24]

그녀는 이 소설을 쓰기 위해 7년 동안 작업했다. 삶의 에너지 전부와 창조성, 그리고 무엇보다 그녀의 철학을 이 작품에 쏟아부었다. 그런데 이제 출판사는 아주 보잘것없는 광고를 통해 소설 『기원』*을 건축계를 배경으로 한 사랑 이야기라고 홍보하고 있다. 출판사의 언론 담당 부서는 지금까지 그 책의 저자가 남성이 아니라 여성이라는 사실조차 성공적으로 알리지 못했다. "그런 직원에게 보내는 신뢰는 분명코 정신이 박약한 사람이 보내는 신뢰일 것입니다. … 정말로 제게 그런 종류의 신뢰를 기대하나요?"[25]

이는 분명 단지 수사학적인 질문이다. 랜드는 살아오면서 이미 온갖 유형의 인간으로 오해받았다. 하지만 정신이 박약한 인간으로 간주된 적은 결코 없었다. 오히려 그녀와 이야기를 나누어본 사람들 전부는 대화를 하고 몇 분만 지나면 자신들이 비길 데 없이 명료하고 타협을 모르는 지성인과 관계

국내에서 『파운틴헤드』라는 제목으로 출간되었다.

를 맺고 있다는 사실을 분명하게 인식했다. 따라서 그녀에게 이 세상에서 근본적으로 해결해야 할 문제는 그녀 자신의 존재가 아니라, 다른 모든 사람의 존재다. 이때 랜드에게 떠오른 수수께끼 같은 의문은 주변 사람들의 생각과 행동이 아니라, 그들이 '무엇 때문에' 그런 행동을 하는가였다. 왜 그들은 논리정연하게 사고하지 못하는가, 그리고 무엇보다 왜 그들은 논리정연하게 행동하지 못하는가? 순수하게 사실에 기반한 판단을 따르지 못하도록 사람들을 가로막는 것은 무엇인가? 어쨌든 그녀는 그런 판단을 따르는 데 성공했다.

터무니없는

왜 그녀의 편집자Lektor는 책이 공식적으로 출간되기 하루 전인 지금이라도 앞으로 집행될 두세 번의 광고가 순전히 요식 행위일 뿐이라는 사실을 명확하게 이야기하지 않는 것일까? 사실상 출판사는 눈짓을 보내 조용히 그 작품을 통과시킬 것이다. 그러면 『기원』은 영업 부서의 결정에 따라 혼자 힘으로 서점 혹은 베스트셀러 목록에 오를 길을 찾아야만 할 것이다. 그 책을 한 쪽이라도 읽은 사람은 초인적인 느낌을 주는 건축가 하워드 로크Howard Roark가 주인공으로 등장하는 700쪽이 넘는 이 두꺼운 작품이 실제로는 소설로 이루어진 철학적 선언문이라는 사실을 놓칠 수 없을 것이다. 그것은 몇 쪽에 걸친 독백으로 가득한 묵직한 이념의 기념물이며, 그 밖에도 미국 주류 독자층의 도덕적 감정이 기반을 두고 있다고 추정되는 모든 도덕적 직관에 도전함으로써 판매를 어렵게 만드는 특성도 지니고 있다.

랜드가 보기에 바로 그 작품의 유일무이한 희망이 바로 이 점에 있었다. 그 작품은 독자들에게 근본적으로 다른 세계관을 열어주고, 그들을 동굴에서 빛으로 이끌어 자신과 세계를 처음으로 명확하게 볼 수 있도록 해줄 문학적 독서 사건으로 제시되고 홍보되어야 한다! 작가는 아주 가까운 친구들에게 판매 부수 10만 부가 최소 기대치이며,[26] 그녀가 사랑하는 배우 게리 쿠퍼가 하워드 로크 역을 맡아 할리우드에서 영화화 작업이 곧 이루어질 것이라고 확신한다.

'이성적으로만 판단해서' 그렇게 되지 못했던 이유는 무엇인가? 분명 작품의 수준 때문은 아니었다. 작품이 말하고자 하는 내용의 현실성 때문도 분명 아니었다! 그사이 이 세계와 미국이 빠져 있는 상태가 그것을 막은 건 아니었을까? 그 나라의 모든 국민이 무언가 근본적으로 잘못되었다는 것을 느끼지 않았을까? 스스로 자초한 몰락으로부터 문화계 전부를 구하는 일이 그 어느 때보다 시급하지 않았나? 자유로운 주장, 논거의 간결함, 그리고 무엇보다 세계를 변화시키는 서술의 힘으로 문화계의 깊은 혼란을 치료하는 것이 중요하지 않았나?

그 혼란 때문에 1943년 봄 문화계는 전 세계적으로 난무하는 폭력 속에서 몰락할 지경에 이르렀다.

싸울 준비가 된

랜드가 자신의 소설에서 설정한 목표는 무엇보다 "정치 영역이 아니라 인간 영혼에서 벌이는 개인주의와 집단주의 간의 싸움"[27]을 규명하는 것이었다. '그것이' 소설의 원래 주제였다. 결론적으로 자율성과 타율성, 생각과 복종, 용기와 굴종, 창조와 복제, 무결점과 부패, 진보와 쇠락, 나와 다른 모든 사람들, 자유와 억압 사이에서 벌어지는 싸움이다.

이타주의적 노예 도덕이라는 굴레에서 개인이 진짜로 해방되는 상태로 향하는 여정에서 막스 슈티르너Max Stirner◆와 프리드리히 니체Friedrich Nietzsche의 작품들은 그저 단편적인 시작을 의미했을 뿐이다. 아인 랜드의 철학을 통해 비로소 계몽된

◆ 본명은 요한 카스파르 슈미트다. 바이에른주 바이로이트에서 빈곤한 악기장樂器匠의 아들로 태어났다. 1819년에 베를린 대학에 입학해 철학을 공부했으며 G. W. F. 헤겔, 슐라이어마허의 영향을 받았다. 1845년 출간한 저서 『유일자와 그의 소유 Der Einzige und sein Eigentum』에서 자아주의를 극단으로 밀고 나가 유일한 현실은 자아이며, 자아야말로 창조적인 허무라고 주장했다. 그의 사상은 F. 니체의 '초인超人', T. 칼라일의 '영웅', R. W. 에머슨의 '현자賢者' 사상 등에 영향을 미치기도 했다.

이기주의에 객관적으로 정당한 토대가 마련되었다! 바로 이런 생각에서 작가는 소설의 끝부분에 나오는 결정적 재판 장면에서 현재의 모든 악으로부터 구원하는 사람, 자유를 사랑하며 순수하고 창조적인 이성의 현존을 보여주는 모범적인 화신인 주인공 하워드 로크를 변호인석에 등장시킨다. 로크의 신조는 랜드 자신의 신조이기도 했다.

창조자는 자기 작품을 위해 살아갑니다. 그는 다른 사람을 필요로 하지 않습니다. 그의 주요 목표는 자신 안에 있습니다. … 이타주의는 다른 사람을 위해 살고 다른 사람을 자신보다 위에 놓도록 요구하는 이론입니다. … 현실에서 여기에 가장 가까운 이는 다른 사람을 위해 일하려고 사는 사람, 즉 노예입니다. 육체적 노예 제도가 불쾌하다면, 정신적 굴종이라는 개념은 더 불쾌하지 않겠습니까? 패배한 노예는 여전히 명예의 흔적을 지니고 있지요. 그는 저항하고 자신의 상태를 치욕적이라고 느낍니다. 하지만 사랑의 이름으로 자발적으로 다른 사람을 위해 노예가 된 사람은 모든 피조물 중에서 가장 저열한 존재입니다. 그는 인간의 존엄과 사랑의 개념이 지닌 가치를 떨어뜨렸습니다. 바로 이것이 이타주의의 본질입니다.[28]

랜드는 자신이 소설 주인공을 통해 무엇을 경고하려고

한 것인지 잘 알고 있었다. 그녀는 국가가 만든 노예들로 이루어진 사회에서 사는 것이 어떤 느낌인지 몸소 체험했다. 한때 부유했던 많은 유대인 가족처럼 상트페테르부르크에 거주했던 로젠바움 가족은 러시아 10월 혁명이 진행는 과정에 재산을 모두 빼앗겼다. 레닌의 "약탈자들을 약탈하라"는 구호에 따라 그녀의 아버지가 운영하던 약국이 약탈당하고 파괴된 후, 당시에 아직 알리사로 불리던* 아인은 1918년 말경 부모님 그리고 두 자매와 함께 크림반도로 도피했다. 처음에는 기차로 수천 킬로미터를 갔고, 곧이어 걸어서 갔다. 가족은 1921년 다시 상트페테르부르크(페트로그라드, 1924년부터는 레닌그라드)로 되돌아갈 수 있었지만, 이전에는 '부르주아지'의 대표자였고 이제는 재산의 대부분을 잃은 아버지는 약사로서 사업을 계속할 수 없게 되었다.[29]

그해 가을 랜드는 역사학과 철학을 공부하기 위해 대학교에 등록했고, 1924년 졸업 후에는 마침내 영화를 공부하기 위해 응용미술 전문학교에 들어갔다. 하지만 이 시기에 그녀의 진정한 목표는 다른 데 있었다. 열아홉 살의 이 뛰어난 여성은 오로지 소련에서 벗어날 수 있기만을 바랐고, '새로운 인간'으로 이루어진 저 유토피아에 일절 관여하려고 하지 않았

---

* 아인 랜드는 필명이며 본명은 알리사 지노비예브나 로젠바움Alisa Zinovyevna Rosenbaum이다.

다. 그 대신 스스로의 힘으로 원래의 그녀 자신, 자기 세계의 창조자가 되고자 했다. 그녀는 자유를 향해, 그녀가 선호했던 영화 스타와 감독이 사는 나라, 미국으로 가고자 한다!

1926년 초 그녀의 부모는 여행 비자로 그녀를 시카고의 친척에게 보내는 데 성공했다. 모험과도 같은 6주의 시간(리가, 베를린, 르아브르, 뉴욕)을 보낸 후 그녀는 할리우드에서 작가이자 시나리오 작가로 살기 위해 버스를 타고 그곳을 향해 가는 중이다. 스물한 살의 알리사 로젠바움은 영어는 한마디도 할 줄 모르고, 앞으로는 '아인 랜드'로만 불리길 원한다. 구세계가 구원될 수 없다면, 알리사는 새로운 세계에서 다른 사람이 될 수 있다. 그녀는 다시 고향으로 돌아갈 바에는 차라리 죽겠다고 자신에게 맹세한다.

오직 논리적으로

그녀는 그날 이후로 17년 동안 아메리칸드림을 이루기 위해 싸웠다. 랜드가 『기원』 출간으로 자신이 세운 삶의 목표에 전에 없이 가까이 다가갔다고 생각할 때, 부모님과 두 여동생은 2년 이상 히틀러의 방위군에게 포위된 레닌그라드에서 굶어 죽을 위기에 처해 있다. 만약 그들이 아직도 살아 있다면 그렇다는 말이다. 랜드에게는 소식을 알아낼 수 있는 가능성이 전혀 없었다. 소문의 형태로 대서양을 건너 미국까지 전해진 포위된 도시의 적나라한 생존 투쟁에 관한 몇 가지 이야기는 인간의 한계를 훨씬 넘어선다. 그곳에서 1943년 봄까지 100만 명의 주민이 죽었다고 한다. 이미 오래전에 모든 개와 고양이를 잡아먹었다고 한다. 심지어 조직적인 인육 섭취에 대한 이야기도 전해진다.[30] 그녀는 더 이상 이야기를 들을 필요가 없다. 그녀는 이미 그 모든 것을 경험했다. 굶주림, 티푸스, 죽은 자들. 그 후에 그녀의 눈이 뜨였다. 그리고 그사이 철학적으로도 더욱 날카로워졌다.

랜드의 관점으로 볼 때 히틀러와 스탈린의 살인 욕구는 궁극적으로는 같은 논리, 즉 이념적으로 지나치게 고양된 집단의 이름으로 모든 개인을 폭력적으로 국가에 종속시키려는 논리를 따른 것이었다. 이 집단을 '계급' 또는 '인민'으로 부르든 '민족' 또는 '종족'으로 부르든 언뜻 보기에만 차이가 있을 뿐이다. 랜드는 1940년대 초부터 생긴 정치적 위협을 한 가지 개념으로 묶었는데, 이런 "여러 가지 유형의 전체주의"[31]가 그 추동력과 방법에 있어서, 그리고 무엇보다 궁극적으로 인간을 경멸하는 데 있어서 동일한 효과를 발휘하기 때문이다. 전체주의는 제일 먼저 러시아에서, 그다음 이탈리아에서, 마지막으로 독일에서 승리를 거두었다. 따라서 어떤 나라도 그것으로부터 안전하지 못했다. 전체주의 세력이 성공을 거두었던 진정한 비결이 체계적인 정복 과정에서 광범위한 대중의 명백한 지지가 아니라, 전적으로 대중의 둔감한 무관심에 기댄 것이라면 미국도 거기에서 결코 안전하지 않다.

뉴딜 정책을 실시한 루스벨트 대통령이 지배하는 동안 미국이 전쟁에 발을 들여놓음으로써 랜드가 보기에 세계 전체가 단 하나의 잘못된 이념, 근본적인 철학적 오해 때문에 몰락할 지경에까지 이르렀다. 선전에 의해 신성화된 집단을 위한, 타인을 위한 자기희생을 고상함이라고 여기는 것이 바로 그런 오해였다. 바로 이 이타주의적인 사고의 장벽을 깨부수는 것이 본질적으로 해야 할 일이었다. 이 전쟁, 그것은 이념 간의 전쟁이었다!

이 모든 끔찍한 일들은 '오로지' 각각의 개별 인간에 대한 존중을 모두 잃어버린 사람들에 의해서만 가능했다. 개별 인간이 아니라 계급, 종족 그리고 민족이 중요하다는 이념, 다수가 신성하고 소수는 오물이라는 생각, 무리는 중요하지만 개인은 중요하지 않다는 이념을 추종하는 사람들에 의해서. 당신은 이에 대해 어떻게 생각하는가? 여기에 중간은 없다.[32]

1941년에 이미 랜드는 정치적 선언문에 싣기 위해 이 문장을 작성했다. 그녀는 전 세계의 정치 상황을 고려할 때 이제 이 글을 가능한 한 빨리 논픽션 책으로 확장해 출간해야겠다고 생각했다. 1943년 봄, 그녀는 자신의 지적 능력을 총동원해 이 이념 간의 전쟁에 뛰어들기로 더욱 굳게 결심했다. 순전히 자신을 위해서. 위협받고 있는 자신의 자유와 인격적 통합을 위해서. 다른 세계가 아닌 바로 이 세계에서 그녀가 소중히 여기는 모든 것을 위해서. 그 밖에 누구와 무엇을 위해서겠는가?

낯선 여인

맨해튼에 있는 아인 랜드의 아파트에서 돌을 던지면 닿을 정도로 가까운 곳에 사는 한나 아렌트Hannah Arendt도 근본적으로 자신을 재정의할 시간이 되었다고 보았다. 물론 훨씬 덜 전투적인 마음으로. 1943년 1월에 발표한 글에서 서른여섯 살의 철학자는 다음과 같이 쓴다. "사회적, 정치적 그리고 법률적 지위가 완전히 뒤죽박죽되었을 때, 자신의 인격적 통합을 지킬 힘을 발휘할 수 있는 사람은 극소수다."[33] 히틀러가 지배하는 독일에서 추방된 지 정확히 10년이 지난 지금 아렌트는 거울을 들여다볼 때면 자신의 내면에서 필요한 에너지를 계속 발견할 수 있을지 확신하지 못한다. 그녀는 이제까지 살면서 지난 몇 주 동안만큼 고립되고, 철저하게 공허하고 무의미하다고 느낀 적이 없다. "우리는 고향을 잃음으로써 일상의 친숙함 역시 잃었다. 우리는 직업을 잃음으로써 이 세상에 어떻게

든 유용한 존재라는 믿음도 상실했다. 우리는 언어를 잃음으로써 자연스러운 반응, 단순한 몸짓, 그리고 자연스러운 감정 표현도 잃었다. 우리는 폴란드 게토 지역에 친척들을 남겨놓았고, 가장 친한 친구가 강제 수용소에서 살해되었으며, 그것은 우리의 사적 세계가 붕괴되었음을 뜻한다. … 목숨을 건지면 굴욕감을 느끼고, 도움을 받으면 모욕당한 듯한 느낌을 받는다. 우리는 개별적 운명을 지닌 사적인 존재를 위해 미친 사람처럼 싸우고 있다."[34]

실제로 아렌트가 자신의 기분을 묘사한 이 글은 시몬 베유가 존재론적 '뿌리 뽑힘'의 필연적 결과라고 묘사한 영혼의 고통을 분명하게 보여주는 예다. 위에 언급된 시기에 아렌트는 장기간 점령된 나라에 살고 있지도 않았고, 대규모로 이루어진 수용자 이송의 희생자도 아니었다. 오히려 그녀의 에세이 『우리 난민들』에 나오는 이 문단은 유대계 독일 피란민들이 1942년에서 1943년으로 넘어가던 시기에 특히 큰 타격을 받은 광범위한 상실을 묘사하고 있다. 그녀와 남편은 몇 주 동안 함께 뉴욕의 텅 빈 회색빛 겨울 하늘을 뚫어지게 쳐다보면서 하루하루를 보냈다. 말없이 담배를 피우면서. 마치 지상의 마지막 사람인 것처럼.

안전한 난간 없이

천성적으로 쾌활한 성격이었던 아렌트는 지난 10년 동안 엄청난 인내심과 풍부한 창의력으로 자신의 상황을 받아들였다. 결국 그녀는 항상 새로운 삶을 향한 길을 열어줄 충분한 불꽃을 자신의 내면에서 찾아냈다. 베를린에서 파리로, 파리에서 마르세유로, 최종적으로 여기 뉴욕까지. "적응하고 동화하려는 의심스러운 속임수 없이 자신의 길을 가려는"[35] 목표를 항상 지니고 있었다.

1943년 봄에 그녀가 자신의 개인적 삶을 지탱하는 골격 중에서 재난을 모면하고 남은 것으로 여긴 유일한 존재는 95번가의 허름한 아파트의 붙박이 가구가 있는 방 한 칸을 공유한 남편 하인리히뿐이었다. 같은 층에는 신세계에서 의지할 곳 없고 병든 그녀의 어머니, 남편을 여읜 아렌트 부인(결혼 전 이름은 마르타 베어발트)이 혼자 살고 있었다. 분명 이것은 피란길에 오른 많은 다른 '난민들'이 건질 수 있었던 것보다 훨씬 많은 것이었다. 하지만 스스로 결정한 운명이라는 이름에 어울릴 만한 것은 아니었다.

한때 카를 야스퍼스Karl Jaspers와 마르틴 하이데거Martin Heidegger의 수제자였던 그녀는 지난 10년에 걸친 망명 기간 동안에도 여러 가지 가능성 사이에서 정확히 자기 자리를 찾는 특별한 감각을 잃은 적이 없었다. 하지만 그사이 그녀가 정말로 의지할 수 있는 사람의 숫자는 전 세계에서도 겨우 한 손으로 꼽을 수 있을 정도였다. 뉴욕에 사는 아렌트의 스승 쿠르트 블루멘펠트Kurt Blumenfeld와 예루살렘에 사는 유대학 연구자 게르숌 숄렘Gershom Scholem, 캘리포니아에 사는 전남편 귄터 슈테른Günther Stern과 역시 뉴욕에 사는 신학자 파울 틸리히Paul Tillich 정도다. 야스퍼스 부부가 아직 살아 있는지, 그리고 살아 있다면 어디에 있는지는 알아낼 수 없었다. 마지막으로 편지를 받은 게 벌써 10년 전이다. 그녀 자신도 무엇 때문에 연락이 그렇게 일찍 끊겼는지 알지 못했다. 돌이켜보면 야스퍼스야말로 그녀가 지금까지 알았던 스승 중에서 유일한 참스승이었다. 그러나 한때 하이데거와 맺었던 격정적인 관계는 1933년에 전혀 다른 이유로, 하이데거가 국가 사회주의 독일 노동자당, 즉 나치당에 가입하고 프라이부르크 학장 취임 연설에 첨가된 글에서 학생들에게 다음과 같이 선언했을 때 끝났다. "오직 총통만이 현재와 미래의 독일 현실이고, 법이다."[36] 여전히 아렌트는 예일 대학교에서 학생들을 가르치고 함께 아는 친구를 통해 그녀의 소식을 들어 알고 있던 에른스트 카시러Ernst Cassirer의 연구실 문을 두드릴 용기를 내지 못했다.

균열

  미합중국이 참전한 이후 유럽에 남겨진 친척과 친지의 운명에 관한 소식을 듣는 일이 더욱 어려워졌다. 하물며 그들의 도주를 돕는 일은 말할 필요도 없다. 그녀가 거의 1년 동안 칼럼니스트로 일했던 독일어로 발행되는 망명 신문 「건설Der Aufbau」의 1942년 12월 18일 자 신문에 남프랑스 수용소 귀르스Gurs에서 있었던 수용자 강제 이송에 관한 기사가 실렸는데, 이송된 사람들의 긴 명단을 읽어 내려가면서 아렌트는 큰 충격을 받았다.[37] 아렌트도 1940년에 그곳에 수용된 적이 있어서 많은 이름을 알아볼 수 있었다.

  「건설」의 그 기사는 그해 겨울 나치가 그동안 강제노동 수용소에 갇혀 있던 수백만 명의 유럽 유대인을 처리하는 방식에서 새로운 단계가 시작되었음을 보고한 여러 출판물 중 하나일 뿐이었다. 히틀러와 괴벨스가 발표한 '유대인 문제의 최종 해결'이라는 의미에서 특별히 마련된 집단 학살 수용소에 갇혀 있는 이 사람들을 대량으로 죽이는 단계로, 독가스로 죽이는 단계로 넘어간 것이 분명했다. 아렌트와 그녀의 남편은 유대인에 대한 나치의 무조건적인 적개심과 공개적으로 천명한 목표를 추구하면서 보인 무자비한 잔인함에 대해서 한 번도 의심한 적이 없었다. 하지만 그들도 처음에는 이런 기사를 믿기 어려웠다. 묘사된 사건은 너무나 기괴하고, 조치라고

하기에는 너무 무의미하며, 특히 논리적이고 전략적인 측면에서 더욱 그렇다. 히틀러의 군대가 연이어 패배를 겪고 있는 지금 순간에. 소문에 의하면 소련에서만 그해 겨울에 100만 명의 병사를 잃었다고 한다.

하지만 그런 일이 일어난 것은 분명 사실일 것이다. 보도가 너무 많았고 출처도 매우 다양했다. 그 후 몇 주 동안 아렌트가 느낀 세계에 대한 상실감은 그녀가 지금까지 알았던 그 어떤 것보다도 컸다. 그것은 특정 그룹이나 공동체, 특별한 장소나 시공간과 관련된 것이 아니라, 인간성 그 자체와 관련된 것이었다. 거의 형이상학적 기이함이 그녀를 사로잡았다. 이 세계 한가운데, 그녀 자아의 한가운데에 그 누구도 그리고 그 어떤 것으로도 메울 수 없는 심연이 열리기라도 한 것 같았다.

그녀가 원래 믿고 싶어 하지 않았던 것은 무엇이었나? 불가능하다고 생각한 것은 정확히 무엇인가? 세계 도처에 흩어져 있다고 하더라도 한 민족 전체를 불구대천의 원수라고 선언하는 것 자체는 사람들에게 전혀 낯선 일이 아니었다. 이런 전쟁과 야만적인 살육도 전혀 낯설지 않았다. 역사에는 그런 일들이 널리 알려져 있다. 그렇다, 역사는 실제로 거의 다른 것으로 이루어지지 않았다. 하지만 '그것은'… 사건을 자신의 언어로 포착하지 못하는 지속적인 무능력보다 아렌트를 무기력하게 만든 것은 없었다.[38]

현재

그녀에게는 예전의 자신을 잊는 것이 가장 좋았을 것이다. 자신이 누구이며 앞으로 이 세계에서 어떻게 살아가고자 하는지를 완전히 자유롭게 결정할 수 있는 것처럼 행동하고 싶어 했을 것이다. 즉각적으로 그런 일이 가능하다고 설명하는 사람들, 심지어 철학자들도 있었다. 하지만 그녀는 그런 환상을 품을 만큼 성숙하지 못했던 적이 한 번도 없었다. 그녀는 사실 "새로운 인격"을 만들어내는 일은 "세상을 새롭게 창조하는 것만큼 어렵고 절망적"[39]이라는 것을 알고 있었다. 과대망상에서건 아니면 깊은 절망에서건 상관없이, 남자든 여자든, 아무리 원하거나 상상하더라도, 결코 어떤 인간도 새롭게 시작할 수 없었다. 그처럼 자유롭거나 아무런 기반도 없는 사람은 존재하지 않는다.

곰곰이 생각해보면 이것은 이런 지옥과 같은 광경 전체가 어떻게 생겨났는지를 설명할 수 있는 한 가지 방식이었다. 그 기원에는 실제로 자신의 의지에 따라 세계 전체에 새로운 모습을 부여하고, 세계를 글자 그대로 하나의 통일된 형틀로 새롭게 창조하려고 하는 사람의 광기 어린 생각이 놓여 있었다. 그것은 장차 한 가지 모습으로만 결정될 세계를 보고자 하는 망상이었다. 다시 말해서 지속적으로 새롭게 창조하기 위해 다른 어떤 인간도 필요하지 않고, 그 어떤 육체적 저항도 필요하지 않은 세계를 바라는 망상이며, 전체주의 지배라는 정치적 악몽이었다.

하지만 어떤 것이 악몽이라고 하더라도, 이 어두운 시대에도 여전히 많은 것이 진실로 남아 있다면, 그것은 또한 그 악몽에서 깨어날 수도 있음을 의미한다. 눈을 부릅뜨고, 정신이 깨어 있는 상태로 자신의 현재가 지닌 심연을 인식할 용기를 자신의 내면에서 발견해야만 했다. "불편하더라도 진실을 이야기할 수 있는 용기".[40] 이런 나락이 얼마나 천박한 것에서 생겨나 세상 속으로 들어오게 되었는지를 증언하기 위해 과거에도 미래에도 함몰되지 않을 것. 자신의 판단이나 타인의 판단을 맹목적으로 따르지 말 것, 자신의 이성을 사용할 용기를 발견할 것. 사고하면서 자유롭게 방향을 설정할 것.

바로 지금—아렌트는 새로 힘을 끌어 모았다—이 순간에 중요한 것은 "온전히 깨어 있는 것이다".[41] 혹은 다른 말로 표현하자면 철학하기다.

2장

망명

1933~1934년

아렌트는 조국을 떠나고,
베유는 자신의 정당을 떠나고,
보부아르는 회의주의를 떨쳐버리고,
랜드는 자신의 대본을 포기한다.

그물판

"보통은 내 앞에 항상 누군가 앉아 있고, 단지 자세히 살펴보기만 하면 그 사람이 누군지 알게 되죠. 하지만 당신을 어떻게 해야 할지 모르겠군요."[1] 보아하니 그녀의 이름은 아직 게슈타포의 색인 카드에 기록되어 있지 않은 것이 분명하다. 한나 아렌트가 젊은 경감을 돕고 싶었다 해도, 5월 어느 아침에 어머니와 함께 베를린의 알렉산더 광장 근처 카페에서 아침을 먹다가 억지로 자동차에 실려서 심문 장소로 끌려오게 된 이유를 정확하게 파악할 수 없었다.

이유는 충분했을 것이다. 봄 내내 오피츠슈트라세에 있는 그녀의 집은 정치적으로 박해받는 사람들을 위한 은신처로 이용되었다. 그리고 한 세대 위 친구인 쿠르트 블루멘펠트가 조만간 프라하에서 열릴 예정인 시오니스트 회의를 위해 "모든 저급한 반유대주의적 발언 모음"을 작성해달라고 부탁했고, 그녀는 날마다 프로이센 국립 도서관의 신문 보관소에서 그 목록을 작성했다. 그런 자료를 모으는 것도 이제는 불법이 되었다.

아마 겁을 주기 위해서 단순히 명단을 작성하는 것일 수도 있다. 예를 들면 베르톨트 브레히트Bertolt Brecht가 작성한 지인들 주소록에 기반을 두고서 작성된 명단 같은 것. 히틀러가 권력을 잡고 나서 며칠 뒤에 게슈타포는 그의 집에서 이 주소록을 압수했다. 그것은 아렌트의 남편 귄터 슈테른도 속해 있는, 공산주의에 동조하는 베를린 지식인들이 적힌 일종의 인명사전이다.

새로 창설된 프로이센 보조 경찰의 손에 잡힐 수도 있다는 두려움 때문에 귄터는 이미 2월 초에 베를린을 벗어나 파리로 도망갔다. 그리고 1933년 2월 28일 새벽에 일어난 제국의회 방화 사건이 오래전부터 약속된 신호탄이라도 되는 듯, 실제로 2주 후에는 자의적인 체포와 구금, 도시 외곽에 임시로 설치된 구금 장소로 강제로 끌려가는 일이 파도처럼 밀려오기 시작했다. 도시의 체육관이 고문실로 바뀌기도 했다. 그해 여름 베를린 한 곳에만 그런 장소가 200곳이 넘었다. 나치의 테러는 일상에까지 손길을 뻗쳤다. 희생자의 숫자는 이미 수천명에 달했다.

바로 이 순간 게슈타포 부대가 그녀의 집을 수색했을 것이다. 하지만 이 멍청이들이 그곳에서 그리스어 원문을 독일어로 옮겨 적은 수십 권의 메모장, 하이네Heine와 횔덜린Hölderlin의 시들, 19세기 초 베를린의 정신적인 삶에 대한 수많은 책 이외에 무엇을 발견할 수 있었겠는가?

공적 기록에 관해서라면, 그녀는 작년에 만료된 독일 학문 비상 대책 협의회 장학금을 받은 흠 잡을 데 없는 철학 박사였다. 베를린에서 볼 수 있는 고전적 모습의 삶이다. 수입이 없는 학자, 고용하는 사람이 없는 자유 언론인. 당연히 그녀는 매일 도서관에서 지냈다. 달리 무엇을 하겠는가? 결론적으로 말해 연구는 중단되지 않았다.

밝혀진 것처럼 아렌트의 어머니에게서도 유용한 실마리를 끄집어낼 수는 없었다. 오히려 딸의 활동에 대해 질문을 받은 마르타 베어발트(아렌트 부인)는 심문 중에 부모가 할 수 있는 가장 멋진 문장을 말했다. "모릅니다, 저는 그녀가 무엇을 하는지 모릅니다. 그녀가 무슨 일을 했는지는 모르겠지만 그것은 옳은 일이었고, 아마 나도 그렇게 했을 겁니다."[2]

두 사람은 체포된 당일 풀려났다.[3] 그들은 변호사에게 연락할 필요도 없었다. 이번에는 운이 좋았다. 그럼에도 불구하고 이제 아렌트는 결정했다. 이 나라에는 더 이상 미래가 없다. 어쨌든 그녀와 같은 사람에게는 그렇다.

라엘의 경우

아돌프 히틀러가 집권한 뒤 맞은 첫 번째 여름, 자신이 어떤 사람이며 무슨 일을 하는지 결정하는 일은 결코 개인의 몫이 아니라는 사실을 한나 아렌트보다 더 명확하게 인식한 사람은 거의 없을 것이다. 그녀는 3년 전부터 베를린의 라엘 파른하겐Rahel Varnhagen을 표본으로 18세기에서 19세기로 넘어가는 전환기에 나타난 유대계 독일인이자 지식인의 복잡하고 역

동적인 정체성을 탐구했다. 무엇보다도 독일 사회에 동화同化
하는 문제와 관련하여, 교육받은 유대계 독일인의 흥미로운
역사를 모범적으로 압축해 보여주는 한 여성의 심리적 도표가
만들어졌다. 상당 부분 인용문들을 콜라주처럼 구성한 이 책
에서 아렌트는 자신의 유대인 혈통을 아주 적극적으로 부인함
으로써 오랫동안 세상과의 안정적인 관계를 구축할 수 없었던
한 여성의 의식 형성 과정을 그려낸다. 아렌트와 마찬가지로
여성, 유대인, 지식인이라는 삼중의 소외 상황 속으로 던져진
채 그 시대를 살았던 라엘은 사회적으로 자신이 불가피하게
타인의 시선 속에 머물고 앞으로도 그렇게 머물 수밖에 없는
존재임을 인정하려고 하지 않았다. 이러한 거부는 고통스러운
자아 상실이라는 상황으로 귀결된다. "사실에 대한 부정, 특히
유대인으로 태어났다는 사실을 거부하려는 라엘의 투쟁은 곧
자신을 부정하는 싸움이 된다. 간단히 자신의 존재를 부정할
수 없기 때문에 그녀는 자신에게 동의하기를 거부해야 하고,
차별받는 사람인 자신을 부정하고 변화시키고 왜곡해야 한다.
일단 자신을 부정하는 말을 했다면 선택의 여지가 없다. 한 가
지만 존재할 뿐이다. 즉, 항상 그리고 순간순간 현재와 다른 존
재가 되는 것이다."[4]

아렌트에게 라엘의 경우는 요구되는 두 가지 형태의 용
기가 삶의 상황에서 충돌한다는 점에 한해서 시대 전체를 보
여주는 모범적인 예다. 자신의 이성을 사용하고, 이런 의미에

서 스스로를 이성적 존재로 자율적으로 결정하는 용기, 그리고 이러한 자기 설계의 자유는 어떤 개인도 언제나 완벽하게 거리를 둘 수 없는 여러 가지 역사적, 문화적 관계에 의해 제한된다는 것을 인정하는 용기다.

라엘이 살았던 시대에 이런 용기는 자아 형성의 계몽적 이상과 낭만주의적 이상 사이의 긴장으로 표현된다. 다시 말해 이성과 역사, 자부심과 편견, 사고와 복종, 자아의 완전한 자기 결정의 꿈과 궁극적으로 피할 수 없는 타인에 의해 결정된 타율성 사이에 존재하는 긴장이다.

아렌트에 의하면 계몽적 이성은 "과거의 편견에서 벗어나게 만들고 인간의 미래를 이끌 수 있지만, 유감스럽게도 그것만으로는 충분하지 않다. 그것은 개인적 차원에서만 해방시킬 수 있고, 로빈스 크루소의 미래만을 줄 뿐이다. 이렇게 해방된 개인은 항상 '여러 가지 편견'의 형태로 힘을 발휘하는 과거를 지닌 한 세계, 한 사회와 부딪치게 된다. 그런 세계에서는 과거의 현실 역시 하나의 현실이라는 점이 증명될 것이다. 유대인으로 태어난 것은 라엘에게는 오래전에 지나간 것을 암시할 수도 있고 머릿속에서 완전히 지워졌을 수도 있지만, 다른 사람의 머릿속에서는 편견으로 자리 잡아 불쾌한 현재로 존재한다".[5]

누구도 이러한 긴장 상태를 피할 수 없으며, 이성적으로 그렇게 할 수 있기를 바라서도 안 된다. 그 대가가 실제로 세상과 현실이라고 불릴 만한 가치를 지닌 것을 잃는 것이라면 더욱더.

계몽된

   너무나 이성적으로 행동하는 자기 결정이라는 이름으로
이루어지는 세계 상실의 위험. 라엘에 대한 이 같은 경고로 아
렌트는 아주 의식적으로 두 명의 중요한 학문적 스승인 마르
틴 하이데거와 카를 야스퍼스의 철학적 궤적을 따라간다. 아
렌트는 이미 마르부르크Marburg 대학에서 공부하던 시절 하이
데거를 통해 현대적 세계관과 인간의 모습이 지닌 맹점을 민
감하게 인식했고, 1925년부터 몇 년 동안 하이데거와 연인 관
계였다. 왜냐하면 하이데거가 자신의 획기적인 저작『존재와
시간』에서 묘사한 것처럼, 인간은 결코 이성을 지닌 뛰어난
'주체'가 아니며 오히려 이유 없이 세상에 내던져져서 '그곳에
있는 존재Da-Sein'◆였기 때문이다. 사고하는 존재 그리고 무엇보
다 행동하는 존재인 인간은 그 자신이 의미를 지닌 내용으로
채워 넣어야 할 무언의 '현실Realität'이 아니라, 그에게는 이미
항상 의미로 충만한 '주위 세계Umwelt'에서 살았다. 하이데거에
게 인간의 진정한 자율성은 순수하게 이성적인 결정, 계산 혹
은 주어진 규칙과는 거의 무관하고, 존재론적으로 분명하게

◆

하이데거의『존재와 시간』에서 중요하게 다뤄지는 개념이다. 보통은 현존재Dasein
로 번역되지만, 여기서는 독일어 의미 '그곳에da 존재하는sein'이라는 뜻을 그대로
살려 '그곳에 있는 존재'로 옮겼다.

드러난 한계 상황과 특수 상황에서 자신을 포착하려는 용기와 관련되어 있었다.

그의 가장 친한 동료 철학자였던 야스퍼스가 1920년대에 몰두했던 것 역시 이런 주제들이었다. 1926년 아렌트는 하이델베르크에서 가르치고 있던 야스퍼스 밑에서 박사 과정을 밟기 위해 그에게 자신을 소개했다. 그러나 하이데거와는 대조적으로 야스퍼스의 '실존철학'은 두려움이나 죽음과의 친밀성과 같은 침울하고 아주 개별화된 분위기의 힘보다는 의사소통과 타인에 대한 관심을 통해 좀 더 밝고 자유로운 삶을 향해 가는 길을 발견할 수 있는, 인간이 지닌 여러 가능성을 강조했다. 이상적인 경우 이런 관심은 항상 이야기를 주고받는 관심으로 여겨질 수 있고, 실제로 반드시 상대가 필요하다는 점을 강조했다. 동시에 그 관심은 익명의 '인간', '대중' 혹은 '인류'라는 의미에서 얼굴 없는 대상에 말 걸기gesichtslose Adressierung를 배제했다.

이런 자극을 흠뻑 빨아들인 아렌트는 1920년대 말부터 인간 상황을 해석하는 독자적 토대를 마련했다. 그 토대를 통해 그녀는 형식과 내용 면에서 아주 독자적으로 라엘 파른하겐의 사례에 접근할 수 있게 되었다. 라엘의 상황은 실제로 모든 현대적 현존재를 결정짓는 압력 관계를 예시적으로 드러내기에 안성맞춤이지 않았던가?

다성多聲적인

　　라엘을 본보기로 삼아서 자기 자신을 인간으로 인식하는 것. 이는 철학자인 아렌트에게 가치 없고 비역사적인 모든 이성 개념을 거부하는 것을 의미한다. 그것은 진정한 자아 발견은 다른 인간의 표식에서만 달성될 수 있음을 인정한다는 의미이며, 마찬가지로 '인간 그 자체'에 대한 모든 추상적인 이야기를 포기한다는 의미다. 결과적으로 아렌트가 순수하게 추상적인 분석이나 논문보다는 구체적인 사례 연구, 즉 다성적인 현존재에 대한 현장 보도로서의 실존철학을 선호한 것은 논리상 일관된다.

　　라엘에 관한 책의 첫 문장에서 아렌트는 이런 접근 방식에 대한 인상적인 예를 제시한다. 그리고 독일-유대인 역사에서 결정적인 전환점이 되는 해이며, 라엘이 죽은 지 정확히 100년이 지난 시점인 1933년의 작가로서 자신을 바라본다.

　　평생 거짓된 묘사에 사로잡힌 채 자신을 찾기 위해 이상적으로 세상을 헤매고 다닌 돈키호테처럼, 낭만주의자 라엘 파른하겐도 죽음을 앞두고 진정한 깨달음과 자아 발견의 순간을 경험한다. "대단한 이야기였어요! 이곳에서 나는 이집트와 팔레스타인에서 온 난민이며, 그대들의 도움과 사랑, 보살핌을 받았어요! … 나는 인류의 가장 오래된 기억을 사물의 최신 상태와 결합시키고, 시공간적으로 가장 멀리 떨어져 있는 것들이 서로 연결시키는 이 운명의 관계 전체를 숭고하고 기쁜 마음으로 생각합니다. 유대인으로 태어난 것은 아주 오랫동안 나의 가장 커다란 치욕이자 아주 쓰라린 고통과 불행이었지만, 지금은 절대로 유대인이라는 것을 부정하고 싶지 않습니다."[6]

아렌트가 이 문장을 종이에 옮겨 적을 때, 그녀 역시 인생의 커다란 갈림길을 눈앞에 두고 있었다. 왜냐하면 충분한 보살핌을 받았던 시민 계층 출신인 라엘 파른하겐이 나폴레옹이라는 사건을 통해 "그녀의 삶도 일반적인 정치적 상황의 지배를 받는다"[7]는 점을 인식한 것과 마찬가지로, 사상가 아렌트도 히틀러라는 사건을 통해 비로소 정치적 영역에 대한 감수성을 얻게 되었다. 유대인이라는 자신의 정체성을 감사하게 받아들인 파른하겐과 마찬가지로 아렌트도 이 책을 집필하면서 오랫동안 주제로 다루어지지 않은 유대인이라는 존재에서 생겨나는 특별한 요구, 위험 그리고 천민에게 주어진 기회들에 점점 더 민감하게 반응하고 의식하게 되었다.

실제 그녀의 정치적 관심과 예민한 인식의 과정은 진격하는 나치 정부의 압력하에서 일어났다. 특히 시오니스트 쿠르트 블루멘펠트에게서 받은 자극은 그녀의 참여 활동으로 이어졌는데, 그것은 독일에서 일상화된 반유대주의 사례를 수집하고 조사하는 연구자로서의 활동이었다.

그녀가 원래 어떤 사람이었고, 앞으로 어떤 사람이 되고 싶은가는 여전히 열려 있었다. 분명한 것은 이 결정이 그녀 혼자만의 손에 달려 있지 않다는 사실과 사방에서 명확한 해답에 대한 기대가 점점 강해졌다는 사실이었다. 마치 절대적으로 명확하게 분류하려고 하는 경찰의 욕망이 하룻밤 사이에 사회 전체로 퍼져버린 것처럼.

독일적 존재

1933년 초 박사 학위 지도 교수였던 카를 야스퍼스와 주고받은 편지들도 바로 이 주제 주변을 맴돈다. 아렌트와 마찬가지로 그도 시대정신에 영감을 받아 특별한 종류의 심리 도표를 완성했다. 이때 야스퍼스의 경우에도 정체성 문제가 전면에 부각되었다. 결국 그는 "국수주의적 청년들의 혼란스럽고 잘못된 수다 속에서 상당한 선의와 진정한 활력"을 발견했기 때문에, 1919년 죽은 하이델베르크 동료 교수이자 사회학자였던 막스 베버Max Weber의 사례에서 "독일인이라는 사실에 존재하는" 요구를 끌어내어 부각시키고자 했다.

야스퍼스는 이미 1932년 가을에 "이런 교육적 자극이 필요하고 그것을 갈망하는 독자들에게 다가가기 위해"[8] 아주 의도적으로 나치 진영의 출판사에서 출간한 자신의 연구서에 개인적인 헌사를 적어 그녀에게 보냈다. 제목은 『막스 베버—정치적 사고, 연구 그리고 철학하기에 있는 독일적 본질』[9]이다.

아렌트는 몇 달 동안 어떤 답장을 할지 곰곰이 생각했다.

> 1933년 1월 1일 베를린
>
> 존경하고 친애하는 교수님
>
> 막스 베버에 관한 책을 보내주셔서 진심으로 감사드립니다. 그 책으로 교수님께서는 저에게 큰 기쁨을 주셨습니다. 그럼에도 불구하고 오늘에야 비로소 그 책에 대해 감사의 인사를 드리는 데에는 특별한 이유가 있습니다. 제목과 서론 때문에 제가 이 책에 대해 논평하기가 어려웠습니다. 이때 문제는 교수님이 막스 베버를 통해 위대한 독일인을 묘사한 것이 아니라 그의 '독일적 본질'을 묘사하고, 이를 '열정이라는 기원에서 나온 합리적 특성과 인간성'과 동일시했다는 것입니다. … 교수님은 유대인인 제가 그것에 대해서 긍정도 부정도 할 수 없으며, 저의 동의가 반론과 마찬가지로 적절하지 않다는 점을 이해하실 겁니다. … 제게 독일은 모국어이고 철학이며 시입니다. 저는 이 모든 것을 옹호할 수 있고 그래야만 합니다. 하지만 저는 거리를 유지해야 할 의무가 있습니다. 독일을 다시 일으켜 세울 수 있다면 인간의 모습을 한 악마와도 동맹을 맺겠다는 막스 베버의 멋진 문장을 읽고 저는 찬성도 반대도 할 수 없습니다. 그리고 이 문장에서는 결정적인 것이 분명하게 드러난 듯합니다. … 살림도 해야 하지

만 저는 책 작업을 잘 진행하고 있습니다. 라엘에 대한 책은 이미 상당 부분 완성되었습니다.[10]

1932년에서 1933년으로 해가 바뀌면서 이미 "자신을 다시 일으켜 세우기 위해" 독일이 어떤 모습의 악마와 동맹을 맺을 준비가 되었는지가 서서히 분명해졌다는 사실을 차치하더라도, 아렌트의 답장이 지닌 통찰력은 명확하게 입장을 정하길 거부했다는 점에 있다. 모국어와 그녀를 비로소 생각하는 존재로 만든 하나의 전통이라는 사실을 고려할 때에만 그것이 일종의 고백이 된다. 특별한 태도, 이상적인 것 혹은 영토라는 의미의 전통이 아니다. 오히려 아렌트 같은 사람은 고향을 가슴에 품고 (책의 형태로 여행 가방에 넣어) 전 세계를 돌아다닌다.

하지만 그렇게 규정된 '독일'은 독서와 재해석의 과정을 통해 지속적으로 탐구되고 활기를 얻을 수 있기에, 영원히 고정된 '존재'로 정의될 수 없다. 가능하다면 독일을 '구원하고 새롭게 일으켜 세우는 것'은 이해와 자기 것으로 만들려는 호의적인 행위, 그리고 악마와의 어떤 협상도 소위 본질적으로 배제하는 어떤 것을 통해서만 완성된다.

야스퍼스는 바로 답장을 보내 이전에 자신의 제자였던 아렌트에게 문화적 존재인 인간은 "부정否定, 문제 제기 그리고 다의성에만 의존해서 살 수는"[11] 없다고 경고한다. 하지만 1933년 초에 아렌트는 독일의 역사적-정치적 사명에 대해서도, 독일어를 사용하는 유대인을 앞에서 언급한 전통이라는 사건 속에 일방적으로 끼워 넣는 것에 대한 이야기를 듣고 싶어 하지 않았다. 1933년 1월 6일 야스퍼스에게 보낸 편지 원본은 다음과 같다.

> 당연히 저는 제가 이미 쓴 의미에서 독일인입니다. 단지 역사적으로 중요한 정치적 운명을 간단하게 추가할 수 없을 뿐입니다. 유대인이 얼마나 늦게 그리고 얼마나 불완전하게 그 운명에 연루되었는지, 얼마나 우연하게 그들이 당시의 낯선 역사 속으로 들어오게 되었는지 너무나 잘 알고 있습니다. … 옛 영광 속의 독일은 선생님의 과거입니다. 저의 독일은 한마디로 표현할 수 없습니다. 시오니스트의 명백함이든, 동화된 유대인의 명백함이든 혹은 반유대주의자의 명백함이든 모든 명백함은 상황의 실제적인 문제를 가릴 뿐입니다.[12]

그러나 이제 독일 국적을 지닌 유대인 혹은 유대계 독일인으로서 지금부터 '오직 부정하는 것'으로 이루어진 삶을 살아야 하는 수동적인 함정에 빠지지 않고, 동시에 시대정신을 형성한 절대적인 명백함을 바라는 부당한 요구에서 벗어나는 삶을 어떻게 상상할 수 있을까? 무조건적인 긍정과 정치적 전유에 빠지지 않고 라엘이 빠졌던 함정에서 벗어난 삶은 어떤 모습일까? 발을 딛을 곳은 있지만 난간이 없는 삶은 또 어떤 모습일까? 아렌트가 이 질문에 대한 답을 찾거나 구상하게 될 곳이 어디인지는 알 수 없지만, 더 이상 독일은 아닐 것이다.

뒷문

어머니와 함께 아렌트는 에르츠산맥을 출발해서 녹음이 우거진 국경선을 넘어 체코슬로바키아로 넘어가는 고전적인 경로를 선택한다. 정치적으로 박해받는 사람들은 대개 프라하에 머무는데, 그곳에는 1933년 봄부터 특히 사회민주주의 계열 저항 집단의 강한 네트워크가 형성되어 있었다. 반면에 지식인들은 대개 계속 이동해서 스위스를 거쳐 프랑스로 갔다. 1933년 여름이 되자 이미 4만 명의 사람들이 그렇게 도망쳤고, 그중 2만 명이 파리로 갔다.

'사이'라는 새로 획득한 입장을 자신의 몸으로 구현하려는 것처럼, 국경 통과는 독일 여성 동조자의 집을 통해 이루어졌다. "그녀의 집 입구는 독일에, 뒤쪽 출구는 체코슬로바키아에 있었다. 그녀는 낮에 '손님들'을 맞이하고 그들에게 먹을 것을 준 다음 어둠을 보호막 삼아 그들을 뒷문으로 내보냈다."[13] 독일을 떠나 새로운 삶을 향해서.

미친 듯한

고등학교 철학 교사이자 노동조합 활동가인 시몬 베유도 1933년 여름에 완전히 독일과 작별했다. 그녀는 1년 전에 단숨에 결정을 내리고 파리를 떠나 베를린으로 갔는데, 그곳에서 몇 주 동안 머물면서 직접 현지 상황에 대해 판단하기 위해서였다. 마침내 그녀는 노동조합 신문에 10회에 걸쳐 게재할 르포 기사의 서문에 "노동자 계급의 승리에 희망을 건 모든 사람은 … 지금 시선을 독일로 돌려야 한다"[14]고 적었다.

그녀가 베를린 현지에서 보고 알게 된 것은 나락으로 떨어진 한 민족이다. "독일에서는 전직 기술자들이 날마다 공원에서 의자를 빌려주는 일로 한 끼를 때울 돈을 번다. 뻣뻣한 옷깃에 중절모를 쓴 노인들이 지하철 입구에서 구걸을 하거나 거리에서 갈라진 목소리로 노래를 부른다. 대학생들은 호두, 성냥, 구두끈을 팔기 위해 대학을 떠난다. … 모두들 언젠가는 독일 노동자 계급의 거의 절반이 겪는 운명과도 같은 강요된 게으름 속으로 던져질 것이라고 예견하고 있다."[15]

달리 표현하자면, 유럽에서 가장 잘 조직되어 있고 숫자상으로 가장 강력한 노동운동이 존재하는 나라의 분위기는 분명 혁명적이다. 반면에 그곳의 좌파는 절망적일 정도로 분열되고 마비되어 있다. 단결해서 나치에 대항하는 대신에 스탈린과 러시아 중앙위원회가 통제하는 국제주의 공산당과 독일 공산당은 기꺼이 "'주적主敵'인 사회민주주의자들에 대항해서 분파적 투쟁"을 하고 있다. 베유가 보기에 그 결과는 분명하다. 그녀는 1932년 가을에 친하게 지냈던 노동조합 간부에게 다음과 같이 적어 보낸다. "독일에서 나는 각 정당에 대한 모든 존경심을 잃었습니다. … 그들에 대한 관용은 범죄나 마찬가지입니다."[16]

그 후 1년 만에 상황은 르포 기사에서 베유가 예견했던 대로 흘러갔다. 히틀러는 모든 전선에서 승리했고, 숙청의 파도가 일사천리로 진행됐다. 도피하는 동지들에게 스탈린의 소련은 망명지를 제공하지도 않았다. 베유의 견해에 따르면, 모스크바의 은총으로 프롤레타리아 혁명이 일어날 것이라고 아직도 믿는 사람은 더 이상 정신적으로 어떤 도움도 받을 수 없었다.

혁명적인

대학에서 철학을 공부하던 때부터 '적색의 시몬'이라고 불렸던 그녀에게 이것은 피란민 구호소에서, 노동조합 교육 활동에서, 언론인으로서 정치적 참여를 강화해야 할 또 하나의 이유일 뿐이다.

이전에 재직했던 오세르Auxerre의 고등학교에서 생긴 갈등—그녀가 담당한 학생 11명 중 4명만이 철학 과목 졸업 시험에 합격했다—이후로 교사 베유는 1933년 가을에 리옹 근처 소도시

로안Roanne으로 전출되었다. 교육부는 사회운동가인 그녀가 좀 더 조용하고 시민적인 지역에서 활동하기를 바랐다. 다섯 명뿐인 학생들을 상대로 주당 12시간이라는 적은 수업 시간만 채우면, 그녀에게 실제로 중요하고 시급한 일을 할 수 있는 충분한 시간과 여유가 생긴다. 그녀는 시간이 날 때마다 기차를 타고 생테티엔Saint-Étienne의 노동자 거주 지역으로 가서 광부들을 위한 저녁 강좌와 연속 강연을 연다. 기하학에 대한 기본 지식, 프랑스 문학 입문, '과학적 사회주의의 기초' 등을 강의한다. 앞으로 올 사회를 생각하면 그중 어떤 것도 포기할 수 없다. 키가 150센티미터가 채 안 되는 그녀는 항상 담배가 채워진 외투 주머니에 손을 깊숙이 찔러 넣고 기차역에서 조합이 있는 곳으로 서둘러 간다. 수업을 위해 그녀에게 필요한 건 메모 수첩뿐이다.

때때로 동료들과 함께 이웃집으로 가기도 한다. 그곳에서 둥그렇게 놓인 의자들 가운데에 서서 시몬은 생산 증가와 생산 수단 사이에 존재하는, 잠재적으로 모든 것을 결정하는 연관 관계에 대해 자유롭게 설명하고, 데카르트의 악령♦의 유혹을 일목요연하게 설명하거나 호메로스와 아이스킬로스의 문장들을 암송해서 들려준다.

때때로 그녀는 가사가 아주 저열한 노동자 노래를 함께 부르기도 한다. 하지만 춤은 추지 않았다. "저렇게 추는 게 어떻게 가능한지 도무지 모르겠어."[17] 그녀는 그렇게 혼잣말을 하고는 슬그머니 방을 빠져나간다.

　주말이 되면 그녀는 붉은 깃발로 몸을 두르고 항의 시위 행렬의 선두에서 행진하면서 목청껏 인터내셔널가를 부른다. 그렇다, 아무도 '그 시몬'을 쉽게 침묵시킬 수 없다. 그녀가 참여한 행사에 점점 더 자주 나타나서, 고함을 질러 그녀를 무대에서 쫓아내려 하는 스탈린 분파의 훼방꾼조차 그렇게 하지 못한다.

　로안 여자 고등학교에서도 투쟁은 계속된다. 한 동료가 오후에 '가톨릭 행동'이라는 청소년 단체의 자료를 연구하는 독서 모임을 열겠다고 발표하자, 베유는 직접 파리에 연락해 자료를 보내달라고 부탁하고 자세히 살펴본 다음 교직원 모임에서 다음과 같이 선언한다. "만약 이 제안이 여기에서 통과된다면, 나는 내일 합리주의를 읽는 독서 모임을 제안하겠습니다." 그 분쟁은 학교 책임자에게 넘어간다. 중재 결과는 전해지지 않고 있다.[18]

◆ ———————————————————————

데카르트는 자신의 저서 『성찰』에서 "이제 나는 진리의 기원으로서 최고선인 신이 존재하는 것이 아니라 전지전능한 악령이 존재하며, 그 악령이 나를 속이려고 전력을 다하고 있다고 가정해보겠다. 또한 나는 하늘, 대기, 달, 색채, 외형, 소리, 그리고 모든 외계의 대상들이 단지 허황된 꿈에 불과하며 악령이 나의 고지식함을 이용해서 함정에 빠뜨리려 한다고 가정해보겠다"고 말했다. 진리의 기원으로 간주되었던 하느님이라는 존재를 부정하고, '의심하는 자아'를 인식의 토대로 재정립함으로써 근대 철학의 기초를 놓았다.

격정

하지만 언제나 또 다른 시몬도 있다. 두통이 재발할 때만 그런 것은 아니다. 그녀는 눈을 감고 관자놀이를 손으로 누른 채 머리를 두들겨대는 두통 때문에 잠을 이루지 못하고, 고통에 사로잡혀 밤새도록 혼자 방에 앉아 있다. 이전에 학생들을 가르치면서 머물렀던 지역 르 퓌앙블레Le Puy-en-Velay와 오세르에서처럼 로안에서도 부모님이 스물네 살의 그녀가 새로 머물 곳을 찾을 때 처음 며칠간 그녀를 따라다니며 기본적인 생활 도구를 마련하는 것을 도와준다. 어머니 미므Mime와 아버지 비리Biri는 진짜로 허약한 딸의 몸 상태, 자기 파괴적일 정도로 세상 물정을 모르는 점과 금욕적 생활을 누구보다 잘 알고 있다.

거의 매일 주고받는 편지에서 항상 근본적이고 똑같은 걱정이 나타난다. 방의 난방은 잘되는지? 식사는 했는지? 옷을 보내도 되는지? 등등. 물론 그 질문에 대해서 시몬은 공격적인 방어조로 반응한다. "사랑하는 어머니 … 제가 15일 이상 음식을 먹지 못했거나 그와 비슷한 상황이 아니라면, 어머니가 저의 명백한 허락 없이 무엇인가를 사는 것을 '금지'합니다."[19] 게다가 부모님은 시몬이 몇 년 전부터 자신의 수입을 어떻게 사용하는지 알고 있다. 그녀는 실직한 공장 노동자가 국가로부터 받는 최저 보조금만큼만 자신을 위해 떼어놓고, 나머지는 도움이 필요하거나 피란 온 동료들에게 주거나 기부한다.

1933년 상황이 전개되면서 베유의 어머니는 점점 시몬이 혼자서 운영하는 피란민 구호소의 개인 비서 역할을 맡게 되었다. 가족이 거주하는 집 이외에 베유 부부는 뤽상부르 공원에서 가까운 오귀스트 콩트 거리에 있는 건물 8층에 아파트 한 채를 소유하고 있다. 이제 이 아파트가 피란민을 수용하는 본부로 이용된다.

그해 가을에 베유는 매주 편지로 어머니에게 더 이상 물어볼 필요도 없이 받아들이고 재정적으로 도움을 주어야 할 독일 피란민이 곧 도착할 것이라고 알린다. 부모님은 항상 베유가 말한 대로 한다. 그들이 시몬에게 굴복한 지는 오래되었고, 자신의 역할―아버지 비리는 명망이 높은 의사다―이 제일 먼저 특이한 딸의 특이한 삶을 온 힘을 다해 지원하고, 또다시 딸이 육체적으로 무너지게 될 예상 가능한 시점까지 최대한 순조롭게 일이 진행되도록 처리하는 것이라고 생각한다.

1933년 가을, 특별히 귀를 기울이고 걱정하던 그들은 프랑스 좌익의 사상적 풍경을 유성처럼 강타한 딸의 에세이 마지막 몇 문장을 읽었을 것이다. 다음과 같은 글이다. "세상의 어떤 것도 우리가 명료하게 생각하는 것을 막을 수 없다. 이론적 계몽 임무와 실제적 전투 임무 사이에는 어떤 모순도 존재하지 않는다. 정반대다. 원하는 것이 무엇인지 모르고 이겨내야 할 장애물을 알지 못한 채 행동할 수는 없기 때문에, 그 사이에는 일종의 상관관계가 존재한다. 하지만 어쨌든 우리에게 주어진 시간은 제한되어 있으므로 그 시간을 성찰과 행동, 좀 더 겸손하게 표현하자면, 행동을 준비하는 것으로 배분해야만 한다. … 사정이 어떻든 우리에게 가장 커다란 불행이란 성공하지 못하고 이해하지 못한 채 몰락하는 것일 수 있다."[20]

제3의 길

1933년 8월 25일 노동조합 잡지[21]에 「전망―우리는 프롤레타리아 혁명을 향해 가고 있는가?」라는 제목으로 처음 발표된 베유의 상황 분석에 내포된 은근한 조롱보다 더 예리한 조롱은 생각할 수 없다. 이 글에서 그녀는 파시즘 국가가 된 독일과 스탈린의 소련이 구조적으로 동일하다는 것을 아주 분명하게 설명한다. 불과 몇 달 만에 독일의 히틀러는…

러시아 정권의 구조와 거의 동일한 정권을 세웠다. 톰스키*가 정의한 것처럼 "오직 하나의 당만이 권력에 참여하고, 나머지 모든 당은 감옥으로" 보내는 구조다. 당이 지도자에게 기계적으로 굴종하는 것은 두 경우 모두 같고,

---

스탈린 숙청에 희생당한 러시아 노동조합의 활동가 미하일 파블로비치 톰스키 Mikhail Pavlovich Tomsky를 의미한다.

각각 경찰로부터 안전을 보장받는다는 점도 덧붙이겠다. 하지만 정치적 주권은 경제적 주권이 없다면 아무것도 아니다. 그래서 파시즘은 모든 경제적, 정치적 권력을 국가 수반의 손에 집중시킴으로써 경제적 영역에서도 러시아 정권과 같아지려는 경향을 보인다.[22]

게다가 베유에 따르면 전체주의적 지도자가 이끄는 국가라는 역사상 처음으로 등장한 국가 형태는 기술의 지원을 받는 새로운 억압 형태에 토대를 두고 있으며, 이 형태는 감독관이라는 새로운 계급의 엄청나게 증가한 권력에 크게 빚지고 있다. 그 간부들은 자신의 권력을 "굴복한 사람들의 행복을 위해서가 아니라 권력을 강화하기 위해서"[23] 사용하고, 그럼으로써 계급 투쟁에 대한 마르크스적 그림의 틀이 마침내 파괴될 것이다.

경제의 외적 형태에서는 국가 자본주의를 지향하지만 내부 구조에서는 억압적 감시 국가를 지향하는 히틀러와 스탈린의 새로운 전체주의적 체계에서는 먼저 자신을 섬기는 당 간부 계급과 점점 발전하는 감시 기술의 도움으로 베유가 '관료적 독재'라고 부르는 체제가 마련되었으며, 스탈린의 소련이 그것을 보여주는 가장 인상적이면서도 가장 추악한 사례다.

베유에 따르면 결과적으로 어떤 상태도 진정한 노동자 민주주의로부터 이보다 더 멀어질 수는 없다. 궁극적으로 실제적인 억압 상황이 바뀌지 않는 한, 생산 수단이 명목상 누구 (노동자, 대자본가, 국가)의 것인가는 아무런 의미가 없다. 설령 변한다고 해도 일상적인 노동의 잔혹한 상태는 스탈린 치하에서 계속 진행될 것이며, 다시금 파국적인 공급 부족이 동반될 것이다.

러시아 피란민들과 나눈 편지와 개인적 대화를 통해서 베유는 1933년 가을 스탈린 제국의 상태에 관해 부분적으로 알고 있었다. 어머니 미므에게 보낸 편지에서 그녀는 자신이 알고 있는 상태를 다음과 같이 요약한다. "실업자가 없는 마그니토고르스크Magnitogorsk 같은 도시에서 사람들이 맨손으로 썩은 감자를 캐서 날것 그대로 먹고, 그곳 노동자들은 영하 40도에서도 난방이 되지 않는 바라크에서 잠을 자며, 우크라이나에서는 마을 전체가 기아로 소멸되고, 시체를 먹으면 사형에 처한다는 특별법을 제정해야 했습니다. … 그리고 국가정치 총국GPU*이 자행하는 테러에 대한 두려움으로 아무도 거리로 나갈 엄두를 내지 못하고, 사람들이 오전 8시부터 오후 2시까지 영하 35도의 날씨에 감자를 배급받기 위해 길게 줄을 섰다는 보도도 있습니다."[24]

베유는 1932년과 1933년에 벌어진 이른바 대규모 홀로

---

* 1922년부터 1934년까지 존재했던 소비에트 연방의 비밀경찰로 내무인민위원회의 전신이다.

도모르Holodomor(대규모 아사)와 관련된 끔찍한 일을 단편적으로만 알고 있었다. 추측건대 약 400만 명의 우크라이나 사람들이 스탈린 행정부가 의도적으로 일으킨 이 기근으로 고통스럽게 굶어 죽었다.[25] 하지만 그녀의 편지가 증명하는 것은 1933년 프랑스에 있는 누군가가 소련에서 무슨 일이 일어나고 있는지 알고 싶어 했다면 충분히 알 수 있었다는 점이다. 베유의 분석과 평가에 영향을 끼친 조용하고 은밀한 지식.

　　베유는 다음과 같이 글을 끝낸다. 앞으로 '괴물 같은 장치'를 갖춘 이 새로운 형태의 국가에는 주민에 대한 억압을 지속적으로 강화해야 할 필요성이 생길 것인데, 이것은 인민이라는 고유한 이름으로 선전할 때 가장 효과적으로 작동할 것이다. 그리고 인민은 전체 노동 생산을 외부의 적과 싸우는 불굴의 생존 투쟁에 종속시켜야 한다는 것이다. 그러고 난 다음에는 오직 지도자의 얼굴만 보이는, 철저하게 익명화된 집단 아래에서 개인을 억압하는 순환 구조가 완성된다.

　　베유는 다른 길을 알지 못하고, 에세이에서도 이런 역동적 움직임을 어떻게 멈춰 세울지에 대한 방식이 전혀 드러나지 않는다. 좋은 사회주의자인 그녀는 글을 마치면서 사회주의의 원래 임무를 상기시키는 것으로 만족한다. "우리는 집단이 아니라 개인에게 최상의 가치를 부여한다. 우리 모두를 불구로 만드는 전문화Spezialisierung를 폐기함으로써 온전한 인간을 만들고자 한다. … 개인은 투쟁과 노동 수단을 잔인하게 빼앗긴 자신을 본다. 오늘날에는 개인을 집단적이고 잠재적인 권력 아래로 복종시킬 수 없다면 전쟁도 생산도 불가능할 것이다. … 개인 아래로 사회를 종속시키는 것, 바로 그것이 민주주의이며 결과적으로 사회주의의 진정한 의미다."[26]

구세군

지나친 관료화, 당 기구가 기층 민중에서 멀어져 소외되는 것, 맹목적인 만장일치… 당시 좌파 진영에서 러시아 혁명의 진행에 대해 그런 점을 비판했던 사람이 시몬 베유 혼자만은 아니다. 엄밀히 말해 그것은 1920년대 말부터 레온 트로츠키Leon Trotsky가 이전의 투쟁 동지였던 이오시프 스탈린Iosif Stalin에게 비판적으로 제기했던 핵심이었다. 곧 소련에서 '유대인 모반자' 및 '파시즘의 하수인'으로 낙인찍힌 그는 우선 카자흐스탄으로 추방되었고, 1929년에 튀르키예로 도망쳐야만 했다. 1933년 7월 마침내 그는 부인 나탈리아 세도바Natalia Sedova와 장남 레프 세도프Lev Sedov와 함께 파리 남쪽 소도시 바르비종에 도착했다. 항상 돈이 부족했고, 그사이 모스크바에서 내려진 지시에 따라 국적을 박탈당한 그는 프랑스가 부과한 엄격한 의무 조건하에, 그리고 소련의 비밀 정보기관이 보낸 암살자들에 대한 두려움을 끊임없이 느끼면서 독립 언론인으로 살았다. 그리고 그는 계속해서 은밀하게 공산주의 세계 혁명이라는 명백한 목표를 지닌 4차 인터내셔널 건설에 관여한다.

에두아르 달라디에(Édouard Daladier* 정부는 그가 프랑스 내정에 개입하는 것과 파리에 체류하는 것을 단호하게 거부했다. 따라서 조직을 건설하는 일에는 위험이 따랐고, 충분한 계획과 극도의 보안이 필요했다. 특히 비리는 오랫동안 거부했지만, 예상대로 시몬의 반복되는 주장에 굴복했다.

연말연시에 드디어 사건이 벌어졌다. 머리 모양을 바꾸고, 수염을 깎고 얼굴을 가릴 정도로 외투 깃을 세운 레온 트로츠키가 두 명의 경호원, 아들, 부인을 이끌고 오귀스트 콩트 구역의 8층에 있는, 앞에서 언급한 적이 있는 집으로 들어갔다. 잠깐 살펴보니 베유의 집이 지내기에 적합하다는 게 분명했

1870년 수립되었고, 1940년 독일에 점령됨으로써 사라진 프랑스 3공화국에서 세 번에 걸쳐 총리를 역임했던 정치가. 1933년 1월 처음으로 총리로 선출되었다가 그해 10월에 내각이 붕괴되면서 총리직에서 물러났다. 1934년 카미유 쇼탕 내각이 붕괴된 1934년 1월에 두 번째 총리가 되었으나, 취임 11일 만에 반대파의 압력으로 퇴진했다. 그 후 레옹 블룸과 함께 인민전선을 결성하는 데 힘썼다. 블룸의 내각이 단명하자 1938년 4월 10일 세 번째 총리가 되었다. 세 번째 재임 기간 중에 뮌헨 협정을 승인하는 중대한 실수를 범하게 된다. 1939년 9월 1일 독일이 폴란드를 침공하자 독일에 선전 포고를 했지만, 독일군과 전면전을 치르기를 꺼렸다. 이것은 소위 '가짜 전쟁'으로 이어졌고, 이후 핀란드의 겨울 전쟁을 제대로 지원하지 못한 책임을 지고 총리직에서 물러났지만, 후임 정부의 요청으로 국방 장관으로 임명된다. 비시 정권이 수립되자 모로코로 피난하려고 했으나 중도에 포로로 잡혀 티롤 지방 이터성에서 종전까지 수감되었다.

다. 권총의 안전장치를 풀고, 교대로 트로츠키 부부의 침실을 지키는 경호원들이 앉을 수 있도록 안락의자 하나만 더 마련해달라는 부탁만이 있었다.

피란민 조력자라는 베유의 역할과 그녀가 이전에 트로츠키의 아들 레프―그는 모든 사람에게 그저 '황태자'라고 불린다―와 맺은 접촉의 결과는 다가올 세계 혁명의 새 지도부의 첫 번째 모임이 바로 베유의 집에서 열릴 것이라는 사실로 이어진다. 이미 7월부터 베유와 레프는 서신으로 연락하고 있었다. 하지만 이 사실이 아버지 레온―베유의 주변 사람들 사이에서는 '아빠'라고 불렸다―이 소위 '프롤레타리아 혁명'에 대해 베유가 발표한 논제들에 대해 직접적으로 반응하는 것을 막지는 못했다. 1933년 10월 13일 그는 잡지 『진리La Verité』에 「제4차 인터내셔널과 소련」이라는 제목의 기고문을 발표했다. 그 기고문에서 그는 시몬 베유가 제기한 분석과 결론을 신랄하고 단호하게 거부했다. 그 기고문에는 다음과 같은 문장이 있다. "프롤레타리아 독재와 관련해 겪은 몇 가지 실패 경험 때문에 생긴 실망감으로 시몬 베유는 이제 새로운 임무, 즉 사회로부터 자신의 인격을 방어한다는 임무에서 위안을 찾았다. 그것은 지금 공공연하게 유행하고 있는 과도한 무정부주의 형태로 새롭게 치장한 낡은 자유주의의 공식이다. 시몬 베유가 우리의 '환상'에 대해 이야기할 때 취하는 오만함을 지적하는 것만으로는 부족하다! 그녀와 그의 동료들이 가장 반동적인 소시민의 편견에서 벗어나기까지는 수년이 걸릴 것이다."[27]

결국 '아빠'는 전혀 즐겁지 않았다. 따라서 그가 집을 제공하겠다는 베유의 제안에 동의할 때 느낀 내적 불편함을 상상하기는 어렵지 않다. 당연히 베유의 내면도 들끓는다. 이 용감한 사람이 한때 수백만 혁명군에게 살인 명령을 내렸다면, 아무리 훌륭한 논거도 그 명령을 정당화해줄 수 없을 것이다!◆

트로츠키의 목소리가 아래층에서도 들렸다.[28] 그리고 매번 아주 흥분했기 때문에 미프와 비리의 집에서 차를 마시기 위해 앉아 있던 나탈리아 세도바도 머리를 흔들 수밖에 없었다. "이 아이가 감히 트로츠키에게 반론을 제기하다니…".

1933년 12월 31일 레온 트로츠키와 대화한 직후에 기록해두었던 시몬 베유의 메모들은 앞으로 수년 아니 수십 년에 걸쳐 좌파 담론을 형성할 모든 문제에 초점이 맞춰져 있었다. 혁명의 최종 목적을 달성하기 위해 어떤 수단이 허용되거나 필요했는가? 특히 모든 개인의 인간적 삶이 지닌 무조건적인 가

◆

군사혁명 위원회 위원장이자 국방장관을 겸임했던 트로츠키는 반혁명세력과의 내전에서 승리하기 위해 제정 러시아의 장교들을 붉은 군대의 지휘관으로 받아들이고, 이들을 감시하기 위한 정치 장교 제도를 고안했다. 또한 강제 징집을 실시했으며, 탈주병을 즉각 처형하도록 했다. 시골에서는 식량을 강제로 징발했고, 저항하는 농민은 총살했다. 소비에트 체제 수호라는 이름으로 국가적 폭력이 자행된 것은 스탈린 치하에서부터 시작된 것이 아니라, 이미 트로츠키가 조직한 붉은 군대에서 잉태되었다. 베유가 이런 트로츠키의 이전 행적을 알고 있었다는 것을 암시하는 듯하다.

치에 대한 질문과 관련해, 혁명이라는 오믈렛을 준비하기 위해 얼마나 많은 달걀을 깨뜨릴 수 있거나 깨뜨려야 하는가? 혹은 그와 같은 비인간적인 관용구 자체로 인해 이미 금기가 깨져버려서 엄청난 공포정치로 통하는 문이 열린 것은 아닌가?

시몬 베유는 그 점을 아주 확신했다. 그 자신이 이미 여러 번 증명했고, 증명할 수밖에 없었던 트로츠키는 이 점에서 상당히 유연하다는 것을 보여주었다. 베유는 대화를 시작하자마자 1921년 '크론시타트 수병 반란Kronstädter Matrosenaufstand'◆을 예로 들어 그를 직접적으로 비난했는데, 그 반란의 후속 조치로 트로츠키는 반란을 일으킨 '반혁명분자' 중 1500명을 즉결 처형하도록 직접 명령을 내렸다. "한데 그렇게 생각하면서 왜 이곳을 나한데 은신처로 제공하는 겁니까? 혹시 당신은 구세군 신자인가요?"[29]

◆ 1923년 3월에 발생한 발트 함대의 요새 크론시타트에서 수병들이 일으킨 반反볼셰비키 좌파 혁명이다. 제1차 세계대전과 러시아 내전으로 극도로 피폐해진 상태에서 상당수 국민들이 전시 경제체제에 대해 불만을 품고 있었다. 볼셰비키 정부는 불만을 잠재우기 위해 폭력 진압을 서슴지 않았다. 페트로그라드의 상황을 조사하기 위해 도시를 방문했던 정부 대표가 3월 2일 연설을 한 뒤 체포 구금되고, 인민위원회가 발족함으로써 반란이 시작되었다. 소비에트 정부는 이것을 외국군과 극우 세력에 의한 반혁명 책동으로 규정한다. 수천 명이 목숨을 잃은 12일 동안의 격전 끝에 요새가 함락됨으로써 봉기는 실패하게 된다. 이 실패한 반란을 계기로 레닌과 공산당은 전시 공산주의를 종료하고 신경제정책을 수립하는 방향 전환을 결정한다.

물론 이것은 한 논쟁의 시작점이었지만, 돌이켜보면 예언과도 같은 질문이다. 이 논쟁에서 트로츠키는 직접적으로 자신의 생명을 빼앗기를 원하는 사람들을 혁명의 이름으로 옹호해야 하는 다소 역설적인 역할로 자신이 점점 내몰렸음을 알게 되었다. "나는 (그 자신의 정책 테두리 안에 있는 실책들을 제외하면) 스탈린을 비난할 수 없어요. … 노동자(여성, 어린이)를 위해 많은 것을 이루었어요. … 러시아 노동자는 그가 용인하는 정도에 비례해서 정부를 통제하게 됩니다. 왜냐하면 그는 이 정부를 자본주의자의 귀환보다 선호하기 때문이죠. 이것이 그의 지배를 표시하는 인장입니다!"

아 그렇다면, 그로부터 프랑스나 독일 같은 다른 곳에서도 노동자들이 용인이라는 방식으로 정부를 통제한다고 추론할 수 있는지 베유는 재차 질문한다. "당신은 이상주의자입니다. 그러니까 당신은 지배 계급을 노예 계급으로 부르는 겁니다… 왜 당신은 이 모든 것을 의심하는 거죠?"

어쨌든 트로츠키는 대화의 끝 무렵에 다시 한번 확신하는 태도를 보인다. "나는 좌파의 신생 야당이 혁명을 이룰 것이라고 믿을 뿐만 아니라, 확신합니다!" 그리고 그는 유럽 전역에서 온 동지들과 비밀 회동을 마치고 난 다음에 다른 집으로 돌아가려는 베유의 부모에게도 마찬가지로 확신에 찬 발언을 했다. "당신들의 집에서 제4차 인터내셔널이 시작되었습니다!"[30]

유언장

　1934년이 시작되면서 시몬 베유 역시 확신에 도달했다. 물론 결정적으로 전혀 다른 방향의 확신이다. 1934년 2월 6일 파리에서는 수많은 사망자와 수천 명의 부상자가 생긴 심각한 소요와 거리 투쟁이 일어난다. 최악의 경제 위기 중에 대규모 은행과 증권 거래소의 사기 행각이 드러났다. 알렉상드르 스타비스키Alexandre Stavisky라는 사람이 다단계 판매 형태로 수억 프랑의 공공 자금을 횡령했는데, 이때 분명히 지역의 좌파 정치가와 정부 구성에 참여한 정치가들에게 비호를 받았다. 우파 언론에게는 아주 좋은 먹잇감이었다. 우파 언론은 기회를 놓치지 않고, 알렉상드르의 사회주의자 친구들과 함께 이 사기꾼의 유대인-우크라이나 혈통을 특별히 강조한다. 폭동이 일어난 다음 날 급진사회주의 정당 소속이던 수상 에두아르 달라디에가 물러났다. '살인자들의 정부'의 수장으로 새롭게 취임한 지 겨우 6일 만이었다. 하지만 그의 자진 사퇴로도 정국이 안정되지는 않았다.

　며칠 후 파리에서 베유는 친한 친구이자 나중에 그녀의 전기를 쓰게 되는 시몬 페트르망이 있는 스위스로 편지를 보낸다. "이 나라가 파시즘이나 최소한 아주 반동적인 독재로 향하는 길목에 있다는 점을 제외하면 새로운 소식은 없어. 하지만 그 모든 것을 너도 알고 있겠지. 러시아에서 오는 모든 정보가 충격적이야. 그리고 독일과 관련해서는, 아무 말도 하지 않는 게 더 나을 거야. … 나는 이론적 연구를 제외하고 정치에서 완전히 손을 떼기로 결정했어. 물론 이것이 자발적으로 일어나는 대규모 대중 운동에 단순 참가자나 병사로 참여할 가능성까지 배제하지는 않아. 하지만 아무리 작은 것이라도, 이후로 나는 더 이상 어떤 책임도 지고 싶지 않아. 간접적인 형태로도. 왜냐하면 앞으로 흘릴 모든 피가 전부 헛될 것이고, 싸우기 전에 이미 패배했다고 확신하기 때문이야."[31]

이후 몇 달 동안 베유는 모든 정신적 에너지를 에세이를 쓰는 데 쏟아부으려고 하는데, 친구들에게는 그것을 자신의 '지적 유언'이라고 설명했다. 하지만 당시 베유는 겨우 스물다섯 살이었다. 그 에세이의 제목, 「자유와 사회적 억압의 원인에 대한 성찰」[32]은 앞으로 다가올 10년이라는 시간 전부를 보여주는 예언적 제목으로 어울렸다.

위협받는

1934년 2월 12일, 400만 명에 달하는 다른 프랑스인과 마찬가지로 시몬 드 보부아르의 동료 교사들이 단결해서 총파업을 호소한 여러 조합의 요구를 따랐을 때, 그녀는 "그들에게 합류할지에 대해 단 한 순간도" 고민하지 않았다. "나는 모든 정치적 활동에서 멀리 떨어져 있었다."[33] 궁극적으로 파업은 다른 영역에서 직업 활동을 하는 사람들의 이익을 위해 연대한다는 것을 의미했다. 하지만 보부아르는 바로 그것에 대한 내적 충동을 전혀 느끼지 못했다. 그녀는 "같은 직업을 가진 다른 교사들과 자신을 동일시하려는"[34] 마음의 준비가 되어 있지 않았으며, 또한 인생의 이 단계에서 다른 사람의 존재가 도대체 어디에 좋은 것인지를 전혀 이해할 수가 없었다. 그녀는 과거를 되돌아보면서 다음과 같이 쓴다. "타인의 존재는 내게 항상 일종의 위험으로 남아 있었다. … 나는 항상 방어 자세를 취했다. 사르트르가 관련된 경우에 나는 '우리는 하나다'라고 설명함으로써 염문에서 벗어났다. 나는 우리 두 사람을 세상의 중심에 놓았다. 나를 알아볼 수 있는 안목이 전혀 없는 불쾌하고 우스운 혹은 속물적인 인간들이 우리 주변을 맴돌았다. 내가 유일한 시선이었다. 그래서 나는 주저하지 않고 다른 사람의 의견을 무시했다."[35]

약 5년 전부터 장 폴 사르트르와 그녀는 특별한 형태의 한 쌍을 이루었는데, 그것은 완벽한 정신적 헌신으로 결합해 하나가 되는 동시에 다른 경험이나 모험에 대해서도 열려 있는 것이었다. 1929년 그들은 전국적으로 치러진 철학 교수 자격시험Agrégation에서 1등과 2등을 차지했다.[36] 그리고 곧 그 교사 임용 제도의 규칙에 따라 파리에서 지방으로 파견되어 몇 년간 교직 생활을 했다.

적어도 이 관점에서 보자면, 1932년에 보부아르가 마르세유에서 루앙으로 전근된 것은 자기 존재의 중심으로 되돌아옴을 의미했다. 왜냐하면 사르트르는 이 시기에 기차로 불과 한 시간이면 갈 수 있는 북부 항구 도시 르아브르에서 학생들을 가르치고 있었기 때문이다. 또한 파리는 주말에 훨씬 더 쉽게 갈 수 있었다.

하지만 이렇게 새로 얻은 장점도 그녀의 삶에 깊게 새겨져 있는 감정적 심연을 메울 수는 없었다. 문학적 글쓰기가 제대로 이루어지지 않았기 때문에 더욱 그랬다. 계속해서 그녀는 루앙의 카페에서 소설을 구상하지만, 몇 주 후에는 새로 시작한 부분을 폐기한다. 그 소설들은 그녀와 같은 환경에서 사는 여성들이 진정으로 자유로운 삶을 갈망하는 순간에 생기는 사회적 압력들을 묘사해야 한다.

다른 여성

지적으로 상당한 재능을 지닌 이 스물여섯 살의 철학 교사가 처한 상황을 산문적으로 훨씬 더 분명하게 묘사할 수 있을 것이다. 두 살 연상인 장 폴 사르트르와 맺고 있는 깊고 유일무이한 관계에도 불구하고, 그녀는 아직도 삶에서 자신의 고유한 목소리, 자신의 자리와 발판을 발견하지 못했다. 직업적으로나 문학적으로도, 정치적으로나 철학적으로도 마찬가지였다. 성적 측면에서도 그랬다.

분명 그녀의 내면에는 들어본 적 없는, 전혀 다른 자아가 꿈틀거리고 있었다. 그녀는 괴로워했다. 주변에 이미 훨씬 광범위하게 영향력을 발휘하는 같은 또래의 여성들이 있었기 때문에 더욱 그랬다. 예를 들면 공산주의 단체에 참여해 열렬하게 활동하는, 현장의 유일한 직장 동료인 콜레트 오드리^{Colette} Audry*가 있었는데, 보부아르는 그녀에게서 우정 비슷한 것을 원했다. 당연히 오드리의 가장 친한 동지로서.

> 콜레트가 … 가끔 시몬 베유에 관한 소식을 내게 알려주었는데, 내가 기꺼이 허용한 것은 아니었지만 이 낯선 사람이 내 삶으로 밀고 들어왔다. 그녀는 교사였다. … 사람들이 이야기하기를 그녀는 화물 마차를 모는 마부들 숙소

◆

프랑스의 작가, 연극 이론가, 시나리오 작가다. 그녀는 인문 분야 교수 자격시험에 합격한 후 1930년에서 1936년까지 루앙의 잔 다르크 고교에서 학생들을 가르쳤다. 그곳에서 동료 교사로 시몬 드 보부아르를 알게 되었다. 소설가, 희곡 작가로 대중에게 알려지기 전에 그녀는 파리의 몰리에르 고등학교에서 교편을 잡고 있었다. 1940년 알프레드 되블린이 독일군을 피해 남부 프랑스에서 피란 생활을 할 때 그녀는 남편과 함께 그를 지원했다. 1945년에서 1955년까지 장 폴 사르트르가 주간으로 일했던 잡지 『현대』에서 편집자로 일했다. 1962년 소설 『욕조 뒤에서』로 메디치상을 수상하기도 했다. 정치가로서 그녀는 사회주의와 페미니즘 입장을 대변했고, 프랑수아 미테랑 대통령의 협력자로 일했다.

에서 살며, 매달 첫째 날에 받은 월급을 식탁에 놓아둔다고 한다. 누구든지 가져가 쓸 수 있다고 한다. … 그녀의 지성, 금욕적 생활, 극단적 태도에 경탄했다. 반대로 그녀가 나를 알았더라면 그런 일은 결코 일어나지 않으리란 걸 알고 있다. 나는 내 우주에 그녀를 합병할 수 없었고, 막연하게 위협받는다고 느꼈다.[37]

보부아르는 열아홉 살에 소르본 대학교에서 철학 공부를 시작했을 때 이미 '자아와 타자' 사이의 대립이 본질적으로 그녀를 움직이게 만든 질문이라고 설명했다.[38] 학창 시절에 자신의 고유한 창조성에 깊이 빠져 조용히 지냈던 사르트르가 그녀를 행복하게 만드는 '대등한 수준의 사람'이 된 것처럼, 이 시기에 동창 시몬 베유의 존재는 '위대한 타자'의 자리를 차지했다.

두 사람은 마치 자석처럼 처음 만났을 때부터 단호하게 서로를 밀어냈다. "대기근이 중국을 엄습했는데, 이 소식을 듣고 그녀(베유)가 울음을 터트렸다는 이야기를 들었다. 그녀의 철학적 재능보다도 이 눈물 때문에 나는 그녀를 존경하지 않을 수 없었다. 온 세상을 위해 뛰는 심장 때문에 나는 그녀가 부러웠다. 어느 날 나는 드디어 그녀와 안면을 트게 되었다. 당시 어떻게 우리가 대화를 나누게 되었는지는 모르겠지만, 그녀는 날카로운 어조로 오늘날 지구상에서 중요한 것은 모든 사람을 먹여 살릴 혁명뿐이라고 선언했다. 나는 단호하게 반대하면서 문제는 사람을 행복하게 만드는 것이 아니라, 그들의 삶에서 의미를 찾는 것이라고 이의를 제기했다. 그러자 그녀는 나를 빤히 쳐다보았다. '당신이 한 번도 굶주림을 겪은 적이 없다는 것을 쉽게 알 수 있겠네요.' 그것으로 우리의 관계는 끝났다."[39]

　　멀리 떨어져 있는 다른 모든 사람의 고통과 전적으로 동일시하려는 베유의 의지는 다른 모든 사람과 대립하면서 자신의 자아를 자기 자신 그리고 자신과 가장 가까운 사람과 전적으로 동일시하려는 보부아르의 노력과 정면으로 부딪친다. 보부아르에게 '인간의 존재 의미를 찾으려는' 도전은 사실 이중의 문제를 감추고 있다. 무엇이 우리 스스로를 의미가 충만한 존재로 경험하게 하는가가 첫 번째 문제이고, 이때 타인의 존재는 어떤 역할을 하는가가 두 번째 문제다. 달리 말해, 만약 그렇다면 타인이라는 분명한 존재는 자기 자신의 존재에 어떤 의미를 만들어내는가?

　　그것이 이 세계에서 그녀와 그녀의 삶이 지닌 의미와 관계되는 한, 사르트르의 존재만으로도 완벽할 만큼 충분하다. 나머지에 대해서는 무관심한 아이러니로 대응할 수 있었다. 하지만 그럴 수 없을 때 다른 사람들은 한 가지만 했는데, 즉 그들은 엄청나게 방해를 했다.

감싸여 있는

　　다른 사람의 입장이 되어 생각해보고 공감하거나 타인 역시 존재한다는 사실을 인정하지 않으려는, 지금까지 보부아르의 삶을 특징지어온 거부감은 단순한 심리적 특성을 훨씬 넘어선다. 결과적으로 르네 데카르트René Descartes에서 출발한 현대 철학이라는 건물 전체는 자신의 고유한 생각에 완전히 둘러싸여 있는 주체가 다른 생각하는 주체 역시 존재한다는 것을 어디에서 그리고 어떻게 알 수 있을까 하는 의구심에 짓눌려 있었다. 글자 그대로 타인의 존재 속으로 들어가는 일은 결국 있을 수 없다. 다른 사람의 의식과 연관된 모든 것은 자신의 원래 경험을 바탕으로 역逆추론한 것이다. 전적으로 다음의 모토에 따라. "그 혹은 그녀의 입장이라면 지금 나는 이렇게 경험하고, 생각하고, 느낄 것이다…" 하지만 데카르트가 그의 주요 저작인 『성찰』[40]에서 궁극적으로 보여준 것처럼 이 추론은 잘못된 것일 수 있으며, 극단적인 경우에는 실제로 근거가 될 만한 바탕이 전혀 없을 수도 있다. 누군가 철학적 회의라는 기술을 충분히 연습했다고 하더라도 그 무엇도, 그리고 누구도 그에게 다른 사람이 보여주는 행동에서 다른 사람들도 마찬가지로 생각하고 느끼는 존재라는 확신을 줄 수 없었다. 결국 그들은 실제 내면의 삶이 없는 단순한 자동인형이나 로봇일 수도 있다. 17세기 데카르트의 말로 표현하면 다음과 같다.

종종 나는 우연히 창밖으로 거리를 지나가는 사람을 본다. 그들에 대해서 나는 내가 그들을 본다고 말하는 데 익숙하다. 하지만 모자와 옷 이외에 다른 것은 보지 못한다. 그 밑에는 자동인형이 숨어 있을 수도 있다.[41]

글자 그대로 이 문장들은 정신적으로 서로를 깊이 이해하고 한 쌍을 이루었던 보부아르와 사르트르가 루앙과 르아브르 그리고 파리의 카페에서 보여준 태도를 묘사한 것이다. 타인은 그들에게 실제 인간으로 존재하지 않는다. 그 둘만이 실제로 느끼는 유일한 존재다. 나머지 인류는 그저 자신들의 사고 유희를 자극하는 배경 역할을 할 뿐이다. 매력적이지만 동시에 궁극적으로 빈한한 태도. 사르트르와 보부아르는 그것을 정확하게 느낀다. 상상 속의 유일무이함을 절대적으로 보호하기 위해 반드시 지불해야 하는 대가는 직접성과 있을 수도 있는 현실의 충만함이다.[42]

그 때문에 이 철학하는 한 쌍은 그들의 나이에 아주 전형적이듯이, 고유한 의식의 신성불가침한 주권을 건드리지 않고도 어떻게 현실의 퇴색을 막을 수 있을까 하는 수수께끼에 사로잡혀 있다. 다른 사람들의 세계로부터 직접 지시받지 않고 자신의 두뇌라는 동굴에 갇힌 상태에서 어떻게 벗어날 수 있을까? 모든 반어적 거리를 포기하지 않으면서도 세계와 그 세계의 요구를 글자 그대로 받아들일 수 있는 방법은 무엇인가?

마법의 음료

　　1932년에서 1933년으로 해가 바뀔 때 두 사람은 옛 대학 동기인 레몽 아롱Raymond Aron과 술을 마시기로 한다.* 아롱은 장학금을 받아 공부하고 있는 베를린에서 잠시 귀국해 막 파리로 돌아왔다. 몽파르나스 거리에 있는 술집 '가스등Bec de Gaz'에서 만난 아롱은 두 사람에게 아주 새로운 독일 철학의 경향, 즉 소위 '현상학'에 대해 알려준다. 보부아르는 다음과 같이 회상한다. "우리는 그 집의 특별 음료인 살구 칵테일을 주문했다. 아롱이 그의 잔을 가리켰다. '잘 봐, 꼬맹이 친구들, 자네가 현상학자라면 이 칵테일에 대해 이야기할 수 있을 거야. 그리고 그것이야말로 철학이지!' 사르트르는 흥분해서 얼굴이 창백해졌다. 그것이 바로 그가 몇 년 전부터 바랐던 것이었다. 사람들이 가장 가까운 사물에 대해서 이야기하면 그것이 바로 철학이라는 것. 아롱은 현상학이 여러 요구 사항을 정확히 충족할 것이라는 확신을 그에게 주었다. 그 요구 사항이란 이상주의와 리얼리즘을 극복하고 의식의 주권과 세계의 현존을 보이는 모습 그대로 긍정하는 것이다."[43]

　　갑자기 그것이, 즉 새로운 제3의 사고방식이 오랫동안 찾

이후의 일화는 사라 베이크웰이 쓴 『살구 칵테일을 마시는 철학자들』(이론과 실천, 2017)에 자세히 서술되어 있다.

고 있던 가능성으로 나타났다. 그 사고방식은 사유하는 삶의 수은과 같은 유연함과 소위 일그러지지 않은 현실과의 관계를 모두 포기할 필요 없이 자유롭게 체험하는 일상의 특성 속으로 파고드는 것이다. 하지만 이 길은 정확히 어디에 있는가? 그것은 기본 원칙에서 무엇을 통해 두드러진 모습을 보이는가?

곧 사르트르와 보부아르가 집중력과 언어 능력을 요구하는 원서를 읽고 알아냈듯이, 수학자이자 철학자인 에드문트 후설Edmund Husserl은 제1차 세계대전이 일어나기 전에 이미 괴팅겐과 프라이부르크에서 철학적 탐구를 위한 새로운 형식을 확립했다. "사물 자체로 돌아가라Zurück zu den Sachen selbst"는 구호 아래 후설은 그를 연구하는 전문가들에게 이미 주어진 것으로서 의식에 나타나는 것을 가능한 한 정확하고 왜곡되지 않게, 무엇보다 편견 없이 묘사해달라고 요구했다. 실제로 사물은 의식에 어떻게 모습을 드러내는가?

더하거나 벗어나지 않으면서 순수하게 주어진 것에 집중하는 명상에 가까운 태도는 후설이 사용한 방법의 특징인데, 후설은 이를 '환원Reduktion'이라고 불렀다. 그리고 이로부터 얻은 그의 중요한 통찰 중 하나는 다음 명제에 속한다. 구체적으로 형태를 띠든 무엇에 몰두해 있든 상관없이 의식이란 이미 어떤 것에 대한 의식이다! 우리는 술의 달콤함을 맛보고, 털털거리며 지나가는 자동차 소음 '때문에' 방해받고, 스페인에서 보낸 휴가에 '대해' 기억하고, 좋은 날씨'를' 기대한다. 우리가 의식을 파악할 수 있다면 우리는 그것을 '어떤 것에 대한' 의식으로 파악할 수 있다. 의식이 본질에 따라 어떤 것을 '향해' 있거나 다루는 것을 후설은 '지향성Intentionalität'이라고 부른다. 사실 이런 진리를 분명하게 이해하기 위해서는 파리 중심에서 살구 칵테일 한 잔을 마시는 것으로 충분했다.

이와 밀접하게 관련해서 후설은 의식의 두 번째 주요 특징을 규정했다. 방향이 정해질 때(의도가 이루어질 때) 의식은 항상 본질적으로 외부적인 다른 사물들(술, 자동차, 풍경, 날씨)을 다룬다. 그러므로 그 자체가 되기 위해 의식은 항상 자신에서 출발해 자유로운 것, 다른 것 속으로 밀고 들어간다. 다른 말로 표현하면 자신을 넘어서려는 본질적인 충동, 후설의 언어로 표현하자면 자신을 '초월하려는' 충동은 의식에게 고유한 것이다.

아롱은 그것을 사르트르와 보부아르에게 아주 정확하게 설명했고, 이 사고의 단초가 지닌 철학적 폭발력을 충분히 이해했다. 현상학은 고유한 존재를 극단적이라고 할 정도로 새롭게 이해할 수 있는 방법을 열어준다. 왜냐하면 후설의 세계에서 의식은 온전히 수동적으로 사물에 따라 배열된 것(리얼리즘)도 아니고, 사물이 방향을 결정하면서 기준으로 삼는 나침반(이상주의)도 아니기 때문이다. 오히려 리얼리즘과 이상주의는 결코 하나가 될 수 없지만, 움직일 수 없을 만큼 단단하게 서로 연관되어 있다. 세상이 의식 속에서 완전히 사라지지도 않고, 의식이 세상 속에서 완전히 사라지지도 않는다. 아름다운 춤에서처럼 둘 다 완전히 그 자체로 존재하지만 다른 하나 없이는 아무것도 아니다.[44]

장벽

사르트르는 반년 후인 1933년 여름, 새로운 학설과 그 학설의 원어인 독일어를 공부하기 위해 장학금을 받아 1년 동안 베를린에 체류하면서 그곳 프랑스의 집Maison de France에서 연구를 시작했다. 이 사실은 그의 내부에서 불붙은 열정에 대해 많은 것을 이야기해준다. 새로운 사상이라는 태풍의 눈 속으로, 새로운 현실 속으로 진입한 것이다. 여전히 루앙에 머무르고 있던 보부아르도 그해 가을에 자신의 철학적 탐구를 집중적으로 수행한다. 그녀도 독일 피란민에게서 독일어 교습을 받는다. 그리고 원전으로 후설을 연구하고 사르트르와 집중적으로 독서에 대해 의견을 나눈다. 문학적으로는 버지니아 울프의 발자취를 따르면서 '의식의 흐름' 같은 현상학이 방법론적으로 요구한 새로운 서술 기법을 실험한다.

결과적으로 어떤 움직임이 있었는데, 특히 그들의 상호 관계를 고려할 때 더욱 그랬다. 절대적 일치와 대화에서 생기는 친밀함의 시간은 지나갔다. 특히 사르트르의 관점에서 볼 때 그들은 서로를 충분히 잘 알았다. 새로운 철학적 원칙에 충실하려면 이제 육체적으로도 자신을 파괴해야만 했다. 사르트르가 먼저 시작했다. 1929년 맺은 그들의 신뢰 계약이 분명하게 요구한 바대로, 사르트르는 겨울이 다가올 무렵 보부아르에게 베를린 장학금을 받는 동료 연구자의 부인과 맺은 관계에 대해 자세히 알렸다. 보부아르는 질투 같은 것을 전혀 느끼지 않았다고 말했지만, 그 사건은 그녀가 1934년 2월 말에 파리의 정신과 의사에게서 2주간의 병가 진단서(원인은 정신적인 소진 상태다)를 발부받고, 추운 겨울에 베를린으로 가는 급행열차를 탈 충분한 이유가 되었다. 모든 일이 거의 반쯤 미친 상태에서 이루어졌다. 두 사람이 그 여인을 부를 때 사용한 별명인 '달의 여인'은 실제로는 전혀 심각한 위협이 아니다. 그리고 베를린, 독일은 항상 여행할 가치가 있다. 1934년에도, 혹은 바로 1934년이기 때문에 더더욱.

당시 독일에서 보낸 시간을 묘사한 보부아르의 글은 철학적으로 상당히 뛰어난 각성 상태와 정치적 현실에 완전히 무지한 상태가 아무런 어려움 없이 공존할 수 있다는 것을 보여주는 인상적인 예다. 특히 시몬 베유가 18개월 전에 같은 베를린에서 가져온 르포 기사와 비교하면 더욱 그렇다.

어쨌든 히틀러의 권력 획득이 일상생활에 끼친 영향은 보부아르의 자세한 기록에서 거의 언급되지 않았다. 그들은 함께 하노버에 있는 철학자 라이프니츠가 살았던 건물("가운

데가 볼록한 판유리가 있는 아주 예쁜 건물"), 드레스덴의 구도심
("베를린보다 더 끔찍하다"), 함부르크의 레퍼반Reeperbahn◆("곱슬
머리에 화장을 한 창녀가 말끔하게 닦은 유리창 너머에서 모습을 보
인다"⁴⁵)을 방문한다. 기록은 건축과 음식, 그리고 다음 구절에
서 보듯이 밤의 유흥에서 받은 인상에 집중되어 있다. "캉탱이
우리를 알렉산더 광장 주변의 싸구려 술집으로 데려갔다. '귀
부인을 자극하는 것은 금지'라고 적힌, 벽에 걸린 간판이 아주
재미있었다. … 나는 엄청나게 커다란 맥줏집에서 맥주를 마셨
다. 한 술집은 길게 늘어선 공간으로 이루어졌고, 세 개의 악단
이 동시에 연주했다. 아침 11시인데도 모든 테이블이 꽉 차 있
었다. 사람들이 서로 팔짱을 끼고 노래를 부르면서 몸을 흔들
었다. '이게 제대로 된 분위기지'⁴⁶라고 사르트르가 내게 설명
했다."

　　루앙으로 돌아온 후에 보부아르의 기분은 여름을 맞아
다시 최악의 우울 상태에 가까워진다. 해방감을 느끼는 대신
그녀의 시선은 루앙의 "곳곳에서 장벽에 부딪힌다".⁴⁷ '우리'라
는 위대한 시기는 근심 걱정 없이 즐길 수 있는 사춘기와 마찬
가지로 끝났다. 정치적으로 대체로 무관심하고, 직업적으로는
지루하고, 사적으로는 위기에 처해 있고, 문학적으로는 정체
된 상태에서 그녀가 사회적 환경에 대해 솔직하게 느낄 수 있

◆ 함부르크시 장크트 파울리 지역에 있는 홍등가를 가로지르는 중심 거리.

는 유일한 감정은 '시민적 질서'에 대한 막연한 증오다. 거울을 바라보는 초자아의 시선은 부정적인 생각들만 만들어낸다. "남편도, 아이도, 가정도, 사회에서의 지위도 없어. 이 나이에 사람은 세상에서 약간의 영향력을 지니고 싶어 하지!"[48]

사르트르가 베를린에서 매일 새로운 세계를 개척하는 동안, 그녀는 단조로운 일상 속에서 자신과 세상에 해당되는 모든 의미를 상실할 위험에 직면했다. 그녀는 단지 혼자 있는 것 그 이상이었다. 그녀는 고립되어 있었다. 마치 우주가 그녀를 조롱이라도 하는 듯 그녀는 '라 로슈푸코 La Rochefoucauld'◆라는 호텔에 머물렀고, '잔 다르크'라는 이름의 학교에서 가르쳤다. 그리고 이 모든 것이 이전에 귀스타브 플로베르 Gustave Flaubert에게 '보바리 부인'의 자살을 위한 완벽한 무대를 제공했던 지방의 협소한 도시에서 생긴 일이다. 소설과, 무엇보다도 그녀가 꿈꿔온 현실과는 전혀 다르다. 그녀가 바라던 철학의 구원과도 완전히 다르다.

◆ 17세기에 살았던 프랑스 귀족 출신 작가이자 모럴리스트다. 1665년 익명으로 인간 심리의 심층에 담긴 '자기애'를 예리하게 그려낸 잠언집을 출간했다. 결혼과 관련해서 그는 다음과 같은 잠언을 남기기도 했다. "그럴듯해 보이는 결혼은 있지만, 행복한 결혼은 없었다."

글 쓰는 기계

1934년 봄, 마침내 '대공황'이 랜드 부부를 따라잡는다. 프랑스 루아르 강가에 세워진 성들을 모방해서 지은 그들이 사는 집의 외관처럼 겉으로 보기에는 모든 것이 정상인 듯 보이지만, 실제로는 젊은 예술가 부부ㅡ그는 영화배우고 그녀는 시나리오 작가다ㅡ의 금전적 자원이 상당 부분 고갈되었다. 몇 년 전부터 프랭크 오코너의 할리우드 경력은 정체되어 낮은 단계에 머물렀다. 철강 노동자의 아들로 오하이오에서 태어난 서른일곱의 그는 키가 크고 어두운 피부색에 호리호리하고 우아하다. 지금까지 그가 이룬 가장 큰 성공으로 내세울 수 있는 것은 「킹콩 2」에서 맡았던 조연 역할이다.[49] 아인 랜드의 경우 또한 개인적 야심과 그녀가 얻은 사회적 인정 사이에 여전히 엄청난 괴리가 존재했다.

그녀의 경우 이는 분명 의지가 부족해서가 아니었다. "이제부터 너는 자기 자신에 대해 어떤 생각도 해서는 안 돼. 오직 네 일만 생각해. 너는 존재하지 않아. 너는 글 쓰는 기계일 뿐이야. 삶의 비밀은 순수한 의지가 되는 데 있어. 네가 원하는 것을 알고, 그런 다음 그것을 행하려는 의지! … 오직 의지와 통제. 다른 모든 것은 지옥으로 꺼져버려도 괜찮아."[50] 그녀는 1929년 일기에서 이렇게 맹세했다. 그 이후로 단 한 주도 아무 진전 없이 지나간 적이 없었다. 단편소설과 시나리오 초안을 거쳐서 여전히 그녀에게는 외국어인 영어로 조심스럽게 한 발 한 발 위대한 문학적 형식인 드라마, 시나리오, 소설을 향해 다가갔다.

작가인 그녀에게 여전히 결정적인 문제는 어떻게 허구의 산물인 소설이 많은 대중의 관심을 잃지 않으면서도 철학적으로 수준 높은 주제를 다룰 수 있을까 하는 것이었다. 러시아에서 태어난 그녀는 그런 일이 적어도 원칙적으로는 가능하다는 확신을 모유와 함께 몸속에 받아들였다. 도스토옙스키와 톨스토이의 소설들은 궁극적으로 그 흥미진진한 심오함에 문화계 전체가 즐거워한 형이상학적 블록버스터가 아니었던가? 아니면 체호프의 희곡은? 이제 20세기를 위해서도 이런 기적의 토대를 단단하게 마련해야 했다. 그것은 이 시대의 실제 미래 매체인 영화에도 해당되었다.

할리우드에서 7년을 보낸 후, 그녀의 눈에 소재를 다루는 법이 분명하게 보였다. 플롯이 다층적으로 구성되어야 한다는 것이었다. 그녀는 1934년 5월 18일 영화 제작자이자 감독인 케네스 맥고완Kenneth MacGowan에게 다음과 같이 적어 보낸다. "같은 이야기가 물 위에 떠서 매끄럽게 나아가듯이 작동되도록 구성해야 합니다. 그러면 지적으로나 예술적으로 좀 더 심오한 것을 지향하지 않는 사람들이 부담스럽게 느끼지 않는 동시에, 바로 그런 것을 기대하는 사람들도 같은 이야기에서 좀 더 심오한 측면을 발견하게 될 겁니다."[51]

예를 들어 한 여인이 그녀가 실제로 사랑하는 남자를 구하거나 얻기 위해 두 번째 남자에게 몸을 바쳐야만 하는 낭만적인 삼각관계의 형태로 사건을 구성할 수 있다. 이러한 구성은 이미 순수한 사건 진행의 층위에서도 충분히 흥미진진하다. 사람들은 사건이 어떻게 이루어지고 어떻게 끝날지를 알고자 할 것이다. 두 번째 층위에서 동일한 줄거리 구성은 등장인물들의 감정적 삶과 특별한 시련에 대해 더 깊은 통찰을 제공한다. 그리고 마지막으로 세 번째 철학적 층위에서 이러한 플롯은 '의무'와 '성향', '희생'과 '삶의 행복', 혹은 '수단'과 '목적' 사이에 있는 실존적이고 근본적인 긴장을 다룬다.

물론, 위에 언급한 편지에서 랜드는 '영화에서 철학적 주제를 시도하는 것'이 처음에는 이상하게 들릴 수 있다는 점을 인정한다. 하지만 "철학이 그것을 원하는 사람들에게만 효력을 끼친다면, 그리고 반대로 그것이 다른 사람들을 방해하거나 지루하게 만들지 않는다면 … 도대체 하지 못할 이유가 무엇입니까?"[52] 어쨌든 랜드는 자신의 창작 활동이 나아갈 예술적 목표를 분명히 알고 있었다. 베스트셀러가 될 수 있는 압도적 잠재력을 지닌 시나리오와 소설의 형태로 실현된, 모든 사람을 위한 최고 수준의 철학. 바로 이것이 그녀가 원한 것이었다. 그리고 그녀는 그것이 성공적으로 실현되는 모습을 볼 때까지 쉬지 않을 것이다.

밀폐된

이 이상을 달성하기 위한 그녀의 싸움이 첫 성공을 거두지 못한 것은 아니었다. 1932년에 여러 영화 스튜디오에서 그녀의 완성된 첫 시나리오에 관심을 보였다. 「빨갱이 인질」이라는 제목의 시나리오에서 그녀는 아름답고 용감한 미국 여성의 이야기를 전개했다. 그녀는 외딴섬에 있는 굴락 수용소에 수감된 남편을 탈출시키기 위해 배를 타고 그곳으로 간다. 그녀의 남편은 특별한 재능과 지나치게 자발적인 활동 때문에 소련 체제에서 모함을 받은 러시아 엔지니어다. 여주인공의 계획은 수용소 사령관과 관계를 맺고 그의 마음을 얻어 모든 인간, 특히 수감된 남편의 절대적인 가치를 알아보도록 일깨우는 데 있다.

모든 것이 랜드의 집필 방식을 따랐다. 고전적이고 낭만적인 삼각관계, 소련 체제의 비인간적 본성과 '행복을 추구'하는, 이미 철저하게 미국식으로 세심하게 키워진 꿈이 지닌 모든 것을 해방시키는 힘에 철학적이고 이데올로기적으로 방점이 찍혀 있다. 1932년 시나리오를 완성했을 때, 그녀는 여전히 영화 스튜디오 RKO의 소품 담당 부서에서 전일제로 일하며 매일 열네 시간씩 되풀이되는 바보 같은 배송 업무를 수행했다. 그녀는 밤과 일요일에 글을 썼다.[53]

최종적으로 「빨갱이 인질」의 판권은 700달러를 제시한 유니버설 영화사에 낙찰되었다. 작가가 완성해야 하는 최종 대본에 대한 보수로 다시 800달러가 추가되었다. 랜드는 자신의 작품이 메트로 골드윈 메이어 제작사 손에 들어가기를 원했다. 당시 그 제작사와 계약을 맺고 있던 마를레네 디트리히 Marlene Dietrich가 그 소재에 열광했다. 하지만 그녀의 스승이자 감독인 요제프 폰 슈테른베르크Josef von Sternberg는 단호하게 거부했다. 몇 달 전에 그의 회사에서 러시아를 소재로 만든 다른 영화가 철저하게 실패했기 때문이었다.[54]

계약서에 서명한 그 주에 랜드는 증오해 마지않던 밥벌이를 내던지고 경제 대공황이 일시적으로 정점에 도달한 시점에 자유 문필가의 삶으로 뛰어드는 모험을 감행했다. 지금이 아니면 절대 할 수 없다!

하지만 2년이 지난 후에도 「빨갱이 인질」은 여전히 촬영이 시작될 날만을 기다리고 있다. 그리고 그녀가 그 이후 거의 모든 창조적 에너지를 쏟아부었던 첫 번째 장편소설에 관심을 기울인 사람은 전혀 없었다. 1934년 봄에 절반 정도 완성한 『밀폐된』이라는 제목을 지닌 이 소설에서 랜드는 다시 한번 의지가 강한 개인의 자아실현과 사랑, 행복을 추구하려는 노력을 다루었다. 영원히 자유가 박탈된 장소가 이번에는 시베리아의 굴락 수용소가 아니라, 신생 소련 사회 전체다. 이미 제목에서 궁핍한 경제, 일상의 황폐화, 도처에 퍼져 있는 불안과 제도화된 권력 남용으로 이루어진 작품의 결정적 분위기가 적확하게 표현되어 있다.

랜드는 소설 『밀폐된』을 신생 소련의 상태를 몸소 체험했으나 그 체험을 뚜렷한 미국적 시각과 태도에서 묘사한 사람의 붓끝에서 나온 첫 번째 작품이라고 소개한다. 그것은 무슨 일이 있어도 채택되어야 한다! 랜드가 뉴욕에 있는 그녀의 문학 에이전트 장 윅에게 적어 보낸 것처럼, 미국 독자는 "(레닌그라드의 삶의 조건에 대해) 전혀 상상할 수 없기에 더욱 그렇다. 만약 그들이 알았다면 기분 나쁠 정도로 많은 은밀한 볼셰비키주의자들과 소련 체제에 대해 이상주의적으로 공감하는 자들이 생겨날 수 없었을 것이다. (여기서는 좌파의 의미에서) '자유주의자들'이 소련의 생활 환경에 대한 진실을 알게 된다면 놀라서 비명을 지를 것이다. 이 책은 바로 이런 사람들을 위해 썼다."[55]

기본적으로 소설은 러시아의 상황이나 여주인공의 사랑과 자유를 얻기 위한 투쟁 그 이상의 심오한 주제를 다루고 있다. "『밀폐된』은 키라 아르구노바의 이야기가 '전혀 아니다'. 그것은 키라 아르구노바와 대중의 이야기다. … 대중에 맞서는 개인, 이것이 이 책의 유일한 주제다. 왜냐하면 이것이 우리 시대의 가장 큰 문제이기 때문이다. 적어도 이것을 이해하고자 하는 모든 사람에게는."[56]

뉴욕에 있는 주요 문학 출판사의 편집자들은 분명히 그런 부류에 속하지 않는다. 만약 그렇다고 해도, 1934년에 그들은 개인이 아니라 대중의 편에 서서 이런 핵심 문제를 바라보았을 것이다.

아메리칸드림, 이것이 수년간의 경제 위기로 인해 자유의 나라에서도 회색빛으로 변했다. 민주당의 프랭클린 루스벨트Franklin Roosevelt가 1932년 대통령 선거에서 공화당의 허버트 후버Herbert Hoover를 누르고 승리했을 때, 그 나라의 실업률은 25퍼센트에 달했다. 루스벨트는 신속하게 선거 공약인 뉴딜 정책을 실행한다. 자본시장에 대한 엄격한 규제, 공공 고용 프로그램, 증세를 통한 재분배, 달러를 안정시키기 위한 개인의 금 보유 금지.

자신의 삶이 언제나 정치적, 경제적 기본 조건과 아주 밀접하게 연결되어 있다는 사실을 아인 랜드는 너무도 잘 알고 있다. 그녀와 그녀의 가족이 혁명 초기에 상트페테르부르크에서 겪었던 정신적 손상을 고려하면, 새 대통령의 일괄 조치와 그것에 따르는 수사학적 언사들은 그녀에게 의심스러울 정도로 익숙해 보였다. 곧 그녀는 최악의 상황이 두려워졌다. 또한 자신의 원고가 거부되었다는 사실을 공산주의적 사고가 얼마나 광범위하게, 특히 동부 해안 지역의 창조적 엘리트들 사이에 침투해 있는지를 보여주는 또 하나의 명백한 신호로 여긴다.

전 세계적 시나리오로 이제 그녀의 눈앞에 구체적으로 나타난 것, 즉 난동을 부리는 대중, 아니 폭도의 명령에 개인이 복종하는 것을 이곳에서는 아무도 파악하려고 하지 않고, 싸우려 하지 않는 것일까? 그것은 더 이상 허구가 아니었다. 신문을 펼치기만 하면 되었다. 모스크바, 베를린, 파리, 그리고 이제 워싱턴, 어디든 상관없이 거의 매일 집단주의가 또 다른 전투에서 승리하고 있다! 내면 깊숙이 동경과 희망을 지녔던 그녀는 미국에 도착한 이후 한 번도 겪어본 적 없는 실망감을 느꼈다. 소설 여주인공 키라의 극적이고 독창적인 언어로 표현하자면 "내가 1억 5000만 명에 맞서고 있다는 것이 핵심이다".[57]

이상들

그렇게 다시 자신에게 집중하게 된 랜드는 1934년 위기의 봄에 철학 일기를 쓰기 시작한다.[58] 일기에서 핵심은 아주 명백하게 모든 인간 삶의 밑바탕이나 심연을 의미하는 여러 문제를 꿰뚫는 것이다. 의지의 자유에 관한 문제, 감정과 이성의 관계, 언어의 본질, 무조건적 가치의 존재, 이기주의와 이타주의 사이의 윤리적 긴장이 그런 문제다.

1934년 4월 9일에 쓴 처음 두 기록은 그녀의 특별한 자의식을 보여주는 명확한 증거다. 그녀는 그런 의식을 갖고 그와 같은 인간의 문제들을 다룰 생각이다.

이것은 아마추어 철학자의 미미한 시작이다. 내가 철학에 통달하게 된다면 생겨날 통찰력의 도움을 받아서 새롭게 조사한 다음 얼마나 많은 것이 이미 이야기되었는지, 새로운 것을 이야기할 수 있는지, 혹은 오래된 것을 그저 좀 더 낮게 이야기할 수 있는지를 판단하고자 한다.

인간이라는 종족은 고통을 겪는 능력과 거짓말을 하는 능력, 두 가지 능력만을 지니고 있다. 나는 인간이 하는 모든 거짓말의 뿌리이자 고통에 대한 유일한 변명인 종교와 싸울 것이다.

나는 인류의 최대 저주는 이상을 순수하게 추상적인 것으로, 따라서 일상과는 아무런 관련도 없는 것으로 파악하는 능력이라고 확신한다. 즉 '생각하는 것'과는 완전히 다르게 '살고', 결과적으로 사고를 구체적인 삶으로부터 완전히 제거하는 능력이다. 나는 그것을 보여주는 이용 가능한 모든 사실을 모을 것이다. 이것은 표적을 정해서 계획대로 진행하는 위선자뿐 아니라, 오히려 전적으로 자신만 의지해서 마음속 가장 깊은 곳에 있는 확신과 실제적 삶 사이의 완벽한 단절을 용인하면서도 확신을 지니고 있다고 믿는 훨씬 더 위험하고 절망적인 모든 사례에 적용된다. 이런 인간들은 자신의 이상 혹은 삶 중 어느 한 가지를 가치가 없는 것으로 간주하지만, 일반적으로 두 가

지 모두 가치가 없다.[59]

니체와 자아

종교에 대한 분명한 증오, 노골적인 엘리트주의, 모든 고통의 필연성에 대한 거부, 이상적 발전이라고 긍정하는 것을 매끄럽게 자신의 삶에 통합하라는 요구…. 랜드의 첫 번째 체계적인 걸음마 시도는 프리드리히 니체의 영향을 아주 뚜렷하게 보여주고 있다. 실제로 니체는 그녀가 좀 더 집중적으로 몰두해서 작품을 읽은 유일한 철학 저자였다.

그녀가 미국에서 구입한 첫 번째 영어 서적인 니체의 『차라투스트라는 이렇게 말했다』는 수년간 그녀 집의 성서와 같은 것이 되었다. 몹시 암울해질 때면 그녀는 몇 번이고 그에게로 돌아가 용기를 내고 자신의 사명을 되새긴다. 실제로 그녀가 철학 일기를 시작하기 훨씬 전부터 "니체와 내가 생각하기에" 혹은 "니체가 이미 말한 것처럼"과 같은 문장들이 그녀의 개인적 기록에 지속적으로 등장한다.[60] 사실, 랜드가 니체 저작을 처음으로 가깝게 접한 것은 상트페테르부르크에서 보낸 청소년기였을 수도 있다. 그 도시에서 초인에 관한 독일 사상가의 글은 사업가 무리와 아방가르드 집단에서 큰 인기를 누렸다. 특히 그 대도시의 진보적인 유대인 집단에서 인기를 누렸다.

초인의 사상가와 함께 철학으로 통하는 길을 발견한 수백만 명의 다른 젊은이들과 마찬가지로, 랜드에게도 니체 저작의 반항적인 내용, 문체의 탁월함과 더불어 심리적 요인이 결정적으로 작용했을 수 있다. 니체의 저작은 자아를 형성하는 중요한 시기에 특히 정신적으로 깨어 있지만 또래 집단에서 고립된 청소년들에게 사회적으로 아웃사이더인 자신들의 상태를 존재론적으로 정당화하는 것을 허용한다. 그것은 남들과 다른 자신만의 특성을 이해할 수 있도록 해주는 일종의 기본 틀이며, 이렇게 경험한 배척 상태에서 자신을 실제 엘리트의 일부로 이해하게 하는 유혹적인 효과를 발휘한다.

그것은 언제나 자아도취적 불쾌한 여운을 남기기 때문에, 결코 무해한 자극이 아니다. 철학 일기가 증명하듯이 당시 스물아홉 살이던 아인도 엘리트적 외관의 한쪽으로 치우친 특성을 잘 알고 있었다.

1934년 5월 15일
언젠가 나는 내가 인간 종족의 비범한 표본인지 알아내게 될 것이다. 왜냐하면 내 경우에는 본능과 이성이 떼어낼 수 없게 하나로 합쳐져 있으며, 이때 이성이 본능을 이끌기 때문이다. 나는 비범한가, 아니면 오히려 평범하고 건강한가? 내가 다른 사람들에게 나 자신의 특별함을 철학적 체계로 강요하려고 하는가? 나는 비범할 정도로 지적인가, 아니면 단지 이례적일 정도로 정직한가? 나는 후자라고 생각한다. 정직함 그 자체가 우월한 지적 형태가 아니라면 말이다.[61]

시몬 베유, 한나 아렌트 혹은 시몬 드 보부아르가 기본적인 충동에 따라 썼을 법한 놀라운 자아 탐구의 문장들. 그들은 모두 청소년기 초반부터 같은 질문으로 괴로워했다. 궁극적으로 무엇이 나를 이처럼 남들과 다르게 만드는가? 다른 모든 사람과 달리 내가 이해할 수도 살아낼 수도 없는 것은 무엇인가? 나는 정말로 삶이라는 고속도로에서 역주행하는 운전자인가? 오히려 상향등을 켜고 차례로 나에게 다가오며 거칠게 경적을 울려대는 대중이 역주행 운전자가 아닐까? 철학적으로 꾸려나가는 삶의 토대에 대한 일종의 의심.

소크라테스적 긴장

철학하는 인간은 본질적으로 주류와는 다른 통찰력을 지닌 천민Paria◆과 심각한 거짓 상태에서도 흔적과 의미가 드러나는 올바른 삶을 고지하는 예언자의 모습으로 나타난다. 어쨌든 이것은 그녀와 동시대인이었던 베유, 아렌트, 보부아르와 마찬가지로 아인 랜드가 1930년대 초반에 점점 더 자신감을 갖고 받아들인 역할을 정의하는 한 가지 방식으로 남아 있다. 그들이 분명하게 선택을 했다는 의미는 아니다. 그들은 자신들이 이 세계 속에서 근본적으로 다르게 놓여 있음을 경험한다. 그리고 마음속 깊숙이 누가 또는 무엇이 실제로 치료받아야 할 문제인지를 확신한다. 그녀들이 아니라 다른 사람들. 어쩌면 다른 모든 사람이 문제일 것이다.

이런 견해를 따른다면, 모든 철학의 출발점에 있는 깜짝 놀람이라는 진정한 충격은 "무가 아니라 어떤 것이 존재한다"는 기이함 속이 아니라, 오히려 다른 모든 사람이 실제로 그들이 살았던 방식 그대로 살고 있다는 점에 대해 한 개인이 느끼는 솔직하고 어이없는 감정 속에 존재할 것이다. 다시 말해 기원에서 분리되는 것인 철학하기는 존재론적이거나 인식론적인 분리가 아니라, 사회적 분리일 것이다. 그것은 침묵하는 세계와 자아의 관계가 아니라, 말하는 타자와 자아의 관계와 관련될 것이다.

루스벨트가 뉴딜 정책을 궁극적으로 국가 주도라는 궤도

이 말은 본래 가무歌舞와 유예遊藝를 세습해서 수행했던 마드라스 지방의 파리아 카스트를 가리키던 말이었으나, 나중에는 인도의 불가촉천민 전부를 지칭하는 말로 사용되었다. 20세기 초 막스 베버는 파리아라는 단어를 추방된 자를 나타내는 일반적 사회학 개념으로 사용했다. 그는 자신의 저서 『세계 종교의 경제 윤리』에서 여러 차례 유대인을 '파리아 민족'이라고 언급했다. 아렌트는 그의 개념을 받아들여서 사회 정치 개념으로 정립했다.

에 올려놓은 1934년이라는 역사적 순간에 베를린 경찰서에서 심문받는 한나 아렌트, 공산주의 그룹에서 토론 중인 시몬 베유, 혹은 루앙의 잔 다르크 고등학교 교사 모임의 명예 회원인 시몬 드 보부아르와 마찬가지로 아인 랜드도 자신의 조국 사람들이 보여준 태도 때문에 낯선 느낌을 받았을 것이라고 충분히 상상할 수 있다.

분명코 무언가가 이 세계와 그 안에서 살고 있는 사람들과 근본적으로 맞지 않는다. 어쩌면 맞았던 적이 한 번도 없었을지도 모른다. 하지만 정확히 그것이 무엇인가? 그리고 1930년대 초반에 개인이 분명하게 점점 더 압박해오는 이 불편함을 표현해서 치유하는 것이 어떻게 가능할까?

3장

실험

1934~1935년

그것이 랜드를 브로드웨이로, 보부아르를 올가에게로,
베유를 공장으로, 그리고 아렌트를 팔레스타인으로 이끈다.

고발된

영화감독 프랭크 캐프라Frank Capra◆, 폴라 네그리Pola Negri◆◆, 글로리아 스완슨Gloria Swanson◆◆◆ 그리고 마를레네 디트리히가 전부 관람하러 왔다. 이 외에도 차르 시절에 장군이었던 이반 레베데프가 이끄는, 로스앤젤레스에 사는 러시아 망명 귀족들이 앞줄을 차지했다. 어쨌든 이반 레베데프는 모든 것을 결정하는 이날, 새로운 천재를 지원할 수 있는 기회를 당연히 빼앗기지 않으려 했다. 직접 축하의 말을 전하기 위해 레베데프는 저녁 늦게 러시아 망명자들이 즐겨 찾는 카페 '흰 독수리'에서 열린 파티에 그녀를 초대했다.[1]

하지만 우선 배심원들의 차례였다. 그들은 여자 주인공에게 무죄를 선고해서 이 나라에 아직도 자유정신이 존재한다

◆

시칠리아 팔레르모 출생의 미국 영화감독이다. 「어느 날 밤에 생긴 일」(1934)로 아카데미 감독상과 작품상을 수상했다. 「디즈 씨 도시에 가다」(1936), 「우리 집의 낙원」(1938) 등 가벼운 희극 영화에서 뛰어난 재능을 보였다.

◆◆

폴란드 출신의 영화배우로 유럽의 영화배우 중 미국에 진출해서 대중적 인기를 누렸던 최초의 배우다. 무성영화 시대 글로리아 스완슨과 경쟁 관계였다.

◆◆◆

1910년대와 1920년대 무성영화가 전성기를 구가하던 때에 파라마운트 영화사를 대표했던 여성 배우다. 유성영화 배우로는 성공을 거두지 못했고, 1930년대에 영화계에서 은퇴하고 말년에는 주로 방송에 출연했다.

는 것을 증명할 것인가? 고유한 핵심, 야망, 낭만적 대담함과 마음을 사로잡는 독립심을 지닌 사람들을 구할 수 있는 마지막 남은 호의인가? 아니면 곧 이루어질 판결에서 소심한 규칙과 두려움, 공허한 형식주의와 배워 익힌 예의범절, 정말로 위대한 모든 계획과 행위를 반대하는 은밀한 거부감을 지닌 다수, 즉 '지나치게 많은' 사람들의 관습적인 도덕이 다시 한번 승리를 거두게 될 것인가?

공연장 안의 긴장감을 뚜렷하게 감지할 수 있었다. 그 사건의 원래 주인공인 아인 랜드만이 기이하게도 관심이 없는 것처럼 보였다. 그 모든 것이 그녀와 아무런 관계가 없는 것처럼 보였다. 그녀가 상당히 능숙하게 정황 증거를 여기 저기에 흩어놓았기 때문에, 배심원들이 순전히 사실에 근거해서 판결을 내리는 일이 불가능할 정도였다. 사실이 말해주는 것이 궁극적으로 무엇인가? 삶에서 결정적인 문제는 사람들이 주어진 사실과 어떤 관계를 맺고 있느냐가 아닌가?

랜드의 말에 따르면, 독자적인 입장을 취할 수 있는 인간의 능력은 근본적으로 그녀가 삶의 감각sense of life라고 부르는 것에 달려 있다. 그리고 그녀는 모든 사람에게 정말로 중요한 것은 논리적 감각이 아닌 느낌으로 얻은 감각이라는 뜻으로 그 단어를 이해했다. 그 감각은 세계 내에서 자신의 자리와 목적과 이상을 위한 감각이다. 이 '삶의 감각'은 어떤 상태에 놓여 있는가? 그것은 그녀의 '자유로운' 새로운 조국에서 실제로 어떻게 분배되어 있고 보존되어 있나? 그리고 사람들이 어떻게 효과적으로 그것을 돌려달라고 요구할 것인가? 그것이 그녀의 질문이고, 그녀가 하려는 실험이다.

이미 1933년에 그녀는 이 희곡을 거의 완벽한 범죄 사건으로 계획했다. 3막으로 이루어진 범죄 드라마인 이 작품은 1934년 10월 말의 어느 날 저녁에 로스앤젤레스의 할리우드 극장에서 「재판 중인 여인Woman on Trial」이라는 제목으로 전 세계에서 처음으로 공연되었다. 이것이 연극 무대에 오른 랜드의 첫 작품이다. 아니, 미국에서 발표된 그녀의 첫 번째 출판물이다!

판결 전

8년이 채 지나지도 않은 과거의 어느 날, 그녀는 충분한 영어 지식도 없이, 여행 가방 하나만 끌고 이 도시에 도착했다. 이제 그녀 자신의 이름이 반짝이는 커다란 서체로 할리우드의 대로를 향해 빛나고 있다! 그녀가 고향 레닌그라드에서 자신과 가족들에게 예언했던, 아니 약속했던 모습 그대로. 아마 다른 사람이라면 자신이 이미 이룬 성취에 자부심을 느꼈을 것이다. 하지만 공연보다 곧 있을 초연 축하 파티를 더 두려워한 랜드는 상당한 피로감과 메스꺼움이 묘하게 뒤섞인 상태에 처해 있었다. 어쨌든 바버라 베드퍼드라는 전직 무성영화 스타였던 주연배우가 기소된 비서 카렌 앙드르라는 여주인공 역할을 설득력 있게 연기한다. 그리고 빈약한 예산으로 제작된 공연의 무대 장치와 장면 전환에서는 아쉬운 점이 상당히 많았지만, 적어도 연출가이며 제작자인 에드워드 E. 클라이브는 랜드의 원작을 충실하게 따랐다. 무엇보다도 배심원이라는 교묘한 수법이 완전히 성공한 것처럼 보였다. 공연이 시작되기 전 관객 중에서 12명의 지원자를 선발하고, 이들이 드라마가 끝나기 직전 공연의 일부로 공개된 무대에서 민중의 이름으로 판결을 내린 것은 이전에는 없었던 일이다. 정말 새로웠다. 그리고 그것은 랜드의 기발한 생각이다.

랜드가 몇 주 만에 완성한 「재판 중인 여인」(원래 제목은 「펜트하우스 전설」이었다)에 내용적으로 영감을 준 것은 당시에 논란이 분분했던 스웨덴 성냥 재벌이자 투기업자인 이바르 크뤼게르Ivar Kreuger가 연루된 실제 사건이었다. 스웨덴 출신의 이 남자는 극도로 위험한 사업과 대출을 통해 전 세계적인 유통망을 가진 혼합 기업에서 출발해서 100개가 넘는 회사로 사업을 확장했고, 그 과정에서 엄청난 부를 축적했다고 한다. 1932년 봄 크뤼게르는 지불 불능 사태와 금융 사기로 인한 유죄 판결을 목전에 둔 상태에서 자살을 선택하고, 파리의 고급 호텔에서 권총으로 자신의 머리를 쏘아 죽는다. 크뤼게르의 외향적이고 플레이보이 같은 삶 때문에 선정적 언론도 그의 사건을 집중적으로 따라다니면서 보도했다.

살짝 허구를 가미하여 변형한 랜드의 작품에서 크뤼게르는 비열한 사업가 뵈른 포크너가 되었다. 드라마의 결정적인 질문은 포크너의 오랜 비서이자 동업자이며 무엇보다 열정적으로 그에게 헌신하는 애인인 카렌 앙드르가 호화로운 펜트하우스의 발코니에서 떨어져 죽은 포크너의 사건에 대해 책임이 있는지, 만약 있다면 어떤 이유로 책임이 있는가 하는 문제다. 남편을 잃은 젊은 아내와 포크너의 사업에 깊이 연루된 은행가인 그녀의 아버지는 증언대에서 포크너가 좌절된 사랑 때문에 앙드르에게 냉혹하게 살해당했다고 주장한다. 반면 여러 증인이 확인한 것처럼, 피고인 그녀는 의심의 여지 없이 사고 현장에서 포크너의 추락에 연루되어 있었지만, 사건과 진행 과정 일체를 부인한다. 법정에서 인상적일 정도로 확신에 차서 증언하는 동안 그녀는 자신이 몹시 사랑했고 경탄해 마지않았던 남자에 대한 어떤 형태의 실망이나 질투심을 부인했다. 그녀는 그의 불법적 사업, 연애 행각 그리고 위장 결혼을 몇 년 동안 덮어주었고, 그것이 가능하도록 협력했다.

결론적으로 말하자면 이것은 상반되는 진술과 온전히 일관되지 않은 사실이 있는 고전적인 정황 증거에 의존한 재판이다. 드라마는 랜드가 선호하는 플롯 구성 방식―고전적 삼각관계, '누가 살인을 저질렀는가?'라는 질문에서 드러나는 표면적 긴장―을 따라서 만들어졌다. 하지만 좀 더 깊은 차원에서는 모든 관객이 스스로 평가해야 하는 근본적인 갈등, 즉 "강한 인물" 대 "규범에 충실한 인간", "독립 대 순응"[2]의 갈등이 있다. 배심원들은 어느 편을 더 신뢰하고 공감할지 결정해야 한다. 명확한 사실에 근거한 상태가 없는 경우, 모든 것은 배심원들 각자의 '삶의 감각'에 달려 있다. 결과적으로 모든 진정한 판결과 마찬가지로 이 판단 역시 무엇보다 판단하는 사람 자신을 심판할 것이다.

이기적인

자신의 기분에 관한 한, 랜드는 주저하지 않을 것이다. 일찍부터 내면화한 니체주의에 고무된 그녀는 타협하지 않고 행동하는 사람들에게 특별한 매력을 느꼈다. 이때 그 인간이 현실에서는 명백히 범죄적인 금융 사기꾼 혹은 충동적인 살인마일 수도 있다. 질투하는 대중의 관습적 도덕이 진정한 적이라는 점이 확인된다면, 거리낌 없이 이런 규범에 저항하는 사람 모두가 우선적으로 동맹자가 된다. 이런 초인적인 삶의 감각의 핵심 원칙은 우선 다음처럼 단순하다. 모든 것이 괜찮다. 평범함만 아니면 모든 것이 괜찮다! 겸손을 제외한 모든 것이 괜찮다!

그런 만큼 다음 날 아침에 느낀 실망은 상당히 크다. 작품은 대부분 칭찬을 받았고, 무엇보다 작가의 주목할 만한 재능이 강조되었다. 특히 비평가들은 현장에서 즉석으로 이루어진 배심원 판결이라는 수법에 매혹되었다. 하지만 랜드가 작품의 진정한 주제로 여긴 것에 대해서는 한마디도 없었다. 그녀의 관점에서 본 "영웅적인 개인"과 "지나치게 많은 사람들"[3] 사이에서 벌어지는 맹렬한 세계 투쟁에 관해서는 한마디도 언급되지 않았다. 만약 광범위한 대중의 인정이 잘못된 근거 때문이라면, 그것으로 무엇을 얻을 수 있다는 말인가? 제대로 된 자존감을 지니지 못한 사람이나 그런 성공에 만족할 것이다. 그런데 랜드는 단 한 번도 그런 사람이었던 적이 없었다. 랜드는 실제로 올바른 근거로 예술 작품을 평가하지 못하는 명백한 무능력이 그 사이 문화계에 널리 퍼져 있다고 확신했다. 그리고 이러한 무능력은 특히 예술가의 창조적 자의식에 파괴적인 결과를 초래했다.

몇 달 전에 그녀는 오르테가 이 가세트^{Ortega y Gasset}의 책 『대중의 반란』[4]을 집중적으로 읽고 이를 바탕으로 철학 일기에 다음과 같은 글을 적었다.

소위 말하는 오늘날의 '이기적인' 인간은 '이상'을 그저, '자신의' 목적을 달성하기 위한 수단으로만 이용한다. 하지만 그 목표는 어디에 있는가? 단지 대중의 요구에 맞춰 성공과 명성을 획득하면 무엇을 얻을 수 있는가? 이 경우 승리하는 것은 '그'가 아니고, 그의 이상과 표준도 아니며, 단지 그의 물리적 껍데기일 뿐이다. 실제로 그런 인간은 대중의 노예다. 그리고 그것은 오늘날의 '이기적'이고 야심만만한 인간이 본질적으로는 '자아를 잊었'거나 '자아가 없다'고 말할 때 내가 의미하는 것이기도 하다. 반대로 진정한 형태의 자아 관련성은 '자신의' 더 높은 이상과 가치에 대한 권리를 요구하는 것이다. 따라서 '최고의 이기주의'는 부차적인 가치가 아니라 본질적인 가치에 근거하여 스스로를 위해 사물을 요구함으로써 뚜렷하게 모습을 드러낸다.

지금 가장 우려되는, 나 자신이 직접 경험한 예는 아주 소수의 사람만이 문학 작품을 그 작품의 '본질적' 가치에 따라 평가할 수 있는 능력을 지녔거나 '적어도 그런 욕구 정도는' 지녔다는 사실이다. 대부분의 사람에게 작품은 다른 사람이 이미 가치를 부여한 후에야 비로소 가치를 지니게 된다. 그들에게는 자신만의 고유한 판단 기준이 없다(그리고 없다고 아쉬워하지도 않는다).[5]

독립적이고 확고한 자아를 자신의 소유물이라고 부르는 사람만이 좋은 이기주의자가 될 수 있다. 반면 성공, 명성 혹은 권력을 얻기 위해 무엇이든 행하고 말할 준비가 되어 있는 교활한 대중 조작자의 천박한 이기주의는 사실 최고의 이기주의

자라는 칭호를 정당하게 요구하기에는 너무 공허하고 방향이 설정되어 있지 않다.

특히 그와 같이 공허한 영웅을 거리낌 없이 이상화하는 사회는 자신의 고유한 가치를 떠받치는 모든 주요 기준을 상실하여 존속하는 데 명백히 위협을 받게 될 것이다. 무엇보다 합법적이고 민주적 외관을 띤, 다른 사람의 인정이라는 형태의 독재 속에서 그렇다. 그 독재의 정점에는 조작하는 데 특별한 재능을 지닌 대중적 개인이 자리 잡고 있을 것이다. 랜드가 선택한 자유의 나라에는 진짜 악몽이다.

중고품

하지만 "지나치게 많은 사람"이라는 특징을 띠는 자발적인 자아 포기의 충동 뒤에 숨겨진 것은 도대체 무엇인가? 심리적으로나 사회적으로 어떤 메커니즘이 결정적인가? 이것과 관련해서 이웃집 여성과 나누었던 일상적 대화가 랜드에게는 하나의 각성 체험이었다. 랜드처럼 영화 업계에서 일하고 데이비드 O. 셀즈닉David O. Selznick의 조수로서 직업적으로도 상당히 성공한 이 젊은 여성은 이미 오래전부터 특별히 야심만만하고 성공 지향적인 인상으로 랜드의 눈에 띄었다. 어느 날 랜드는 아주 직접적으로 그녀에게 삶의 목표가 무엇인지 묻는다. 그 질문을 받은 마르셀라 바네트라는 여성은 오래 생각할 필요가 없다. 아무도 자동차를 소유하고 있지 않다면, 그녀도 자동차를 원하지 않을 것이다. 많은 사람이 한 대를 가지고 있는데 다른 사람은 없다면, 그녀도 한 대를 소유하려고 할 거라고 한다. 많은 사람이 두 대를 갖고 있고 다른 사람들은 그저 한 대만을 갖고 있다면, 그녀는 두 대를 갖고 싶을 거라고 말한다. 게다가 그녀가 다른 사람보다 더 많이 갖고 있다는 사실을 그들이 알게 하는 것 역시 그녀에게는 아주 중요하다.[6]

랜드는 그때 자신이 들은 내용을 거의 이해할 수 없었다. 분명히 이 여성은 오로지 주변의 다른 사람들이 좇고 있는 목표에 맞춰 자신의 방향을 정하고, 가능한 한 모든 영역에서 다른 사람들을 능가하고 밀어제치려는 목표를 세우고 행동한다. 그녀가 원하는 듯 보이는 모든 것이 실은 다른 사람의 욕망과 지향점에 달려 있으며, 말하자면 실제로는 부차적인 것이었다.

하지만 앞에서 언급한 여비서의 욕망이 지향했던 사람들 역시 다른 사람에게서 감지한 욕망에 이끌리는 것이라면 어떨까? 소위 자유로운 사회의 타락한 모습이 랜드의 마음속에 어른거렸는데, 그 사회의 야망과 개인주의가 실제로는 전적으로 파생된 자율과 본말이 전도된 인정 욕구에 의해 자극받은 것이었다. 그녀는 그렇게 살 수 없었고, 그렇게 살고 싶지도 않았다. 그리고 누구도 그렇게 살아서는 안 된다.

영화에 나올 만한

어쨌든 소위 말하는 성공, 그것이 이제 이루어졌다. 그 작품의 영화 판권도 곧 팔렸으며, 당시 가장 성공적인 감독 중 한 명인 샘 우드(새뮤얼 그로스베너 우드Samuel Grosvenor Wood)♦가 그녀에게 그 연극을 뉴욕 브로드웨이 무대 위에 올리자고 제안한다. 필요한 경우 그가 직접 대본에 손을 댈 수 있고, 현장에서 랜드가 그와 함께 그 소재를 커다란 무대 위에 올리는 작업을 해야 한다는 것이 전제 조건이었다.

무엇이 그녀를 할리우드에 붙잡아둘 수 있겠는가? 분명코 캘리포니아의 기후는 아니다. 그리고 남편 프랭크 오코너의 명백한 직업적 실패도 그럴 수 없다. 서명한 지 일주일도 지나지 않아 할리우드의 옛 삶이 정리되었고, 부부는 낡은 픽업 트럭을 타고 동부 해안 지역을 향해 떠났다. 랜드는 이번 자동차 여행을 하면서 처음으로 다른 모습의 미국을 보게 되었다. 궁핍한 소도시들, 가난한 시골 노동자, 흑인의 극심한 빈곤, 무엇보다도 낙후된 사회 기반 시설을 지닌 미국의 모습을.

♦ 미국의 영화감독, 각본가, 배우, 영화배우, 영화 프로듀서. 1920에서 1949년까지 80편 이상의 영화를 감독했는데, 대표작으로는 「굿바이 미스터 칩스」(1939), 「우리 읍네」(1940), 「야구왕 루 게릭」(1942), 「누구를 위하여 좋은 울리나」(1943) 등이 있다.

버지니아주에서 프랭크가 추월하려던 화물차를 피하려고 한 순간, 그들이 탄 자동차가 전복되어 길가의 고랑에 처박혔다. 다치지는 않았지만, 자동차가 완전히 불타버려서 그들은 그레이하운드 고속버스로 뉴욕에 도착했다. 그곳에 도착하자마자 최악의 상황이 전개되었다. 연극 「재판 중인 여인」을 「1월 16일 밤」이라는 제목으로 바꿔서 브로드웨이 무대에 올릴 예정이었지만, 공연에 필요한 자금 조달이 예기치 않게 순식간에 무산되면서 랜드는 1935년이 시작되었을 때 속수무책으로 기다려야 하는 상태에 빠졌다. 비용을 아끼기 위해 그 부부는 뉴욕에서 하루 벌어 하루를 사는 프랭크의 동생 닉과 함께 일종의 생활 공동체를 꾸린다. 그곳에서 세 사람은 부엌 주변의 좁은 공간에 둘러앉아 좋은 때가 오기를 기다린다. 솔직히 말하자면 랜드의 상황은 레닌그라드에 있는 가족들의 상황과 크게 다르지 않았다. 가족의 편지에서 알 수 있듯이 한때 자부심으로 충만했던 아버지는 여전히 일자리와 수입이 없었고, 백열전등을 구하기 위해 낮 동안에 도시의 거리를 배회한다. 집에 1킬로그램의 사과가 있는 경우 그날을 축제일이라고 여긴다. 어머니와 여러 언어에 능통하고 최고의 교육을 받은 여동생들은 공산당의 저녁 모임에 빠지지 않기 위해 몹시 주의를 기울였는데, 그것은 관광 안내인 일자리를 잃지 않기 위해서였다.

　　로젠바움 가족이 지닌 삶에 대한 의지는 무엇보다도 해

외로 간 알리사의 전설적인 성공으로부터 힘을 얻었다. 아버지도 알리사의 작품을 읽고 즐길 수 있도록 어머니는 「1월 16일 밤」의 대본을 직접 러시아어로 번역했다. 아버지 지노비예프는 언어와 구성에 관한 한 그 희곡이 셰익스피어와 같은 반열이라며 칭찬을 아끼지 않는다. 동생 노라는 아인의 이름이 새겨진 커다란 네온사인 광고 스케치를 편지에 첨부한다. 마지막으로 어머니 안나는 피상적인 것이 지배하는 할리우드에서도 궁극적으로 모든 길은 "흰색은 역시 흰색이다"[7]라는 통찰을 피해 갈 수 없다는 말로 만족감을 표현한다. 자유가 지배하는 곳에서는 궁극적으로 뛰어난 재능이 빛을 발한다는 것을 가족 모두는 알고 있었다. 가끔은 굽은 길 혹은 아주 구불구불한 길을 지나쳐야 하지만 말이다.

제작자가 매주 새롭게 진정시키는 말에 이제 완성된 소설 『밀폐된』의 원고가 계속해서 거부되는 일이 더해졌다. 이와 관련해 완전히 수동적인 상태에 빠지지 않기 위해서 랜드는 그녀의 문학 에이전트를 해고한다. 고정적인 수입 없이 몇 달을 지내는 동안—프랭크도 불황에 시달리는 뉴욕에서 유급 일자리를 구하려고 하지만 성과가 없다—랜드는 초여름까지 쥐꼬리만 한 보수를 받고 이전에 일했던 영화 스튜디오 RKO의 시나리오 작가로 다시 일할 수 있게 된 것에 만족해야 했다. 결과적으로 모든 것을 다시 시작해야 한다. 거의 영화에서처럼.

지방의 관습

　프랑스 북부의 도시 루앙에서도 1934년 가을부터 아주 활력 넘치는 드라마가 펼쳐진다. 이 드라마는 주말마다 새롭게 지방 도시의 카페와 선술집, 러브호텔에서 공연된다. 주인공은 그 지역 여자 기숙학교에서 철학을 가르치는, 추문에 휩싸인 스물여섯 살의 여선생과 몇 주 전에 베를린에서 돌아온 두 살 연상인 그녀의 오래된 애인이다. 역시 철학 교사인 그는 주중에는 기차로 약 1시간쯤 걸리는 거리에 있는 항구 도시 르아브르에서 교직을 수행한다. 한편 러시아 대★귀족에 가문의 뿌리를 두었고, 한때는 기숙학교를 다녔던 열여덟 살의 관능적인 여학생 올가 코사키에비츠Olga Kosakiewicz는 그동안 점점 숫자가 불어난 우크라이나 및 폴란드 난민과 함께 도시의 밤 문화를 탐색한다.

　그 지역에 거주하고 있는 여교사와 눈에 띌 정도로 키가 작은 그녀의 동반자는 무리 중에서 가장 나이 어린 여성의 성적 호의를 얻기 위해 애를 썼고 그럭저럭 성공을 거두고 능숙하게 행동했기 때문에, 그것은 처음에는 고전적이고 낭만적인 삼각관계였다. 반면 이런 상호 관계에서는 두 번째 층위에 긴장, 즉 자유 대 필연, 순간 대 미래, 주체 대 사물의 대립, 진정성 혹은 비본질적인 것의 긴장이 응축되어 있다. 그 긴장의 무게는 깨인 상태에서 영위하는 모든 삶과 관련된다.

특히 원래 파리 출신인 두 철학자가 그 모든 것을 개념으로 명백하게 사건 진행 속에 도입했다. 그해 가을 두 사람의 출발 상황은 다음과 같이 묘사될 수 있다. 성인의 삶으로 향하는 마지막 문턱에서 장 폴 사르트르와 시몬 드 보부아르는 자신들의 희망과 기대에 훨씬 못 미치는 상태에 있음을 스스로 인정할 수밖에 없다. 이전에 그 나라에서 가장 명성이 자자한 대학을 1, 2등으로 졸업했던 그들이 이제는 프랑스 지방에 있는 수천 명의 철학 교사 중 두 명일 뿐이었다. 특히 장 폴은 스스로 납득해서 받아들여야만 한다고 생각할 때 생기는 실망감으로 인해 지속적인 우울 상태에 빠진다. 장학금을 받고 도취된 듯 보낸 베를린 학업 시기에 정신적으로나 감각적으로나 그에게 새로운 지평선이 열렸던 만큼, 그 우울증은 더 심해졌다.

이 몇 달 동안 그의 생각과 의견 표명은 오로지 충분히 예상할 수 있는 현재의 단조로운 삶의 주변만을 맴돌았다. 시몬의 삶과 굳건하게 결합되어 있는 그의 삶, 이미 맺은 얼마 되지 않는 우정, 직업적 성공 등이 미리 명확하게 정해져 있다. "우리는 아직 서른도 되지 않았는데, 더 이상 새로운 것을 경험하지 못할 거야. 절대 못 할 거야!"[8]

심지어 사르트르의 머리카락도 눈에 띄게 빠지기 시작한다. 어릴 적 다섯 살짜리 어린아이가 미용실에서 금발 머리를 자르고 거울을 보며 갑자기 전혀 사랑스럽게 생기지 않은 낯선 자기 모습을 확인해야만 했을 때처럼, 그 상실은 그에게 다시금 트라우마가 된다. 상실이 그의 존재의 마지막이자 극복할 수 없는 모욕인 죽음을 가리키고 있기에 더 큰 타격을 가한다.

그럴 힘이 있을 때 시몬은 몰락에 대한 사르트르의 진단을 강하게 반박하고, 계속해서 그의 철학적 독창성을 칭찬하며, 그의 유일무이한 재능을 확신한 채 인내, 끈기 그리고 현실 감각을 유지하라고 권한다. 보부아르 역시 점점 자주 눈물로 뺨을 적신 채 순간의 행복과 모든 노력의 피할 수 없는 덧없음 사이에 존재하는, 깊이를 알 수 없는 직접성에 대해 곰곰이 생각하기 때문에 그녀는 그 점에서 알아볼 수 있는 성공을 거두지는 못한다. 특히 그녀가 또다시 술을 너무 많이 마셨을 때 그랬다.[9]

지방의 분열된 일상은 진부한 맛이 났다. 그리고 만약 서로 솔직했다면, 둘 사이에 점점 드물어진 성생활도 마찬가지였다. 무엇보다 장 폴이 주도적인 태도를 거의 보이지 않고, 서로에게 솔직함을 허용했음에도 불구하고 계속해서 시몬을 그대로 내버려두었다. 단지 그들이 정신적으로 서로 너무 가깝기 때문일까? 아니면 그들이 맺은 세계와의 관계를 지탱하는 토대인 대화를 통해 끊임없이 새로워지는 정신적 일체감은 그저 또 하나의 환상이었나?

작년에 생긴 틈새가 1934~1935년 겨울이 시작되면서 마침내 심연이 되려고 한다. 중단된 여러 소설 창작 계획을 책상 서랍에 보관하고 있던 보부아르는 거의 1년 전부터 단 한 줄도

종이에 적지 못했다. 반면 사르트르는 방향을 상실한 상태에서도 강박적으로 무언가를 추구하는 집중력과 속도로 이전과 마찬가지로 왕성하게 작품을 생산한다. 지난 몇 달 동안만 하더라도 그는 인간 심리에 관한 원고를 수백 장이나 작성했다. 게다가 그는 당시에 잠정적으로 『멜랑콜리아』[10]라는 임시 제목을 붙인, 이미 여러 번 개작했던 소설의 일부를 여전히 혹은 다시 한번 근본적으로 고치는 중이다.

사르트르의 확신에 따르면 무엇보다 상상력이라는 덫이 인간을 지속적인 무기력 상태로 떨어트린다는 점에서 두 계획은 밀접하게 연관되어 있다. 특히 개인이 자신에 대해서 품어 왔던 여러 생각이 개인의 실제적 삶과 명백하게 갈등을 일으킬 때 그렇다. 자신의 고유한 정체성 수립 구상에서 근본적인 실수를 범하는 현명한 사람들은 인간의 상상력만큼이나 많고 다양하다. 이 점을 생생하게 떠올리기 위해 두 사람은 카페 밖을 바라보면서 루앙이나 르아브르의 훌륭한 시민이 대체로 소리 없는 절망 속에서 창문을 지나쳐 가는 모습을 관찰하기만 하면 된다. 그것은 더 이상 명백한 불행을 필요로 하지 않는다. 그리고 몇 년이 지나면 그들 자신도 그런 사람들에 속하게 될 것이다.

어쨌든 그들에게는 일상의 의무적인 걱정을 본질적으로 넘어서는 목표가 있었다. 하지만 그것이 실제로 좋은 일이었을까? 아니면 그것이야말로 진짜 문제가 아니었을까?

올가라는 원칙

저기 있는 올가는 얼마나 다른가. 졸업할 무렵에 그녀는 칸트에 관한 뛰어난 에세이로 보부아르의 눈에 띄었다. 겉으로 보기에 무無에서 폭발적으로 분출하는 생각은 세계를 향한 그녀의 모든 접근 방식에서 드러나는 불안정한 고집에 비하면 모범적이라는 느낌을 주었다. 그녀의 접근 방식은 파악하기 힘들 정도로 편견 없는 투명한 시선과 심각한 방향 상실 사이에서 흔들린다. 그녀는 한눈에 아주 복잡한 연관 관계, 무엇보다도 다른 사람의 내면적 삶을 파악하는 것처럼 보이지만 동시에 자신의 목표와 충동에 대해서는 무지한 것 같은 태도를 보였다.

보부아르는 이것이 올가의 부모님과 교육으로 결정된 특별한 긴장에서 생긴 것으로 이해했다. 프랑스인인 올가의 어머니는 이전에 보모로 러시아에 갔는데, 그곳에서 최고의 가문(백러시아 귀족) 출신의 엔지니어와 사랑에 빠졌다. 10월 혁명이 진행되는 와중에 이 젊은 가족은 프랑스로 도피해야 했다. 그곳에서 그들은 다른 많은 망명 러시아인과 마찬가지로 사회적으로 매우 고립된 생활을 했으며, 그런 생활은 지방이라는 공간적 고립으로 더욱 심화된다. 그들은 그 지방에 속하지 않았고, 그렇게 되려고 애쓰지도 않았다.

자기 집에서는 귀족적인 예의범절과 엘리트주의적인 자

아상이 지배하는 반면, 일상 세계에서는 심각한 신분 하락과 일상에서 배제되는 경험에 맞닥뜨리게 된다. 가정교육은 돈을 벌기 위해 일할 필요가 없는 사람들을 위한 자유로운 교육적 이상을 따랐던 반면, 가족이 겪는 실질적인 빈곤은 아이에게 야심을 품고 안정적인 생계를 보장해주는 직업을 추구하도록 촉구했다. 부모의 의지에 따라 의학을 공부해야 하는 올가의 경우도 마찬가지였다. 그녀는 학교를 마친 후 1년이 지나서도 내면에서 이 목표와 연결될 수 있는 어떤 것도 찾지 못했고, 그렇다고 분명하게 이것을 거부할 명분도 발견하지 못했다. "올가는 어려서부터 그녀가 살고 있는 사회에서는 설 자리가 없다고 확신했다. 그리고 그녀는 이 사회가 그녀의 미래를 준비해줄 것이라고 여기지도 않았다. 그녀에게 내일이란 거의 존재하지 않았고, 내년은 더더욱 존재하지 않았다."[11]

체제에 적응하지 못한 철학 선생 보부아르는 많은 동급생들에게 그랬듯이 올가에게도 존경할 만한 모범이 되었다. 반면에 보부아르는 올가의 명백한 고립과 생각의 깊이를 교육적 임무로 파악했다. 우선 그들은 함께 커피를 마시고, 산책을 하고, 서로를 알게 되고, 점점 더 솔직하게 이야기를 주고받았을 것이다. 보부아르는 외부에서 올가에게 가해진 요구나 기대 전부가 어떻게 압박감, 수치심 혹은 후회의 감정을 불러일으키지도 못하고, 아무런 효과도 내지 못한 채 튕겨져 나가는지를 자세히 보면서 점점 매혹되었다. 스물여섯 살의 보부아르는 여전히 부모의 요구와 기대에서 해방되려고 의식적으로 싸웠던 반면, 이제 겨우 열여덟인 올가는 거의 무의식적으로 이런 목표를 오래전에 달성한 것 같았다. 올가는 미리 정해진 계획 없이 그냥 삶 속으로 자신을 내던졌다. 그녀는 자신에게 다른 사람이 아니었고, 다른 사람이 그녀의 자아를 차지하도록 허용하지도 않았다. "우리는 근본적으로 달랐지만, 나는 올가와 사이가 아주 좋았다. 나는 내 계획에 따라 살았고, 그녀는 미래를 부정했다. 그녀에게는 모든 노력이 비루하게 보였고, 조심하는 태도는 새침함의 표현으로, 인내는 자기기만으로 보였다. 그녀에게는 감정만이 중요했다. 그녀는 머리로 이해하는 것에는 전혀 관심이 없었다. … 올가에게는 현재만으로 충분했다. 확정하고 제한하거나 약속하고 항상 예견하는 말은 완전히 부적절해 보였다."[12]

사람들이 그것을 지적으로 채우려 했다면—사르트르와 보부아르는 몇 년 전부터 바로 이 분야, 즉 사회적 삶을 심리적이고 철학적으로 가득 채우는 것에 숙달하고자 했다—올가는 모범적인 방식으로 생철학의 직접성이라는 유토피아, 순수하고 순간에 충실한 활력이라는 원칙을 몸을 통해 구체적으로 표현했다.

마법사

그들이 처음으로 함께 만난 직후에, 이 '작은 러시아 여인'과의 교제가 얼마나 대단한 활력을 불러일으키는지, 이성을 앗아가는 그의 현존재의 권태에서 벗어날 수 있는 탈출구를 약속하는 모든 태도와 욕망이 투사된 영사막으로 그녀가 얼마나 적합한지 깨달았다. 왜냐하면 1935년 봄까지도 사르트르는 여전히 심각한 우울증에 시달렸을 뿐만 아니라, 자신이 곧 미치게 될 거라고 점점 더 확신하게 됐기 때문이다. 무엇보다도 가는 곳마다 그를 쫓아오는 사람 크기만 한 갑각류와 벌레 무리 때문이었다. 인간 상상력의 본질에 대한 학문적 관심 때문에 그는 파리의 정신과 의사 친구가 행한 메스칼린* 투약 실험에 참여했다. 약물 복용 결과로 생겨나는 환각이 최대 36시간 지속될 거라는 의사의 확언과는 달리, 사르트르의 경우 투약 후 몇 주 그리고 몇 달이 지난 뒤에도 환각 상태가 발작적으로 같은 강도로 되풀이되곤 했다. 그가 분명히 나이를 먹고 있으며 언젠가는 다른 사람들처럼 실제로 죽을 것이라는 생각만이 아니라, 이제는 광기 역시 그의 정신을 향해 손을 내뻗었다.

그해 봄 그는 보부아르에게서 분명 돌이킬 수 없는 광란의 길을 가고 있는 그를 혼자 버려두지 않겠다는 약속을 거듭

알칼로이드의 하나로 선인장 등에 함유되어 있다. 환각 작용을 일으킨다.

받아냈다. 의사들은 과로 때문이라고 이야기하고, 휴식과 집필 중단이라는 처방을 내린다. 그러나 수년에 걸쳐 사르트르의 우울증에 관해 잘 알게 된 보부아르는 다른 진단을 내린다. 이 위기에서 사르트르에게 필요한 것은 새로운 욕망의 대상이다. 육체적으로나 정신적으로나 그의 관심을 지속적으로 집중시킬 수 있을 만큼 복잡하면서 고집스러운 대상이 가장 좋을 것이다. 생존 전략으로서의 기분 전환. "사르트르가 자신의 망상적 정신병에서 벗어나 소생하기 위해 올가의 감정을 몰래 살피는 것이 오히려 내게는 더 나았다."[13]

통일되고 유일하게 필연적인 관계, 쌍방이 맺은 삶의 계약이 1935년을 지나면서 '조커' 올가에 의해 공식적으로 삼각관계로 확장되었다. 이 젊은 여성은 그녀가 무한히 경탄해 마지않았던 한 쌍의 철학자에게서 지지와 인정을 받았고, 특히 사르트르가 몹시 필요로 하는 활력 제공이라는 자신의 역할을 받아들였다. 같은 상황을 미화해서 묘사하면 다음과 같다. "우리의 시선이 교차하며 만들어낸 마법의 삼각형에서 우리 모두는 스스로를 마법사이자 마법에 걸린 자로 느꼈다."[14]

역할에 대한 이해

계획 없이는 일이 제대로 굴러가지 않으므로, 보부아르

의 주도하에 두 사람씩 만나는 모임과 모두가 함께 모이는 만남이라는 하나의 체계가 만들어지고 다듬어졌다. 그 체계에서는 모든 사람이 자신의 권리를 가질 수 있어야만 했다. 무엇보다 실험 초기에 보부아르는 삶의 의미를 잃은 사르트르의 정신적 위기 때문에 몇 달 동안 그녀의 마음을 짓눌렀던 파괴적이고 지속적인 압력에서 해방되었다고 느낀다. 사실 이 단계에서 세계와 자아에 대해 그녀가 느낀 감정은 전혀 다른 성질의 것이었다.

항상 보살핌을 받고 자랐으며 재정적으로 확실하게 보장이 되어 있던 사르트르에게 고등학교 선생으로 지내는 현재의 삶은 자신에게 어울리지 않는 막다른 골목에 들어선 것처럼 보였을 것이 분명했고, 그곳에서 그는 "자신의 자유가 소멸해가는 것을 본" 반면에, 갖가지 부당한 제약에도 불구하고 이 직업이 보부아르에게는 진정한 자율성으로 가는 길을 가리켰다. 여성이 프랑스에서 아직 투표권을 갖지 못했던 시기에는 더욱 그랬다. 사르트르가 지방 소도시에서 자신을 타인이 정해준 역할 속으로 내던져진 사람으로 이해했던 반면에, 보부아르는 그곳에서 자신의 운명을 스스로 선택하고 싸웠다는 자부심을 느꼈다.[15] 여전히 "사랑스러운 작은 인간"[16]의 건강이 보부아르에게는 자신이 존재하는 의미의 중심을 이루었다. 반대로 관계 속에 드러나는 사르트르의 천재성은 궁극적으로 자기 자신 그리고 자신의 사고와 글의 발전에 완전히 고정되어 있다는 점이 특징이다. 적어도 이런 의미에서 보자면 보부아르는 '남자가 우선!' 이라는 고전적인 관계의 역학에 사로잡혀 있었다.

실제로 사르트르는 보부아르 역시 정신적으로 계속 활력이 넘칠 때만 기분이 좋다고 느꼈다. 그래서 지난해부터 그녀의 글쓰기 흐름이 말라가는 것이 그에게도 진지한 걱정거리가 되었다. 그는 계속해서 그녀의 문학적 시도가 어떻게 진전되고 있는지 묻는다. 때로는 걱정하고, 때로는 요구하고, 심지어 놀리기도 한다. "비버 양, 당신은 이전에는 온갖 수상한 짓들을 생각해내곤 했잖아."[17]

하지만 소위 그녀의 삶의 중심인 글쓰기에서도 또 다른 근본적인 차이가 드러났다. 그 차이는 지성, 재능 혹은 분별력보다는 오히려 사고의 움직임이 지향하는 원래의 목표에 근거한다. 보부아르는 그것을 다음과 같이 묘사한다.

어떤 이론이 나에게 확신을 주는 경우, 나는 그것을 내 삶속에 적용했고, 그로 인해 세계와 나의 관계가 변했고, 내 경험에 색이 더해졌다. 간단히 말하면, 나는 견고한 동화 능력과 발전된 비판적 감각을 소유했다. 그리고 철학은 내게는 살아 있는 현실이자 마르지 않는 샘이었다.

하지만 나는 나 자신을 철학자로 여기지는 않았다. 내가 힘들이지 않고 어떤 텍스트의 핵심을 파악할 수 있는 능력이 창조적 상상력이 부족하기 때문이라는 사실을 잘 알고 있었다. 이 영역에서 정말로 창조적인 인물은 아주 드물어서 왜 내가 그들 사이에 끼어들려고 하지 않았는지 묻는 것은 무의미하다. 오히려 무엇을 통해서 특정한 개인이 한 체계를 구성하는 이 같은 계획적인 착란 상태를 유지할 수 있는 능력을 갖게 되는지, 그리고 자신의 생각을 우주로 통하는 열쇠로 바꾸는 집요함을 어디에서 얻는지를 탐구해야 한다. 나는 이미 이런 종류의 일관된 고집이 여성의 기질과는 거리가 있다는 점을 이야기했다.[18]

모든 측면에서 언급할 가치가 있는 이 기억을 보부아르는 1950년대 말에, 후일 페미니즘 운동에 근본이 되는 작품 『제2의 성』(1949)이 출간된 지 이미 10년이 지난 다음에 작성했다. 이 단락은 남자와 여자의 정신적 기질은 유전적으로 다르다는, 실제로 평생 동안 보부아르가 유지한 확신을 잘 보여준다. 즉, '유연성 대 경직성' 그리고 '현실 연관 대 정신 착란'의 축을 따라서 보부아르가 해석하는 방식으로. 자세히 살펴보면 그것은 소위 기본적으로 남성적인 체계를 만드는 사람에게 결코 유리하지 않은 범주화다. 심지어 '계획적인' 정신 착란도 결국은 정신 착란일 뿐이며 따라서 분명한 현실 상실의 한 형태다.

반면에 철학을 하는 보부아르의 방식은 일상과 삶에 구체적으로 연관을 맺는 것인데, 더 명확하고 생생하며 궁극적으로 더 자유롭게 나타나도록 만드는 빛 속에서 모든 사람이 이미 알고 있다고 믿는 것들을 새로운 묘사를 통해 바라보기 위한 것이다. 이런 새로운 묘사 기법의 출발점은 주로 서술하면서 다듬어진, 자신이 직접 겪은 경험과 사건이다. 자신의 경험에 기반을 둔 절반쯤은 허구인 철학.

여러 번의 시도와 실패 이후에 보부아르는 1935년 봄에 다시 작가가 되기 위한 새로운 도움닫기를 감행한다. 이번에는 또 다른 장편소설 형식이 아니라, 서로 느슨하게 연결되어 있는 다양한 단편 형식인데, 그 단편들은 종교의 "영성주의적 신비화"에 의해서 만들어지고 엄호를 받는 "아주 사소하거나 엄청난 범죄의 물결"[19]을 보여주는 것을 목표로 삼았다.

그녀가 태어난 고상한 프랑스 중류 계층의 시민적, 가톨릭적인 환경에 대해 그녀가 지닌 뚜렷한 거부감, 아니 혐오 속에서 보부아르의 단편들은 다음과 같은 목표를 추구한다. 그녀는 종교적 이상, 그리고 종교에 기반을 둔 일상 규범이 자책의 주범임을 분명하게 보여주고자 한다. 그런 자책은 특별히 젊은 여성들을 억지로 지속되는 비본질적인 상태, 부자유 그리고 무엇보다 성적 좌절로 내몬다. "나는 내가 아는 사물과 사람들만 다룰 것이다. 내가 몸소 경험한 어떤 진실을 느낄 수 있게 하려고 시도할 것이다. 그것이 이 책의 통일성을 결정할 것이고, 나는 자크 마리탱Jacques Maritain♦에게서 반어적으로 차용한 제목 『영성의 우위』를 통해서 책의 주제를 암시했다."[20]

영성주의의 번창

의지와 표상으로 여겨진 올가가 어떤 관점에서 철학적으로도 지극히 역동적이고 혼란스러운 상황에서 특별히 영감을 주는 연구 대상이 될 수밖에 없었는지는 쉽게 추측할 수 있다. 놀랄 만큼 무계획적인 올가가 바라 마지않던 직접성을 구현하는 것처럼 보였고, 세상에 접근하는 왜곡되지 않은 방식이 지닌 활력을 가장 순수한 형태로 구현하고 있는 것처럼 보였기 때문이다. 특히 올가와 함께 그리고 올가를 통해서 "오직 치열하고 순수한 것처럼 느껴진 적나라하고 찰나적인 의식의 현기증을 경험한" 사르트르의 눈에는 그렇게 보였다. "나는 그것을 아주 높이 평가했으므로 난생처음 누군가의 앞에서 겸손해지고 무장 해제된 느낌을 받았고, 배우고 싶었다."[21]

보부아르 역시 올가, 즉 "그녀의 반항, 그녀의 자유, 그녀의 비타협적 태도"를 하나의 "신화"[22]로 미화하려는 경향을 인정한다. 순수하고 전혀 일그러지지 않은 채로 만개한 지금 이

◆

프랑스의 철학자이며, 20세기 신토마스주의를 대표하는 철학자 중 한 명이다. 처음에는 베르그송 등의 '생철학'에 영향을 받았으나, 1906년 가톨릭으로 개종하여 토마스 철학을 현대적으로 재해석했다. 가톨릭의 '통합적 휴머니즘'으로 현대의 위기를 극복할 것을 주장했다. 주요 저서로는 『베르그송 철학』(1913), 『예술과 스콜라 철학』(1920), 『인식의 단계』(1932) 등이 있으며, 인용문에서 보부아르가 언급한 『영성의 우위』라는 책은 1927년에 출간되었다.

순간의 의식Jetzt-Bewusstsein이라는 신화. 다른 한편 그녀는 곧 올가가 사르트르의 세계에 미치는 극도로 강한 영향에 대해 진지하게 걱정하는 모습을 보인다. "사르트르는 올가를 정복하려는 집요함으로 그녀의 가치를 무한대로 높였다. 갑자기 나는 그녀의 생각, 그녀가 선호하거나 거부하는 것을 더 이상 가볍게 여길 수 없게 되었다."23

보부아르가 점점 뚜렷하게 느낀 거리감은 특히 젊은 여성의 경우에 이런 인상적이고 직접적인 꾸밈없음이 실제로는 심각한 자아 혼란과 끊임없는 절망에 가까운 불안정에 지나지 않는다는 것을 알아본 그녀의 직업적이고 문학적인 예리한 감각과 관련되었을 것이다. 그것은 너무나 깊고 완전해서 실제로는 표면적으로 드러난 효과에서 직접적인 순수함과 구별할 수 없게 된 일종의 고립이다. 그녀에게 올가는 다의도형◆처럼 보였는데, 그 도형은 그녀가 삼각형의 두 꼭짓점 중 어떤 것을 선택하는가 혹은 선택해야 한다고 느끼는가에 따라서 어떤 때는 어른거리는 본질의 한 측면을, 다른 때는 또 다른 측면을 보여준다. 물론 사르트르는 단호하게 저항할 수 있을 정도로 충분히 안정적이지 않았다. "나는 말과 행동으로 삼총사의 결합이 마찰 없이 기능하도록 열심히 기여했다. 하지만 나는 나 자신에

◆ 같은 도형인데도 원근 또는 그 밖의 조건이 뒤바뀌어 다른 그림으로 보이는 도형. 루빈의 「술잔」, 슈뢰더의 「계단」, 「아내와 장모의 형상」 따위가 있다.

게도 다른 사람에게도 만족하지 못했고, 미래가 두려웠다."[24]

적어도 문학적으로는 진전이 있었다. 이미 1935년 봄에 보부아르는 「리자Lisa」라는 제목의 첫 번째 단편을 완성했다. 그 단편은 철학에 관심이 많은 여자 기숙학교 학생을 다루고 있다. 그곳에서 받은 교육으로 원래 그녀가 지녔던 삶의 활력이 깨어나는 대신 여위고 지쳐버린 그녀는 "아무런 결실을 맺지 못하고 굳어져버렸다".[25]

사소한 거짓말을 해서 리자는 파리 국립도서관으로 갈 수 있는 허락을 받는데, 그녀의 유일한 목표는 그곳에서 마치 우연인 것처럼 그녀의 우상을 만나는 것이었다. 그 우상은 그녀의 가장 친한 친구이자 유일한 친구의 오빠인데, 그는 그녀에게 아무런 관심도 보이지 않는다. 그녀는 버스 정류장에서 한 중년 여인에게서 남편의 정부라는 비난을 받는다. 그녀의 자아상에 대해 눈뜨게 만들어준 효과가 전혀 없는 것이 아니다. "평소 자신의 길쭉한 얼굴, 마른 체형, 진짜 메뚜기 같은 모습을 싫어했던 그녀가 갑자기 자신의 살이 부드럽고 섬세하고 탱탱하다는 느낌을 받는다. 정말로 내가 성숙한 신사의 정부처럼 보이나?"[26] 이어서 방문한 치과에서 치료를 하던 의사가 그녀에게 모호하게 성적인 암시를 보낸다. 그리고 마침내 리자의 하루는 성 아그네스 기숙학교의 독방에서 대천사와 그녀의 우상인 도서관의 책벌레가 하나의 인물로 합쳐진다는 상상을 하면서 자위하는 것으로 끝난다.

영성주의의 번창. 악의 꽃, 세계의 나머지는 계속해서 자유 낙하를 하는 중일 수도 있다. 하지만 보부아르는 작가로서 자신의 목표에 이르는 길을 걸어가고 있음을 점점 분명하게 느낀다.

맨 밑바닥에서

1934년이 지나는 동안 우울증이 몇 주간 지속될 편두통으로 끝날 것인지, 아니면 그 두통이 분명 새로운 우울증으로 이어질 것인지 거의 알 수 없었다. 약이 효과를 발휘하지 못한 지는 이미 오래되었다. 연간 할당 수업 일수를 제대로 끝낼 수 없을 정도였다. 1934년 여름 시몬 베유는 자신의 표현대로 '철학적 유언장'을 종이에 옮겨 적기 위해 1년간의 휴직을 신청했다. 그녀는 스물다섯 살이다.

그녀가 보기에 이 시기에 또 다른 세계대전을 피할 수 없을 것이라는 점에는 의심의 여지가 없었다. 그리고 프랑스, 스페인, 미국과 같은 나라도 전체주의적 사회 논리가 일으킨 소용돌이에 필연적으로 빠져들게 될 것이라는 점도 분명했다.

인류는 이제 거의 모든 곳에서 전체주의적 형태의 사회조직—나치가 자주 사용했던 표현—을 향해 나아간다. 다시 말해 국가 권력이 모든 영역, 특히 생각의 영역에서 아무런 제지도 받지 않고 지배하는 정권을 향해서. 러시아 민족에게는 불행이지만, 러시아가 그와 같은 정권의 거의 완벽한 예를 제공한다. … 그러나 다소간의 차이는 있겠지만 (다른 나라들이) 모두 몇 년만 지나면 이 모델을 따라 하게 될 것은 불가피해 보인다.[27]

1934년 9월부터 11월까지 몇 달 동안 원래는 기사로 구상했던 글이 책으로 엮을 만한 분량으로 늘어난다. 「자유와 사회적 억압의 원인에 관한 성찰」이라는 장 자크 루소를 연상시키는 제목으로 작성한 이 글에서 그녀는 자율적 개인으로 이루어진 진정으로 자유로운 노동 사회의 토대를 놓으려 노력한다. 그 글이 명백하게 파국 '이후'의 세대에게 이야기를 건넨다는 점에서 '유언'으로 이해될 수 있다. 베유에게는 자기 시대의 타락이 너무 심각해 보여서, 곧 닥칠 세계적 대재앙을 막는 것이 중요하지 않을 정도였다.

따라서 실제로 정치적 의미에서는 아무것도 구할 수 없더라도, 얻은 통찰력을 삶과 통합하고 구체적 현실에서 실험하고 세밀하게 가다듬을 수 있는 선택지가 아직 존재한다. 결과적으로 베유는 '유언'을 끝낸 직후인 1934년 12월, 대학생 시절부터 가슴속에 품고 있던 꿈을 이루었고, 알스톰 회사의 파리 금속 공장에서 미숙련 하청 노동자로 일을 시작한다.

그녀는 사상가로서 자신이 없애고자 하는 억압을 몸소
경험하려고 한다. 이론의 상아탑에서 나와, 생업을 영위하는
사람의 일상적이고 고통스러운 운명 속으로! 마르크스도 엥겔
스도, 레닌, 트로츠키 혹은 스탈린도 실제로 공장을 내부에서
부터 경험하지는 못했다. 베유의 비판에 따르면, 사람들은 그
들의 분석이나 조치에서 그것을 분명히 알아챌 수 있다.

　　일단 이 같은 자취를 따라가다 보면, 그것은 무엇보다도
구체적인 경험 부족이 아니었던가? 그 경험 부족은 시민 진영
과 프롤레타리아 진영이라는 밀폐된 울림방Echokammer◆에서 각
각 다른 현존 형태에 대한 무지가 잘못된 원인 묘사와 음모적
이고 거짓된 주장으로 이루어진 진짜 괴물 같은 세계를 만들
어내는 것으로 끝났지 않았는가? 프롤레타리아가 상상한 대
로라면 '금융', '산업', '증권거래소' 혹은 '은행' (그리고 당연히 프
랑스에서도 점점 빈번하게 '유대인')이라는 데몬의 힘이 부르주아
사업가의 영역을 지배했다. 반면 유산계급은 프롤레타리아의
활동가들이 '선동가', '돈 받고 일하는 훼방꾼' 혹은 단순히 '약

◆ '에코 체임버'라고도 한다. 원래는 방송이나 녹음 시 잔향의 느낌을 주기 위해 인공
적으로 메아리를 만들어내는 방을 말하는데, 인터넷 환경에서 같은 생각이나 견해
를 지닌 사람끼리 모여 동의하는 의견이 메아리처럼 반복해서 울리면서 그 의견이
고착화되고 급진화되는 현상을 가리키는 말로 사용된다. 자신은 광장에서 의견을
교류한다고 생각하지만 실제로는 '울림방' 안에 있는 것이다. 자기가 보고 싶은 것
만 보고 믿고 싶은 것만 믿는 일종의 확증 편향 현상과도 유사하다.

탈자'에 불과하다고 생각했다.[28]

컨베이어벨트에서

1934년 겨울 베유는 과감하게 결정적인 현실 검증을 시도하고, '공장 일기'에서 마침내 "현실과 직접적인 접촉"[29]을 맺으려는 목표에 대해 이야기한다. 하지만 곰곰이 생각해보면, 하루 10시간씩 생계를 보장하지도 못하는 최저임금을 받으면서 오직 손만을 움직여 금속 모양을 찍어내는 사람의 일상이 프랑스 지방 소도시에 사는 여성 철학자나 뉴욕에서 영화 사업에 종사하는 망명 러시아인의 일상보다 어떤 식으로든 '더 현실적'이라고 말할 수 있는 이유를 설명하기는 쉽지 않을지도 모른다.

어쨌든 공장으로 가려는 베유의 의지는 철학적 탈출 실험이라는 명예로운 전통에 서 있으며, 그 실험의 명백한 목표는 소외된 것으로 추정한 세계에 등을 돌리고 현실에 더 가깝다고 추정한 삶의 형식 혹은 환경 속으로 들어감으로써 보다 많은 정신적 명료함을 찾는 것이다. 부처가 궁궐에서 도망치고, 디오게네스가 술통 속에서 살면서 추구했던 것처럼. 혹은 월든 호숫가에 오두막을 짓고 홀로 살았던 헨리 데이비드 소로Henry David Thoreau♦가 추구했던 것처럼.

베유는 자기 경험의 진정성을 보여주기 위해 뤽상부르 공원 근처에 있는 부모님의 집을 나와 교외에 있는 공장 근처에서 구한 월세방으로 이사한다. 하지만 어머니 미므와 아버지 비리라는 안전한 항구가 가까이 있고, 배는 언제든 입항할 수 있도록 준비가 되어 있다. 저녁 식사도 기꺼이 함께 한다. 물론 시몬은 식당에 갈 경우 지불해야 할 비용을 정확히 계산해서 어머니에게 주기 위해 식사 후 식탁 위에 올려놓는다는 조건으로 함께 식사를 하자는 제안을 수락했다. 이것은 베유의 어머니가 자기 나름의 방식으로 응수하려고 만들어낸 일종의 놀이다. 어머니는 언제나 어수선한 노동자 시몬의 단칸방을 드물지 않게 방문하면서, 딸이 다음 날 운 좋게 발견한 돈에 기뻐할 수 있도록 옷이나 서랍 안에 소액의 돈을 숨겨두곤 했다.[30]

게다가 이 계획은 명확하게 기간이 한정되어 있는데(실제로 그녀는 채 24주도 일하지 않을 것이다), 사실 공장에서 그녀를 받아들인 것도 알고 지낸 지 오래된 베유의 노동조합 동료의 중개를 통해서만 가능했다. 그 동료는 알스톰 공장의 중요

1817년 미국 매사추세츠주 콩코드에서 태어나 1862년 콩코드에서 사망한 그는 철학자, 시인, 수필가였다. 하버드 대학을 졸업한 후 다양한 직업을 전전했지만, 정착하지 못하고 저작 활동에 매진했다. 랠프 월도 에머슨 등 초월주의자들과 교류했다. 2년 2개월 동안 숲에서 보낸 시간을 다룬 『월든』(1854)이 그의 대표작이다. 이 책은 후세의 많은 사상가와 작가들에게 영향을 주었으며, 생태주의의 효시로 간주된다. 이 밖에 『시민의 불복종』, 『메인 숲』, 『케이프 코드』와 같은 작품이 있다.

결정권자와 개인적으로 알고 있었고, 현실을 인식하려는 베유의 계획과 함께 작업 과정에서 도움이 되는 역할을 거의 할 수 없는, 그녀의 완전한 무능력에 대해서도 미리 그에게 귀띔해두었다. 또한 그 동료는 그녀가 그곳에 머물 것으로 예견되는 짧은 기간 동안 손재주가 전혀 없는 고상한 학생을 세심하게 보살피겠다는 약속을 그 결정권자에게서 받아낸다.

베유가 일을 시작한 지 겨우 2주가 지난 1934년 12월 17일 월요일, 기름때가 묻은 블라우스를 입고 저녁을 먹기 위해 오귀스트 콩트 거리의 부모님 집에 도착한 그녀의 상태는 이미 걱정을 불러일으킬 정도다. 시몬은 거의 말을 하지 않고 그저 먹기만 한다. 그녀의 경우 그것은 항상 마지막 경고 신호다. 그녀는 의자에 똑바로 앉아 있을 힘조차 없었다. 무엇보다 그녀는 모든 관절 사이를 파고드는 이처럼 심한 피로를 예상하지 못했다. 그 피로는 원래 계획대로 그날 경험한 것을 세심하게 공장 일기에 기록하고 성찰할 에너지조차 남겨두지 않았다. 아마도 지하철에서 적었을 12월 17일 기록은 다음과 같다.

> 오후 - 프레스: 끼워 넣기 힘든 부분들, 0.56퍼센트(2시 30분부터 5시 15분까지 600개; 내가 한 개를 제대로 빼내지 못했기 때문에 멈춰버린 기계를 다시 작동시키기 위해 소요된 대략 30분의 시간). 피곤하고 구역질이 난다. (일요일) 24시간 자유로운 인간이었다가 이제 다시 노예 같은 규

칙에 적응해야만 한다는 느낌. 긴장과 피곤을 강요하는 56상팀*의 임금 때문에 생기는 구역질. 그러면서 항상 너무 느리거나 무엇인가를 망가뜨려서 질책을 받을지도 모른다는 두려움 … 노예가 된 느낌.

속도에 대한 광기. (급하게 달려들기 위해 피곤함, 두통, 구역질을 억눌러야 할 때 더욱 그렇다.)[31]

공장 노동자 시몬 베유의 삶에서 아주 전형적인 날이다. 이 6개월 동안 그녀는 주어진 최소 작업 할당량을 채운 적이 단 한 번도 없었다. 대신 슬프게도 주기적으로 불량품을 만들어낸다. 기계들이 그녀의 의지를 따르지 않는다. 각각의 부분이 그냥 풀어지거나 뜻대로 작동하지 않는다. 그녀는 주요 부품들을 잘못 조립하거나, 보지 못하거나 거꾸로 집어넣는다. 특히 그럭저럭 제대로 조립을 하면 그냥 잊어버리고 기계 안에 놓아두는 일이 자주 일어난다.

계속해서 할당량을 채워야 하는 단조로움 때문에 그녀는 실수하기 쉬운 멍한 상태에 빠진다. 그리고 그런 상태는 지속적이고 과도한 피로감 때문에 궁극적으로 아무 생각도 하지 않게 되는 상태로 유지된다. 겨우 며칠 만에 벌써 그녀의 삶 전체로 확대된 일종의 내적 죽음. 실패에 대한 두려움이 불안한

프랑스와 벨기에에서 통용되던 화폐 단위, 100분의 1프랑.

꿈속까지 스며들고, 마음의 짐을 덜어주는 최후의 수단으로 경련을 수반한 발작적 울음만이 남는다. 하지만 이 울음 역시 모든 것의 밑바탕에 깔려 있는 살인적인 두통으로부터 그녀를 해방시켜주지는 못한다.

인식과 관심

베유가 이런 형태의 삶에 적합하지 않다는 사실이 그녀 자신에게도 놀라움이나 통찰로 다가오지는 않을 것이다. 하지만 이전에 어느 누가 그런 삶에 적합했고, 지금도 적합할 수 있을까? 그런 조건에서 자아 존중과 품위를 계속해서 유지할 수 있는 사고력을 지닌 존재가 있었을까?

그녀가 막 완성한 철학적 '유언'에서 다룬 것이 바로 이런 문제 제기다. 그것은 특히 카를 마르크스의 분석에서 핵심 문제이기도 했다. 베유가 자신의 책 『성찰』에서 설명했듯이, 마르크스는 궁극적으로 신화적 토대를 기반으로 그 문제들에 대답했다. 혁명 진행 중에 해방되어야 할 모든 나라의 프롤레타리아에게 치명적인 결과를 가져올 대답.

뛰어나다고 인정받은 통찰력과 얻고자 했던 학술적 가치를 지녔음에도 불구하고 마르크스의 분석은 종교와 유사한 역사 철학에 짓눌린 상태로 남았다고 베유는 말한다. 핵심적인 실수는 마르크스 자신이 직접 근거를 제시하지도 묻지도 않은 가정, 즉 생산력이 발전하면 인류가 해방의 길로 나아갈 수 있다는 가정에 있었다. 그에 따라 개인의 진짜 자유가 있는 공산주의 사회로 가는 과정은 마르크스에 의해 기술과 기계로 생긴 생산력 증가의 역사로 재구성된다. 오랫동안 심한 궁핍 상태에서 프롤레타리아가 겪는 고통의 활이 팽팽하게 당겨져 있다면, 결국 프롤레타리아는 필연적으로 자신의 해방으로 기울게 될 것이라고 했다. '생산력의 증가' 덕분에 인류의 역사는 반드시 도달할 수밖에 없는 내적 목적으로 활기를 띠게 되었다.

　이 같은 도그마에 대한 베유의 비판 전체를 그대로 인용할 가치가 충분하다. 이 문단이 생산력 증가를 물신화物神化하는 마르크스의 태도 속에 감춰져 있는 자본주의 사회상과 공산주의 사회상의 공통된 뿌리를 드러내 보여주기 때문에 특히 그렇다. 베유의 설명에 따르면 두 이데올로기는 무한한 성장이라는 신화의 지붕 아래에서 역사의 종말이 오기를 꿈꾼다. 두 이데올로기는 궁극적으로 경제적 토대에서 지구 전체를 포괄하는 체제의 승리를 꿈꾼다. 둘 다 노동의 멍에뿐 아니라 우리의 소망을 거스르는 현실의 멍에에서도 벗어나는 인간 해방을 꿈꾼다. 다른 말로 표현하자면, 두 이데올로기는 학문적 엄밀성을 내세우면서도 궁극적으로는 몹시 비학문적인, 분명 불합리한 기본 가정에 사로잡혀 있는 모습을 보인다.

마르크스주의자들은 … 생산력의 모든 발전이 일시적 억압이라는 대가를 지불하더라도 인류가 해방의 길로 계속해서 나아가도록 만들 것이라고 믿는다. 이런 도덕적 확신으로 무장한 볼셰비키들이 자신들의 폭력적 행동으로 세상을 놀라게 하는 것은 아주 자연스러운 일이다.

하지만 마음을 안심시키는 신조가 동시에 합리적인 경우는 드물다. 마르크스의 생산력 개념을 검토하기도 전에, 그 신화적 성격이 사회주의 문헌 전반에 걸쳐 눈에 띈다. … 마르크스는 생산력이 증가해야 하는 이유를 설명한 적이 없다. … 대규모 산업의 발전은 생산력을 일종의 종교적 신으로 변모시켰다. … 여러 세대에 걸쳐 기업가들이 도덕적으로 아무런 가책도 느끼지 않고 노동자 대중을 억압하면서 언급했던 이 생산력이라는 종교는 사회주의 운동 내에서도 억압의 도구가 된다. 모든 종교는 인간을 섭리의 단순한 도구로 만든다. 사회주의도 인간을 역사적 진보, 즉 생산의 진보에 봉사하도록 만든다. 러시아 압제자들을 숭배하는 것이 마르크스의 명성에 가한 치욕이 무엇이든 간에, 그 치욕이 전혀 근거가 없는 것은 아니다.[32]

성장의 한계

마르크스 이론에 내재된 신화에 대한 베유의 비판은 곧장 성장에 대한 현대적 믿음을 향한 비판으로 옮겨 간다. 이 성장에 대한 믿음은 다시 만병통치약 같은 생산력 증가라는 교의와 필연적으로 나란히 손을 잡고 간다. 분명 자본주의자와 사회주의자가 모두 지속적으로 내세웠던 구원 약속은 지난 300년 동안 이루어진 엄청난 생산력 증가가 앞으로도 같은 방식과 강도로, 심지어 더 가속화될 수 있다는 가정에 기반을 두고 있다.[33] 이러한 기대를 진지하게 받아들인다면, 이는 곧 필요한 에너지 그리고 유한한 세계에서의 에너지원에 대한 문제로 직결된다.

왜냐하면 나중에 어떤 에너지원을 사용할 수 있을지 예견하기 어렵더라도 "동물의 힘, 석탄, 석유의 형태든, 어떤 형태이든 상관없이 자연이 우리에게 어떤 에너지도 공짜로 선물하지 않는다"는 사실은 여전히 남기 때문이다. "인간은 그 에너지를 자연으로부터 빼앗아야 한다. 우리의 목적에 맞게 만들려는 의도를 가지고, 우리의 노동을 통해 빼앗아야 한다." 베유는 1934년의 관찰을 세심하게 가다듬어 유한한 자원을 지닌 세계에서의 성장에 대한 무한한 믿음이라는 역설로 발전시킨다. 그 역설의 공상적 소실점은 존재하지도 않고, 존재할 수도 없는 일종의 영구 동력 기계와도 같은 것이다.

마르크스에 따르면 미래의 인간이 "사냥꾼, 어부, 목동 혹은 비평가가 될 필요 없이, 오늘은 이것을, 내일은 저것을 하고, 아침에는 사냥을, 오후에는 낚시를 하고, 저녁에는 가축을 몰고, 식사 후에는 비평을 하는 것"[34]을 광범위하게 스스로 결정하게 될 공산주의 최종 이상향을 향해 가는 발전은 당연히 허구다. 점점 심해지는 자원 부족과 지정학적으로 접근할 수 없는 매장 위치 때문에 자연적 에너지원을 발굴하고 이용하는 것이 "사람들이 대체하려고 하는 인간의 노고보다 더 커다란 노동을 요구하게 되는"[35] 상황이 비교할 수 없을 정도로 설득력 있는 것으로 두드러지게 나타난다. 이런 관점에서 보면 미래에는 노동자가 짊어질 멍에가 더 무거워질 것이다.

따라서 베유에게 혁명이라는 이름에 걸맞은 (프롤레타리아) 혁명의 이름에는 한 가지 중요한 문제 제기만이 존재한다.

> 자연적으로 꼭 필요한 것과 그것 때문에 생겨나는 사회적 강압을 없앨 수는 없다 하더라도, 파괴적으로 몸과 정신을 억압하지 않고서도 그럭저럭 유지되는 생산 조직이란 것을 생각할 수 있을까?[36]

하지만 이 질문은 안락의자에 앉아서 탐구하고 대답할 수는 있는 것이 아니다. 이 질문은 생산 과정 자체에 대한 경험을 필요로 한다. 내부에서부터 이 질문을 이해하고 파악해야만 한다. 모험과 같은 베유의 공장 노동이 행동을 통해 노동하는 사람들과 연대하려는 윤리적 충동 때문에 생긴 것인지는 모르겠지만, 주된 인식적 관심은 이론적인 것으로 남는다. 그녀는 노동자의 진보적 해방이라는 목표 아래 그녀에게 중요해 보이는 유일한 문제를 해결하기 위한 생생한 시각 자료를 현장에서 얻고자 한다.

전도된 세계

지속적인 생산 증대라는 명령 아래에서 노동 과정은 기계가 중심이 되는, 결과적으로 생각에서 벗어난 '합리화' 논리를 따르게 된다. 스스로 생각하는 것이 아니라 생각 없이 봉사하는 것. 배후에 대해 질문하는 것이 아니라 미리 알아서 복종하는 것. 창조적으로 만들어내는 것이 아니라 단조롭게 죽도록 일만 하는 것이다. 그리고 그 모든 것이 자신의 안녕─생계를 보장해주지 못하는 최소 임금을 보면 그것 역시 전혀 의미가 없는 일일 것이다─을 위한 것이 아니라 커다란 집단(인민, 민족, 계급 등등)의 안녕을 위한 것인데, 그 집단은 경쟁으로 작동하는 생존 투쟁 속에서 외부의 적으로부터 항상 위협받고 있다고 느낀다. 수백만 명으로 이루어진 집단의 관점 아래에서 개별 인간은 한없이 작고 미미한 존재가 되어 결과적으로 자신의 고유한 사고가 지닌 무한한 잠재력에 대한 모든 예감과 자신의 행동이 일으키게 될 구체적 결과와 의미에 대한 모든 감각을 잃게 된다. 그래서 베유는 집단과 집단화集團化라는 수사를 진정한 해방을 위한 노력의 표현과는 거리가 먼, 이데올로기적으로 위장된 억압 시도의 명백한 표현이라고 느낀다.

> 개별 인간이 이처럼 아무런 제약도 없이 맹목적인 집단의 손에 넘겨진 적은 없었으며, 인간이 자신의 행동을 사고에 종속시키는 것, 아니 생각하는 것 자체에서 현재의 문명 형태에서만큼 무능력했던 적은 결코 없었다. … 우리는 인간적인 척도에 부합하는 것이 아무것도 없는 세계에서 살고 있다.[37]

현재의 사회적 삶을 그린 베유의 스케치는 한 세계의 몰락을 진단하는 부분에서 정점에 이르렀는데, 그 세계는 이전의 주된 목표들과 관련해서 완전히 본말이 전도되었고, 그 때문에 점점 더 빨리 그리고 파괴적으로 목적에서 벗어나 자신의 권력욕 주변을 맴돌아야만 한다. "연구자는 자신의 고유한 생각을 명확히 설명하려고 더 이상 학문에 관심을 기울이지 않는다. 그는 기존의 학문에 들어맞는 결과를 찾으려고 한다. 기계는 인간의 삶이 가능하도록 작동하는 게 아니라, 기계를 작동하기 위해 사람들을 먹이는 데 만족한다. 돈은 상품 교환을 위한 편리한 수단이 아니라, 상품 판매가 화폐 유통을 위한 수단이다. 마지막으로, 조직은 집단 행동을 위한 수단이 아니고, 어떤 집단의 행동이 조직을 강화하기 위한 수단이다. … 그렇다고 해도 집단을 위해 개성을 박탈하는 일은 완전히 이루어지지는 않으며, 그럴 수도 없다. 하지만 그런 박탈이 지금보다 더 광범위하게 이루어질 수 있다고 상상하기는 힘들다."[38]

모던 타임스*

이런 전 세계적 악몽에서 인간을 진정으로 해방시키려면 문화적으로 포괄적인 전환이 요구될 것이다. 생산력의 조직화와 연관해서는 집단화가 아닌 개인화의 과정으로 노동의 합리화를 생각하는 여러 가지 방법이 필요할 것이다. 베유의 생각에 따르면 그것은 필연적으로 전체 생산 과정을 계획하고 조정하는 것에서 "점진적으로 벗어나는 탈중앙화"[39] 및 소규모 기업과 함께 이루어져야 한다. 인간적 척도 역시 지역에 뿌리를 두고 협동조합으로 조직화된 기업을 통해 되찾을 수 있으며, 그 기업의 규모가 필연적으로 개인의 판단력을 넘어서지

찰리 채플린이 연출하고 주연을 맡아서 1936년 상영된 무성영화. 기계화 시대의 인간 소외를 희극적이지만 예리하게 다루고 있다.

는 않을 것이다.[40] 그런 기업의 이상적이고 전형적인 노동자는 자신의 경험을 통해 기업에 중요한 모든 작업 과정과 관련해 완벽한 조망을 유지하게 되고, 자신의 이익이 공동체의 이익과 밀접하게 연결되어 있다고 느끼는 사람이 될 것이며, 그 결과 "모든 경쟁은 사라지게 될 것이다. … 그리고 모든 개인이 집단적 삶 전체를 통제할 수 있게 되기 때문에, 이것이 점점 더 보편적 의지에 부합하게 될 것이다".[41]

베유는 지적, 기술적, 감정적으로 특별한 재능을 지닌 전문 노동자로 구성되고 규모가 중간 정도인 조합의 전 세계적 네트워크라는 새로운 목표를 설명함으로써 자신이 실제로 실현 가능한 것과는 거리가 먼 이상을 제시했다는 사실을 아주 분명하게 의식하고 있다. 그럼에도 불구하고 "사람들은 완벽한 자유를 분명하게 그려내려고 노력해야만 한다. 그런 자유를 달성할 것이라는 희망에서가 아니라, 현재 우리가 처한 상태에서 허용된 자유보다는 조금은 더 완전한 자유를 얻기 위해서다".

공장에 머무르면서 얻은 경험으로 이런 확신은 더욱 강해진다. 그곳에서 위계질서에 의해 지탱되는 강압과 통제로 이루어진 불안의 체제는 요구되는 작업의 결과물인 명백한 사고력의 부재와 단조로움으로 나타난다. 이때 주체적으로 이루어낸 성과는 투입된 노고에 실제로 부합하지 않게 된다. 실제로 삶을 지탱하는 모든 것, 즉 주의력, 척도에 대한 감각, 독자적인 사고, 개방적인 관심이 그곳에서는 불가능하다. '모던 타임스'는 현실이 된 악몽이다.

소멸

베유는 공장에서 보낸 매일매일 "존재의 핵심까지 무시당했다고" 느낀다. "알스톰 공장에서 나는 거의 일요일에만 반란을 일으켰다"는 문장으로 그녀는 공장 일기를 끝맺는다. 하지만 그녀가 이런 실험에서 얻은 결정적인 것이 있었다. 절대적 억압을 몸소 겪은 경험. 광범위한 권리 박탈과 버려졌다는 느낌. 그녀는 생각하는 존재가 그처럼 완벽하게 외부 환경에 종속되는 것에 경악한다. 그 결과 그녀에게 "언젠가는 매주 쉬는 날도 없이 일하도록 강요하는 것만으로도—궁극적으로 그것은 언제나 가능한 일이다—충분할 것이다. 그러면 나는 고분고분하게 말을 들으면서 짐을 끄는 짐승이 될 것이다(적어도 내 눈에는 그렇다)".[42]

'공장에서 보낸 한 해' 동안 베유가 처음으로 직접 접촉한 것은 '현실'이라기보다는 오히려 자신과 모든 존재의 구체적인 가능성이었다. 살아 있는 몸을 지닌 생각하는 존재로서 지속적으로 소멸될 수도 있다는 경험. "그것이 어떤 것인지 그리고 그것이 무엇과 연관되어 있는지 상관없이 어떤 권리도 소유하고 있지 않다"는 느낌이 여기에 동반된다.

하지만 실제로 결정적인 것은 몸소 느낀 인식, 즉 이처럼 총체적인 권리 박탈을 참고 견딜 뿐만 아니라, 그것을 수준 높은 일종의 역설적 해방의 추진력으로 이해한 인식이다. 그녀는 그 인식을 또 다른 자기 이해로 가는 관문으로, 본질에 맞게 순수한 인간적 의지와 규정을 넘어서고 초월하는 영역으로 이어진 계단으로 여긴다.

'개인의 박탈'은 총체적으로 이루어질 수 없다고 말할 때 베유가 이것이 불가능하다고 본 이유는 1934~1935년 공장에서 겪은 경험과 함께 순수하게 사회적인 것 너머에 존재하는 기원을 경험한 데 있다. 그 경험이 지닌 치유 효과는 자신의 가치가 아무것도 아니라고 느낀 지점에서 비로소 드러나고 해방된다. 그녀의 말로 표현하자면 "사회가 만들어낸 인간의 존귀함에 대한 감정은 '부서졌다'. 극도의 피곤함이 스스로 생각하는 능력을 소멸시키더라도 사람은 스스로 다른 감정을 만들어내야 한다. 나는 그 다른 감정을 유지하려고 노력해야 한다".[43]

이 '다른 감정', 즉 모든 용인된 품위 뒤에 있는 어떤 품위를 느낀 경험은 베유에게 심오한 변화를 일으켰으며, 앞으로 사상가로서 그녀의 길을 결정하고 함께했다. 1935년 여름, 육체적으로 기운이 다 빠져 위험한 상태였던 그녀는 정신적으로도 낙담한 채 '공장에서 보낸 한 해'를 마감한다. 하지만 그녀는 그 어느 때보다 더 자유롭다고 느꼈고, 자신과 자신의 임무에 대해 확신했다.

법의 문전에서

　　1934~1935년 한나 아렌트는 상당 부분 자신의 의지와
는 무관하게 법과 인간의 존엄성에 대한 널리 퍼진 생각을 뛰
어넘는 삶의 경험을 넘쳐날 정도로 풍부하게 겪는다. 대부분
의 동료 난민들, 특히 유대계 독일 난민들과 마찬가지로 파리
에서 망명 중인 그녀도 국내적인 기존의 입법들에서는 예견할
수 없었던 상황으로 위험에 직면했기 때문이다. 1933년부터
히틀러가 지배하게 된 독일에서 제정되고 지속적으로 강화된
인종법과 1933년 여름에 제정된 "독일 국적 박탈에 관한" 법
률에 근거해서 도망친 유대인과 정권 비판자들의 독일 국적을
당사자의 거부권 행사 여부와 상관없이 박탈할 수 있게 되었
는데, 실제로 그런 일이 점점 더 많이 발생했다. 따라서 아렌트
와 그녀의 친구들은 곧 프랑스에서 '무국적' 난민이 될 위기에
처했고, 결과적으로 이 독특한 중간 상태에서 모든 법적 체계
를 벗어난 사람이 될 것이다. 프랑스 쪽에서 마련한 임시 해법
인 신분증carte d'identité—국가가 인정한 유효성을 지닌 마지막 신분
확인 문서—도 난민 숫자가 급증하면서 점점 더 취득하기가 어
려워졌다. 이러한 신분증을 소지하는 것이 고용 계약을 맺기

위한 공식적인 필수 조건이 되었기 때문에 신분증의 중요성은 더욱 커졌다(그러나 이런 신분증 발급은 일반적으로 기존의 고용 계약 여부에 달려 있었다).

따라서 독일인, 특히 유대계 독일 난민 대다수는 이미 수백만 인파의 흐름을 예고하는 비극적인 전위부대처럼, 계속해서 빨라지는 묵인의 소용돌이 속에서 살아가고 있었다. 그 소용돌이의 속도는 매주 변해서 느려졌다가 다시 빨라질 수 있었다. 당사자들이 자신에게 국적이 있는지, 만약 있다면 어느 국가에 속해 있는지, 그들이 프랑스에 합법적 또는 불법적으로 체류하고 있는지, 심지어 결혼을 했는지, 했다면 누구와 했는지, 아니면 더 이상 함께 살지 않는지 등에 대해서 명확하게 알지 못하는 일이 슬프지만 우습게도 드물지 않게 벌어졌다.

삼각 모자에 대한 옛 동요에서처럼◆ 히틀러가 집권한 뒤 몇 년 동안 독일어를 사용하는 수천 명의 난민이 서류, 직업, 집을 구하기 위해 위대한 나라 프랑스의 수도를 떠돌아다녔다. 당시 아렌트 주변에 있던 사람들은 하필 그해에 프란츠 카프카의 첫 번째 프랑스 번역본이 서점에 입고되었다는 사실을

◆ 이탈리아 나폴리의 칸초네타canzonetta에서 유래한 노래 「오 엄마, 사랑하는 엄마 O mamma, mamma cara」의 멜로디를 다양하게 변화시켜 부르던 노래다. 독일에서는 몸짓이나 동작을 붙여가며 노래를 부르는 놀이로 인기를 끌었다. 각 절에서 중요한 노랫말 단어를 부르지 않는 대신 그 단어에 해당되는 몸짓을 해야 하는데, 이를 어기고 노랫말을 부르는 사람은 게임에서 배제되거나 벌금을 내야 한다.

언급하면서 음울한 즐거움을 느꼈을지도 모른다.

실존주의적 삶의 방식 때문이 아니라 존재 자체에 대한 위협 때문에 독일 출신 난민 철학자들에게는 몽파르나스와 라틴 지구 사이에 있던 도시의 카페들이 진짜 거실이 되었다. 이런 일은 이전에 유복하고 존경받던 작가와 사상가들이─그들은 이미 베를린 카페에서도 서로에 대해 무조건 호의적이지는 않았다─사회적 계층 하락과 매일 말문이 막히는 경험으로 이루어진 새로운 맥락에서 매일 서로 스쳐 지나갈 때 상상할 수 있는 갖가지 아름다움과 긴장을 동반한다. 언어를 다루는 사람들에게 언어 장벽은 실제로 활동을 제한하는 요소였으며, 프랑스 지식인 집단에 받아들여지는 것에도 영향을 끼쳤다. 예를 들면 발터 벤야민Walter Benjamin처럼 프랑스어를 유창하게 구사하는 사람도 파리의 환경에서는 기껏해야 아웃사이더로 남았고, 프랑스 사람들은 때때로 진정한 관심보다는 동정심으로 그들을 저녁 모임과 환영 행사에 초대했다. 독일 박사 학위를 프랑스 화폐 프랑으로 직접 교환할 수만 있다면 정말로 축하할 일이었을 것이다! 다른 모든 것도 그렇지만, 무엇보다도 필수품을 살 수 있는 돈이 부족했다.

당연히 프랑스 망명 중에도 신분 차이가 전부 없어진 것은 아니었다. 하인리히 만과 함께 이미 1933년 8월 국적을 박탈당한 토마스 만Thomas Mann이나 리온 포이히트방거Lion Feuchtwanger와 같이 지위와 지불 능력이 있는 인물들은 코트다쥐르Côte d'Azur 해변의 대저택으로 이사했다. 무엇보다 사나리 쉬르 메르Sanary-sur-Mer시는 앞으로 망명한 독일 시인으로 이루어진 공국의 중심지로 자리 잡게 될 것이다. 1933년 여름 만 가문 사람들은 집에 고용된 직원들과 함께 여섯 개의 침실이 있는 라 트랑킬La Tranquille 저택으로 이사했다. 그곳에서 토마스 만은 매일 오후에 "슬픔의 차"[44]를 마시기 위해 이웃에 사는 리온 포이히트방거를 방문했다. 마찬가지로 그곳에 거주하고 있던 올더스 헉슬리Aldous Huxley는 그것을 비판적 시선으로 바라보았고, 상당히 거만한 태도를 보인 신규 입주자를 "망명의 치명적 영향을 보여주는 상당히 슬픈 연합"[45]이라고 묘사한다. 결과적으로 사람들은 프랑스 망명 생활에서도 마찬가지로 자신이 법의 문전에 서 있다고 느꼈다. 법률적 무인 지대에서 그들은 아무도 아닌 사람이었다.

고향

처음부터 현지에 구축돼 있는 네트워크에 연결되고 접촉할 수 있는 사람을 찾은 이에게는 축복이 있으리라. 이제 막 파리에 도착해서 "결코 다시는 지적인 역사"[46]에 손대지 않겠다고 굳게 결심한 당시 스물여섯 살의 한나 아렌트는 단호하게 학자의 삶에서 벗어나겠다고 선언하고 실용적인 일에 투신한

다. 이런 상황에서 그녀에게 그 일은 전적으로 "유대인의 일"일 수밖에 없다.[47]

아직 신분증이 없던[48] 그녀는 농업과 수공업Agriculture et Artisanat이라는 명칭을 지닌 시오니즘 조직의 비서로 첫 일자리를 얻었다. 그 조직의 임무는 상원의원 쥐스탱 고다르Justin Godart*의 책임 아래 젊은 사람들에게 "농업과 수공업을 교육하고, 팔레스타인 지역의 새로운 정착민인 될 그들의 미래를 준비할 수 있도록 돕는"[49] 것이다.

독일과 동유럽 출신 유대인 난민들의 도착은 특히 파리에 오랫동안 정착해 있던 유대인 공동체 내부에 상당한 긴장을 불러일으켰다. 종종 명백하게 좌파적 입장에 있는 신참 유대인들이 정치적으로 잠식해 들어올 것이라는 두려움 외에도 독일어를 사용하는 유대인들이 자신들이 사는 나라인 프랑스에서 반유대주의를 계속해서 불러일으키고 악화시킬 수 있다는 우려도 영향을 끼쳤다. 히틀러와 무솔리니의 성공이 진행되는 동안 다시 기승을 부리는 프랑스 파시스트들에게 유대계

1932년 6월 3일부터 1932년 12월 18일까지 공중보건부 장관을 지낸 프랑스 정치가. 제2차 세계대전 중에는 레지스탕스 저항 운동에 참여했고, 비시 정권에 저항하는 신문의 편집자로 일했다. 2004년 이스라엘 정부가 홀로코스트 때 유대 민족에 속하지 않으면서 나치로부터 유대인을 구해내기 위해 자신의 생명의 위험을 무릅쓴 사람들에게 부여하는 '각국의 의로운 사람들Righteous Among the Nations'이라는 칭호를 그에게 부여했다.

독일인들은 완벽한 적의 모습 그 자체였기 때문이다. 발터 벤야민은 이와 관련된 분위기를 다음과 같이 요약한다. "독일 망명자는 독일인보다 더 증오의 대상이다."[50]

이것이 새로 도착한 사람들 사이에서 숭고한 합의가 우세했음을 의미하는 것은 결코 아니었다. 일반적으로 과거 교육받은 엘리트의 일부였던 독일 망명자들은 종종 프랑스 유대인이 독일인을 바라볼 때 취했던 것과 같은 경멸적인 태도를 취하면서 훨씬 촌스럽고 덜 자유주의적인 동유럽 출신 유대인들을 깔보았다. 그뿐만이 아니었다. 아렌트가 회고하듯이 "프랑스 유대인들은 라인강의 다른 쪽에서 온 모든 유대인들이 '폴락켄Polaken'이라고 확신했는데, 그 단어는 독일인들이 '동유럽 유대인'을 경멸적으로 불렀던 용어다. 하지만 실제로 동유럽 출신 유대인은 프랑스 형제들에게 동조하지 않고, 우리를 독일어를 쓰는 유대인 '예케Jaecke'라고 불렀다."[51] 지역적으로 뿌리를 내린 고유한 정체성, 특성, 선호, 그리고 편견을 지닌 아주 평범한 사람들이었다.

이 난민들에게 더욱 시급한 것은 '어디에서 왔는가'라는 질문보다, 주어진 상황에서 어디로 갈 수 있는가 하는 질문이었다. 바로 이것이 시오니즘 운동을 탄생시킨 실제 질문이었다. 전 세계에서 204명의 대표단이 참석한 1897년 시오니즘 세계 협의회에서 빈의 저널리스트인 테오도어 헤르츨Theodor Herzl◆의 지도 아래 앞으로의 행동을 이끌 헌장이 가결되었다.

시오니즘은 유대 민족을 위해 팔레스타인에 공식적, 법률적 안전이 보장된 고향의 터전을 만드는 것을 목표로 한다. 이 목표를 달성하기 위해 회의는 다음과 같은 조치를 권고한다.

- 유대인 농부, 수공업자 그리고 노동자를 이주시킴으로써 팔레스타인 개발을 체계적으로 추진한다.
- 협회가 창설된 국가의 가능한 법 테두리 안에서 지역 협회와 상급 조직들의 지원으로 유대인 전체를 조직하고 협회 형태로 통합한다.
- 유대인의 소속감과 민족주의를 강화한다.
- 시오니즘 목표를 달성하기 위해 여러 정부의 동의를 얻기 위한 예비적 단계들을 추진한다.[52]

1930년대 초 아렌트가 했던 것처럼 사람들이 유대인인 자신을 처음으로 긍정하고, 동화 전략을 '유대인 문제'와 반유대주의에 대한 가짜 해결책으로 인식했다면, 최근에 벌어진 사건의 발전이 배경을 이루고 있는 상황에서는 실제로 시오니즘이 유일하게 갈 수 있는 길처럼 보였을 것이다. 같은 시기의 모든 다른 사람들, 예를 들면 러시아나 우크라이나에서 온 난민보다 독일에서 도망쳐 온 유대인들을 무국적의 심연 속으로

헝가리 태생의 오스트리아 신문 기자이자 작가.

더 깊게 떨어트려 경직되게 만든 것은 결국 유대인 '신분'이 그들이 태어나서 자란 나라의 법을 어긴 단 한 가지 '범법 행위'라는 사실이었다. 무국적자라는 이런 배타적인 명칭이 다른 국적을 취득할 수 있는 가능성을 가리키는 것도 아니었다. 그러므로 아렌트도 이해했듯이 이 문제는 무엇보다도 정치적인 문제였으며, 실제적으로만 해결될 수 있는 문제였다.

여러 모순

이 시기에 아렌트가 얻은 신조는 다음과 같다. "'유대인으로서 공격받으면 유대인으로서 자신을 방어해야 한다.' 독일인 혹은 세계시민이나 인권을 지닌 사람으로서가 아니다."[53] 뒤에 덧붙은 "독일인 혹은 세계시민이나 인권을 지닌 사람으로서가 아니다"라는 문장이 이 발언의 진정한 폭발력을 드러낸다. 결국 파리 시절 초창기에 겪은 결정적인 경험은 독일 출신 유대인으로서 인권을 보장하겠다고 약속한 모든 체계의 보호를 받지 못한 채 나락으로 떨어졌다는 것이다.

10년이 훨씬 더 지나서야 비로소 그녀는 1930년대 초 파리에서 그녀가 직접 경험한 것을 아주 분명하게 표현할 수 있게 된다. 프랑스 혁명 이후 생겨난 인권 개념과 그것에 관한 생각 자체에 결정적이고 태생적인 결함이 있다는 점이다. 그 결함은 다음과 같은 사실에서 잘 드러난다.

> 인간이 더 이상 정부의 보호를 받지 못하고 어떤 국적도
> 지니지 못해서 소위 태어날 때부터 부여된 최소한의 권
> 리만을 누리도록 내몰리는 순간에, 그들에게 이런 권리
> 를 보장해줄 수 있는 사람이 전혀 없으며, 어떤 국가적
> 혹은 국제적인 권위도 그 권리를 수호할 준비가 되어 있
> 지 않다.[54]

바로 그런 경우를 고려했었지만 실제로는 전혀 효력을
발휘하지 '못하게 된', 무조건적으로 보호받을 권리 속에 내재
된 이런 모순적인 특성은 공교롭게도 다른 어떤 곳보다 프랑스
에서 훨씬 더 두드러졌다. 결국 프랑스에서 그 권리는 1789년
프랑스 혁명(그리고 그 직전 일어났던 미국 혁명)의 결과물로 헌
법의 테두리 안에서 최초로 구속력을 지닌 보편적 인권선언이
되었다. 따라서 그것은 출신이나 민족에 관계없이 보편적으로
모든 인간에게 적용되는 권리가 되었다.[55]

인간 자체가 그 권리의 기원이자 실제 목표였다.[56] 아렌
트의 말을 빌려 표현하자면, 이 조항이 지닌 오랫동안 감춰져
있던 역설은 다음 사실에 있다.

> 원시인조차 어떤 형태로든 인간적 공동체 안에서 살고 있

으므로 이 권리는 어디에도 존재한 적이 없었던 '인간 그 자체'를 염두에 두고 있다는 것, 우리가 인간을 '남성'과 '여성'의 형태로만 알고 있기 때문에 이 권리가 진짜로 자연을 거스르는 것처럼 보인다는 사실, 결론적으로 인간이라는 개념이 정치적으로 유용한 방식으로 파악되려면 그것이 다양한 인간을 항상 내면에 포함해야만 한다는 사실. 이런 다양성은 18세기의 정치적 상황이라는 조건에서 사람들이 '인간 그 자체'를 한 민족의 일부분으로 동일시함으로써만 다시 회복될 수 있었다. … 프랑스 혁명이 인류를 여러 국민Nation으로 이루어진 가족으로 파악하는 한, 인권의 토대를 이루고 있는 인간 개념은 더 이상 개인이 아니라 민족Volk◆을 지향한다.[57]

아렌트에 의하면 그 논리를 따르자면 자연적이고 '천부적인 권리'의 첫 번째 모순은 명백하게 '인간 그 자체'를 향해 발신된 그 권리들이 어느 공동체와 결부되어 있는 존재―그 존재는 지역적, 역사적으로만 고정되어 있고 복수(인간들!)로서만 인

국민Nation과 민족Volk은 문맥에 따라서 겹치는 부분이 상당히 많은 단어들이다. 거칠게 정의하자면 '국민'이 특정 영토를 지배하는 정부 아래에서 통합된 무리를 의미한다면, '민족'은 공동의 역사, 언어, 문화, 생활 관습에 의해서 결합된 다수의 무리를 의미한다.

간'으로' 파악될 수 있다─로서 인간의 본성과 명백히 양립할 수 없다는 사실에 있다. 이런 모순은 이런 권리에 의해 무조건적으로 보호받아야 하는 개인이 암묵적으로 어떤 '민족', 그리고 19세기가 지나면서 독자적으로 자신의 법률을 결정하는 '국민'의 일원으로 여겨졌다는 점에 의해 다시 감춰질 수 있었다. 인권 정신 그 자체에서 나온 이 두 번째 해결책이 얼마만큼 필연적 모순을 표현할 수밖에 없었다는 사실이 1930년대 초반 프랑스에서 특히 '무국적자'라는 대중적 현상으로 드러났다.

구체적 형태를 띠게 된 질문

아렌트는 이미 1934~1935년에 나치 독일에서 추방된 유대인 여성의 모습이 인권 개념 자체를 제한하는 함축된 모든 모순을 예시적으로 구현하고 있다는 사실을 결코 놓치지 않았을 것이다. 수천 년 전부터 독자적인 '국민국가Nationalstaat'를 갖지 못했으나 이 민족에 속한다는 사실로 인해 박해받는 '개인'으로서 무조건적 보호가 필요했던 어느 '민족'의 일부로 태어난 모습.

그녀가 가장 먼저 문화적 존재로 동일시하고자 했던 그 공동체("독일 문학과 사상의 전통")로부터 실제로 배제되었기 때문에, 유대인임을 분명히 긍정하게 된 유대 여성이 문제의 핵심이 되는 경우 아렌트의 전기적 사례는 이 연관 관계 속에서 최종적인 사태 악화를 이루었다. 아렌트가 1930년에 자신의 지도 교수였던 카를 야스퍼스에게 보낸 편지에서 파른하겐 집필 계획을 설명하면서 "그들이 마치 '삶'의 교차점이자 구체적 대상화가 될 정도로 파른하겐의 삶 속에 있는 특정 인물들이"[58] 분명하게 드러나 보인다고 했을 때, 이제 그녀 자신도 그와 같은 '구체적 대상화'가 되었다. 인권의 실질적인 토대에 대해 제기하는 구체적인 형태의 질문.

그러면서 생겨난 혼란은 그것에 부합했다. 주로 "인권이 실제로 무엇인지 모르겠지만", "다른 누구도 그것을 정확하게 알지 못하는 것처럼 보인다는 사실"[59]을 알고 있기에 집요하게 질문하는 역할을 맡음으로써 아렌트는 평생 동안 그 문제에 관심을 기울이게 되었다.

이전에 소크라테스가 델포이 신전에서 받은 신탁, '너 자신을 알라!'는 임무에 충실했듯이, 그것에서 출발한 아렌트의 사상적 여정은 다른 모든 사람을 대신해서 당대의 시간적·문화적 공간의 정치적 이론을 폭파하고 근본적으로 문제를 제기했던, 쫓겨난 자의 단순한 삶을 살았던 인간으로 자신을 인식하려는 노력으로 해석될 수 있다. 각각의 개인을 (민족, 국민, 계급이라는 의미에서) 한 집단의 필수적인 부분으로 독점하려는 유혹에 저항하는 것과 마찬가지로 '인간 그 자체'에 대한 추상화를 포기하는 개념의 틀 안에서 어떻게 모든 권리 중에서 가장 기본적인 권리, 다시 말해서 여러 권리를 누릴 수 있는 권리 그 자체를 생각할 수 있을까? 철학의 전체 전통이 이런 문제 제기가 단순하게 존재한다는 사실을 놓치는 일이 어떻게 가능할 수 있었을까?

신세계

아렌트는 파리 시절에 스펀지와 같은 흡수력으로 고전적 개념에 원래부터 내재되어 있다가 비로소 드러난 모순을 흡수한다. 그것은 특히 시오니즘 운동과 구호 단체에서 얻은 실제적 경험과 관련된다. 1934년 그녀는 제르멘 드 로스차일드 Germaine de Rothschild 남작 부인이 관리하고 재정을 지원하는 유대인 고아원들을 운영하는 복지 단체로 자리를 옮긴다. 가장 강력한 파리 유대인 종교 연합체인 파리 종무국Consistoire de Paris에서 영향력이 큰 회원이 시작한, 고전적인 인도주의적 후원 행위다. 아렌트가 남작 부인의 개인 비서로서 하는 일은 주로 밀려드는 후원금을 다른 보육원과 구호 단체에 분배하고 감독하는 것이다.[60]

'유대인 문제'에 아주 가치 있고 구체적으로 도움이 되는 작업이기는 하지만, 결국 순전히 사적인 호의로만 이루어지는 그 작업에 아렌트는 진심으로 동의할 수가 없었다. 설령 그것이 호의적이고 신중하다고 해도, 유대인의 문제와 보호를 능력 있는 후원자의 손에 맡기는 것은 궁극적으로는 희망이 없고, 심지어는 반ᄹ생산적인 전략이라고 아렌트는 확신했다. 결론적으로 말해서 어떤 사적 해결도 접근할 수 없는 것이 정치적 문제의 본질 속에 있었다.

따라서 아렌트는 1935년 초에 그녀를 회원으로 받아들인 시오니즘 청년 이주단체Aliyah 사무소에서 일하게 되었을 때 비로소 제대로 된 곳으로 왔다는 느낌을 받았다. 독일 시인이자 유대교 랍비의 부인인 레하 프라이어Recha Freier♦가 세운 조직의 이름이 그녀의 원래 계획이기도 했다. 알리아Aliya/Alija라는 히브리어 단어는 글자 그대로는 '상승'을 의미하지만, 성경에 따르면 유대인들이 바빌론 유배에서 이스라엘의 땅Eretz Israel으로 귀향하는 것을 의미하기도 한다. 그러므로 난민 유대인 청소년들에게 팔레스타인에서 정착민으로 사는 데 필요한 지식을 제공하고, 약속의 땅으로 이주하는 것을 수송 측면에서 구체

♦

나치 정권에 저항했던 유대계 독일 시인이자 교사. 나치가 권력을 쟁취한 1933년 1월 30일 그녀는 '어린이와 청소년을 위한 알리아Kinder- und Jugend-Alijah'를 세웠다. 이 조직은 나치 정권이 지배하던 시기에 독일 제국을 떠나 이주할 때 도움을 줌으로써 수천 명의 유대인 어린이와 청소년의 목숨을 구했다. 독일에서는 레하 프라이어가 조직을 이끌었고, 헨리에타 촐트Henrietta Szold가 예루살렘 사무소를 책임졌다. 1938년 헨리에타 촐트의 부탁으로 에바 미하엘리스 슈테른Eva Michaelis-Stern이 런던으로 건너가서 사무소를 개설했고, 제2차 세계대전이 끝날 때까지 그곳 사무소를 이끌었다.

적으로 실행하고 지원하는 것이 핵심이었다. 불과 2년 전에 세워진 원조 단체의 사무장인 아렌트는 1935년 여름 수행원 자격으로 당시 아직 영국의 보호령이었던 팔레스타인을 방문하여 시오니즘 계획이 진행되는 모습을 직접 볼 수 있는 기회를 얻었다.

배제

1933년 이후 독일에서만 1만 명에 이르는 이주민이 팔레스타인에 도착했는데, 이것은 당시에 아직 건설 중이던 유대인 공동체에게는 엄청난 도전이었다. 그리고 이주하는 사람들의 행렬이 끊이지 않았다. 이런 상황에서 1923년에 이미 예루살렘으로 이주한 베를린 출신 종교학자이자 유대학 연구자인 게르숌 숄렘은 약속의 땅으로 도망쳐 온 독일 유대인 엘리트들의 연대기 기록자가 된다.

전 세계를 아우르는 연결망을 지닌 철새처럼 이 작은 무리의 사람들도 혈연, 소문 그리고 무엇보다 옛 관습을 통해서 여러 대륙에 걸쳐 서로 밀접하게 연결되어 있었다. 1935년 8월 25일 발터 벤야민에게 보낸 편지에서 숄렘은 베를린 시절부터 알고 있었고, 지금은 파리에 거주하고 있는 가장 친한 친구 벤야민에게 다음과 같이 알린다. "몇 주 전 이곳에서 네 사촌의 부인인 한나 슈테른을 보았어. 그녀는 지금 팔레스타인으로 올 준비를 하는 아이들을 돕고 있더군. 하지만 나는 그녀가 너와 밀접하게 연락하고 있다는 느낌을 받지 못했어. 그렇지 않다면 그녀가 너의 안부 인사를 전해주었을 테지. 그래서 나도 너에 대해서 묻지 않았어. 그녀는 한때 하이데거의 뛰어난 제자였더군."[61]

사실 (귄터 안더스라는 가명을 사용한) 귄터 슈테른은 함부르크 대학에서 발달심리학을 가르쳤던 벤야민의 삼촌 윌리엄 슈테른의 아들이었다. 아렌트가 이미 1934년 파리에서 벤야민과 돈독한 우정을 맺었기 때문에, 그녀가 숄렘을 데면데면하게 대한 진짜 이유는 남편 귄터와의 결혼 관계가 완전히 끝난 데 있었을 것이다. 그리고 아마도 아렌트가 마을 형태의 노동 공동체와 특히 키부츠에서 직접 볼 수 있었던 시오니즘적 이주 계획의 진행에 대해 예견 가능한 상이한 평가를 내리고 다른 느낌을 받았기 때문일 수도 있었다.

바로 이 키부츠는 하나의 사회적 실험을 나타내는데, 이와 관련해 전 세계에서 벌어지는 유대인 억압과 부자유의 진정한 원인에 대해 시몬 베유와 한나 아렌트는 서로 의견 합치를 이룰 수 있을 듯 보였다. 왜냐하면 키부츠는 이상을 따르자면 그 안에서 함께 일하는 모든 사람들이 주어진 모든 임무를 떠맡을 수 있는, 상당 부분 위계질서에서 자유로운 중간 규모의 농업 협동조합으로 설계되었기 때문이다. 베유의 말로 표현하자면 이런 공동체는 작은 규모로 전 지구적, 지역적 사회주의 노동을 억압 없이 제시할 수도 있는 조직과 협동의 형태를 이미 실천하고 있었다. 하지만 시오니즘 국가를 설립하기 위한 계획과 관련해 계속해서 팽창하는 키부츠의 네트워크는 여전히 압도적인 다수를 이루는 팔레스타인 지역의 아랍 주민에 비해 소수인 유대인의 이주와 소유권 획득 정책의 본질적인 요소를 이룬다.

아렌트가 나중에 기록한 첫 방문의 인상도 이런 방식으로 이해할 수 있을 것이다. 그녀는 다음과 같이 적는다. "키부츠에 대해 보인 나의 첫 반응을 여전히 잘 기억하고 있다. 나는 '새로운 귀족주의'라고 생각했다. 나는 그때도 알고 있었다. … 내가 그곳에서 살 수 없으리라는 것을. 결국에는 '당신의 이웃을 지배하라'는 구호가 되어버린다. 그럼에도 진정으로 평등을 믿는다면, 이스라엘은 인상적이다."[62]

평준화와 획일적 평등에 저항하는 집단화의 형태는 어떤 것인가? 그리고 만약 가능하다면, 어떤 형태가 자기가 속한 공동체의 생존을 위협하는 다른 집단을 가정하지 않고도 사회적으로 실현 가능할까?

이런 질문을 품고 그녀는 1935년 가을, 자극을 받은 만큼 부분적으로는 환상에서 깨어난 상태로 팔레스타인에서 파리로 돌아왔다. 그녀가 9월에 파리에 도착했을 때, 독일에서는 뉘른베르크법이 제정되었다. 이 새로운 법은 '유대인'과 '비유

대인' 사이의 모든 결혼과 성관계를 금지하는 '혈통 보호법'뿐
아니라 '제국 시민'과 단순한 '국민'들 사이의 차별을 도입했다.
이에 따라 유대인은 앞으로 제국의 영토 내에서 완전히 공식
적으로 2등 시민으로 강등되었다. 비인간화를 위한 또 다른 조
치이자, 아렌트의 삶도 비인간적으로 만든 조치다. 하지만 이
것은 끝이 아니다.

4장

가장 가까운 사람들

1936~1937년

랜드는 초인을, 아렌트는 소외자를
베유는 공화국을, 보부아르는 새로운 가족을 사랑한다.

살아 있는 우리

"나의 긴 침묵에 대한 유일한 변명은 비로소 최근에 지옥에서 올라왔다는 것입니다. 지속적인 실망, 끝없는 기다림, 그리고 상시적인 투쟁이 있었던 지난해는 너무 끔찍해서, 나는 차라리 나에 관한 소식을 아무에게도 알리고 싶지 않았습니다. 왜냐하면 내가 알릴 수 있는 것은 불평뿐이었기 때문입니다."[1]

1935년 11월 29일 뉴욕에서 아인 랜드가 캘리포니아에 사는 동료 시나리오 작가 거버너 모리스에게 보낸 편지의 첫머리를 장식하는 윗 문장은 파리에 있던 시몬 베유, 시몬 드 보부아르, 그리고 한나 아렌트도 동등한 자격으로 종이에 적을 수 있었을 문장이다. 서른 살을 목전에 둔 그들은 지난 1년 동안 직업적으로나 개인적으로나 창작자보다는 고통받는 사람의 역할을 맡아 해야 했던 관계 속으로 빠져들었다. 그 시기의 모든 개개인의 삶을 점점 더 실감 나게 소용돌이 속으로 깊게 빨아들이고자 위협하는 소용돌이 같은 세계 정치의 역동적 흐름에 대해서는 말할 것도 없었다.

"이제야 나는 어느 정도 고개를 들 수 있게 되었습니다." 랜드는 계속해서 적는다. "내 연극 작품 공연이 상당히 잘되기는 했지만, 그것 때문이 아니라 내 책 때문입니다. 마침내 책을 판매할 수 있게 된 것이 지금까지 내가 살면서 거둔 가장 큰 성공입니다. 이제 해냈습니다. 실패하든 성공하든 상관없이, 최소한 출간은 될 겁니다."[2]

　겨우 일주일 전에 소설 『밀폐된』의 원고가 한 출판사에서 받아들여졌다. 작품으로 받은 선금은 250달러였다. 봄에 뉴욕의 유명 출판사 맥밀런이 그것을 『살아 있는 우리We the Living』라는 제목으로 출판 시장에 선보일 것이다. 그러는 동안 연극 작품 「1월 16일 밤」은 8월 브로드웨이 초연 이후 상황이 잘 풀려서 상당한 성공을 거두었다. 1935년 늦가을이 지났을 때 그 공연의 저작권료로 랜드에게 주어진 금액은 주당 1200달러였다. 이는 당시 미국인의 평균 연소득에 해당하는 금액이다.[3] 그렇다고 해서 연출자가 작품을 망가뜨린 것에 대한 랜드의 분노가 결코 줄어들지는 않았지만, 적어도 금전적 측면에서 더 이상 불평할 일은 없었을 것이다.

　이미 12월에 그녀는 새로 이사한 좀 더 커다란 집에서 로스앤젤레스에서 가져온 유일한 가구인 호두나무 책상 앞에 다시 앉아 다음 집필 계획의 윤곽을 완성한다. 그것은 분량과 복잡함 면에서도 그렇지만 무엇보다도 철학적 무게에서 지금까지의 작품을 넘어설 새로운 소설이다. 자유의 여신상과 새로 지어진 엠파이어스테이트 빌딩의 그늘 안에서, 랜드는 '진부한 삶'이라는 제목으로 책의 실제 목적인 '진정한 의미의 이기주의에 대한 옹호'를 머릿속에 떠올린다.[4]

자아의 재정복

기독교와 공산주의가 항상 은밀하게 공유했던 원칙 중 어떤 것이 절망적일 정도로 자기 부정적인 현대 소비 자본주의의 냉소주의로 이어졌는지를 명백하게 드러내는 일이 랜드에게는 특별히 중요하다. 의심의 여지 없이 이 '모던 타임스'의 위기를 불러온 진정한 원인은 물질적인 것이 아니라 정신적인 것이었다. 이 점에서 랜드는 자신의 주요 철학적 원천인 프리드리히 니체, 오스발트 슈펭글러Oswald Spengler, 오르테가 이 가세트의 견해에 동의했다.

오, 그렇다. 기술 발전이 이루어졌지만 정신적으로 우리는 이탈리아 르네상스보다 훨씬 뒤처져 있다. 실제로 지금은 이 위대한 이름에 부합하는 어떤 정신적 삶도 존재하지 '않는다'. 그 책임이 기계에 있는가? '아니면' 결국 기독교가 활동한 지 2000년이 지난 다음 인간의 의식에서 사라진 것은 '자아'라고 하는 작은 단어, 그리고 그것과 함께 인간 의식을 '이루고 있던' 모든 것인가?[5]

그냥 다른 사람들이 이미 갖고 있거나 할 수 있거나 높이 평가하는 것을 가지려는 소유욕에 맞춰 줏대 없이 방향을 정하는 것에서 소위 말하는 현대 자본주의 사회의 개인주의는 집단주의적 사회의 여러 징후와 마찬가지로 도덕적으로 깊이 타락한 모습으로 나타난다. 두 체제 어디에서도 인간 개개인을 진정으로 특징짓고 결정을 내리는 데 도움이 될 만한 요소는 전혀 찾아볼 수 없다. 인간이 자신의 가치 판단과 삶의 원칙에서 주로 다른 사람을 따라 방향을 정하는 시대에 '자아'라는 성스러운 단어는 미학적, 도덕적, 정치적 분야에서 주요 기능을 모두 상실했다. 이런 배후 관계 속에서 사람들을 동굴 밖으로 이끄는 길은 단 하나다. '자아'의 재정복은 다른 사람, 다른 모든 사람의 중요성을 극단적으로 부정함으로써 완성되어야 한다!

하지만 자신의 판단력과 창조력에 대한 무조건적 긍정을 바탕으로 일관되게 이 길을 걸어가는 개인의 존재는 어떻게 만들어지는 걸까? 그런 사람이 현재의 지배적인 조건에서 살아남아 성공할 수 있을까? 아니면 반드시 실패하고 '너무 많은 다수'의 적개심에 희생될 것인가?

초기 계획 단계에서 해결되지 않은 넘쳐날 정도로 많은 문제들. 하지만 이미 1935~1936년 겨울에 랜드의 눈앞에 빛을 발하며 선명하게 떠오른 것은 소설을 떠받치는 주인공이다. 그의 특별한 창조력은 20세기에 가장 사회적 조건에 부합하고 미래 지향적이라고 여겨졌던 예술 형식인 건축에서 실현될 것이다. 이미 1936년 2월 9일에 랜드는 새로운 초인의 모습을 아주 세세한 부분까지 정해둔 상태다.

하워드 로크

"삶에 대한 태도 … 삶에 대한 그의 태도를 결정하는 두 가지는 바로 자기 자신의 우월성과 세계의 완벽한 무가치함이다. 그는 자신이 무엇을 원하고 무엇을 생각하는지를 알고 있다. 그는 더 이상 다른 이유나 기준 혹은 숙고가 필요하지 않다. 그의 완성된 이기심은 그에게는 호흡처럼 자연스러운 것이다. 그는 그것을 힘들여 습득하지도 않았고, 그에게 그것은 논리적 추론의 결과물도 아니다. 그는 태어날 때부터 그것을 지니고 있었다. 이것을 의심해볼 여지조차 없었기에, 당연히 그는 이에 대해 결코 의심하지 않았다."[6]

랜드가 쓰려는 소설의 주인공 로크는 그의 특징을 이루는 기질을 힘들여 습득하거나 발전시킨 것이 아니라, 단지 다른 사람이 그것을 더럽힐 위험으로부터 보호했을 뿐이다. 실제로 그는 나중에 소설에서 이렇다 할 과거가 없는 고아로 소개되었다. 하지만 그것과 연관된 문제는 여전히 남아 있다. 랜드가 로크를 예로 들어 보편적인 효력을 지닌 존재의 이상으로 떠올린 진정한 자율성을 얻는 길은 인간에게 불가피하게 사회적으로 제한되어 있다. 상당 부분 본능에 구속받지 않고 완전히 무방비 상태로 현재의 삶으로 내던져진 우리 인간은 세계와 우리 자신을 우선 다른 사람의 품과 손에서 배우게 된다. 우리를 생각하는 존재로, 삶 속으로 불러들이는 것은 다른 사람의 목소리다. 그런 점에서 일반적으로 랜드의 눈앞에 떠오른 이상理想은 사다리를 오르는 것으로 상상할 수 있을 뿐인데, 그것은 일단 자율성의 수준에 도달하고 나면 명료한 의식을 가지고 걷어차버려야만 한다. 랜드는 소설이 시작되자마자 주인공을 이런 고독한 높이로 옮겨놓는다.

무관심과 무한히 냉정한 경멸이 그가 자신과 같지 않은 이 세상과 사람들에 대해 느끼는 전부다. 그는 인간을 완벽하게 이해한다. 그리고 그들을 이해하기 때문에 그 주제 전부를 옆으로 밀쳐놓는다. 완벽하게 평온한 내면을 지녔고 그 내면에 자리를 잡은 사람으로서 그는 동류의 다른 사람들을, 그들과 함께하는 것 혹은 그들의 이해를 갈망하지 않는다.[7]

그러니까 로크는 결코 다른 사람의 '존재'를 부정하지 않지만, 자신의 삶의 방향을 정하고 형성하는 데에서 타인이 갖는 '중요성'을 부정할 뿐이다. 그는 대부분의 다른 사람들이 어떻게 생각하고 사는지 (아주 불완전하게!) 이해하기 때문에, 더 높은 곳에서 바라보며 그들을 옆으로 제쳐놓는다. 완벽하게 비사회적인 이 새로운 구원자 같은 인물을 아주 유쾌하고 행동하기 좋아하는 인간으로 상상하는 것은 전적으로 논리적이다. 이상적인 인간 로크는 다른 사람들의 죄를 용서하는 대신에 활동적이고 재기 발랄한 상태 속에서 살며, 이런 상태에서 그가 저지를 수 있는 유일한 죄는 자신의 고유한 창조적 목표를 거스르는 것이다. (직업이 목수였던) 기독교의 구원자 예수 그리스도와 명백한 대척점을 이루는 건축가 로크는 자신의 고통으로 다른 모든 사람을 영원히 구원하는 것이 아니라, 자신의 고유한 행위로 스스로를 구원하기 위해 애쓴다.

> 그는 고통을 믿지 않기 때문에 고통받지 않는다. 그에게 패배와 실망은 싸움의 일부일 뿐이다. … 그의 감정 상태는 자신의 능력을 알기에 지속적으로 느끼는 삶의 희열이다. 그 희열은 상시적이고 변하지 않고 자연스럽기 때문에 그는 인식조차 하지 못한다. … 그에게 세계는 감정의 공간이 아니라 행동의 공간일 뿐이다. … 그의 감정은 완벽하게 논리의 통제 아래 있다. 더 정확히 말하자면 감정이 논리를 따라가지만, 이 둘은 분리될 수 없다.[8]

따라서 좌절을 거부하는 로크의 저항은 자신의 감정적 삶 전부를 사고로 통제할 수 있는 능력에서 직접적으로 생긴 결과물이다. 로크가 자신의 몸을 고집과 저항적 태도의 있을 수 있는 기원으로 경험하지 않는 것처럼 감정적 삶도 그의 길을 가로막지 못한다. 그러므로 그의 현재 삶 전부를 관통하고 있는 타자성에 대한 철저한 배제는 타자의 존재에서 시작되는

게 아니라, 이미 자신의 육체적 상태, 기분, 충동과 관련해 시작된다.

감각적 자아 중심주의

랜드의 이상적 인간이 현재의 삶에서 느끼는 지속적인 즐거움과 기쁨은 사고와 논리라는 수단을 통한 자신의 소망과 목표의 실현에 이 세계가 완전히 우호적이라는 확신으로부터 자양분을 얻는다(랜드는 곧 '우호적인 우주'라는 개념에 대해 이야기한다). 모든 일에서 소설 주인공 로크를 뛰어난 인물로 만드는 것도 바로 이런 기쁨 혹은 즐거움이다. 자신이 세운 목표를 실현하기 위해 계속해서 성공적으로 문제를 해결하려는 행위로서의 삶.

여기에서 자연의 모든 영역은 단지 목적을 위한 수단으로서 나타난다. 그러므로 건축가 로크에게 돌은 재료로서, 언덕은 건축 장소로서, 태양은 빛과 그림자를 제공하는 존재로서만 관심을 끌 뿐이다. 다른 말로 표현하자면 그에게 자연은 그 자체로는 가치가 없고, 그와 그의 계획에 알맞을 때만 가치를 얻는다. 이렇게 묘사된 '행복 추구'라는 의미에서 그의 길을 가로막는 유일한 장애물은 타인이다. 로크는 이를 이해했고, 그것에서 전적으로 논리적인 결론을 끌어낸다.

정치에 대한 그의 관심은 정치에 관심을 기울이지 않는 것이다. 사회 자체라는 것이 그에게는 존재하지 않는다. 다른 사람들은 그의 관심 대상이 아니다. … 다른 사람의 생각이나 소망에 굴종하는 것을 타협 없이 완전히 거부하는 것이 그의 행동에서 중요하다. … 성공에 대한 일반적 보상인 돈, 명예 그리고 다른 특권들은 그에게 아무런 의미가 없다. 그의 삶은 실제적이어야 하고, 그의 삶은 그의 작업이며, 그는 이것을 자신이 원하는 대로, 즉 그가 즐길 수 있는 유일한 방식으로 행하려고 한다. 혹 그렇게 할 수 없다면 대신 투쟁하면서 몰락할 것이다.[9]

로크와 같은 사람도 실패할 수 있다. 하지만 그가 자기 자신에 대해서나 사물의 세계를 제대로 처리했다면, 그는 이런 실패 속에서 자신의 품위와 가치를 빼앗기지 않을 수 있다. 그리고 세상에서 자신의 고유한 가치와 위치에 대한 망가지지 않은 감각인 이런 품위가 그에게는 다른 무엇보다, 창조적 계획의 실제적인 실현보다 더 중요하다. 결국 이 자존감이 '나'라는 단어를 당당하게 말할 수 있도록 하는 실제 토대 혹은 원천이다.

따라서 이 원천이 다른 사람에 의해 더럽혀지지 않도록 보호하고 자유롭고 맑게 유지하는 것이 관건이다. 살과 피로 이루어진 완전히 현세적인 인간인 로크가 놓치고 싶어 하지 않는 최고의 황홀경과 기쁨이라는 아주 인간적인 상태에도 적용되는 판결.

> 성Sex: 건강한 짐승의 방식으로 감각적이다. 하지만 그 분야에 대해 더 큰 관심은 없다. 전적으로 사랑에 전념할 수 없다. 그의 입장은 "나는 너를 사랑해. 나는 온전히 너의 것이야"가 아니라, 오히려 "나는 사랑해. 너는 내 것이야"다. 중요한 접근 방식은 사랑받는다는 문제를 별로 걱정하지 않으면서 누군가를 원한다는 느낌이다.[10]

통념을 따르자면 로크와 같은 사람은 결코 사랑이 무엇인지 알 수 없고 경험할 수도 없다. 무조건적인 유일한 사랑인 자기 자신에 대한 사랑이 계속해서 그를 방해한다. 그러므로 그가 견고한 관계를 경험하고 맺을 수 있다면, 관계를 이어주는 힘은 분명 그에게 무조건 헌신할 준비가 되어 있는 사람으로부터 생겨날 것이다. 랜드의 말에 따르자면 그것은 지속적인 감탄과 특히 성적인 복종의 형태로만 생각할 수 있다. 이 즐거운 복종의 순간에는 항상 사도마조히즘적 분위기가 있다. 소설에서 이것은 로크와 도미니크의 관계로 분명해진다(랜드의 소설에서 항상 그렇듯이 이 소설에서도 그 이름이 많은 것을 이야기해준다). 실제로 소설 속 로크와 도미니크의 첫 번째 성교는 (역설적이게도 합의의 틀 속에서 이루어진) 강간과 구별할 수 없을 것이다. 랜드의 소설에서 반복되는, 스캔들을 일으킬 가능성을 철저하게 계산해서 채용한 모티브다.

결론적으로 이상적 인간 로크는 기본 특징이 정해져 있었다. 하지만 소설 자체는 아직 확정되지 않았다. 1936년 봄에는 무엇보다 플롯과 구조가 여전히 불분명했다. 고전적 교양소설로서의 구성은 처음부터 배제되었다. 오히려 줄거리 진행은 여러 장애물을 통해 긴장감을 얻을 것으로 예상되는데 그 장애물은 2류의 다른 사람들, 즉 아이디어 도용자들이라는 형태로 로크의 길을 막아설 것이다. 랜드는 그녀의 소설 주인공이 일관되게 모든 형태의 '아첨'을 거부하기 때문에, 그가 "수년간 가장 비천한 일을 해야 하고, 한 사회가 누군가에게 가할 수 있는 모든 경제적 굴욕을 받아들여야"[11] 한다는 문장으로 그녀의 첫 번째 상세한 스케치를 끝맺는다.

코네티컷에서의 결혼

랜드에게 로크는 그녀 자신의 고유한 삶의 이상을 구체화한 인물이었고, 그래야만 했다. 결코 쉽지 않은 방향 설정이다. 그녀에게도 그녀의 남편에게도 간단하지 않았다. 공유하는 일상에서도 그랬다. 시기를 늦춰 잡더라도 1936년이 시작되면서부터 랜드는 결국 결혼 생활에서도 고전적인 '남자의 위치'를 받아들였다. 그녀가 집으로 돈을 벌어오고, 외부 세계의 인정을 받고, 창조하고 결정하고 평가하는 '남성 생계 부양자male breadwinner'다. 1936년 4월 출간된 책『살아 있는 우리』가 금전적 측면에서는 상당히 실망스러운 결과를 보였지만—그해 봄의 깜짝 베스트셀러는『바람과 함께 사라지다』였고 마거릿 미첼Margaret Mitchell이 쓴 작품이었다—호평을 받았다. 특히 그 책에서 소련의 모습을 중점적으로 다룬 덕에 랜드는 매체에서 인기가 좋은 정치 평론가의 역할을 차지하게 된다. 그녀는 수많은 라디오 인터뷰와 주관이 뚜렷한 저녁 강의에서 점점 더 즐겁고 탁월하게 그 역할을 수행했다. 이때 남편 프랭크는 무엇보다 신중하게 살림하는 남편이자 정서적 지원자로서 최선을 다해 그녀를 지원한다. 뉴욕으로 이사하면서 영화계에서 커다란 성공을 거두려는 그의 목표는 결국 헛된 꿈이 되어버렸다. 그는 계속해서 거절당하는 굴욕을 견디기보다는 차라리 배역을 얻기 위한 오디션에 더 이상 참가하지 않는다. 랜드는 특히 자기 아버지와 관련된 경험을 고려해서 그의 결심을 충분히 이해한다. 결국 한 인간이 자신의 품위를 유지할 수 있는 유일한 대안이 지배적인 조건과 맞서 싸우는 것이 아니라, 그것에 참여하기를 능동적으로 거부하는 것뿐인 상황과 시절이 있다는 것이다. 최상의 경우 프랭크는 랜드를 정신적으로 휘몰아댄 주제에 대해 참을성 있게 듣고, 때때로 신랄한 비평가의 역을 맡음으로써 기여했다. 그의 건조한 농담은 그렇지 않아도 대체로 유머라곤 찾기 힘든 랜드의 창작물에 직접 채택되기도 했다.

결혼하고 7년이 지난 후에 뉴욕에 도착한 두 신참은 의지할 수 있는 친구나 친지도 없고, 이름에 걸맞은 사회적 삶을 살지도 못했다. 그것은 특히 사회적 갈망에 시달리지 않고, 소소한 이야기를 나누는 미국식 파티가 자신에게 너무도 어울리지 않는다는 느낌을 받곤 하는 랜드 탓이다. 아이디어만큼이나 활기가 넘치는 프랭크의 동생 닉이 때때로 감각적이고 성적인 면에서도 점점 둔감해지는 두 사람의 부담을 덜어주었다.

이후 여러 해 동안 직업적이라기보다는 취미로 하는 프랭크의 유일한 일은 하계 휴양지 공연summer stock이라고 불리는 지방 공연에서 랜드의 연극 작품 「1월 16일 밤」의 남자 배역을 맡아 연기하는 것이었다. 그가 1936년 여름에 그런 일을 하기 위해 코네티컷으로 떠났을 때, 두 사람은 수년 만에 처음으로 몇 시간 이상 서로 떨어져 지내게 되었다. 프랭크가 탄 기차가 역을 떠나자마자 랜드는 책상 앞에 앉는다.

1936년 8월 19일
편안하고 사랑스러운 사람!
자, 이것이 이제야 쓸 기회가 생긴 나의 첫 번째 연애편지네. 그런데 실제로 당신이 몹시 보고 싶다는 말 말고는 아무런 할 말이 없어. 사실 나는 정말로 당신이 보고 싶지는 않아. 재미있는 점은 한편으로 그 자리에서 소리 내어 울 수도 있을 만큼 당신이 보고 싶지만, 다른 한편으로 당신을 보내고 여기에 남아 '의무'를 다하는 나 자신이 아주 자랑스럽고 도덕적이라고 느낀다는 거지.

최악은 역에서 집으로 돌아오는 거였어. 그건 이전에는 한 번도 경험해보지 못한 완전히 새로운 느낌이었기 때문에 끔찍한 동시에 즐거웠어. 도시 전체가 텅 빈 것처럼 보였는데, 그건 말처럼 판에 박힌 표현은 아니야. 왜냐하면 그 누구도, 그 어느 곳, 어느 거리도 내게는 아무 의미 없다는 확신이 들었기 때문이야. 자유롭지만 씁쓸한 느낌이 들어서 울고 싶었어. 당신이 탄 기차를 보려고 몸을 돌리지 않았어. 당신은 어떤 느낌이었어?

어쨌든 한 가지 좋은 점은 있어. '내 영감靈感'의 부재가 다른 어떤 것보다 더 나에게 영감을 준다는 거지. 나는 정말로 훌륭하게 작업을 하고 있고, 작업하는 것이 재미있어.

…

내가 당신을 사랑한다는 것을 꼭 말해야 할까?

잘 자, 짹짹 우는 작은 새!

XXXXXXX

당신의 보푸라기가.[12]

하워드 로크와 같은 사람은 그런 글을 절대로 종이에 적지 않을 거라고 분명히 말할 수 있다. 마찬가지로 특별히 부부

심리 치료를 훈련한 사람이 아니어도 이 편지의 행간에 숨겨져 있는 상당한 잠재적 긴장을 알아챌 수 있다. 역할 놀이는 여전히 작동하고 있지만, 실제 역할은 오래전에 사라졌다.

프랭크를 제외한 다른 사람들이 랜드의 세계에서 어떤 역할을 할 것인지는 그녀의 삶뿐만 아니라 사고에서도 중대한 문제로 남을 것이다. 어쨌든 인간은 혼자서만 생각을 할 수 있다고 랜드는 확신한다. 최고의 사고 형태, 즉 창조적 활동과 살고 사랑할 가치가 있는 세계를 기획하는 것 역시 마찬가지다.

전면적

마찬가지로 한나 아렌트도 1936년 8월에 '당신을 사랑해'라는 문장을 망설임 없이 종이에 적기 위해 자신과 싸워야 한다. 1936년 8월 24일, 그녀는 참관인 자격으로 유대인 세계 회의 창설 모임에 참석하기 위해 갔던 제네바에서 그녀의 삶에 새로 나타난 남자에게 편지를 쓴다. "내가 당신을 사랑한다는 것을 나 자신이 알고 있는 것처럼 당신도 그걸 이미 파리에서 알고 있었을 거예요. 내가 말하지 않았던 것은 오직 그 결과가 두렵기 때문이었어요. 그런데 오늘 내가 그것에 관해 말할 수 있게 된 것은 단지 우리의 사랑을 위해 시도해보고 싶어서입니다. 내가 당신의 부인이 될 수 있을지 나는 모릅니다. 나의 의심은 쉽게 사라지지 않아요. 그리고 내가 결혼했다는 사실도."[13]

아렌트가 이야기하는 두려움은 독립성 상실에 대한 두려움이며, 그녀에게는 사랑의 경험에 필연적으로 동반되는 두려움이다. 마르부르크의 젊은 대학생이었을 때 아렌트는 이미 세계에서 그녀의 자리를 거의 잃을 뻔한 강력한 충격을 경험했다. 그 시절의 그림자가 여전히 그녀를 따라다닌다. 당시 철학 교수이자 『존재와 시간』의 저자였고 1933년 봄에 나치당에 가입한 마르틴 하이데거와의 연애 사건에 대해, 하인리히 블뤼허Heinrich Blücher는 아무것도 모른다. 마찬가지로 한나 슈테른도―사실상의 남편인 귄터 슈테른은 1936년 미국으로 이주한다―블뤼허가 파리에 살고 있는 러시아 여인 나타샤 제프로이킨과 아직도 결혼 관계를 유지하고 있다는 사실을 전혀 모르고 있다. 결론적으로 두 사람은 만난 지 이제 겨우 몇 달밖에 되지 않았다. 그리고 이런 약간의 비밀은 사랑에 해가 되지 않았다. 무엇보다 새로 시작된 사랑의 경우에는 더욱 그랬다. 그럼에도 주저함은 여전히 남아 있었다. 전 세계적으로 정치적 발전이 점점 암울하게 진행되었기에 더욱 그랬다.

마치 비밀 신호라도 받은 듯 1936년이 지나는 동안 전 세계에서 긴장이 고조되어, 폭력 전선과 무력 충돌이 발생했다. 그래서 1936년 8월 26일 팔레스타인에 있던 게르숌 숄렘은 파리로 도망친 옛 친구인 철학자 발터 벤야민에게 다음과 같은 편지를 쓴다. "3개월 전부터 우리는 예루살렘에서 포위된 상태로 지내고 있어. 매일 밤 다소 격렬한 총소리를 들어. … 그러면서 사람들은 자신에게 주어진 숙명에 익숙해진다네. 다음번 모퉁이에서 자신을 향해 폭탄이 투척될지 아무도 모르지만, 다른 한편 극소수의 폭탄만이 폭발하거나 해를 입힌다는 점이 드러났기 때문에, 결국 사람들은 비교적 차분함을 유지하게 되지. 여기서는 진짜 전투가 벌어져. 일부는 군대와 아라비아 게릴라 그룹 사이에서, 일부는 이 그룹과 그들로부터 지속적으로 공격받는 유대인 집단 거주지 사이에서 전투가 벌어지고 있어."[14] 영국의 보호령인 팔레스타인 지역에 거주하는 아랍인들이 대규모 저항 운동을 시작하는 동안, 벤야민이 오래전에 모든 환상에서 벗어나서 건조한 어조로 보고했듯이 "잠재된 구조에 따르면 팔레스타인 지역의 상태보다 결코 낙관적이지 않은 … 유럽의 사정"[15]이 드러난다. 그리고 이는 파리로 망명한 독일 출신 유대인의 관점에서만 그런 것은 아니다.

암흑의 재판

1936년 히틀러는 독일 산업계에 전쟁 준비 명령을 내린다. "무장할 수 있는 자유"라는 구호 아래 경제와 국방군은 4년 내로 다시 전쟁 능력을 갖춰야만 한다. 대대적인 군비 증강이 시작되는데, 이를 보여주는 첫 번째 분명한 징후는 1936년에 비무장 상태인 라인란트 지역에 독일군이 진입한 것이다. 이 것은 로카르노 조약과 베르사유 조약에 대한 명백한 위반이지만, 제1차 세계대전 승전국으로부터 아무런 제재도 받지 않는다. 승전국의 핵심 노선은 이제 정치적으로 완벽하게 통합된 나치 독일을 고려해서 또 다른 전쟁만 아니라면 다른 것은 괜찮다는 것이다. 그사이 독일에서는 좌파 계열 야당이 너무 약해지고 망가져서, 강제 노동 수용소에 수감된 정치범의 수는 3000명이 채 안 되는 최저치에 이르렀다.[16] 정권의 논리에서 보자면 대내외의 새로운 적을 고안해내서 박해해야만 한다. 그렇게 해서 유대인이 이전보다 더 집중적으로 증오를 일으키는 나치 선전의 중심으로 들어오게 된다.

6개월에 걸친 방어전에서 25만 명 이상의 병사를 잃은 뒤, 에티오피아 군대는 1936년 5월 아디스아바바에서 무솔리니의 군대에 항복한다. 그러자 이탈리아의 지도자Duce 무솔리니는 이탈리아 '제국'의 부활을 선포한다.[17] 그사이 모스크바에서 스탈린은 수많은 전직 트로츠키 측근들이 포함된 당 내부의 고위 반대자들을 숙청하기 위해 다시 한번 권력 투쟁을 강화한다. 1936년 여름에 첫 번째 대규모 공개 재판이 소집되었다. 고발된 모든 사람이 (그들의 가까운 친척들도 원칙적으로) 처형되었다. 소련의 강제 노동 수용소 굴락Gulag에 갇힌 정치범의 숫자는 이때 18만 명으로 늘어났다.[18] 소련 전역에서 대규모로 자행될 '숙청'을 미리 알리는 서막으로 계획된 이 재판의 결과로 중부 유럽의 좌파 지식인들은 처음으로 스탈린 제국과 그의 이상으로부터 거리를 두게 되었다.

특히 1936년은 소위 '인민전선'으로 힘을 합친 유럽 좌파가 부활한 해다. 이미 1934년 모스크바에서 이루어진 전략 변경[19]의 결과로 프랑스나 스페인과 같은 나라에서 사회민주주의자들은 더 이상 공산주의 인터내셔널로부터 '사회주의 파시스트'라는 비방을 받지 않게 되었다. 오히려 스탈린은 민주주의 방식으로 권력을 잡기 위해 사회민주주의자들과 연합하도록 현지의 공산당을 격려한다.

이 새로운 전략은 먼저 스페인에서 성공을 거둔다. 그곳에서 1936년 2월 선거에서 (대부분 부르주아 중산층 출신인) '공화주의자'와 공산주의자, 분리주의자, 노동조합원으로 이루어진 '인민전선'이 가까스로 승리한다. 좌파 '인민전선'은 총 900만 표 중에서 불과 15만 표를 더 받았을 뿐이다.[20]

3개월 후 프랑스에서도 좌파 '인민전선'이 승리를 거둔다. 이때 실제로 이들을 갈라놓은 정치적 노선 차이는 민족주의와 국제주의가 아니라, 오히려 민족적 특성을 띤 가톨릭 노선과 인민 공산주의 사이에 존재했다. 이번 선거 투쟁에서는 정치적으로 자유주의적인 중도 세력, 즉 적대 관계 대신 민주적 경쟁을 생각하는 세력을 위한 공간은 더 이상 존재하지 않는다. 시몬 베유가 예견했듯이, 영국을 제외한 나머지 유럽 민주주의 국가들은 화해할 수 없을 정도로 서로 대립하는 집단적 확신의 소용돌이 속으로 빨려 들어가고 있다.

프랑스 정부의 최고위직에 오른 첫 번째 사회주의자이며 유대인인 신임 수상 레옹 블룸Léon Blum*이 이끄는 정부 아래에서 광범위한 개혁 정책들이 제시되었는데, 그 개혁안에 노령 연금과 주당 노동 시간 단축, 실업 보험은 포함되었지만, 약속했던 여성 참정권, 유급 휴가 또는 기업 경영 공동 결정권은 포함되지 않았다.

그 조치들이 의결되자마자 6월과 7월에 역사상 가장 커다란 파업의 물결이 프랑스를 휩쓸었다.[21] 태업부터 연좌시위와 공장 점거에 이르기까지 자발적이고 아주 평화적인 수많은 행동 때문에 공공의 삶이 실제로 마비되었다. 혁명이 곧 이루어질 것 같은 분위기였고, 블룸은 겁에 질린 민간 경제의 저항을 물리치고 또 다른 요구를 관철시키기 위해 이러한 위협적인 배경을 이용했다. 언젠가 소유권을 전부 빼앗기기보다는 지금 양보하는 것이 더 낫다는 것이다. 경제적으로 프랑스는 여전히 깊은 위기에 빠져 있다. 위기의 명백한 징후는 200만

프랑스 알자스에서 태어난 그는 유대인 혈통이었다. 드레퓌스 사건을 계기로 정치에 입문했고, 1924년 사회당 당수를 지냈으며, 1936년 인민 전선 내각을 조직하고 사회주의자로서는 처음으로 프랑스 수상이 된다. 1947년까지 여러 차례 수상을 맡았으며, 제2차 세계대전 중에는 유대인이라는 이유로 나치의 부헨발트와 다하우 강제 노동 수용소에 수용되기도 했다. 전쟁이 끝난 후 다시 수상 겸 외상의 자리를 맡았다

명에 달하는 실업자와 대대적인 국가 개입으로 겨우 유지되고 있는 프랑 화폐의 가치다. 이 조치들이 대중적 인기를 가져다 주었지만, 곧 드러나게 될 것처럼 국가 경제적 측면에서는 거의 무책임한 행위였다.

프랑스 국경일인 7월 14일, 기쁨에 찬 대중이 환호하면서 파리를 행진할 때 스페인에서는 이미 내전과 비슷한 상황이 벌어지고 있었다. 불과 3일 후인 1936년 7월 17일, 새로 수립된 정부를 전복하겠다는 목표를 천명한 프란시스코 프랑코 Francisco Franco 장군의 지휘 아래 무력 반란이 시작된다. 거기에서 두 개의 대립 전선에서 내전을 이끄는 당파가 생겨난다. 사회의 이념적 분열이 모든 도시와 촌락을 관통하면서 전선을 형성한다. 며칠 만에 이 긴장은 상호 살인과 약탈, 방화, 강간, 처형으로 고조된다. 이로써 내전 초에 이미 수만 명의 스페인 사람이 목숨을 잃었다.

1936년 8월 1일 새로 건설한 베를린 올림픽 경기장으로 여러 나라 선수단이 입장하는 개막 선언식에서 이탈리아 선수단과 독일 선수단이 파시스트 경례로 아돌프 히틀러에게 경의를 표했을 때, 프랑코 군대는 이미 무솔리니와 히틀러의 군대로부터 막대한 병참 지원을 받고 있었다. 그로 인해 스페인 내전이 두 개의 커다란 전체주의적 정치 집단의 대리전이 될 위험에 처하게 되었다.

유럽 전역에서 좌파의 외침이 거셌다. 하지만 이제 막 생겨난 블룸 정부도 영국도, 처음에는 스탈린조차도 이 갈등에 직접 개입하는 데 관심이 없었다. 파리에서는 이것이 사회주의 형제에 대한 '배신'이라고 비난을 받았다. 1936년 8월 말부터 수만 명이 프랑코의 파시스트 정당 팔랑헤에 맞서 싸우는 스페인 공화국을 지원하기 위해 자발적으로 국제 여단을 구성했다. 이로써 그 내전은 무엇보다도 지식인과 문학가들의 전쟁이 되었다.

단골손님과 꼬마

아렌트가 파리에서 교류하던 친구들 모임에서 스페인 상황이 집중적으로 논의되었다. 모임 구성원들이 현지에서 함께 싸우기 위해 국제 여단에 합류하는 것을 진지하게 고려했다고 가정하기는 어렵다. 왜냐하면 1935년부터 점점 자주 공동 토론을 하기 위해 밤마다 모였던 서로 다른 배경과 직업을 가진 이 사람들을 묶어준 것은 난파되어 파리에 발이 묶인 상태라는 것과 별개로, 무엇보다도 공산주의든 무정부주의든 아니면 시오니즘이든 상관없이 모든 형태의 정치적 이데올로기와 운동을 아무런 성찰 없이 그대로 받아들이는 것에 대한 회의적인 태도였기 때문이다. 스스로를 파리의 '단골손님'이라고 반어적으로 불렀던 그들의 태도에서 중요했던 것은 오히려 새로운 소외자 상태에서 그들에게 마지막으로 남은 가장 소중한 자유 공간을 지키려는 의지, 즉 스스로 생각하려는 의지였다!

이것은 베를린에서 도망친 철학자이자 비평가인 발터 벤야민과 프랑크푸르트 출신 변호사 에리히 콘 벤디트Erich Cohn-Bendit, 폴란드 태생의 시인 차난 클렌보르트Chanan Klenbort, 케테 히르슈Käthe Hirsch, 로테 젬펠Lotte Sempell, 화가 카를 하이덴라이히Karl Heidenreich에게도 적용된다. 그러나 특히 1899년 베를린에서 태어난 하인리히 블뤼허에게 해당되는데, 그는 당시 파리에 불법으로 체류했기 때문에 그 자신도 "자기가 어디에 사는지 정확히 알지 못했다".[22]

젊어서는 노동 운동에 참여했고, 1920년대 초반에는 공산당에서 활동했던 블뤼허가 파리에서 생존하기 위해 사용한 방법은 낮에는 산책 지팡이를 들고 최고의 복장과 태도를 갖추고 여행객으로 위장해 거리의 풍경 속으로 녹아들었다가, 밤에는 호텔이나 여성 후원자들의 집에서 임시로 묵는 것이었다. 직업이 무엇이냐는 질문에 그는 간단히 '막후 조정자Drahtzieher'라고 대답하곤 했다. 이것은 예전에 당에서 사용했던 그의 가명이기도 하다. 그는 1930년대가 지나면서 당의 이데올로기적 전선에서 점점 멀어졌다.[23]

베를린 베딩Wedding 지역에서 아버지 없이 성장한 블뤼허는 독학으로 공부했다. 남성적인 습관과 출신 환경의 억양과 함께 그는 모든 과장된 지식인인 체하는 태도에 대해 보이는 베를린 특유의 냉소적인 회의를 몇 년간 유지했다. 인맥도 배경도 없이 자신의 두 다리로 굳건히 선 전형적인 자수성가형 인물. 그의 정신적 독립을 이길 수 있는 것은 오직 무일푼인 그의 가난뿐이었다. 다른 말로 표현하자면 소외자 그 자체로, 삶에 의해 섬세하게 다듬어진 아렌트의 취향에 딱 맞는다.

그의 언제나 세련된 태도와 프랑스어에 대한 적당한 지식 때문에 아렌트는 그를 반어적으로 '무슈Monsieur'라고 부르고, 특별히 친밀한 상황에서는 사랑스럽게 '꼬마Stups'라고 부른다. 두 사람이 서로에게 완전히 매료되었을 수 있지만, 1936년 8월 아렌트의 편지가 증언하는 것처럼 그녀는 이 사건으로 자신이 완전히 "사라지도록" 할 의향이 전혀 없었다. 특히 그녀의 유보적 태도를 부추긴 것은 사랑이라는 경험을 그녀 자신의 정체성과 통합성의 유지와 결합할 수 있을지, 그것이 가능하다면 어떻게 가능할지에 대한 의문이다. 그녀가 아직 비밀리에 마르틴 하이데거와 만나던 시기인 1928년에 카를 야스퍼스의 지도를 받아 쓴 하이델베르크 대학 박사 학위 논문『아우구스티누스 책에 나타난 사랑의 개념』[24]에서 중점적으로 다루었던 주제였기에 그녀는 이 문제를 더욱 진지하게 다루었다.

총체적인 이웃 사랑

아렌트는 자신의 첫 번째 독자적인 학술 저작에서 교부 아우구스티누스(기원후 354~430)의 사랑 개념을 예로 들어 세계와 자아의 관계에서 '타인의 중요성'이라는 문제를 탐색한다. 타인이라는 문제는 무엇보다도 사랑에서 가장 절박하게 제기되고, 가장 분명하게 답이 주어졌을 것이다. 1925년 하이데거가 아렌트에게 보낸 편지에 따르면 사랑은 "타인의 현존이 우리의 삶 속으로 밀고 들어오는"[25] 사건이다. 사랑하는 사람은 이 세계에서 결코 혼자가 아니며, 또한 이 세계와 자신이 지닌 의미를 더 이상 개별화된 관점에서 경험하지 않는다.

그러므로 더욱 놀라운 점은 아우구스티누스의 사랑 개념에서 개별성이라는 측면에서 대체할 수 없는 상대방으로서 타인이 갖는 등급이 중요한 역할을 하지 못한다는 사실이다. 기독교의 특성이 뚜렷한 아우구스티누스의 철학에서 사랑은 신에게서 실제 목표를 발견하는 것과 마찬가지로, 신으로부터 기원하기 때문이다. 그리고 삶을 지탱하는 모든 형태의 의미와 이 세상에서 가능한 모든 안전함에도 동일하게 적용된다.

아우구스티누스에 따르면 가장 가까운 구체적인 타인의 모습에서 실제로 사랑을 받고, 받아야만 하는 것은 그가 신으로부터 기원했다는 것과 원죄에 물들어 필멸할 존재들의 공동체에 속해 있다는 점뿐이다. 사랑의 본래 기원이고 목적인 신

앞에서 결국 모든 사람은 똑같다. 따라서 사람들 사이에서도 신의 사랑은 각각의 개인을 향하는 것이 아니라, 개인이 근본적으로 같다는 사실을 향해야 한다.

아우구스티누스의 가르침에서 이런 동일함은 우리의 유한성과 돌이킬 수 없는 몰락의 세속적 기원이기도 한 아담과 이브의 타락으로 확정되었다. 「공동체의 삶Vita Socialis」이라는 눈에 띄는 제목을 지닌 1928년 박사 학위 논문의 마지막 장에서 아렌트는 다음의 사실을 고수한다.

> 이런 동등함의 명백한 표현은 이웃을 사랑하라는 계명 속에 포함되어 있다. 타자는 근본적으로 너와 같기 때문에, 즉 너와 똑같이 죄에 물든 과거를 지녔기에, 너는 그를 사랑해야만 한다.[26]

> 그 이웃은 그 자신 때문이 아니라, 신의 은총 때문에 사랑받는 것이다. 이런 간접성은 … 좀 더 과격한 의미에서 상호 관계의 자명함을 없앤다. 그것은 모든 관계를 신과의 직접적 관계를 위한 단순한 통로로 만든다. 타인 자체가 구원할 수 있는 것이 아니라, 오직 타인 안에 있는 신의 은총이 작용하기 때문에 그렇게 할 수 있는 것이다.[27]

사랑하면서 고유한 개별성이 유지될 수 있는지, 그리고

어떻게 그럴 수 있는지에 대한 질문은 아우구스티누스 철학이 배경을 이루는 곳에서는 제기되지도 않고, 제기될 수도 없다. 아렌트는 이미 1928년에 이것을 서양 사고의 진정한 스캔들이라고 분명하게 지적했는데, 이때 사랑에 대한 질문에서 (본성상 절대적으로 획일화되지 않은) '타인'이 존재할 수 있는지, 그리고 어느 정도까지 존재할 수 있는지, 무엇보다 자신의 현존에 타인의 다름이 끼치는 기여는 무엇인지 하는 문제를 실존적으로 날카롭게 제기하는 것이 핵심이었다. 구약성서 속 창조에 관한 허구에 따르면 여성 자체는 진정한 타인이 아니라, 오로지 원래 남성의 아주 부족한 형태로 간주된다. 따라서 그 이야기에 따르면 여성은 생존에 실제로 필요하지 않았던 신체의 일부분, 즉 갈비뼈로 빚어졌다.

완전히 세속적인 관계와 관련되는 한 아우구스티누스 철학(그리고 그의 사랑 개념)에서 인간의 동일함은 공동의 친족 관계라는 기원, 즉 어떤 인간도 벗어날 수 없는 '공통적으로 아담에게서 유래했다는 점'에 의해 보장된다.

이런 친족성이 '상황'의 … 등가물을 만들어낸다. 모든 사람은 동일한 운명을 지닌다. 각각의 인간은 세상에서 혼자가 아니며 운명 공동체consortes를 갖는데, 이런저런 상황에 따라서 그런 것이 아니라 평생 동안 그렇다. 삶 전체가 운명적 상황으로, 즉 필멸의 상황으로 여겨진다. 그 상황

속에 인간의 친족성과 동시에 인간의 동맹 관계societas가 있다.[28]

하이데거와 야스퍼스의 제자 한나 아렌트의 해석에 따르면, 죽을 수밖에 없는 총체적 운명 공동체의 한 부분인 개별 인간이 특히 비판받을 여지가 충분한 교부 아우구스티누스의 사랑에 대한 이해와 정치적 이해의 실질적 핵심이다. 그가 『신국론』이라는 책의 저자라는 사실도 결코 우연이 아니다.

아렌트의 회귀

훗날 『전체주의의 기원』이라는 책을 쓰게 될 작가의 해석은 그렇다. 그녀는 이미 1936년에 겉보기에는 효력을 상실한 듯한 아우구스티누스 사상의 주제들이 세계 정치 주역들의 배후에서 섬뜩한 연속성을 유지하면서 각각 다른 집단의 이름으로 모든 것을 통합해 획일화하는 영향력을 계속 발전시키고, 발휘하는지를 아주 분명하게 보았다고 할 수 있다.

실제로 아렌트는 현재의 정치를 해석할 때 저 세상의 전능한 신으로부터 이 세상의 전능한 총통으로 관점을 바꾸기만 하면 되었다. 그리고 그녀는 총통과 관련해 한 개인을 "아주 우연히 고립된 채 이 세상에 온"[29] 개별적인 존재로 평가 절하하는 원칙을 분명히 목도했다. 이처럼 전체주의적인 세계관에서는 개인 자체에게는 어떤 본질적인 의미도 주어지지 않았다. 남자든 여자든 존재할 수는 있겠지만, 반드시 존재해야 하는 것은 아니었다. 개인의 희생이 실제로 세상의 몰락을 의미하지는 않았다.

　낙원에서 쫓겨난 자들의 협동체로서 인간의 동맹이라는 신화적 기원에 관한 이야기와 관련된 경우, 그것은 아렌트가 분석한 정치적 현재 상황에서는—예를 들면 히틀러의 경우처럼—역사적으로 입증된 것으로 추정되는 각 민족 그리고 경우에 따라서 국민의 기원에 대한 이야기로 일관되게 대체되었다. 그리고 여기서도 각 민족 집단에 소속되어 있다는 의미에서 바랐던 완전한 평등(균등화)이 완성된다. 동족을 네 몸처럼 사랑하라! 그리고 필요하다면 민족 공동체의 이름으로 그를 위해 네 목숨을 희생하라. 마치 아우구스티누스의 책에서 이웃 사랑이 신에 대한 사랑과 동일한 것처럼, 그런 합의하에서 민족 공동체의 대표자에 대한 사랑이 그 지도자에 대한 사랑과 일치해야 한다는 것은 그 자체로는 대단히 논리적이다.

　이런 사고 틀 안에서는 세계를 책임지고 따라서 무조건 보호받아야 하는 유일한 인간으로서의 '타인의 중요성'에 대한 질문에 그럴듯한 대답이 더 이상 없을 것이다. 더 극단적으로는 그런 질문 자체를 이해할 수조차 없다는 것이다. 어쨌든 그 질문은 기껏해야 사적 영역에서, 순전히 이른바 대인관계의 틀 안에서 타당성을 얻게 되었는데, 따라서 그 질문은 전체주의가 된 국가의 이상에 따르면 더 이상 존재해서는 안 된다. 공적이고 총체적인 획일화로 위협받는 사회에 대항하는 최초이자 최후의 저항지인 사랑하는 사람이 함께하는 사적인 삶. 아렌트는 그것을 제네바에서 하인리히에게 다음과 같이 매우 아름답게 적어 보낸다. "우리 그것을 시도해봐요. 우리의 사랑을 위해서." 다른 누구를 위해서가 아니다. 신을 위해서도 아니다. 혹은 다른 말로 표현하면 순전히 우리 자신을 위해서, 이 세상에서 우리 각자의 행복과 자리를 위해, 그리고 무엇보다도 자신의 유한성에 대한 두려움에서 벗어나 사랑 특유의 자유를 얻기 위해.

순전히 철학적으로 보면 타인 그 자체가 전력을 다해 자신의 현존 속으로 밀고 들어오도록 허용하면서도 집을 잃고 영원히 갇힌 느낌을 갖지 않도록 하는 사랑을 생각하는 것이 어떻게 가능한가는 아렌트에게 여전히 풀리지 않는 의문이었다. 하나 아렌트가 불과 1년이 지난 후에 다시 한번 제네바에서 '꼬마'에게 주저하지 않고 마음을 열어 보였을 때, 적어도 사랑하면서 공유하는 일상의 경험 속에서 곧 구체적인 근거가 생겨났다. 심지어 그녀는 베를린 어투를 약간 사용한다.

1937년 9월 18일
사랑하는, 유일하게 사랑하는 사람에게

밤에 (꿈에서) 당신과 함께 있어 아주 자랑스럽고 행복합니다. 사랑하는 이여, 나는 이미 꼬마였을 때부터 언제나 알고 있었어요. 나는 사랑 안에서만 존재할 수 있다는 것을. 내가 실패할까 봐 몹시 두려웠어요. 그리고 나 자신을 위해 독립을 선택했어요. 나를 차갑다고 이야기하는 타인들을 사랑하는 경우 나는 항상 생각했어요. '너희들은 그것이 얼마나 위험하며 내게도 얼마나 위험할지 알기나 해?'

그런데 당신을 만났을 때, 나는 마침내 더 이상 어떤 두려움도 갖지 않게 되었어요. 그것은 어른인 체하지만 실제로는 아직 어린아이였던 내가 느낀 첫 번째 충격 이후로 처음이었어요. 내가 '위대한 사랑'과 나 자신의 정체성을 동시에 가질 수 있다는 게 여전히 믿기지 않아요. 내가 다른 하나를 갖게 되었기 때문에 비로소 나머지 하나도 얻을 수 있었어요. 마침내 행복이 무엇인지 알게 되었어요. … 오늘 이혼 결정서가 도착했어요. 그것 때문에 이곳저곳을 분주하게 다녀야만 할 거예요. 하지만 나는 결혼 전 성(姓)을 다시 찾게 되어서 약간은 기뻐요. 내가 어린애 같다고 비웃어도 상관없어요.[30]

이혼이 인정되면서 아렌트의 독일 국적도 박탈되었다. 이 세상이 공개적으로 지옥을 향해 가고 있지만, 자신의 곁에 있는 '무슈'와 함께 무국적자 아렌트는 처음으로 다시 안전하다고 느꼈다. 마치 구조된 난파선처럼. 하인리히도 다르게 느끼지 않았다. 이미 1936년 가을에 그들은 함께 이사했는데, 구체적으로 말하면 세르반도니 거리에 있는 한 호텔에서 방 하나를 함께 썼으며, 그들이 지닌 가장 중요한 가구인 두 개의 알코올버너와 전축, 음반이 암흑시대에 유한한 지상의 행복을 보여주는 진정한 그림이었다.

연인을 위한 파리

책꽂이와 전축이 유일한 개인 가구인 허름한 파리 호텔 방에 머무는 두 사람. 이것으로 1936년 가을 시몬 드 보부아르의 상황이 충분히 정확하게 묘사된다. 무엇보다도 "이 세상에는 더 이상 희망이 발붙일 곳이 없는 건 아닌가"[31]라는 시대정신을 결정하는 질문에 행동으로 답하려는 듯이 보부아르와 사르트르는 서로에게 매달린다. 물론 두 사람은 베를린에서 파리로 도망쳐 온 것이 아니라, 불쾌한 프랑스 북부 지방에서 자신들의 고향인 파리로 되돌아온 것이다. 호텔에서 사는 생활방식도 돈이 부족하거나 신분증이 없어서가 아니라, 공무원 신분인 두 명의 고등학교 교사가 자유롭게 선택한 세상과 타협하지 않으려는 태도 때문이다. 거처와 작업실로 몽파르나스와 라틴 구역의 카페를 선택한 것도 같은 이유였다. 옆자리에서 피란민들이 여러 나라 언어로 중얼거리는 것에 대해 보부아르가 특히 높이 평가한 점은 대화에 있는 뜻밖의 정보 가치와 그로 인해 가능할 수도 있는 생존 가치가 아니라, "내게 아주 가까우면서 동시에 아주 멀고, 서투르게 더듬거리면서 삶을 지나쳐 가는"[32] 사람들의 존재가 그녀에게 제공한 서술적 활동 공간이다.

이것은 밤늦도록 담배 연기가 자욱한 카페의 북적이는 모습을 완성시키는 매춘부, 기성 체제 거부자, 마약 판매인 그리고 매일 밤 새롭게 의식을 잃을 정도로 술을 마시는 미국인들에게도 훨씬 더 분명하게 적용된다. 블룸이 이끄는 '인민 전선' 정부가 도입해 예산에 과도하게 부담을 준 개혁 정책의 결과로 달러에 대한 프랑의 가치가 다시 한번 급격하게 하락했다. 이것이 1920년대 스콧 피츠제럴드F. Scott Fitzgerald, 어니스트 헤밍웨이Ernest Hemingway, 거트루드 스타인Gertrude Stein 등 신여성들의 우상 같은 인물들을 통해 확고하게 자리 잡은 신화, 곧 파리가 유럽 무도회의 수도라는 신화에 관광객들을 부추기는 또하나의 강한 매력을 더했다.

보부아르가 1936년 8월 교육부가 매년 작성하는 교원 발령 서류를 열어보았을 때, 그녀는 자신의 행운을 거의 믿을 수가 없었다. 파리 16구에 있는 몰리에르 고등학교로 발령이 난 것이다. 지하철로 도심에서 편하게 갈 수 있는 곳이다. 사르트르는 겨우 150킬로미터 떨어진 랑Laon♦으로 전출되어 이제 더 많은 시간을 파리에서 보낼 수 있게 되었다. "나는 일주일에 두 번 북역Gare du Nord으로 사르트르를 마중하러 나갔다. … 그런 다음 우리는 몽마르트르로 갔다. 우리는 카페 '돔Dôme'에 자리를 잡았다. 학교에 가야 할 필요가 없을 때면 나는 그곳에서 아침을 먹었다. 나는 내 방이 아니라 카페 뒤쪽 구석진 곳에서 작업을 했다. 내 주변에서 독일 난민들이 신문을 읽거나 체스를 두었다."[33]

이미 11월에 올가는 부모의 허락 없이 두 사람을 쫓아 파리로 도망쳐 왔고, 지금은 보부아르의 집 아래층에 살고 있다. 그러는 동안 그녀는 더 이상 대학 진학이나 공부에 대해 언급하지 않는다. 그녀는 낮에는 카페에서 비정기적으로 일하고, 밤에는 같이 갈 수 있는 사람이 누구인지 그리고 시간이 있는지에 따라 둘이나 셋이서 함께 술집에 간다. 루앙 시절 이후 보부아르에게 달라진 것은 행동 반경뿐 쳇바퀴 같은 개인적 지옥이 달라진 것은 아니었다.

그사이 사르트르는 서른한 살, 보부아르는 스물여덟 살이 되었다. 예를 들자면 모리스 메를로퐁티Maurice Merleau-Ponty,

---

랑은 프랑스 북동부 엔Aisne주의 주도다. 12세기에서 13세기까지 시의 동부에 지어진 대성당은 파리의 노트르담, 샤르트르 대성당의 표본이라고 알려져 있다. 다수의 중세 유적이 남아 있어서 '박물관의 도시'라고도 불린다.

폴 니장 혹은 레몽 아롱과 같은 거의 모든 친구들과 이전의 대학 동창들은 그사이 확실하게 사귀는 사람이 있거나 결혼을 하고 시민적 의미에서 자리를 잡았다. 자신들의 삶을 뒤죽박죽으로 만들려는 사르트르와 보부아르의 분명한 의지를 주변 사람들이 태연하게 지켜본 것은 아니다. 부모님의 집에서도 그런 처신은 당혹감을 불러일으킨다. 어머니는 병에 감염될까 두려워 시몬의 호텔방에 발을 들여놓기를 거부한 반면, 아버지는 점점 드물어지는 일요일의 식사 모임에서 그가 자신의 첫째 딸을 어떻게 여기고 무엇을 기대하는지 숨기지 않는다. "너는 괜찮은 책을 쓰기는커녕 생각을 하기에도 너무 늙었어. 너는 그 버러지 같은 놈의 창녀 외에는 결코 아무것도 될 수 없을 거다."[34] 아버지를 화나게 만든 일은 그것이 전부가 아니었다. 왜냐하면 화가가 되고자 하는 시몬의 여동생 엘렌이 언니가 보여준 모범에 점점 더 매력을 느꼈기 때문이다.

계약에 대한 회의

다른 무엇보다 보부아르가 지닌 삶의 느낌을 더 어둡게 만든 것은 사르트르와 맺고 있는 관계에 대한 올가의 지속적인 도전이었다. 성적인 우위나 육체적인 질투가 우선적인 문제는 아니다. 계약을 맺고 한 쌍을 이루어 지낸 지 7년이 되었을 때 사르트르와 보부아르는 성생활이 근본적인 역할을 하는 단계를 이미 오래전에 지났다. 특히 파리로 돌아온 초창기에 사르트르가 실제로 엄청난 성적 욕구를 전부 드러내고 충족시키기 시작했기에 더욱 그렇다. 다양한 만남이 파리에서 보내는 그의 시간을 점점 더 깊이 파먹어 들어간다. 보부아르와 돔 카페에서 만나 커피를 마시거나 역에서 만나 아직 집필 중인 소설 『멜랑콜리아』의 새로운 원고를 그녀에게 전해 줄 시간적 여유조차 없었다.

실제 인물이라기보다는 암호에 더 가까운 올가 코사키에비츠가 보부아르의 세계에서 의미하는 것은 오히려 그녀가 사르트르와 맺은 결합의 속성과 방식, 그들이 맺은 계약의 진정한 본질에 대한 질문이다. 특히 사르트르의 관점에서 실제로 그들의 삶에서 유일하게 '필연적인 관계'가 얼마나 중요했나? 그리고 정확히 무엇이 이러한 필연성을 뒷받침하고 지속성을 부여했나?

보부아르의 관점에서는 지속적인 인간 결합을 지탱하는 핵심은 형태와 목표에서 동의한 과거에 기반을 둔 공동의 미래를 세우려는 청사진 속에 있다.[35] 그러나 그 결합에서 올가라는 제3의 인물이 나타남으로써 책임에 대한 모든 기대를 무력화하는 총체적 직접성이라는 원칙이 생겨났다. "올가는 마음 깊숙한 곳에서부터 모든 의지주의Voluntarismus적 구성을 경멸했다. 그것은 더 이상 내 마음을 흔들지 못했지만, 사르트르는 그녀에 대한 혼란스러운 감정에 자신을 내맡겼다. 그는 나와 함께 있을 때에는 알지 못했던 불안과 분노, 기쁨의 갑작스러운 변화를 겪었다. 나의 불편함은 질투를 넘어섰다. 내 행운이 오로지 터무니없는 거짓에 근거한 것은 아닌지 순간순간 자문하게 되었다."[36]

필연적 결합 대신에 그동안 (혹은 심지어 항상) 엄청나게 거짓된 삶을 살았을지도 모른다는 보부아르의 의심은 지속적으로 사르트르가 자유에 대한 어떤 이해를 가지고 그들의 관계를 바라보았는지에 대한 의문에 의해서 유지된다. 그는 보부아르가 제공하는 일관성과 안정성이 자유를 보장한다고 느꼈을까, 아니면 자유를 제한한다고 느꼈을까?

'올가라는 원칙'이 그에게서 우위를 점하게 된다면, 보부아르는 궁극적으로 여러 사람 중 하나가 될 뿐이고, 그녀의 특권적 지위는 순전히 겉모습에 불과하다는 점이 입증될 것이다. 보부아르의 행동이 지속적으로 자유에 대한 다른 이해에 맞춰 이루어진다는 점에서만 지속성을 유지할 수 있었던 겉모습. 그러므로 올가와 그녀의 줄다리기는 한 남자의 삶에서 성적 우위를 얻기 위해 두 여성이 벌이는 싸움과는 전혀 관계가 없다. 사르트르를 정신적으로는 매력적이지만 육체적으로는 보기 싫다고 느끼는 올가가 관계의 다른 쪽 끝을 당긴 적도 없었고, 지금도 당기려고 하지 않기 때문만은 아니다. 그보다는 사르트르와 보부아르에게는 마음을 열고 실행해야 하는 사랑 개념의 융합이 중요했다. 서로가 용인한 성적 자유의 징표 속에서 사랑 관계의 성립 조건에 대한 물음이 핵심이었다.

자유롭게 사랑하기

한나 아렌트와 비교하면 철학적 사랑에 대한 보부아르의 걱정은 정반대다. 왜냐하면 아렌트에게 원래 해결해야 할 역설은 '둘을 한꺼번에 얻는 것', 즉 블뤼허에게 보낸 편지에 나오는 말로 표현하자면 '위대한 사랑과 자신의 정체성'을 얻는 것이 어떻게 성공할 수 있는가에 있다면, 보부아르의 감정에 따르면 사르트르에 대한 사랑의 놀라운 비밀은 처음부터 그 사랑이 둘이 함께하는 상태에서 '우리'라는 단절 없는 유일한 정체성을 얻을 수 있다는 점에 있기 때문이다. 아렌트가 자신의 고유한 정체성을 포기하지 않으면서도 서로 사랑하는 한 쌍이 되는 것을 진짜 도전으로 본 반면에, 1936년 보부아르에게 진짜 도전은 두 사람의 삶과 본질적으로 결합된 그녀 자신의 정체성을 위태롭게 하거나 잃지 않으면서도 유일하게 필연적이고 통일된 사랑의 결합에서 명백하게 드러난 균열을 인정하는 것이었다. 사르트르가 없었다면 그녀는 자신이 누구인지를 묻는 질문에 결코 설득력 있는 대답을 내놓을 수 없었을 것이다. 그리고 그녀는 자신의 확고한 의지에 따라 앞으로도 사르트르가 없기를 바라지 않았다. 결국 그녀는 사르트르를 사랑했다. 보부아르는 1936~1937년 겨울의 상황을 다음과 같이 요약한다.

> (올가와의 차이보다) 나를 속상하게 한 것은 가끔 나와 사르트르를 갈라놓은 의견 차이였다. 그는 우리의 관계를 변화시킬 수도 있는 말이나 행동을 하지 않으려고 점점 더 애를 썼다. 우리의 토론은 항상 아주 활발하게 이루어졌지만 예리함은 없었다. 그럼에도 나는 마지못해 내가 지금까지 확실하다고 간주했던 몇 가지 요구를 수정하는 쪽으로 결정을 내려야만 했다. 나는 '우리'라는 이 편리한 단어가 지닌 모호함 속에 다른 한 남자와 나를 억지로 끼워 넣은 것이 잘못이라는 점을 스스로 인정했다. 모두가 직접 체험해야 했던 여러 경험이 있다. 나는 항상 언어가 사물을 실제로 현존하게 만들 수 없다고 가정했고, 그것에서 결론을 끌어내야 했다. '우리는 하나다'라고 말한다면, 나는 거짓말을 하는 것이다. 두 개인의 조화는 결코 그냥 주어지지 않는다. 그것은 계속해서 새롭게 정복해야 하는 것이다. 나는 이제 그것을 알았다.[37]

보부아르는 자신의 의지와는 달리 각각의 고유한 경험이 환원될 수 없음을 인정해야만 한다. 세상의 어떤 것도—어떤 말도, 어떤 맹세도, 마음으로 함께하는 어떤 상태도—어떤 현존재가 다른 현존재와 분리되어 있다는 것을 온전히 메울 수는 없다. 심연이라고 할 수는 없어도 여전히 작은 간극이 있다. 아주 근본적이고 탈중심적인 통찰이어서 보부아르는 그 통찰을 이미 언급한 성찰 속에서 청소년기에 경험한 신에 대한 믿음의 상실과 같은 단계로 올려놓기까지 했다. 칸트에 따르면 신의 존재가 실천 이성의 전제였고, 신이 있다는 것에 대한 믿음이 이 세계에서 도덕을 지탱해주는 기능을 지닌 것처럼, 보부아르에게는 사르트르를 포함한 '우리'라는 애정 어린 단어가 갖는 통일성에 대한 믿음이 그랬다. 그리고 그것이 그녀에게 딛고 설 발판과 안정감을 주었다. 그녀는 '올가'를 경험함으로써 이런 믿음에서 벗어나게 되었다.

그렇다면 서로 자유롭게 사랑한다는 것은 실제로 무엇을 의미하는가? 생각할 수 있는 모든 결합 중에서 가장 깊은 결합도 공유하는 현존에서 끊임없이 갱신하고 증명해야 하는, 지속적으로 열려 있는 계획으로 이해할 수 있을까? 그리고 만약 그렇다면, 분명한 관점에서 이것은 정말로 유감스러운 일이 아닐까?

친화력

　　1936~1937년 위기의 겨울에 보부아르와 사르트르는 각자의 존재 기반을 이루는 이러한 잘못된 가정에서 벗어날 수 있는 설명 외에도, 다시 한번 그들의 관계를 안정시킬 수 있는 새로운 방법을 모색한다. 올가 이외의 또 다른 사람을 참여시키는 것에 반대하는 것이 궁극적으로 무엇인가? 작년에 가끔씩 르아브르에서 루앙으로 함께 왔던 사르트르의 과거 제자이자 활발하고 자의식이 강한 자크 로랑 보스트는 어떤가? 혹은 지방의 지루함에서 벗어날 수 있는 길을 갈망하며, 다양한 경험을 바라는 개방적 태도에서 언니에게 조금도 뒤지지 않는 올가의 두 살 어린 동생 완다 코사키에비츠는? 파리에 거주하는 작가 장 보스트의 동생인 보스트는 가을에 소르본 대학의 학생이 되어 파리로 거처를 옮겼다. 완다도 언니를 쫓아서 파리로 왔다. 당연히 사르트르가 별명을 지어주었다. 보스트는 그냥 '꼬마 보스트'였고, 올가가 이미 '작은 러시아 여자'로 불렸기 때문에, 완다는 '땅꼬마 러시아 여자'가 될 수밖에 없었다.

　　사르트르와 보부아르는 곧 농담처럼 '가족'에 대해 이야기하기 시작해서 점점 구체적으로 발전하는 그들의 철학적 주장과 완전히 일치하는 일상의 친밀함을 공유하는 삶의 형태를 만들어낸다. 결국 이들을 '가족'으로 한데 묶는 것은 타고난 특성이나 오래 공유한 과거를 초월한 것이다. 보부아르와 사르트르의 확신에 따르면 오히려 여기에서 서로에 대한 책임은 모든 인간 현존의 진정한 핵심을 이루는 행동에서 생겨나는데, 그 행동은 무엇에 대해 찬성하거나 반대하는, 어떤 가치에 대해 찬성하거나 반대하는, 어떤 계획, 기존의 규범, 삶의 방식혹은 어떤 공동체의 일원이 되는 것에 찬성하거나 반대하는 극단적일만큼 자유로운 선택이다. 이때 주어진 상황에서 이런선택의 자유를 택한 결정은―자신이 직접 결정하려는 결정처럼―특히 가족의 젊은 구성원들에게는 삶의 모범으로부터 벗어나기로 한 결정과 같은데, 가족들은 그 삶의 모범이라는 것을 사실상 미리 결정된 것으로 간주했다.

후에 올가가 기억하듯이 좀 더 젊은 사람들은 단지 보부아르와 사르트르가 있다는 것만으로도 "뱀처럼 최면에 걸렸고, 그들과 맺은 우정 때문에 자신이 특권을 누린다고 느꼈으므로 (그들이) 원하는 것을 기꺼이 했다"[38]고는 하지만, 이렇게 얻은 활동 공간은 그들이 자란 원래 환경에서 상상할 수 있는 모든 것들의 한계를 훨씬 뛰어넘을 만큼 넓었다. 사르트르와 보부아르의 '가족'은 철학적 토대 위에서 자유를 실험하는 장으로 발전하게 되는데, 그 실험에서는 두 사람의 철학자가 추구하는 그대로 이론과 실천이 매일 서로를 북돋고 역동적으로 만든다. 열려 있는 실존적 실험처럼.

멜랑콜리아

그 구성을 도덕적으로 어떻게 평가하든 간에 어쨌든 그 것이 몹시 소모적이라는 점 하나는 분명했다. 특히 모든 끈을 쥐고 있고 호의적인 결합을 갈망하는 사람, 즉 시몬 드 보부아르에게는 더욱 그랬다. "나는 올가나 사르트르, 아니면 두 사람 모두와 함께 늦게까지 깨어 있었다. 사르트르는 근무지 랑에서, 올가는 낮에 휴식을 취했지만, 나는 결코 쉬지 못했다. … 북역의 한 카페에서 사르트르를 기다릴 때 가끔씩 눈꺼풀이 저절로 감기곤 했고, 그러면 몇 분 동안 의식을 잃기도 했다."[39]

1937년 봄이 시작되면서부터 사르트르는 특히 집중적인 관심이 필요했는데, 젊은 보스트에게 올가를 부분적으로 빼앗기고 견뎌야 했던 상실감 때문만은 아니었다. 이미 작가로서 자리 잡은 학창 시절의 친구 폴 니장의 추천에도 불구하고, 그가 4년 넘게 집중적으로 작업한 소설 (나중에 『구토』로 제목이 바뀐) 『멜랑콜리아』가 갈리마르 출판사에서 거절당했다. 첫 번째 독자이자 편집자로서 창작 과정을 함께했던 보부아르에게도 이해하기 힘든 일이었다.

한 쌍인 그들은 창조적이고 철학적인 에너지의 대부분을 이 계획에 쏟았다. 두 사람은 그 작품이 인간의 현존에 대한 자신들의 연구와 생각을 문학적으로 훌륭하게 표현했다고 여겼다. 이제 그들은 시작 단계에서부터 튕겨 나갔다. 갈리마르 출판사는 거절의 이유로 구체적인 문학적 실현보다는 오히려 그 소설에 분명하게 드러난 형이상학적 성향을 언급했다.

'작은 인형'*의 심리적 균형에 대한 보부아르의 심각한 우려는―어쨌든 인간 크기의 갑각류들은 당분간은 사르트르의 인지 세계에서 사라졌다―이제 거부된 작품의 내용과 결정적으로 관련이 있다. 소설의 실제 줄거리는 일기 형식의 기록을 사용해서 주인공 앙투안 로캉탱이 항상 붉은 머리카락이 헝클어진 모습으로 산책하듯 천천히 세상을 지나쳐 완벽한 의미 상실과 자아 상실의 상태로 가는 여정을 따라가는 것이다.

로캉탱은 아인 랜드의 소설 주인공인 초인적인 붉은 머리 하워드 로크의 이란성 쌍둥이처럼 보인다. 하지만 훨씬 덜 유쾌한 다른 정자에서 태어난 쌍둥이다. 랜드의 소설 주인공 로크가 전혀 알지 못하는 모든 물음과 회의가 도처에서 로캉탱을 괴롭힌다. 그에게는 그 어떤 것도 당연하지 않으며, 가장 당연하지 않은 것은 그의 삶이다. 그는 자신을 바라보는 다른 사람의 시선을 가장 고통스럽게 느낀다. 뉴욕에 사는 로크처럼 추진력 있게 미래 지향적인 고층 건물들을 세우는 대신에 로캉탱은 프랑스의 지방에서 지난 세기에 별다른 영향력을 지니지 못했던 프랑스 외교관의 전기를 집필하며 나날을 보낸다. 마치 시간이 지나면서 모든 유형의 계획과 목표 설정이 그

Poupette. 보부아르가 사르트르를 부르던 별명.

에게서 사라져버린 것처럼, 곧 그가 완전히 무의미하다고 생각해서 중단해버린 계획이다. 그의 삶은 몹시 무기력한 회의懷疑의 소용돌이 속에서 침몰한다. 아무것도 그 회의를 이기지 못한다. 모든 것이 밑바닥도 형체도 없는 무無로 해체된다. 소위 말하는 '자아' 역시 그렇다.

의식으로부터 자유롭다고 추정되는 돌이나 식물이라는 존재도 마지막에는 로캉탱의 무의미의 소용돌이 속으로 빨려들어간다.

조금 전에 나는 공원에 있었다. 마로니에의 뿌리가 내가 앉은 벤치 바로 아래 땅속을 파고 들어갔다. 나는 이것이 뿌리라는 것을 더 이상 생각하지 못했다. 말들은 사라져버렸고, 사물의 의미와 사용법, 인간이 사물들의 표면에 새겨 넣은 희미한 표식들도 함께 사라졌다.
…
하지만 이 모든 것은 표면에서 일어난 일일 뿐이다. 만약 누가 내게 존재가 무엇이냐고 물었다면, 나는 진정 그것이 아무것도 아니라고, 사물들의 본질은 변화시키지 않고 그냥 외부에서 사물에 덧붙인 공허한 형식일 뿐이라고 대답했을 것이다. 그런 다음 갑자기, 순식간에 그것이 거기에 있었고, 그것은 명명백백한 사실이었다. 갑자기 존재가 모습을 드러낸 것이다. 그것은 추상적 범주의 소박함을 잃었다. 원래 그것이 사물의 반죽이었고, 이 뿌리가 존재하도록 빚어졌다. 아니 오히려 나무뿌리, 공원의 철책, 벤치, 듬성듬성 자란 잔디, 이 모든 것들이 한순간에 사라져버렸다. 사물의 다양성과 개별성은 단지 겉모습, 반질거리는 바니시의 피막일 뿐이었다. 이 피막이 녹아서 흉측하고, 물렁물렁하고, 무질서한—벌거벗은, 끔찍하고 음란하면서도 적나라한—덩어리로 되돌아갔다.[40]

사물의 진정한 본질을 향한 이런 돌파구는 사르트르가 1934년에서 1935년으로 해가 바뀔 즈음에 르아브르에서 우울증이 절정에 달했던 단계에서 겪은 경험에 기반한 것으로, 그는 이를 철학 일기 형식으로 기록해두었다. 그 체험에 따르면 존재했던 것 중 그 어떤 것도 자체적으로 무엇이 되었거나 필연적으로 존재하지 않았다. 그러므로 그것 전체에서 끄집어낼 수 있는 결론처럼, 모든 것은 궁극적으로 하찮은 것이다. 사르트르와 로캉탱의 공원 체험에서 마치 갑작스러운 깨달음처럼 드러나는 이 심연은 우울증 때문에 몹시 피곤해진 그를 '물컹거리는 덩어리' 같은 존재 때문에 생긴 세상에 대한 깊은 혐오의 분위기로 밀어 넣는다. 그의 의식이―아주 단순히 인간의 의식이기 때문에―계속해서 자아의 견고함, 세상의 대상물과 소위 의미에 대한 거짓 경험으로 그를 귀찮게 만들면 만들수록 로캉탱이 더 깊고 절망적으로 느끼게 되는 구역질이다.

근본적으로 결정을 내리지 못한 상태에서 로캉탱은 소설의 나머지 부분에서 절대적 해방이라는 열광적인 느낌과 의식의 흐름이라는 가상적 의미 고리에 꼼짝없이 갇힌 상태 사이를 오간다.

빛을 내고, 움직임 없이, 버려진 상태로 의식이 벽 사이에 끼어 있다. 의식이 지속되지만, 아무도 더 이상 그 속에 살지 않는다. 누군가가 '나'라고, '내 의식'이라고 말했다. 어떤 자인가? 밖에는 익숙한 색과 냄새가 있는, 말하는 거리가 있었다. 익명의 벽, 익명의 의식이 여전히 있다.[41]

나는 자유다. 나는 더 이상 살아야 할 하등의 이유가 없다. 내가 시도했던 모든 것들이 실패했고, 나는 더 이상 생각할 수 없다. 나는 아직도 상당히 젊다. … 하지만 무엇을 새롭게 시작해야 하나?[42]

결론적으로 이 소설은 원래 그랬고 그렇게 되고 싶어 했던 대로, 즉 새로운 형이상학적 진리와 감정을 문학적 형식을 통해 표현하려는 실험이기에 거절당한 것이다. 실망의 근원에는 다시 한번 근본적인 낯섦이 있다. 보부아르의 말로 표현하자면 "우리의 관점은 다른 사람의 관점과 어떻게 구별될 수 있는가?"[43]

늦어도 1937년 봄이 시작될 때 이런 당혹감은 정치적 발전의 진행에 그대로 적용될 수 있다. 블룸이 이끄는 '인민전선' 정부는 스스로 붕괴되기 직전이다. 모든 희망과 초기의 열광과는 반대로 스페인 내전은 말라가의 함락과 함께 최종적으로 프랑코에게 유리하게 전개되는 듯 보인다. 모든 것이 다를 수 있었지만, 아무것도 바꿀 수는 없었다.

사르트르는 정직하게 어떤 선택조차 하지 않았다. 지금 다른 나라 공화국의 자유를 위해 마지막 힘을 다해 싸우려고, 주변에 있는 다른 많은 사람을 따라 스페인으로 가려는 생각은 자신의 길에서 상당히 벗어난 행위임이 틀림없었다. 보부아르는 다음과 같이 기억한다. "우리의 삶은 그렇게 충동적인 행동을 목표로 하지 않는다. 게다가 기술적으로나 정치적으로 그에 맞는 능력을 지니고 있지 않은 경우에는 잘난 체하려는 사람으로 간주될 위험이 있었다. 시몬 베유는 민병대에 자원입대하려고 국경을 넘었다. 그녀는 무기를 달라고 요구했는데, 사람들은 그녀를 부엌에 처박았다. 그리고 그녀는 끓는 기름 단지를 자신의 발등에 쏟았다."[44] 아무튼 그것이 1937년 보부아르 '가족'들 모임에서 시몬 베유에 대해 이야기했던 사건이었다. 그것은 거의 사실이었다.

노심초사

시몬 베유에게도 이 시절의 행복은 무엇보다 한 대의 전축이다. 1937년 봄 스위스 요양소에 머무는 동안 그곳에서 인턴 과정을 밟고 있던 의과 대학생이 수집한 음반이 유일하게 효과적인 치료법임이 입증된다. 파도처럼 주기적으로 밀려오는 결핵의 공격이 절정에 이르렀을 때, 이제 죽음의 순간이 온 건 아닐까 하는 생각이 들 만큼 그녀의 고통은 심각해졌다. 비록 순간적이기는 하지만, 음악만이 고통을 덜어줄 수 있다. 특히 바흐의 〈브란덴부르크 협주곡〉을 녹음한 음반이 그랬다.[45]

'심한 두통'과 빈혈 이외에 1936년 12월 15일 그녀의 아버지가 다시 한번 딸의 휴직을 신청하기 위해 발급받은 진단서에는 시몬의 "심하게 화상을 입은 왼쪽 다리에 여전히 몹시 심한 통증이 있다는"[46] 사실이 적혀 있다.

그 상처는 스페인 내전에 투입되었을 때 생긴 것이다. 물론 사람들이 파리 카페에서 악의적으로 속삭였던 것처럼 부엌에서 근무할 때 서투르게 행동한 결과는 아니었다. 오히려 그것은 시몬이 20명의 부대원과 함께 아라곤의 숲 전선 부근에서 야영을 할 때 일어난 일로, 늦은 야간 근무 중에 동료들이 연기가 나지 않도록 구덩이를 파고 나뭇잎으로 덮어두었던 펄펄 끓는 기름이 담긴 냄비를 밟아서 생긴 사고였다.[47] 화상을 입은 피부는 너덜너덜하게 조각조각 벗겨졌고, 곧바로 염증으로 이어졌다. 염증 때문에 후송된 후에는 다리 절단을 피할 수 없을 것처럼 보였다. 그 모든 것에도 불구하고 그녀의 남녀 동지들은 오히려 안도했다. 에브로강을 따라 행군을 시작하기 전에 바르셀로나에서 투표를 했는데, 그들은 하나같이 동료 베유에 대해 장전은커녕 총을 주는 것에도 반대했다. 어쨌든 베유는 극도의 근시 때문에 아주 가까운 곳에 서 있는 나무도 정확히 조준할 수 없었다. 하지만 베유는 무기를 달라고 고집을 부렸다. 그녀는 유일하게 무기를 사용할 필요가 없는 사람이었다.

그녀가 사고를 당하고 한 달도 채 지나지 않아 그 부대가 적군에게 격파되고 부대원 대다수가 페르디구에라 마을에서 처형된다. 이 시기에 베유는 이미 다시 파리로 돌아와 있었다. 그녀의 부모는 운을 하늘에 맡긴 채 그녀를 뒤따라 바르셀로나로 가서 군 병원에서 부상당한 딸을 찾아냈다. 이것으로 시몬의 스페인 모험은—1936년 8월 8일 국경을 넘어 포르트보우Portbou◆에 도착한 것에서 시작해 9월 25일 프랑스로 돌아올 때까지—6주 만에 끝났다.

신문기자로 위장한 그녀는 스페인에 입국해 바르셀로나에서 즉시 마르크스주의 통일 노동자당Partido Obrero de Unificación

---

스페인 북부에 위치한 카탈루냐 자치지역에 속한 휴양도시다. 프랑스 국경에 바로 접해 있다.

Marxista 군대에 지원했고[48] 단독으로 할 수 있는 특별 임무를 맡겨달라고 요청했다. 그녀는 갈리시아주에서 흔적도 없이 사라진 이 정당의 공동 발기인(프랑스 노동조합 동료 보리스 수바린의 처남)이 잡혀 있는 곳을 독자적으로 은밀하게 탐색하고, 필요할 경우 그를 구해내려고 한다. 해당 지휘관이 그녀에게 몇 시간 동안이나 자세하게 설명했듯이 그 임무는 성공 가능성은 물론 생존 가능성도 전혀 없는 무모한 행위다.

여전히 무슨 일이든 하겠다고 결심한 그녀는 즉시 위에 언급한 무정부주의를 지향하는 노동조합이 조직한 민병대에 지원한다. 그녀에 대한 걱정으로 죽을 지경이 된 부모님에게 그녀는 전반적인 상황이 아주 여유롭고 교전 행위가 없으며 날씨도 좋다는 소식을 거짓으로 꾸며내서 엽서에 적어 보낸다. 바로 그녀의 머리 위, 여단이 보유한 무기로는 도달할 수 없는 높이에서 폭탄을 투하하는 비행기에 대해서는 한마디도 하지 않는다. 새로 언덕을 확보해야 하는 임무와 함께 생기는 죽음에 대한 공포에 대해서도 전혀 언급하지 않는다. 모든 집이 적들의 은신처일 수 있고, 나무를 쌓아둔 곳에 최후의 매복이 있을 수도 있다. 포로로 잡히는 것은 처형된다는 것과 같다. 이것은 양 진영 모두에 해당된다.

카탈루냐에 도착한 직후 베유는 동료들이 한 가톨릭 사제를 처형장으로 끌고 가려는 장면을 목격한다. 전쟁 일기에 그녀는 이 몇 분간에 벌어진 영혼의 사투를 기록한다. 그녀는 결정적인 순간에 그 종교인을 보호하기 위해 뛰어들어 자신을 처형하도록 도발할 준비가 되어 있는가? 그녀에게 그럴 용기가 주어질 것인가? 자세히 알려지지 않은 이유로 총살은 중단되었다. 하지만 다음 날은 무슨 일이 벌어질까? 직접 참여하지 않는다고 그 범죄에 대한 책임이 덜한 것일까? 전쟁 경험은 1936~1937년 겨울 베유의 마음을 움켜쥐고 여전히 무겁게 짓누르지만 그것 때문에 국제 여단 군복을 입고 자랑스럽게 파리의 대로를 산책하는 일을 그만두지는 않는다. 그녀는 전혀 후회하지 않는다. 가능하면 당장 전선으로 돌아가겠다는 말을 여러 차례 한다.

그녀의 아주 친한 친구와 친지들을 포함한 많은 사람들이 혼란을 느낄 정도로 그녀는 기고문과 에세이에서 프랑스 정부가 공화국 군대를 군사적으로 지원하는 것에 대해 격렬하게 반대한다. 국제 여단의 지원병 군복을 입은 확신에 찬 평화주의자라니, 그것은 대체 무엇인가?

도덕적 후방 지역

훗날 보수적인 가톨릭 작가이자 영향력이 큰 반전 소설 『달빛 어린 공동묘지』[49]의 작가 조르주 베르나노스Georges Bernanos에게 보낸 편지에서 베유는 자신의 태도를 다음과 같이 정당화한다. "나는 전쟁을 좋아하지 않습니다. 하지만 내가 전쟁에서 가장 끔찍하게 여기는 것은 후방 지역 사람들의 상황입니다. 모든 노력에도 불구하고 내적으로 이 전쟁에 참여하는 것, 즉 날마다, 매 시간마다 한편의 승리와 다른 편의 패배를 바라는 것을 피할 수 없다는 점을 깨달았을 때, 나는 파리가 내게는 후방 지역이라고 스스로에게 말했습니다."[50]

이로써 적어도 그녀에게는 그 상황에서 벗어날 수 있는 출구가 있었던 것이다! 특히 국제 여단이 한 민족의 정규군과는 전혀 다른 토대 위에서 행동했기 때문이다. 후자는 전쟁 상태에서 국가가 강요한 동원령에 기반을 두고 있지만, 전자는 지원자들로 이루어진 군대였다!

베유의 확신에 따르면 한 국가가 모든 종류의 전쟁에 참전할 때의 기준은 자유롭게 결정하는 개인의 기준과는 비교할 수 없을 정도로 다르고 훨씬 엄격하다. 따라서 프랑스인인 베유는 확신에 차서 프랑스의 참전을 거부하고, 스페인에 프랑스 군대를 파병하는 것을 거부한다. 그러나 실제로 도덕적 존재인 그녀에게는 함께 싸우는 것 외에 다른 대안은 존재하지 않는다. 양심과 신앙 때문에 군복무를 거부하고 어떤 제재와 희생도 감수할 준비가 되어 있는 사람이 있듯이, 1936년 여름 시몬 베유는 도덕적인 이유로 스페인에서 병사로서 공화국을 위해 싸우고 그 대가로 모든 희생을 감수해야 했다.

이런 정당화의 예를 같은 시기에 시몬 드 보부아르가 했던 성찰과 비교, 대조하는 것은 그럴 만한 가치가 있다. 보부아르는 1936~1937년 겨울의 스페인 상황에 대해 다음과 같이 쓴다.

'불개입'이라는 코미디는 날이 갈수록 더 범죄적으로 보인다. 우리는 스페인의 운명에 마음이 크게 움직였기 때문에, 난생처음 분노만으로는 더 이상 배출구로 충분하지 않았다. 정치적 무력감은 우리에게 알리바이가 되지 못했고, 오히려 우리를 절망케 했다. 우리는 절대적으로 무기력했다. 우리는 고립되었고, 아무것도 아니었다. 우리가 개입을 위해 이야기하거나 글로 적은 것 전부가 아무런 무게도 지니지 못했다. 스페인으로 가는 것은 더더욱 말이 되지 않았다."[51]

그러니까 두 사람 모두 이 상황에서는 어떤 도덕적 알리바이도 존재하지 않으며, 기껏해야 자신의 무기력을 형상화하는 서로 다른 방식이 있을 뿐임을 아주 분명하게 느낀다. 그리고 베유도 보부아르가 강조한 무기력을 개인적으로 너무나 분명하게 의식했으며, 마찬가지로 전투원으로서 자신이 상당히 부족하다는 점 또한 의심의 여지 없이 잘 알고 있었다. 그럼에도 스페인으로 가려는 그녀의 결심은 단지 충동적인 것이 아니라, 오히려 신중하게 검토한 후 내려진 것이었다. 그 결심을 유지시킨 것은 자신이 참여함으로써 전쟁에 어떤 결정적인 차이가 생길 것이라는 환상과는 아무 관계가 없다. 시몬 베유는 그저 이 상황에서 자신의 무력감과 고립감에 대한 윤리적으로 적절한 반응이 무엇인가 하는 물음에 직면해서 근본적으로 다르게 반응해야 한다고 생각했을 뿐이다.

보부아르가 보기에 유일하게 적절한 반응은 프랑스가 개입하도록 시민으로서 요구하는 것이다. 반면에 베유에게는 연대해서 자원입대하는 것이 적절한 반응이다. 그녀가 느낀 무력감과 고립감은 스페인 사람들, 무엇보다도 아무런 잘못도 없이 이런 충돌의 한가운데에 있게 된 사람들도 똑같이 공유하고 경험하고 있다고 가정해야 하는 그런 감정이다. 베유는 완벽하게 희생자와 하나가 되려고 한다는 명분 속에서 능동적으로 이런 사람들의 편을 들려고 한다. 그녀의 자존감은 고통받는 타인을 위해 조건 없이 전력을 다하겠다는 마음가짐과 밀접하게 연결되어 있다. 베유에게 남은 대안은 무력감에서 생긴 냉소주의에 굴복하는 것인데, 보부아르도 이런 상황에서 그것을 내적 위협이라고 느꼈다.

시몬 베유는 자율적 결정에서 우선적으로 고통받는 타인의 모습에서 각자의 이웃을 발견해서 자신처럼 사랑하도록 요구하는 명백하게 기독교적인 사랑의 이해를 따른다. 아무 잘못 없이 굴욕을 당하는 사람의 이름으로 수난을 감수하려는 의지로서의 사랑. 알려진 바에 따르면 베유의 삶 전체를 결정지은 모든 형태의 낭만적 사랑 혹은 육체적 친밀함에 대한 포기는 이 그림에 딱 들어맞는다. 결국 낭만적 사랑은 무엇보다 본질적으로 한 가지다. 명백하게 부당하고 도덕적으로 완전히 제멋대로라는 것. 그것은 다른 모든 사람 중에서 한 개인을 '가장 소중한 사람'으로 끄집어내는데, 단 한 번도 의식적인 선택의 방식으로 이루어지지 않는다. 강력하게 도덕에 기반을 둔 베유의 정체성에 이것은 결코 실행 가능한 선택은 아니다.

1936년 4월 베유와 보부아르 모두 건강상의 이유로 자신들이 '전투력을 상실했다'고 느꼈다. 이는 마치 보이지 않는 줄로 서로 묶여 있는 것 같은 이 두 사람의 삶의 여정에 나타난 아주 우연한 세부 사항일 뿐이다. 베유의 경우 감당할 수 있는 한계를 넘어선 무조건적인 이타주의가 문제였다면, 보부아르의 경우 그것은 경험에 굶주린 쾌락주의였다. 1937년 3월 그녀는 파리의 호텔방에서 쓰러졌고, 생명이 위태로운 상태로 병원으로 이송되어야만 했다. 한쪽 폐엽肺葉이 이미 작동하지 않았고, 다른 쪽에는 염증이 생겼다. 무조건적인 휴식이 필요했고, 베유와 마찬가지로 몇 달간 요양 치료가 필요했다.

나선을 그리며 증가하는 비인간화

1937년 봄이 되자 마침내 스페인에서는 내전과 대리전쟁의 경계선이 희미해졌다. 여전히 적극적으로 참여하는 사람은—베유도 지치지 않고 그렇다고 강조할 것이다—최초의 전쟁 이유와는 거의 관련이 없는 목표를 위해 행동한다. 좀 더 정확하게 말하자면, 평범한 남녀가 스스로 공허한 살인의 공범자가 된 것이다. 스페인 사건을 지켜본 베유와 다른 관찰자들은 가장 근본적인 보호 규범을 위반하면서 멈추지 않고 지속되는, 그 사건의 잔인성과 무관심에 큰 충격을 받았다. 그 원인과 그것을 작동시키는 역학관계는 무엇이었나? 양 진영 모두에게 그처럼 맹목적이고 광범위한 잔인함을 불러일으킨 것이 단지 자신이 죽을 수도 있다는 두려움인가?

베유는 이것을 믿지 않는다. 오히려 그녀의 확신에 따르면 이 정도로 규모가 큰 학살은 인간의 상상력을 선전을 통해 차단하는 것을 필수 전제 조건으로 삼았다. 좀 더 정확하게 말하자면 그것은 누가 인간의 진영에 속하는지에 대한 질문을 차단하는 것이다.

아주 개인적이기는 하지만, 나는 세속적이거나 종교적인 힘이 인간 본성의 특정 부분을 생명이 가치를 지니는 영역 밖으로 옮겨놓는다면, 살인보다 더 자연스러운 것은 없다는 느낌을 받았다. 처벌이나 비난을 무릅쓰지 않고서 죽일 수 있다는 것을 알게 되면 사람은 살인을 저지른다. 혹은 적어도 살인을 저지르는 사람을 향해 격려의 미소를 보낸다. … 그 같은 분위기에서 전쟁의 목표는 빠르게 사라진다. 그 목표는 사람들이 그것을 일반적 안녕, 사람의 안위와 연관시킬 경우에만 명확히 표현될 수 있기 때문이다. 그러고 나면 인간은 어떤 가치도 갖지 못하게 된다.[52]

내전은 국가 간의 고전적인 갈등보다 이런 비인간화와 폭력의 소용돌이에 휩쓸리기가 더 쉽다. 결국 내전에서는 몇 주 전만 해도 이웃해 살던 사람들이 서로를 공격하게 되는데, 그것으로 달성해야 할 축출 행위의 성과는 특별히 크고 비타협적이어야만 한다. 혹시 생길지도 모르는 종전 이후에 어떻게 함께 살아갈지에 대한 질문과 관련해서도 그렇다. 이런 배경 앞에서는 말살시키려는 의지가 불가능할 것으로 여겨지는 화해의 의지를 쉽게 이긴다.

여기에 더해 스페인 전선이 독일과 이탈리아 군대의 새로운 기술과 전략의 시험장으로 쓰였다는 사실이 점점 더 확실해졌다. 뚜렷한 모습으로 다가오는 또 다른 전쟁을 염두에 두고 볼 때 전략적으로 별로 중요하지 않은 나라인 스페인이 그들에게는 미래의 잔혹함을 실험하는 장소로 이용된다. 군과 관련된 일에서도 실현 가능한 것의 한계는 사람들이 그것을 넘어설 때에만 확인된다.

무엇보다 자신의 참전에 대한 쓰디쓴 결산서를 받아 든 채 베유는 1937년이 지나는 동안 독일과 프랑스 사이의 임박한 무력 충돌이라는 주제에 점점 더 관심을 기울인다. 출판계에서 여전히 영향력이 있는 프랑스 평화주의자이자 알랭*의 제자인 베유에게는 개입, 원조 혹은 자원입대라는 질문 대신 자신의 나라를 지키기 위한 전쟁의 정당성 여부를 묻는 질문이 중요하다. 정의로운 전쟁 그리고 결과적으로 정의로운 전쟁 목표라는 것이 존재했던가?

공허한 권력의 언어

역사상 가장 잔인했던 모든 충돌은 정확하게 정의될 수 없는 목표를 추구했다는 사실(그리고 잔인함을 계속해서 부추기는, 실제로 공허한 목표 설정이었다는 사실)을 통해 확연하게 드러난다는 논제에서 출발한 베유는 1937년에 쓴 한 에세이에서 전쟁을 정당화하기 위해 동원된 구호와 개념들을 유럽 전체의 문맥 속에서 파악하고 집중적으로 파고든다. 이것은 평화를 위한 구체적 활동의 일환으로서의 언어에 대한 철학적 비판이다.

대학 입학 자격 고사를 취득한 후 베유는 유명한 앙리 4세 고등학교로 전학을 갔고, 그곳에서 알랭이라고 불리는 에밀 샤르티에Émile Chartier의 제자가 된다. 에밀 샤르티에는 제1, 2차 세계대전 사이의 시기에 프랑스에서 상당한 명망을 누렸고 '프랑스의 양심'이라고 불렸는데, 그의 도덕과 종교철학이 베유에게 커다란 인상을 주었다.

이상하게 들릴지 모르겠지만, 여러 개념을 풀어서 밝히고, 원래 공허했던 단어들의 신뢰도를 없애고, 정확한 조사를 통해 다른 단어의 용도를 정하는 것이 인간의 삶을 유지시킬 수 있는 작업이다.[53]

베유는 순전히 허상 때문에 일어난, 유혈이 낭자하고 많은 희생자를 낸 서양의 대표적 전쟁으로 트로이 전쟁을 꼽는다. 그래서 「다시 트로이 전쟁을 시작하지 말자」[54]라는 제목으로 글을 썼다.

10년 동안 그리스인과 트로이인들은 헬레나 때문에 서로를 학살했다. 서투른 전사인 파리스를 제외하고 그들 중누구도 헬레나에게 전혀 집착하지 않았다. … 보고 판단할수 있는 사람들에게 오늘날 발생한 대부분의 충돌이 보여주는 비현실적인 특성보다 더 걱정스러운 징후는 없다. 그갈등은 그리스인과 트로이인 사이에 벌어진 갈등보다 더현실성이 없다. 트로이 전쟁의 핵심에는 적어도 한 여인,대단히 아름다운 여인이 있었다. 우리 시대에는 대문자로장식되어 강조된 단어들이 헬레나의 역할을 대신 맡고 있다. 피눈물에 젖어 부풀어 오른 이 단어 중 하나를 집어서설명하려고 시도할 때, 그것이 아무런 내용도 지니고 있지않다는 것을 확인하게 된다. … 국가, 안보, 자본주의, 공산주의, 파시즘 등 정치적, 사회적 어휘의 개념 전부가 이 것을 보여주는 예로 사용될 수 있을 것이다.[55]

베유의 분석에 따르면 이런 개념들은 특히 정치적 발언에서 그것들을 사용하고 절대화함으로써 언급할 만한 모든 연관 관계를 빼앗기고, 그럼으로써 알아볼 수 없을 정도로 그것이 지닌 잠재적 의미에서 벗어나게 된다. "이 단어들 전부는 모든 조건에서 벗어나 있는 절대적 현실, 모든 작용 방식과 무관한 절대적 목표, 혹은 절대적 악을 묘사하는 것처럼 보인다. 그리고 동시에 우리는 이 모든 단어 속으로 순차적으로 혹은 한 번에 무엇인가를 마음대로 집어넣는다."[56] 단어와 인간은 서로를 교육(그리고 왜곡)한다. 따라서 스페인 내전의 모습을 특징지은 완전히 한계를 벗어난 폭력의 실제적 조건들이 베유에게는 한계를 넘어선 발언의 형식 안에 놓여 있다. 그 형식 속에서 행동을 이끄는 단어들은 원래 사용되던 문맥에서 억지로 분리된 다음 허상과도 같은 순수한 의미로 전락하는 방식으로 절대화된다. 전쟁으로 쉬고 있는 이런 언어 속에서 선전으로 왜곡된 그 어떤 개념도 더 이상 현실과 비교해서 평가받으라는 요구를 받지 않게 된다. 그 개념은 한때는 현실의 다양한 인식을 가능하게 만들기 위해 등장했었다.

현재와 과거의 광적인 폭력 뒤에 숨겨진 비밀은 다른 말로 하면 말하기의 비밀이다. 그것은 모든 사용 기준을 벗어던

짐으로써 말하기의 총체적인 형식이 되었으며, 아돌프 히틀러와 그의 추종자들은 1930년대가 지나가는 동안 그 분야에서 악마처럼 탁월하면서도 새로운 솜씨를 보여주었다. 마찬가지로 그것은 1937년 초 소비에트 대표단이 프랑스 노조 회의에서 스탈린의 공개 재판과 전국적으로 시작된 대규모 숙청을 '파시스트의 전위대'에 대한 필연적 타격이라고 정당화하면서 사용한 발언 형식이기도 하다. 이 언술 형식에 따르면, 아라곤에서 공화국 편에 서서 싸운 시몬 베유라는 노조 소속 무정부주의자는 바르셀로나에서 그녀를 치료했고 그 자신이 공산당과 관련 있던 의사의 눈에는 그저 또 한 명의 '파시스트'일 뿐이다. 이런 발언 속에서는 '자본주의'를 극복하거나 옹호하는 것이 인류 전체의 구원과 같은 의미를 지니게 된다. 이때 베유가 자신의 글에서 마지막으로 예를 들어 설명한 것처럼, 실제로 아무도 이 구원이 구체적으로 무엇으로 이루어진 것인지, 그리고 그런 임무를 부여받은 모든 악의 뿌리인 '자본주의'나 그 체제가 구체적으로 무엇을 의미할 수 있는지에 대해 말할 수가 없다.

> '현재 경제적 삶을 지배하는 법률과 관습이 하나의 체제 system를 형성하는가?'라는 질문처럼 꽤 간단한 몇 가지 질문을 스스로에게 던지는 것보다 죽고 죽이는 일이 분명 더 쉽다.[57]

1937년 4월의 아주 빈정거리는 어투지만 호소력을 지닌 이 분석에서 베유에게 중요한 것은 말하는 것과 호전적인 행동을 가능케 하는 관계만은 아니었다. 적어도 그에 못지않게 중요한 것은 이렇게 한계를 벗어난 말하기가 가능한 조건하에서 발생한 갈등과 전쟁이 사실상 가상적 충돌과 가상적 대안일 수밖에 없다는 점이다.

"유혈이 낭자한 부조리를 보여주는 또 다른 놀라운 예는 파시즘과 공산주의의 대립이다. 이 대립이 오늘날 우리에게 내전과 세계대전이라는 이중의 위협을 가져올 것이라는 사실이야말로 우리가 주변에서 확인할 수 있는 모든 지적 실패의 징후 중 가장 심각한 것이다. 이 두 개념이 오늘날 지니고 있는 의미를 조사한다면 정치적, 사회적으로 거의 같은 두 개의 개념과 맞닥뜨리게 될 것이기 때문이다. 양측에서 개인적 삶과 사회적 삶의 거의 모든 형태를 국가가 점유하고 있다. 똑같이 광기에 찬 군국주의화, 국가와 일체가 되고 이런 일체 속에서 스스로 결정하는 유일 정당에게 유리하도록 강요된 인위적인 만장일치. 노동하는 대중에게 고전적인 노동자 지위 대신 노예 상태를 강요하는 똑같은 지배 체제. 구조적인 측면에서 독일과 러시아만큼 서로 유사한 국가는 없다. 그들은 국제적 십자군 전쟁으로 상대를 위협하면서, 마치 상대가 묵시록의 짐승이라도 되는 것처럼 행동한다. … 이런 조건에서 반파시즘과 반공산주의 모두가 무의미하다는 것은 자명하다."[58]

가상적 대립

이 글에서도 소련 정권에 대한 분석이 본질적으로 독일 제국을 바라보는 편견에 사로잡혀 있는 시선보다 더 적확해 보이는 이유는 노동조합이라는 환경에서 형성된 베유의 정치적 특성 때문일 수 있다. 어쨌든 이 글에서 히틀러의 이름도, 국가사회주의라는 용어도 언급되지 않았다는 점은 주목할 만하다. 하지만 무솔리니의 이탈리아와 히틀러의 독일 간의 본질적 차이를 전혀 식별하려고 하지 않는 분석에 얼마나 변별성이 있다고 할 수 있을까? 히틀러 체제의 핵심이었던 강행된 반유대주의가 완벽하게 빠져 있는 것과 지나칠 정도로 들어맞는 분석에서의 빈자리. 이 경우에 '유대인'이라는 개념의 지속적인 확장과 동시에 이 집단을 억압하기 위해 제정된 여러 법적 조치들의 강화는 베유가 진단한 바 있는, 폭력의 이름으로 이루어진 단어와 언어의 악마적 경계 이탈을 보여주는 또 하나의 모범적 사례로 적합했을 것이다. 1등급, 2등급, 3등급 유대인이라는 어휘의 허위적 차이는 학문적 이론이나 생활 세계의 사실을 통해서도 결코 회복될 수 없는, 나치가 이 개념을 사용함으로써 생긴 내용의 공허함을 은폐할 뿐이다. 남은 것은 독일 민족과 그 지도자의 '역사적 사명'에 반대하거나 '모반'을 꾸미는 모든 사람을 지칭하기 위해 점점 동의어처럼 사용된 개념이었다. 공적 언술 행위에서 이런 전개는 1937년과 1938

년 대규모 '숙청의 해'에 모스크바에서 열린, 반유대주의적 고정관념에 물든 공개 재판에서도 뚜렷하게 드러났다.

아무튼 베유의 확신에 따르면 1930년대에 일어난 모든 무력 갈등의 근거로 추정되는 것은 순전히 가상적 대립에 기반을 둔 것이다. 작가가 신랄하게 이야기했듯이, 그것과 비교하면 트로이 전쟁조차 "건전한 인간 상식을 보여주는 모범적 사례"[59]로 보일 정도다. 좀 더 자세히 보면 소위 전쟁의 목표가 공허하고 무의미하다는 것이 입증되었기 때문에, 그것 대신에 오로지 적이라고 선언한 집단의 완전한 소멸이라는 목표만이 쓸모가 있게 된다. 따라서 폭력이 모든 의미를 상실했기 때문에 폭력의 무절제한 사용은 전쟁을 선동하는 데 가장 적합한 여러 개념의 한 가지 기능으로 드러난다. 그것은 전쟁 자체의 동력으로 인해 두 전쟁 당사자의 행동과 삶의 형태가 너무 닮아서 둘 사이의 차이를 더 이상 인식할 수 없는 지점까지 도달하게 된다. 이 마지막 단계에서 갈등은 순수한 가상적 갈등이 된다.

그렇게 되면 전쟁의 목적은 완전한 소멸이 이루어질 때까지 계속되는 살인 그 자체일 수밖에 없다. 이 단계에서 폭력의 광란을 멈춰 세울 수 있는 유일한 방법은 살인에 필수적인 자원, 원자재, 공장, 구조, 그리고 최종 단계에서 살인의 원자재인 인간이 고갈되는 것이다.

예언적

시대에 대한 진단이 이보다 더 암울할 수는 없다. 같은 시기에 한 노동조합 신문의 편집장에게 보낸 편지에서 베유는 자신의 분석을 곧 닥쳐올 불행에 대한 예측, 아니 오히려 예언의 형태로 만든다.

미리 그것을 당신에게 알려드리죠. 차분히 그 날짜를 정해보도록 하겠습니다. 우리는 모든 나라에서 믿을 수 없이 멍청한 짓이 벌어지게 될 단계의 초입에 있으며, 그 과정에서는 그것이 아주 자연스럽게 보일 겁니다. 시민적 태도와 삶이라고 하는 것이 점점 줄어들 겁니다. 군사적 처리 방식이 삶의 모든 세세한 사항을 점점 더 지배하게 될 겁니다. 자본주의는 파괴되겠지만 노동자 계급에 의해서는 아닙니다. 모든 나라에서 자본주의를 파괴하는 것은 국방의 발전일 겁니다. 자본주의는 전체주의 국가로 대체될 겁니다. 이것이 바로 우리가 직면하고 있는 실제 혁명의 모습입니다.”60

이것이 1937년 봄 시몬 베유가 바라본 세계의 정치 상황이다. 그녀가 이 전투에서 누구를 위해 어느 편에 서서 싸울 것인지에 대해서는 의심의 여지가 없다. 억압받는 사람 중에서도 가장 억압받는 사람들을 위해 싸울 것이다. 그러니까 전쟁 중에 항상 고통을 가장 심하게 겪는 사람들을 위해서. 그들이 그녀가 자신의 존엄과 다른 사람의 존엄이라는 이름으로 자기 자신처럼 사랑하고자 하는 이웃이다. 그것이 그녀의 '수난'이다. 모든 분석과 그것에서 얻은 논문 주제와는 별개로, 베유에게는 그해 봄 이 수난의 길이 이미 시작되었다고 믿을 만한 충분한 이유가 있었다.

5장

사건들

1938~1939년

베유는 신을, 랜드는 해결책을,
아렌트는 자신의 뿌리를,
보부아르는 자신의 목소리를 발견한다

막다른 골목에서

거의 10년이 지난 후 시몬 베유의 두통에 대해 분명하게 이야기할 수 있는 단 한 가지는, 질병의 징후가 이 시기 정치적 발전과 기분 나쁜 공명 관계를 맺고 있었다는 점이다. 1938년 늦가을 그녀의 건강 상태는 다시금 최악에 이르렀다. 가르치는 일은 엄두도 낼 수 없다. 그녀가 11월에 부모님과 함께 종양 전문의에게 갔을 때, 대기실에서 소동이 벌어졌다. "그가 수술을 권한다면, 가능한 한 빨리 수술이 이루어지길 원해요."[1] 어머니는 그런 결정은 아주 차분한 상태에서 고려하라고 권유한다. 하지만 시몬의 인내심은 완전히 바닥났다. "그러니까 엄마는 내가 정신적으로 점점 몰락하는 것이 더 낫다는 거죠!" 그 사이에 베유는 실제로 끊이지 않는 고통 때문에 이성을 잃을까 두려워한다. 이 시기에 구체적으로 자살을 고려할 정도로 그녀를 힘들게 만든 암울한 전망.

아직 남아 있는 힘을 그러모아 작성한 몇 안 되는 기사 중 하나에서 그녀는 '우리 시대의 무질서'[2]라는 제목으로 정치 상황 전체를 요약한다. "안전의 완벽한 부재는 정신 건강에도 도움이 되지 않는다. 곧 닥칠 파국이 지성, 활동, 용기와 같은 사용할 수 있는 지적 자원과 더 이상 비례하지 않게 되는 차원에 도달했을 때, 특히 그렇다."[3]

어떤 출구도 더 이상 열려 있지 않은 것처럼 보인다. 오히려 1938년이 지나는 동안 다달이 전쟁으로 통하는 막다른 골목길이 점점 좁아진다. 3월에 오스트리아가 나치 독일에 소위 '병합'된 사건의 뒤를 이어 프랑스에서는 레옹 블룸이 이끄는 '인민전선' 정부가 최종적으로 실패한다. 5월에는 에두아르 달라디에가 이끄는 새 정부가 '외국인 법률'을 다시 한번 강화한다. 9월 스페인에서는 거의 형식적인 절차이기는 하지만 국제여단이 공개적으로 해산을 선언한다. 이때까지 총 4만 명의 전투원 중 대략 절반이 목숨을 잃었다. 여름에 에브로 전투로 프랑코는 마침내 승리의 길로 들어선다. 그사이 히틀러는 주데텐란트Sudetenland◆를 향해 손을 뻗치고, 동맹 협정 변경을 통해서 유럽 강대국들 간에 일어날 수도 있는 전쟁 위험을 감수한다. 9월 말경 마지막 순간에 독일, 프랑스, 대영제국 그리고 이탈리아가 맺은 뮌헨 협약으로 다시 한번 전쟁 발발을 피할 수 있었다.

　　마침내 1938년 11월 9일 밤과 10일 새벽에 독일 전역에서 유대인 주민을 겨냥해 국가가 은밀하게 자행한 제국 유대인 약탈과 학살◆◆이 이루어졌다. 불과 5일 후, 프랑스로 피란을 온 독일인들의 법적 상황이 다시 악화되었다. 그사이 히틀러

◆

주데텐란트는 독일, 폴란드, 체코에 걸쳐 있는 수데티산맥에서 유래한 지명인데, 20세기 초반 체코슬로바키아 서부 지역의 독일 민족이 다수 거주하던 지역을 가리킨다. 1938년 뮌헨 협정으로 같은 해 10월에 독일에 귀속되었다.

군대는 프라하까지 진격을 감행하고, 그럼으로써 최근의 합의를 어기고서 다시 한번 그 진격을 기정사실로 만들려고 한다.[4]

베유도 자신의 글 초안에서 설명했듯이, 국제 협의의 시대는 완전히 끝났다. 전쟁이 어떻게, 어느 정도의 강도로 벌어질 것인가 하는 질문만이 남았다. "대재앙을 예상하는 것이 점점 더 각 개인이 미래에 대해 갖는 느낌을 결정한다. 다양한 형태의 일상적 업무는 이제 거의 실제적 관심 대상이 아니다."[5]

은총의 소리

베유가 겪은 전반적인 체념과 정신적 성찰의 기분을 이 시기에 작성된 몇 가지 에세이의 제목에서도 읽어낼 수 있다. 재치 있는 암시나 명령조 대신에 이 글들은 이제 '성찰' 혹은 '명상'으로 소개된다.[6] 하지만 어쨌든 정신적 작업에 대해서는

이 약탈과 학살 사건은 수정의 밤Kristallnacht으로도 불린다. 유대인인 그린슈탄이 파리 주재 독일 대사관의 3등 서기관을 살해한 것을 계기로 선전부 장관이었던 요제프 괴벨스는 성명을 발표한다. 시위는 허가하지 않겠지만 자연적인 분노의 표출에는 관여하지 않을 것이라는 그의 성명을 암묵적 동의로 받아들인 독일인들은 조직적으로 유대인과 관련된 시설들을 약탈했다. 이 약탈 사건으로 수백 명의 유대인이 살해되었고, 300명이 자살했다. 그리고 1400여 곳의 유대인 종교 시설과 수천 개의 상점과 집, 유대인 묘지가 습격을 받았다.

거의 생각할 수 없다. 의사 클로비스 뱅상의 연구실에서도 고통의 육체적 원인을 찾으려는 시도는 아무런 성과를 거두지 못한다. 어쨌든 종양은 아니다. 그리고 고통을 완화하는 치료에 관해서 베유는 이미 오래전에 자신의 방식을 찾아냈다.

병가를 얻어 교직 활동에서 벗어난 시몬 베유는 1937년과 1938년 여름에 이탈리아로 장기 여행을 떠나는데, 주로 종교 음악을 경험하는 데에 중점을 두었다. 그녀는 피렌체, 볼로냐, 로마를 여행하면서 매일 최대 세 번 미사와 음악회에 참석한다. 교회에서 제례 의식 노래나 오르간 연주 소리가 들리면 고통은 뒷전으로 물러나고, 그녀는 깊이 몰두하는 가운데 육체적으로 제한된 지금 이곳이라는 왕국에서 벗어나 고양되는 느낌을 받을 수 있다. 마치 절대적 고통이 있는 이 세상 뒤편에 또 다른 세계가 치유를 해 주기 위해 그녀를 기다리고 있는 것처럼.

이런 경험에 대한 갈망으로 1938년 4월 베유는 그레고리안 성가로 유명한 루아르 강변에 있는 베니딕트 수도회 소속의 솔레스메 성베드로 수도원Abbaye Saint-Pierre de Solesmes을 향해 간다. 그녀는 어머니와 함께 그곳에서 부활절 미사에 참석할 작정이다. 시몬은 체류하는 열흘 동안 수많은 미사에 단 한 차례도 빠지지 않았다. 1942년을 되돌아보면서 그녀는 장엄 미사 중 자신에게 생긴 일을 그녀의 현존에 결정적인 전환점이 된 사건으로 기억하게 될 것이다. "엄청난 두통을 겪었다. 모든 음이 나를 때리는 것 같았다. 주의력을 잃지 않으려고 극도로 노력한 덕분에 나는 관 속에 갇혀 혼자 남겨진 고통받는 이 몸을 뒤로한 채, 노래와 가사의 아름다움 속에서 순수한 기쁨을 경험할 수 있었다. 일종의 비유처럼, 이 경험 덕분에 나는 고통이라는 방식을 통해 신적인 사랑을 좋아할 수 있는 가능성을 더 잘 이해할 수 있게 되었다. 즉시 그리스도의 수난에 대한 생각을 영원히 내 마음에 받아들이게 된 사건이 그것과 동시에 생겼다."[7]

신의 왕국

이미 1935년 9월, '공장에서 보낸 한 해' 동안 겪은 경험으로 쇠약해진 그녀는 부모님과 함께 휴가를 보내는 동안 비슷한 방식으로 '신앙으로 마음이 움직이는' 일을 겪었다. 어느 날 밤 포르투갈의 어촌 마을 비아나 도 카스텔로의 골목길을 천천히 지나갈 때, 그녀는 우연히 종교 행렬에 섞여든다. 보름달이 떠오르자 어부의 부인들은 마돈나상을 물굽이에 정박해 있던 배로 옮겨 싣는다. 베유에 따르면 "분명 아주 오래된 노래"의 영향으로, 그녀는 거기서 처음으로 "기독교가 탁월한 방식으로 노예에게 적합한 종교이며, 노예는 그 종교에 속할 수밖에 없고, 나도 그들 중 하나라는 것"[8]을 아주 분명하게 이해했다.

1937년 여름 아시시 근처 산타 마리아 델리 안젤리Santa Maria degli Angeli 교회에서 베유를 사로잡은 경험은 훨씬 더 강렬했다. 그 교회는 이미 성 프란체스코가 기도를 하기 위해 은둔했던 12세기에 지어진 교회였다. "비교할 수 없는 순수함의 기적"에 유일하게 참여한 그녀는 발작이라도 일어난 것처럼 "나보다 훨씬 강한 무언가에 의해 내 생애 처음으로 무릎을 꿇을 수밖에"[9] 없었다.

말하자면 전조 징후가 있었다. 하지만 신의 존재에 관련된 문제에서 그녀는 1938년 11월까지는 "이곳 아래에서, 인간적 존재와 신 사이에서 … 실제적인 접촉"의 가능성을 결코 "고려해본 적"이 없었다. "그런 것을 희미하게 이해했을지는 모르겠지만, 실제로 그것을 믿은 적은 단 한 번도 없었다."[10]

음악에 깊이 빠지는 것 이외에 베유는 몇 년 동안 고통을 완화하는 또 다른 주의력 집중 기술을 익혔다. 그 기술은 고통이 심한 단계에서 시를 주문처럼 낭송하는 것이다. ("시는 생각을 바꾸는 대신에 관조하도록 가르친다."[11]) 솔레스메 수도원에서 그녀는 나중에 '소년 천사'라고 부르게 될 영국인 신참 수도사의 권유로 영국 시인 조지 허버트George Herbert(1593~1633)의 작품에 주목하게 된다. 베유는 특히 종교적이고 형이상학적인 내용이 가득한 그 시인의 시 「사랑」이 마법처럼 자신에게 말을 건넨다고 느꼈다. 그 시는 다음과 같은 말로 끝난다. "사랑이 말하기를 그대는 자리에 앉아야만 해, 그리고 내 살을 맛보아.

/ 그래서 나는 앉아서 먹었다.(You must sit down, says Love, and taste my meat. / So I did sit and eat.)"[12]

1938년 11월 의사를 방문하고 며칠 후, 고통으로 괴로워하던 베유는 다시 한번 자리에 앉아서 이 시를 음송할 때, 지금까지 그녀가 알지 못했던 무언가를 체험한다. 그녀는 예수 그리스도의 형상으로 변한 자신이 신적인 사랑으로 완전히 충만해진 경험을 한다. 그녀 자신의 말로 표현하면 "상상력도 감각도 아무런 역할을 하지 못하는" 직접적인 현존의 형태로. "나는 오직 고통을 통해서만 사랑의 현존을 느꼈다. 그것은 사랑하는 이의 얼굴에 핀 미소에서 느끼는 것과 비견할 만하다".[13]

마치 그녀의 눈이 처음으로 뜨이거나 닫힌 것처럼 보인다. 어쨌든 중요한 것은 그녀의 관점에서는 더 이상 의심이나 회의의 여지가 없는 경험이라는 점이다. 그녀의 해석에 따르면 1938년 11월에 그녀는 현존하는 신의 사랑으로, 그리고 "실제 인물보다 더 현실적인"[14] 현존의 형태로 충만해졌다. 이 경험에 의하면 "마주 바라보는" 확실성 뒤편에 또 다른 차원, 신과 그의 무한한 사랑의 왕국이 있었다. 내재성의 왕국 뒤에는 초월성의 왕국이, 인간 언어 뒤에는 다른 형태의 대화가, 인간 지식의 완벽함 뒤에는 다른 진리가 있다. 베유는 자신이 "신과 접촉해서" 변화되었다고 느낀다.

심신 쇠약

이처럼 절대적인 것에 대한 경험을 표현할 수 있는 언어를 발견하는 일은 예나 지금이나 쉽지 않다. 궁극적으로 그 경험은 인간 이성의 경계를 무너트린다. 그리고 그것에 그 경험의 본질이 있다. 그 경험은 인과율 너머에, 의사소통과 방법 너머에, 모든 인간 존재의 실제적이고 의미를 부여하는 근원으로서의 시공간 너머에 있는 어떤 영역을 인정할 것을 요구한다. 다른 많은 사람과 달리 돌파를 경험한 시몬 베유가 사방팔방 다니면서 열정적으로 세상 사람들에게 신을 체험한 경험을 알리지 않은 것은 몹시 약해진 몸 상태뿐 아니라 그녀가 실제로 살았던 이전의 삶 때문이다. 그녀의 구체적인 행동은 아무것도 변하지 않았고, 변할 필요도 없다. 오히려 그녀는 좌파 노동조합 활동가로서 이전에도 항상 신의 왕국이 내린 명령을 따라 살았다.

따라서 그녀의 경우 변화의 경험은 자신의 행동이 아니라, 행동의 토대 및 가치 있는 기원과 관련이 있었다. 변한 것은 장소, 그녀의 의식에서 가장 뜨거운 곳, 사명에 대한 그녀의 자기 이해였다. 이제부터 그것은 더 이상 순수하게 인간 상호적인 것과 내재적인 것이 아니라, 신적이고 초월적인 것에 기반을 두게 된다. 그것은 더 이상 구성된 논증에서 자양분을 얻지 않고, 주로 자비롭게 허용된 경험에서 자양분을 얻었다. 그럼으로써 더 이상 일반적인 계산이나 고려를 따르지 않고, 무조건적인 고백을 따랐다.

그녀 자신의 말과 두려움으로 그것을 표현하자면, 인간이자 철학자로서 시몬 베유는 1938년 11월 마침내 실제로 "심신 쇠약" 상태에 이르렀다. 사도 바오로의 찬가에 충실하게 그녀의 이성은 이제 더 이상 지금 이곳에서는 효력을 지니지 못했고, 보다 높은 피안의 이름으로 사랑을 했기 때문이다.

눈을 멀게 하는 빛

하지만 '실제로' 무슨 일이 일어난 것일까? 오히려 베유의 경우 이런 경험을 먼저 심리학적 또는 정신의학적 현상으로 묘사하는 게 자연스럽지 않을까? 통증으로 인해 생긴 의식상실 직전에 생기는 환각, 통증을 완화하려는 무의식의 속임수, 강력한 약품으로 생기는 잘 알려진 망상… 베유의 경험을 훨씬 세속적인 맥락 속에 놓을 수 있는 가능성은 다양하다. 그것보다 더 그럴듯한 것은 없다. 결론적으로 누가 유령을 믿겠는가? 아니면 좀 더 극단적으로 고통받는 육신이라는 매개물 속에서 사랑하는 신의 아들의 실존을 믿겠는가?

그 사건의 색다른 테두리가 가능하다는 데에는 의문의 여지가 없다. 마찬가지로 여기서 문제가 되는 의식만을 위한 그런 합리화가 제한적인 중요성이나 자명함을 전혀 지니고 있지 않다는 것은 이미 말한 경험의 본질 속에 들어 있다. 결론적으로 이 세상에서 구체적인 경험보다 더 실제적인 것은 없다. 그리고 경험하는 의식에게 위에서 묘사된 유형의 경험보다 더 분명하고, 내용 면에서 더 확실한 것도 없다.

다시 말해, 그러한 변화나 돌파의 신비로운 경험을 순수히 과학적으로 조사하거나 근거를 따져보는 일체의 노력을 특히 인식론적 관점에서까지 제한하는 것은 곧 그 경험이 이를 체험한 당사자에게는 피할 수 없는 표준을 형성하여 명백함, 분명함, 확실함, 그리고 이성을 계속 뜻하게 될 수도 있다는 사실이다. '깨달음을 얻은 사람'의 관점에서 보면 경험의 내용을 과학적으로 확인하려는 충동은 파리에 있는 소위 미터원기가 실제로 1미터인가를 사용 가능한 최신의 방법으로 조사하려는 시도처럼 의미 있는(혹은 오히려 의미 없는) 것으로 보인다. 1938년 11월의 베유처럼 일단 '빛'을 본 사람은 그것이 실제로 존재하고 온기를 지니고 있다는 것을 확인하기 위해 물리학자를 필요로 하지 않는다. 오히려 그런 개인은 사람들 말마따나 앞으로 '자신만의 고유한 세계'에서 살게 되는데, 게다가 다른 사람에게는 아주 당혹스러운 방식으로 그 세계가 실제적이고 선구적이라고 주장한다.

이러한 존재 방식을 나타내는 기독교의 일반 개념은 성스러움이다. 하지만 당연히 보다 좁은 의미에서의 철학적 전통 역시 현실을 열어 보여주는 충격에 대해 이야기할 수 있다. 예를 들면 플라톤의 동굴에서 상승의 마지막 단계에 나타나는 눈부신 빛의 형태로. 르네 데카르트의 섬광과도 같은 성찰적 통찰력 혹은 『논리-철학 논고』에서 루트비히 비트겐슈타인이 은유적으로 묘사한 사다리를 올라가는 인식의 상승이라는 방식으로. 안전그물이나 논증적 토대 없이 사다리의 마지막 발판에서 뛰어내려야 비로소 세상을 '제대로 볼' 수 있다. 사르트르나 로캉탱도 극도로 양가적인 자아 해체의 상태에서 우연적인 '존재의 반죽'을 가지고 비로소 사물의 본질 속으로 파고 들어갔다는 반박할 수 없는 인상을 받지 않았던가?

베유의 친한 친구이자 나중에 그녀의 전기를 집필하게 되는 시몬 페트르망이 그런 신비하고 명백한 체험을 보여주는, 생각할 수 있는 유일한 외적 증거는 이후 그녀가 보여준 삶에 있다고 지속적으로 주장했는데,[15] 적어도 시몬 베유의 경우에는 그녀가 겪은 신神 체험의 진실성을 의심할 만한 타당한 근거는 없다.

그녀의 태도는 그 이후로도 어떤 식으로든 달라지지 않았다. 하지만 이제 그것은 다른 색채를 띠고, 자신이 기독교적 사랑과 고통을 받아들이는 수난의 표식 속에 있다고 이해한다. 이후 베유는 계속해서 두통을 정치적 상황의 완벽한 암흑과 마찬가지로 초월로 이어진 통로로 긍정하고 찬미했다. 베유는 철학 일기에 다음과 같이 메모한다. "그대는 모든 것을 잃어버린 이 시대보다 더 나은 시대에 태어나기를 바랄 수 없다."[16] 원래 잃어버릴 수 없는 것을 새로운 방식으로 확인한 사람만이 이렇게 쓸 수 있다. 그리고 그는 이제부터 자기만의 방식으로 그것을 구하는 임무를 떠맡는다.

기원으로 돌아가기

어쨌든 1938년 11월 "아주 오랫동안 세계를 지배했던 유럽이라는 자그마한 땅덩어리에서 인류가 깊고 심각한 위기를 겪고 있다는 사실"을 부정할 수 없다. "지난 300년, 그리고 특히 지난 100년 동안의 커다란 희망들, 계몽적 이상을 전파하려는 희망, 모든 사람에게 그럭저럭 괜찮은 삶에 대한 희망, 민주주의에 대한 희망, 평화에 대한 희망이 우리 눈앞에서 흔적도 없이 사라지려고 한다."[17]

철학자이자 언론인으로서 베유는 있을 수 있는 광범위한 문명적 위기에 직면해서 진정으로 문화를 치유할 수 있는 단 하나의 출구를 본다. 즉, 그녀의 확신에 따르면 그것은 '사물 자체'로 돌아가는 대신 '기원 자체'로 돌아가야 한다. 인류의 위대한 기원이 된 텍스트를 열정적으로 읽고 또 읽음으로써 고고학자처럼 그사이 유럽 문화가 강제로 파묻고 몰아냈던 가치와 근원 충동Urimpulse을 한 겹씩 벗겨서 드러내야만 한다.

자신의 초월 체험을 바탕으로 시몬 베유는 자기 시대의 정치적 현실에 맞선 불평등한 싸움은 전성기 고대 문화의 가장 오래된 문서와 서사시에 적혀 있는 신에게서 영감을 받은 근본적 가치를 되찾아야만 치를 수 있다고 생각한다. 특히 플라톤과 호메로스의 작품들,『우파니샤드』,『바가바드기타』, 그리고 스토아 철학자들과 복음서 저자들의 글이 여기에 해당한다. 베유의 확신에 따르면 그것들은 모두 궁극적으로 같은 빛에서 생기를 얻는다. 그 빛은 시대와 문화적 특성에 따라서 각각의 의식에 서로 다르게 굴절되어 스펙트럼처럼 펼쳐진다. 베유가 일관되게 무시했던 마르틴 하이데거나 그녀가 전혀 알지 못했던 발터 벤야민처럼 베유도 서양에서 대물림 되었던 사건들 전체를 오랫동안 지속된 은폐와 본질로부터 멀어지는 과정으로 해석한다.

그녀가 생각하기에 인간은 사랑의 빛 그 자체에 마음을 열어놓는 것에서, 즉 궁극적으로 인간적인 것에서 시작되지도 않고, 인간적으로만 인지될 수도 없는 기원에서 자신의 진정한 품위와 불가침성을 얻는다. 그녀에게 우리의 현존이 갖는 의미의 진정한 기원은 초월적이어서, 그 자체로 순전히 인간적으로 점유하려는 것으로부터 안전하다. 특히 일반 이성 혹은 순수 이성의 점유(혹은 특정 시기에 정치적으로 설명하고자 하는 것)로부터도 안전하다.

따라서 이웃에 대한 사랑이 연대의 자리를, 적에 대한 사랑이 계급투쟁의 자리를, '노예'라는 완벽하게 굴욕적인 존재 형태가 '프롤레타리아'의 자리를 대신 차지한 것은 전적으로 논리적이다. 베유가 이미 공장 일기를 마치면서 다음과 같이 적었을 때처럼. 결국 핵심이 되는 것은 언제나 "어떤 상황에서도 그리고 다른 사람이 보기에 '중요하지 않은' 계급 … 그리고 인터내셔널가의 1절 마지막 구절[18]에도 불구하고, 무슨 일이 벌어지더라도 앞으로도 결코 중요하게 여겨지지 않을 사람들로 이루어진 계급이다. … 사람은 항상 자신의 가치를 드러내는 '외적' 표식을 필요로 한다."[19]

하지만 가장 어두운 시기에 외적 표식이 전혀 보이지 않으면 어떻게 해야 하나? 누가 구해주고, 무엇이 인권을 그리고 자신의 고유한 가치를 보장할까? 이들이 정말로 다른 사람일까? 이들을 신뢰했었나? 만약 그렇다면 어떤 근거로 그리고 어떤 방식으로 신뢰할 수 있나? 이것이야말로 바로 1937년과 1938년에 다른 곳에 있던 아인 랜드를 미치게 만들 뻔했던 문제들이다.

봉쇄된

"허가받지 못함."[20] 1937년 5월 아인 랜드는 전보를 받고 부모님을 레닌그라드에서 자신이 살고 있는 뉴욕으로 모셔

오려던 시도가 궁극적으로 실패했음을 알게 된다. 모든 서류를 제출했고 랜드가 이미 여객선 운임도 지불했지만, 소련 당국은 아무런 이유도 언급하지 않은 채 이들의 출국을 거부한다. 그 자체가 놀라운 일은 아니다. 스탈린 정권의 횡포가 또다시 정점을 향해 가고 있던 시기여서 더욱 그렇다. 작년에 있었던 공개 재판에 이어, 1937년 봄부터 정당과 주민은 '적대적 요소'로부터 깨끗해졌다. 구체적으로 말하자면, 수천 명의 사람들이 매주 새벽에 집에서 비밀경찰에 체포되어 소련 내무부의 지하실로 끌려가서, 자백이나 밀고를 하도록 심문을 받고 필요한 경우에는 고문을 당했으며, 그다음에 즉각 처형되거나 굴락에서 몇 년 동안 강제 노동을 해야 하는 판결을 받았다. 1937년 공포된 특별 명령에 따르면 배우자와 아이들도 '인민의 적의 아내'와 '혁명의 적의 가족'으로 함께 처벌받을 수도 있었다.[21] 20년이 지난 시점에서 혁명은 글자 그대로 자기 자식들을 먹어 치우고 있다.

러시아에서 사람들은 오늘날까지도 1937년에서 1938년까지의 시기를 '대규모 테러'의 시기로 기억한다. 그때를 목격한 어떤 사람이 표현한 것처럼 당시의 일상은 "다음 날 무슨 일이 벌어질지 아무도 모르는" 분위기에 의해 결정되었다. "사람들은 서로 이야기를 하거나 만나기를 두려워했는데, 특히 아버지나 어머니가 이미 '고립'되어 있던 가족들이 그랬다."[22] 이것은 미국으로 이민 간 딸이 작가와 언론인으로 '러시아의 실험'에 점점 소리 높여 반대하는 가족에게 특별히 해당되는 이야기다. 아인은 이제 자신의 존재 자체가 가족에게는 구체적인 생존 위협이 된다는 사실을 아주 잘 알게 되었다. 그녀는 그 소식을 들은 후 그녀 특유의 타협을 모르는 태도로 이후의 모든 접촉을 끊어버렸다. 그녀는 전보를 받았다는 확인도 해주지 않을 것이다.

가족과 관련된 위기와 함께 창조적 위기도 같이 생긴다. 랜드는 살면서 처음으로 글을 쓰다가 막히는 경험을 한다.[23] 몇 달 동안 그녀가 책상에서 보낸 매일매일 제자리를 맴도는 생각의 소용돌이, 중단된 시도, 폐기된 초안 말고는 남는 것이 아무것도 없었다. 새로운 소설의 주제와 주인공, 기본적인 줄거리는 명확하게 정해져 있었다. 하지만 서로 다른 이야기의 갈래를 끝부분에서 어떤 사건을 통해 극적으로 서로 연결할지를 알지 못하는 한 작업을 할 수가, 아니 시작조차 할 수가 없다. 그녀 자신의 말로 표현하자면 그녀는 "이성을 잃기"[24] 직전이다.

의심의 여지 없이 그녀 자신이, 즉 그녀의 창조적 기원과 힘이 문제다. 모든 것이 불을 붙여줄 단 하나의 아이디어에 달려 있다. 하지만 무조건적인 의지─랜드는 그것을 보여줄 첫 번째 사람이 될 수도 있다─만으로는 이 영역에서는 아무것도 만들어내지 못할 것이다. 오히려 정반대다.

찬가

1937년 여름, 남편 프랭크가 코네티컷에서 이루어지는 「1월 16일 밤」 공연에서 폭력배 거츠 리건 역을 다시 맡게 되었다. 두 사람은 대서양 해변에 작은 집을 임대한다. 프랭크가 리허설을 하고 공연을 하는 동안, 랜드는 롱아일랜드 해변에서 마침내 다른 생각, 무엇보다 기발한 착상을 얻고자 한다.

처음에 그녀는 기분을 전환하고 상상력을 마음껏 펼치기 위해 학생 시절의 계획표를 다시 가동시킨다. 공기를 불어 넣은 매트리스에 누워 바다를 바라보면서 그녀는 디스토피아적 공상과학 소설을 쓰려고 시도한다.[25] 총체적 집단화의 최종 상태에 도달한 사회가 출발점이다. 그곳 사람들에게는 각각의 독특함에 대한 감각조차 남아 있지 않고, 허용되지도 않는다. 아주 어릴 때부터 기도문과 같은 문장("우리는 아무것도 아니다. 인류가 전부다. 우리의 현재 삶은 오로지 우리 형제들의 자비 덕분이다. 우리는 함께 존재한다. 국가이기도 한 우리 형제를 위해 그리고 우리 형제를 통해서. 아멘"[26])에 세뇌된 그곳의 모든 주민은 항상 1인칭 복수 '우리'를 사용해서 말하고 생각한다. 심지어 자신의 감정, 소망 혹은 두려움에 관해 말할 때도 그렇다. 왜냐하면 "모든 인간은 하나이고, 오직 모든 사람의 공동 의지 이외에 다른 것은 존재하지 않기 때문이다."[27] 어쨌든 모두를 위해서 말하고 따라서 필연적으로 올바른 '위대한 위원회'가 그렇게 선언한다.

랜드의 초안은 아주 세세한 내용에 이르기까지 레닌그라드 학창 시절에 은밀하게 유통되었던, 러시안 작가 예브게니 자먀찐Yevgeny Zamyatin●이 1920년에 탈고한 공상과학 소설 『우리들』●●에 기대고 있다. 랜드의 책에서도 사람들은 이름 대신 로봇처럼 번호를 지니고 있고, 국가의 모습으로 나타나는 집단은 전능하고 신과 같으며, 모든 개인적 일탈은 엄격하게 처벌된다.

마치 밸브가 열린 것 같다. 3주도 안 되어 그녀는 롱아일랜드 해변에서 100쪽짜리 소설을 썼다. 우선 랜드의 주인공 '공정 7-2521'은 우연히 '위대한 혁명' 이전의 먼 옛날에 만들

● 1884년 러시아의 작은 도시 레베잔에서 성직자의 아들로 태어난 자먀찐은 페테르부르크에 있는 대학의 조선학과에 입학했다. 대학 재학 중 목격한 '피의 금요일'을 목도하고 볼셰비키당에 입당해 혁명적 대학생 활동에 참여하다가 체포되어 유배됐다. 러시아 혁명 이전에 『변방에서』(1913), 『알라트리』(1914), 『섬사람들』(1917)을 차례로 발표했다. 혁명 이후에 고리키와 함께 문학 활동가 동맹에 참여하여 러시아 문단의 중심인물로 활동하기도 했지만, 러시아 체계를 비판적으로 바라본 대표작 『우리들』 이외에 여러 편의 작품으로 소련에서의 출판이 금지되었다. 1932년에 자먀찐은 파리로 망명하여 작품 활동을 계속했다. 타지에서의 생활고와 병고에 시달리다 1937년 심장병으로 53세에 생을 마감했다.

● ● 미래의 전체주의 디스토피아를 묘사한 소설의 효시로 평가받고 있는 작품이다. 1949년 출간된 조지 오웰의 『1984』와 올더스 헉슬리가 1932년 출간한 『멋진 신세계』와 함께 3대 디스토피아 소설로 꼽힌다. 발표 시기로 보아 두 작품에 상당한 영향을 끼쳤을 것으로 여겨진다.

어진 터널을 발견한다. 그곳에서 그는 훔친 양피지에 여러 생각을 기록하기 시작한다("이것을 쓰는 것은 일종의 범죄다"[28]). 곧 그는 개구리와 다른 동물을 대상으로 한 과학 실험을 한다. 그 실험으로 그는 전기라는 기적을 새로 발견하고 백열전구를 발명하기도 한다.

낮에 거리 청소부로 일하는 동안 그의 시선은 되풀이해서 여성 경작 노동자 '자유 5300'과 교차한다. 곧 사랑의 빛이 해방을 가져다주는 인식의 빛에 추가된다("우리는 서로의 눈을 바라보았고 기적의 숨결이 우리를 어루만진 것을 알았다"[29]). 둘은 금지된 조상들의 숲으로 도망치는데 성공한다. 그곳에서 힘을 합쳐 야생의 낙원에서 새로운 삶을 시작한다. 이때 그들이 공유한 자유로 통하는 길은 인간 언어의 첫 번째이자, 가장 중요하고 자유를 보증하는 단어의 재발견과 함께 원래의 결말과 정점을 발견하게 된다. "내 손… 내 정신… 나의 하늘… 내 숲… 이 땅은 나의 것이다…. 많은 단어들이 내게 주어졌다. 그리고 그중 어떤 것은 현명하고 어떤 것은 거짓이지만, 세 단어로 이루어진 '나는 그것을 원해Ich will es'라는 말은 성스럽다."[30]

총체적 집단주의라는 조건에서 자율적이고 이성적인 인간의 혁명적 재탄생은 소설과 마찬가지로 "이 지상에서 결코 죽을 수 없는 단어"로 끝난다. "왜냐하면 그 단어는 재탄생의 진짜 심장이고, 그 명성이 지닌 가치이기 때문이다. 그 신성한 단어는 바로 에고ego다."[31]

신화를 만드는 작업

'자아'를 기반으로 인간이 스스로에게 권력을 부여하는 것은 구원의 실제 사건이 되고, 지상낙원으로 들어가는 것이 된다… 마치 랜드의 소설 전체가 구약과 그리스 신화의 소재들로 가득 채워져 있는 것처럼. 동굴 같은 터널을 지나 다른 세계에서 오는 빛을 향해 성공적으로 올라가고, 뻔뻔하게 신의 불을 훔치는 행위는 전기 발견이라는 형식으로 이루어진다. 호수의 잔잔한 수면에서 공정 7-2521은 처음으로 자신의 진짜 얼굴을 바라보고 해방감을 느낀다. 소설 끝부분에서 구원을 받은 두 사람이 프로메테우스와 가이아라는 이름으로 서로를 부르는 것은 전적으로 논리적이다.

무조건적인 자아 긍정이라는 핵심 동기에 충실하게 랜드는 자신이 직접 겪은 탈출의 여러 소재를 소설에 끼워 넣는다. 주인공 공정 7-2521처럼 랜드도 소련에서 도망쳤을 때 20대 초반이었다. 그리고 성공적으로 탈출한 후 그녀가 처음으로 한 행동은 자신의 이름을 새로 짓는 것이었다. 에스토니아에서 영국으로 가는 배 위에서 알리사 로젠바움은 스스로를 '아인 랜드'라는 이름으로 불렀다.

그 이름을 선택한 데는 당시 인기가 많았던 에스토니아-핀란드 여성 작가 아이노 칼라스^{Aino Kallas}•에 대한 그녀의 존경이 동기가 되었을 수도 있다.[32] 칼라스는 자신의 소설에서 정치적 의미가 담긴 자유에 대한 이야기와 북유럽 전설의 신화적 소재를 결합했다. 1937년 1월에 한 열성적인 독자가 이상한 이름의 배경에 대해 묻자 랜드는 다음과 같이 대답했다. "아인이 실제로 존재하는 이름인 동시에 꾸며낸 이름이라는 점을 인정합니다. 원래 이름은 러시아어로 Аина^Aina라고 쓰는 핀란드 이름입니다. 발음에 따른 핀란드 철자를 영어로 발음을 하면 I-na가 될 겁니다. 정확히 영어로 어떻게 쓰는지는 잘 모르겠습니다. 하지만 저는 맨 끝의 a자를 빼버리고 '아인^Ayn'이라고 쓰기로 했습니다. 알파벳 I 발음에 n 자를 덧붙여서 발음합니다."[33]

영어의 '자아^I'와 몇 배를 나타내는 수학 기호^n-fach가 붙어

아이노 칼라스(1878~1956)는 핀란드 태생의 에스토니아 작가이자 서정 시인이다. 그녀의 단편소설들은 핀란드 문학의 뛰어난 작품으로 간주된다. 핀란드의 문예학자 율리우스 크론의 딸로 태어나 어려서부터 습작을 했다. 1900년 에스토니아의 민속학자이자 나중에 외교관이 된 오스카 칼라스와 결혼한다. 1904년부터 에스토니아 타르투시에 거주하게 된 부부는 사회문화적 그룹 '젊은 에스토니아Noor-Eesti'에 참여하고, 러시아로부터 에스토니아의 해방을 옹호하는 사회 운동에 참여한다. 에스토니아의 독립 이후 런던 주재 에스토니아 대사가 된 남편과 함께 1922년부터 1934년까지 런던에서 거주한다. 런던 체류 기간 중에 그녀는 대표작이라고 불리는 『티젠후젠의 바바라』, 『레이지의 목사』, 『늑대의 신부』를 발표한다. 위에 언급된 3부작에서도 잘 드러나는 것처럼, 그녀의 단편소설에서 되풀이해서 나타나는 주제는 그녀 스스로 '사람을 죽이는 에로스'라고 부른, 종종 죽음으로 끝나는 사랑이었다. 1940년 러시아가 에스토니아를 합병하자 그녀는 스톡홀름으로 망명을 떠나서 1953년까지 스웨덴에 머물다가 고국 핀란드로 이주해 그곳에서 생을 마감한다.

서 강조된 독일어 단어 '자아Ich'.♦♦ 삶의 신조로 스스로 붙인 이름. 자유에 관한 자신의 신화를 만드는 랜드의 작업은 탈출에 성공한 첫날부터 시작되었고, 이제 『찬가Anthem』♦♦♦라는 소설로 "내 글쓰기의 핵심 동기, 목표 그리고 유일한 사명"을 보여주는 표현을 찾았다.[34]

게다가 여러 차례 연장되었던 그녀의 미국 체류 비자가 1931년 최종적으로 만료되려고 할 즈음에 프랭크 오코너와 아인이 결혼했다는 사실은 소설 『찬가』에 개인사가 겹쳐져 나타난 것과 아주 적절하게 들어맞는다. 랜드가 자유의 낙원에서 계속 살 수 있도록 가능하게 만들어준, 사랑 때문에 미국 영주권 그린 카드를 선택한 고전적 결정이다.

아주 높은 고층 건물

완성된 소설을 가지고 맨해튼으로 돌아간 부부는 그사이

♦♦ 독일어에서는 열 배zehnfach, 네 배vierfach처럼 몇 배 혹은 몇 겹을 나타낼 때 -fach가 붙는데, 얼핏 보면 독일어 단어 Ich가 마치 영어의 I에 배수를 나타내는 어미 fach가 붙은 형태처럼 보이는 것에서 생긴 언어 유희이다.

♦♦♦ 국내에서는 『우리는 너무 평등하다』(리드잇포워드, 2017)라는 제목으로 출간되었다.

프랭크가 정성들여 꾸민 어퍼 이스트 사이드Upper East Side의 방세 개짜리 아파트로 두 마리의 고양이와 함께 이사했다. 매우 실망스럽게도 랜드는 『찬가』의 원고 구매자를 찾는 데 성공하지 못한다. 또 다른 연극 작품 집필 계획과 소설 『살아 있는 우리』를 드라마로 각색하려는 계획 역시 무산되었다. 게다가 그녀는 맥밀런 출판사가 초판을 찍은 후 그 첫 소설의 인쇄 원판을 실수로 없애버리는 바람에 첫 쇄를 찍은 지 대략 1년 반이 지난 후에 책의 판매 부수가 불가사의하게 늘어났음에도 불구하고 책을 추가로 공급할 수 없다는 사실을 알게 되었다. 랜드는 이 모든 일의 배후에 '분홍색'으로 물든 뉴욕 출판계의 또 다른 음모가 숨어 있음을 감지하지 않을 수 없었다. 어쨌든 『1월 16일 밤』의 영화 판권 판매로 재정적 부담은 줄어들었다. (판권 5000달러는 지금의 가치로는 약 7만 5000유로◆와 맞먹는 금액이다.)[35]

그녀는 줄거리 전개와 관련해서 여전히 한 발자국도 나가지 못했다. 그사이 그녀의 '작은 방'인 프랭크와의 관계는 모든 신뢰에도 불구하고 랜드가 생각하는 이상에서 점점 더 멀어지기 시작한다. 순전히 삶의 실용적인 측면에서 보면 뉴욕에 프랭크가 함께 있다는 것이 그녀에게는 엄청나게 부담을 완화해주는 것이지만, 삶의 미학적 측면에서는 상당한 실망이

◆ 한화로 약 1억 745만 원.

다. 그것은 마치 그가 꿈꾸던 오케스트라가 더 이상 연주를 하지 않는 것과 같다. 그는 명백한 반대나 거부감 없이 돌보기는 하지만, 주도권이 없는 살림하는 남편 역할을 순순히 받아들인다. 하지만 그는 "야생 동물의 방식으로 … 소유"[36]하려는 점점 더 분명해지는 랜드의 환상을 자발적으로 돕는 일에 우호적인 태도를 보이지 않았다. 오히려 그들은 그사이 아주 일상적인 일을 계기로 상대방의 잘못을 지적하곤 했다.

어떤 사람이나 어떤 일이 그 가을의 심각한 불화에서 그녀를 해방시켜줄 수 있을지 모르겠지만, 어쨌든 위에 언급한 조력을 그녀의 남편에게서 기대할 수는 없을 것이다. 사람을 이끌고 가는 추진력, 자신의 삶을 통합하는 주제, 자기 존재의 밑바탕에 있는 최종적이며 모든 것을 떠받치고 있는 완전히 자율적인 "내가 원한다"는 말이 확실히 프랭크에게는 없다. 랜드에게는 그 자체로 용납할 수 없는 상황이다. 그렇다, 그것 자체가 인간의 근본적인 실수다.

어쨌든 그녀는 어려서부터 자신이 세상에 존재하는 이유를 너무 잘 알고 있었다. 삶의 행운을 만들어내는 사람, 유감스러운 과거의 모습이 아니라, 마땅히 존재해야 하는 모습 그대로의 세상을 보여주는 이야기의 창조자. 그리고 비슷한 것이 그녀의 초인적 영웅 하워드 로크에게도 적용되었다. 다만 건축가인 그가 실제로 사람이 살고, 지상에서 진정한 의미에서 집에 있는 것처럼 느끼게 될 건물들을 세우는 일에서 자신의 행복을 발견했다는 점만이 다르다. 신들과 같이 최고를 지향하는 그 건축물에서 기능과 형태는 완벽하게 하나가 되어야만 한다. 즉, 고층 건물과 같은 인간이다.

길을 밝히는 생각

그래서 다시 계획을 세운다. 어쨌든 소설을 결정하는 기본 갈등은 분명해졌다. 하워드 로크의 몰락과 성공의 예를 통해 인간 영혼에서 벌어지는 개인주의와 집단주의 사이의 투쟁[37]이 모범적으로 묘사되어야만 한다. 1937~1938년에 줄거리와 연관된 사건 전개를 아주 복잡하게 만든 것은 국제 정세의 발전이었다. 주제를 그의 심리적 측면으로만 한정하는 것은 더 이상 불가능했다. 초인 로크가 실제로 만인을 위해 존재하는 사람으로 존재하기를 바란다면, 창조를 위한 그의 투쟁은 단순히 미학적이고 개인적인 동기를 넘어서야만 한다.

랜드는 계속 곰곰이 생각한다. 그녀는 조사 목적으로 1937년 늦가을에 고층 건물을 전문적으로 짓는 일리 자크 칸 건축사무소에서 비서로 일하기 시작한다. 보수적인 환경에서 자란 지인을 통해 소개받은 사장 일리 칸만이 그녀의 진정한 임무에 대해 알고 있다. 1938년 3월 정오 직전에 랜드는 지나가듯 사장에게 현재 어떤 주문이 가장 큰 도전 과제인지 물었다. 그 질문에 칸은 주저 없이 공공주택 건설이라고 대답한다. "갑자기 내 머릿속에서 딸칵 소리가 났다. 건축적인 문제이면서 동시에 정치적인 문제가 여기에 있을 거라고 생각했기 때문이다. 그것은 내 목적에 완벽하게 맞았다."[38] 공공주택을 건설하는 로크, 바로 그것이었다!

점심시간 동안 랜드는 전체 줄거리를 확정한다. 소설 끝부분에서 그녀의 주인공은 피고인 신분으로 법정에 서야 하는데, 그 이유는 그가 건설 계획의 마지막 단계에서 공공 위원회가 억지로 사업에 개입한 것에 항의할 목적으로, 자신의 설계도에 따라 짓고 있던 공공주택 시범 단지를 완공 직전에 자기 손으로 폭파해버렸기 때문이었다.

시범 단지인 코틀랜드는 전적으로 그의 의지대로 존재해야만 한다. 그렇지 않다면 존재해서는 안 된다! 다른 누구도 아닌, 그가 그것을 생각해냈고, 설계했다! 따라서 거주지의 존재 여부를 결정하는 것은 다른 누구도 아닌 오로지 그 자신이었다. 어떤 형태의 권리 박탈도 용인할 수 없다. 특히 작품의 창의적 완전성에 개입하는 것과 관련된 것이라면 더욱 그렇다. 이 점에서 천재적인 자기중심주의자가 '지나치게 많은 다수'인 위원회와 대립해 싸운다. 완벽주의 대 타협의 논리. 행위를 견인하는 사람 대 아이디어 도용자. 로크 대 대중. 누구의 권리를 무조건 지켜야만 할까? 누구의 이름으로? 그리고 어떻게?

에케 호모 Ecce Homo◆

랜드는 니체가 남겨놓은 비유적 발자취를 따라 플롯 전개 문제를 해결할 방법의 핵심에까지 도달한다. 실제 기독교와 공산주의를 밀접하게 결합하는 이타주의적 가치규범을 모범적으로 뒤집는 것은 폭파를 통해서만 성공할 수 있다. 『에케 호모』중에서 「나는 왜 운명인가」라는 제목을 지닌 장에서 읽을 수 있듯이.

나는 내 운명을 안다. 언젠가 내 이름은 엄청난 것에 대한 기억과 결부될 것이다. 지상에 존재한 적이 없었던 위기와 가장 심오한 양심의 갈등, 지금까지 믿어왔고 요구되었고 성스럽다고 여겨졌던 모든 것에 반대하는 결정과 결부된 어떤 것에 대한 기억. 나는 인간이 아니라, 다이너마이트다. …

이전에 결코 이루어진 적이 없을 만큼 강하게 반대하지만, 그럼에도 나는 부정을 말하는 정신과는 정반대다. 나

◆ '이 사람을 보라'는 뜻임. 이 문맥에서는 1888년에 쓰였고 1908년에 출간된 니체의 마지막 작품을 가리킨다. 니체의 자전적 요소가 많이 포함된 책으로 「서문」, 「나는 왜 이렇게 지혜로운가」, 「나는 왜 이렇게 똑똑한가」, 「나는 왜 이렇게 좋은 책들을 쓰는가」, 「나는 왜 운명인가」 등으로 구성되어 있다.

는 존재한 적이 없었던 '즐거운 소식을 알리는 자'이며, 나는 위대한 임무를 알고 있으며, 지금까지는 그것을 표현할 수 있는 개념이 존재하지 않았다. 오직 내 이후부터 다시 희망이 생길 것이다. 그 모든 것을 지닌 나는 필연적으로 운명의 인간이기도 하다. 진실이 수천 년 된 거짓과 싸울 때, 우리는 꿈조차 꾸지 못했던 마음의 동요, 지진과 같은 동요, 산과 계곡이 움직이는 동요를 느낄 것이기 때문이다. 그런 다음 정치라는 개념이 정신적 싸움 속에서 전부 드러나게 될 것이다. 낡은 사회의 모든 권력 형태가 공중분해될 것이다. 그것들은 전부 거짓에 기반하고 있다. 지상에서 결코 존재한 적이 없었던 전쟁이 일어날 것이다. 오직 내 이후부터 지상에 '위대한 정치'가 생겨날 것이다.[39]

니체는 랜드의 다이너마이트였다. 로크는 그녀의 미국인 폭파 전문가다. 하지만 위대한 정치가 진정으로 위대한 개인의 심리에 토대를 둔다면 그 모든 것이 어떻게 될 것인가? 내면에서부터 추구되는 자율성에 대한 이상적 묘사에 적합한 심리학은? 이런 심리와 연관된 조사를 하기 위해 랜드는 집을 떠날 필요가 없다. 오히려 절대적으로 모범이 될 만한 단 하나의 연구 대상, 즉 그녀만으로도 충분하다. "로크의 심리를 위한 모델은 바로 나 자신이었다."[40]

인정認定이라는 독

랜드는 로크의 영웅적 의연함을 자신의 심리적 형상에 따라 구상한다. 그리고 그 때문에 자율성의 성공을 위한 진정한 조건이 어디에 있는지도 전적으로 확신한다. 아래 철학 일기의 기록처럼.

> 1938년 11월 10일
> 다른 사람들이 누군가를 어떻게 바라보고 있는지(좋든 나쁘든 상관없이) 의식하는 일은 끔찍하게 나쁘다. 자신을 당연한 존재로 받아들여라. 타인의 시선이 갖는 중요성의 무게가 없이 오직 자신만을 느끼는 의식만이 유일하게 건강한 의식이다.[41]

분명 나르시시즘적 장애는 아니라 해도 이른바 상식을 지닌 사람에게는 심각한 심리적 변형으로 간주되는 것이 랜드의 세계에서는 모든 에고가 마땅히 추구해야 할 상태다. 진정으로 자유롭다는 것은 무엇보다도 항상 규범적으로 부과되는 타인의 존재로부터 자유로워지는 것인데, 타인의 존재는 무엇보다도 타인의 눈, 그들의 시선을 통해 분명하게 감지된다. 또한 랜드는 이런 의미에서 그녀가 좋아하는 작가 빅토르 위고의 말을 빌려 조용하면서도 보편적으로 도처에 존재하는 "타인이라는 짐승"[42]에 대해 이야기한다.

엄청나게 광범위하고, 특히 사회 철학적 결과를 불러오는 이데올로기적 요소. 랜드에 따르면, 인정받으려는 투쟁을 통해 자신의 자율성 혹은 자아상을 얻으려고 하는 사람은 그 전투를 받아들이려고 하는 순간 이미 패배한 것이다. 다시 말해 행복한 의식은 결코 타인의 얼굴에서 생기거나 그 얼굴을 통해서 생길 수 없다. 그것은 우정이나 사랑의 의미에서도 마찬가지다. 다음과 같은 이유에서다.

우정: 로크만이 유일하게 진정한 우정을 맺을 능력이 있는데, 그 이유는 그가 사심 없이 사람을 그 자체로 볼 수 있기 때문이고, 그가 매우 자기중심적이기 때문이며, 그 사람들은 결코 그의 일부가 될 수 없기 때문이다. 그는 근본적으로 그들이 필요하지 않고, 자신에 대한 그들의 의견도 필요하지 않다. 그래서 동등한 사람들의 관계라는 의미에서 그들을 그 자체로 평가할 수 있는 것이다. 그는 다른 사람에게 자신에 대한 강한 인상을 주려고 하거나 그들의 마음을 얻으려고 하지도 않는데, 그럴 필요가 없기 때문이다.[43]

달리 표현하자면 로크와 같은 사람만이 다른 사람과 자신을 진짜 무조건적으로 '목적 그 자체'로 존중할 수 있다. 그와 같은 유형의 사람만이 자신의 목적을 위해 다른 사람을 이용하거나 도구로 사용하려는 어떤 필요성도 느끼지 않기 때문이다. 그는 심리적으로 그들을 필요로 하지 않는다. 자신의 가치를 위해서도 세상에서의 자기 자리를 위해서도 그렇다. 타인이라는 지옥에 떨어짐으로써 필연적으로 자기 과실이 되는 진짜 심리적 원죄가 있다면, 랜드가 보기에 그것은 "너는 나를 어떻게 생각해?"라는 질문이다.

새벽노을

　　같은 시기의 시몬 베유와 마찬가지로 아인 랜드의 생각을 뒤흔든 문제는 사람들이 그녀가 사는 시대와 같은 시대에서 인간의 존엄성을 오로지 허용되거나 박탈된 사회적 인정이라는 토대 위에만 두려고 할 경우, 두 사람이 살고 있는 시대에 인간의 존엄은 어떻게 될 것인가 하는 문제였다. 베유의 경험은 신적이면서 사랑하는 초월자의 영역에 존엄의 진정한 바탕을 두려는 것으로 귀결되었는데, 그 초월자는 사로잡힌 각자의 의식을 에고의 환상에서 해방하거나 치유한다. '나는 다른 모든 사람과 마찬가지로 당신 앞에 서 있다. 이상적인 경우 나는 적극적인 이웃 사랑을 담는 영원히 열려 있는 그릇일 뿐이다.' 반면 랜드의 경험은 욕망하는 자아에 신과 동등한 독자성과 불가침성을 부여함으로써 이 존엄의 절대성을 확보하려는 경향을 보였다. '나 역시 다른 모든 사람처럼 자유롭게 태어났으며, 이상적인 경우 세계 전부인 동시에 합리적인 자기애의 영원한 원천이다.' 하지만 형이상학적 지옥의 실제 모습은 두 사람 모두에게 거의 비슷하게도 위에 언급된 기원과 안전을 전부 다른 사람, 다른 모든 사람의 영역으로 넘겨버리는 것이다.

그러므로 진정으로 세계를 사랑하는 의식은 타인의 시선이 아닌 다른 것에 있다. 베유의 경우에는 신의 사랑에. 반면 랜드의 경우에는 신과 동등한 자기를 사랑하는 데 있다. 이때 로크라는 이상적인 경우처럼 랜드에게 이 의식은 항상 완전히 자신이 설정한 구체적 행동 목표를 달성하는 것에 집중되어 있다. 그러므로 실제로 그런 의식은 자신이나 다른 사람에 대해서는 거의 생각하지 않고, 오직 매 순간 합리적으로 달성하고자 하는 것만을 생각한다. 이상적인 경우 그 의식은 쾌활하고 아무런 방해도 받지 않는 순수한 행동 속에서 생긴다. 그것은 현존의 기쁨을 순수하게 향유하는 의식이며, 그럼으로써 인류의 지혜에 관한 잘 알려진 모든 이론이 명백한 목표로 삼아서 달성하고 안정적으로 유지하려는 어떤 상태를 묘사한다. 이런 상태에 대한 가장 일반적인 묘사에서는 입가에 부드럽고 자아를 망각한 듯한 미소를 짓는 모습의 인간을 보여준다.

니체의 추종자인 랜드가 이런 미소를 자의식이 강한 웃음으로 변형시켜 소설의 앞부분에 배치함으로써 한 걸음 더 나아간 것은 전적으로 논리적이다. 그리고 그것은 호수를 통해 원래 이런 웃음을 띠고 있는 전적으로 명징한 의식 상태를 구체적으로 묘사한 것과 연결된다. 소설 『기원』의 첫 번째 문장은 다음과 같다.

하워드 로크는 웃었다.

그는 알몸으로 벼랑 끝에 서 있었다. 발아래 저 멀리 호수가 놓여 있다. 거울 같은 수면 위로 얼어붙은 화강암이 하늘을 향해 솟구쳐 있다. 물은 움직이지 않고, 암벽이 흐르는 것처럼 보였다. 암벽은 타격과 다른 타격이 서로 부딪치는 전투 속에서 짧은 순간의 고요함을 발산하고, 움직임이 멈추어 정지 상태가 되지만, 그 상태는 움직임보다 더 역동적이다. 햇살을 흠뻑 받은 돌이 이글거렸다.

호수는 절벽을 둘로 나누는 얇은 강철 고리에 지나지 않았다. 절벽은 변하지 않은 채 호수 깊숙한 곳을 향해 내달렸다. 암벽은 공중에서 시작해 공중에서 끝났다. 마치 세상이 공중에 매달린 것 같다. 절벽 끝에 서 있는 남자의 두 발에 묶여 움직이지 않고 허공에 떠 있는 섬.[44]

새로운 삶으로 도약할 준비를 한 채 절벽 끝에 서 있는 인간에 의해서만 유지되는 에고라는 섬으로서의 세계. 일단 그렇게 시작하고 나니, 1939년이 되었을 때 아인 랜드는 자신이 감당하지 못할 임무는 더 이상 없다고 느꼈다.

일방통행로

　'자기 자신을 당연한 것으로 받아들여라Take yourself for granted.' … 적어도 발터 벤야민은 첫날부터 그에게는 새로운 언어인 영어를 몹시 싫어했다. 하지만 아무 소용이 없었다. 파리 '단골'의 비공식 본부인 동발 거리 10번지에 있는 그의 작은 집에 밤마다 사람들이 모여서 차를 마시고, 체스를 두고, 영어를 독학했다. 마치 1932년과 1933년에 작성한 베를린 관련 원고 중 하나를 원문에 충실하게 적용하는 게 중요하기라도 한 듯이, 프랑스 수도의 상황은 나날이 더 빡빡해졌다. 결정적 차이는 이제는 도망쳐 온 유대인들이 더 이상 유럽 대륙의 어떤 나라에서도 안전하다고 여길 수 없게 되었다는 점이다.

　무엇보다 1938년 3월 히틀러 제국에 '병합'된 후에 오스트리아에서 온 피란민 행렬이 새로 생겼다. 폴란드 바르샤바의 정부는 당사자가 출석하지 않은 상태에서 2만 명에 달하는 유대인의 국적을 박탈함으로써, 그들이 폴란드로 되돌아오는 것을 막으려고 했다. 프랑스에서 5월에 외국인 체류에 관한 법률을 강화한 것 역시 노골적으로 새로 올 피란민 행렬을 염두에 두고 이루어진 것이었다. 1938년 약 400만 명의 파리 거주

자 중 10분의 1이 외국인이고, 그중 약 4만 명이 도망쳐 온 유대인이다. 독일 측에서 중상모략을 해야만 할 경우에는 언론과 관련해 목표를 설정한 독일 측으로부터 지지를 받은 프랑스 언론 매체에서 '위대한 국가' 프랑스가 겪고 있는 대내외적 긴장 고조의 책임을 이들 유대인 집단에게 전가했다. 이미 1938년 봄이 지나면서 파리의 피란민 사이에서 첫 번째 체포와 추방의 물결이 일어났고, 절망으로 인해 자살을 하는 일이 발생했다. 같은 시기에 아돌프 아이히만Adolf Eichmann은 병합된 오스트리아에서 '이민 관련 중앙 본부'를 설치했다. 그 조직의 목표와 실행은 나치의 의지에 따라 지속적으로 다른 지역으로 확대될 예정이었다.[45]

파른하겐에 관한 책 중 새롭게 쓴 장에서 아렌트가 "항상 먼저 자신을 정당화해야 한다는 것은 얼마나 역겨운 일인가?"라는 말로 여주인공을 인용할 때, 그녀는 동시에 심리적이고 행정적인 측면에서 자신의 삶이 처한 상황의 어두운 핵심을 묘사한 것이다. 1938년 파리에서 독일 출신 유대인인 자신을 그냥 '당연한 존재'로 여기는 것보다 더 심각하고, 더 잘못된 생각은 없을 것이다.

벤야민의 권유로 미완성 상태로 놓여 있던 작품을 다시 시작한 아렌트는 파리에서 쓴 마지막 두 장에서 라엘이 비유대인, 구조적으로 분명히 반反유대인주의자가 다수인 사회적 조건 아래서 지속 가능한 정체성을 획득하는 문제를 중점적으로 전개한다. 그리고 이전에 베를린에서 작성한 문장들과 비교할 때 뚜렷하게 감지할 수 있을 정도로 훨씬 더 신랄하고 호전적인 어조를 띤다.

가장 근본적인 거짓

아렌트는 그 책에서 프랑스 사회학자 베르나르 라자르 Bernard Lazare◆가 확립한 '천민Paria'과 '벼락부자Parvenu' 사이의 구분을 파른하겐의 사례를 분석하는 데 적용한다. 선천적으로 추방된 집단에 속한다는 이유 때문에 천민은 사회적 아웃사이더의 지위를 갖게 된다. 반면에 사회적 상승을 이룬 벼락부자 유형은 요람에서부터 그에게 주어졌던 장벽과 제한을 성공적으로 극복함으로써 눈에 띄게 된다. 독일 낭만주의 시대에 유대인 은행가의 딸로 태어나 프로이센의 귀족 계급으로 신

◆

베르나르 라자르(1865~1903)는 유대인 혈통을 지닌 프랑스 언론인, 문학비평가 그리고 무정부주의자다. 드레퓌스 사건과 연관되어 널리 알려졌다. 드레퓌스 사건에서 라자르는 드레퓌스 대위의 무죄를 확신했고, 1886년 「사법부의 착오: 드레퓌스 사건에 관한 진실Une Erreur Judiciaire: La Vérité sur l'Affaire Dreyfus」라는 글을 썼다. 프랑스에서 반유대주의 운동을 경험한 후 라자르는 유대인의 동화를 옹호했던 자신의 이전 태도를 바꾸었고, 국가 없는 유대인 자치구역이라는 무정부주의적 시오니즘을 지원했다.

분 상승을 이룬 외교관 카를 아우구스트 파른하겐 폰 엔제Karl August Varnhagen von Ense와 뒤늦게 결혼함으로써 궁정 사회로 진출한 라엘 역시 그렇다. 그녀는 결국 기독교로 개종함으로써 유대인 뿌리에서 완전히 벗어났다고 선언한다.

아렌트에 따르면 이것은 궁극적으로 지속적인 위장과 마비라는 대가를 지불해야만 획득할 수 있는, 자신의 천민 기원을 제거하려는 불가능한 시도다. 그와 같이 '독일 주류 문화'에 완벽하게 '동화되기' 위해 지불해야 할 심리적 대가는 자신의 '취향, 삶, 소망을 완벽하게 그리고 어떤 것을 선택하기 전에 모든 것을 부정하는 선택 방식을 통해' 자신을 다른 사람들에게 맞추는 것이다. 아렌트의 말로 표현하자면 이것은 "단순한 위선보다 훨씬 더 근본적인 거짓"[46]에 해당한다.

아인 랜드가 이웃인 마르셀라 바네트의 예를 들어 니체에게서 자극받은 소외에 대한 비판의 핵심으로 이용했던 "아이디어 도용자들second-handers"이라는 현상과 유사하게, 아렌트에게 외면적으로는 성공한 (유대인) 동화주의자의 전형은 철저하게 타인에 의해 규정된 수동적 상태의 대표적 사례가 된다. 그런 수동 상태는 극단적인 경우 자신의 내면 깊숙한 곳까지 파고들어서 해당 인물이 더 이상 그렇게 느끼지 못할 수도 있다. 자신의 진짜 근원에 대한 무지가 작동하는 한 그 가면은 얼굴에 아주 단단히 들러붙어버린다. 그 때문에 아렌트는 벼락부자의 존재와 관련하여 "모든 통찰력과 전망의 대규모 중

독"[47]에 대해서도 이야기한다.

하지만 랜드에 따르면 자기 고유의 '삶의 감각'을 위한 각성의 불꽃이 남아 있다면, 벼락부자는 "그가 지금 소유하게 된 것을 근본적으로 원하지 않았다는 것, 다시 말해 전혀 원할 수 없었다는 점"[48]을 예감하거나 어쩌면 개인의 중요한 경험 때문에 그것을 충격적으로 인지하게 될 것이다.

구해낸 재산

궁극적으로 벼락부자처럼 자신과 세상에 대한 시선이 완벽하게 가려지지 않도록 라엘을 지켜준 것은 라엘 자신이 그녀의 "가장 커다랗고 이야기할 수 없는 결점"이라고 불렀던, 특별하게 보존되어 있던 감수성이었다. 그 감수성은 다음 문장에 있다. "누군가를 모욕하고 성난 얼굴을 보니 차라리 내 심장을 손으로 움켜쥐고 상처를 내겠다."[49]

아렌트에게 본능적이지만 모든 경우 성찰 이전에 작동하는, 상대방의 직접적인 요구를 느끼는 이런 감수성은 단지 소외자가 지닌 본질의 진짜 중심을 언급하는 것만은 아니다. 오히려 "소외자가 본능적으로 발견하는 인간의 존엄, 인간의 얼굴에 대한 존중이 ⋯ 이성의 도덕적 세계 구조 전부를 위한 유일하게 자연적인 예비 단계다".[50]

이마누엘 칸트의 도덕철학과 솔직한 대화를 나누기라도 하는 것처럼 아렌트는 타인과 대면한 상태에서 여기에 진정한 자기 결정이라는 독자적 윤리의 토대를 놓는다. 이제 자율성과 인간 존엄의 진짜 원천은 더 이상 칸트의 '내 마음에 있는 법칙에 대한 존중'이 아니라, 자신의 의지에 따라 행동하면서 이웃의 고통받는 얼굴에서 감동을 받는 보존된 자발성이기 때문이다. 아렌트에 따르면 이 세계에 다른 사람이 존재한다는 것에 대한 '감사'와 그들이 갖고 있는 연약함에 대한 적극적 '고려'가 우리의 도덕적 현존을 이루는 진정한 두 가지 원천이다. 그리고 이때 정확히 아인 랜드의 이상적이고 초인적인 인물 하워드 로크에게 본질적으로 낯선 이 두 가지 기질이 핵심이라는 것은 우연으로 이루어진 철학적, 체계적 방향 설정이 아니고, 마찬가지로 구체적인 연관 관계 속에서 우연히 선택된 설명도 결코 아니다.

파른하겐에 관한 책 중에서 파리 시절에 쓴 장에 나오는 다음 문장처럼, 아렌트의 세계에서 로크와 같은 존재는 벼락부자의 가치를 모범적으로 구현한다. "그(벼락부자)는 모든 것이 자신이 지닌 힘 덕분에 생긴 것이기 때문에 감사할 필요가 없다. 그는 자기 자신을 일종의 행동하는 초인으로, 특별히 훌륭하고 강하고 지적인 모범으로, 가난하고 소외된 형제의 본보기로 평가하기 때문에 '인간의 얼굴'을 알아야 할 필요가 없다."[51]

반면 아렌트 책의 여주인공 라엘의 경우에는 그 어떤 것도 실제로 일등이 아니고, 그녀의 개인적 삶이 이루어지는 동안 모든 것이 갑자기 구속력을 잃었고, 허위이고, '그 사이 어딘가'에 있고, 일관성이 없어 보이며, 가장 위안을 주는 의미로 말하더라도 절망적이었다("나는 내 삶에서 결코 약점을 다스린 적이 없다는 것을 전능하신 하느님께 맹세할 수 있다").[52] 바로 여기에 가장 암울한 상황과 시간 속에서 '인간'으로서 그녀의 구원이, 자아 인식과 세상에 대한 사랑의 길에 대한 그녀의 지속적인 개방성이 있다. 특별히 소외자를 위해 열려 있는, 궁극적으로 철학적인 길이다. 왜냐하면 라엘의 전망은 "쫓겨났기 때문에 삶을 전체로서 바라볼 수 있는 소외자의 전망과 같고, '자유로운 존재에 대한 큰 사랑'에 도달할 수 있는 길과 같기 때문이다. 그가 한 개인으로서 전체에 맞서 대항하지 못하는 무능력 때문에 벼락부자에서 벗어나는 탈출구를 거부하고, 이 '불행한 상황'을 '전체적으로 고찰하는 것'으로 보상받는다면, 그것이 유일하게 그에게 어울리는 희망이다. 그 이유는 '모든 것이 연관되어 있기 때문이다. 그리고 정말 이 모든 것이 아주 좋다. 이것이 삶의 '대규모' 파산에서 건져낸 재산이다'".[53]

단골의 윤리

아렌트가 파른하겐에 관한 책 중 파리에서 완성한 부분

에서 철학적으로 기록한 것은 (분명 강조해야 할) 통속성을 훨씬 뛰어넘는데, 중심에 있다고 추정되는 역동성에 대한 아주 흥미로운 관점이 바로 사회적 아웃사이더에게 열렸다. 오히려 그녀는 여기서 '파리의 단골들' 모두에게 중요했던, 정치적 사고에 깊이 물든 현재 삶의 이상과 연구의 이상을 은밀하게 표현한다. (심리적, 정치적, 사회적, 직업적으로) 완전히 그늘에 가려져 있고, 어디에도 속하지 못한 상태에서 출발해 이 세계와 그 안에 사는 타인에게서 감동을 받고, 서로 관련을 맺고, 서로를 인식하는 능력을 보존하는 것이 그것이다. 그것은 문학적 실천을 통해 일종의 '넝마주이'와 '두더지'(벤야민의 표현)에서 모든 천민의 증거를 수집하는 것으로 이어졌는데, 그 증거들은 명백하게 드러난 인간적인 것의 은폐가 어떻게 가능했는지를 현재의 사람들에게 이해시키는 한, 최소한 어둠에서 벗어날 수 있는 출구를 가리킨다. 벤야민이 1938년 연구 목적으로 뉴욕에 머물고 있던 철학자 친구 게르숌 숄렘에게 보낸 편지에서 표현한 것처럼, "너무나도 많은 것을 불가능하게 만든 이 시대에서도 태양의 역사적인 움직임에서 정의로운 빛이 이 사물들을 비추고 있다는 사실을 완전히 배제하지 않기"[54] 때문이다.

많은, 거의 모든 흔적이 우선 19세기로 향한다. 이 기원들을 조사해서 밝히는 것이 중요했다.[55] 학문적 연구에 대한 관심이 아니라, 오히려 공유된 사명이라는 의미에서 그렇다. 벤야민은 이 암울한 몇 달 동안 카프카와 보들레르에 관한 에세이와 파리의 아케이드의 생성에 관한 작업에 집중했다. 배후 조정자인 블뤼허는 동료들과 대화하면서 벼락부자들에게 납치되었던 마르크스와 엥겔스를 구원하기 위한 작업을, 아렌트는 라엘과 다양한 모습으로 감추어진 유대인 동화同化의 역사, 그리고 무엇보다 정치적 운동으로서의 시오니즘의 전사前史에 관한 작업을 했다.

'단골'의 공유된 이런 윤리는 일상의 살아 있는 실천을 위해서도 충분히 정확한 행동 원칙을 만들어냈다. 예를 들면 조건 없이 편을 들되, 공산당이든 시오니즘 정당이든 어느 정당에도 가입하지는 않는다는 원칙. 어떤 상황에서도 '개인으로서 전체를 거슬러 반항하는 것'이 불가능하다는 모두가 인정하는 통념이 자신의 성숙한 사고를 미성숙하게 만드는 독재적 '당의 논리'에 기꺼이 굴복하려는 상태로 이어져서는 안 된다는 원칙이 바로 그것이다.

행위라는 수단이 목적 자체를 배반한다면, 그 어떤 목적도 수단을 정당화할 수는 없다. 그리고 독자적 사고의 성숙한 자발성이 유지되지 못한다면 정치적 행동의 목적은 도대체 무엇이란 말인가? 그 때문에 '파리의 단골'은 정당이나 자기들끼리만 모이는 무리가 아니라 소규모의 친목 모임으로 구상했으며, 그 모임의 구성원들은 자신들이 점점 주변으로 밀려나는 것에 대해 불평하기보다는 오히려 그것을 돌보아 유지했다.

태어나면서 갖게 된 소속이 아니라 주어진 약속, 주로 가장 암울한 시기에 유일한 방식으로 스스로 미래를 만들어나가자는 약속이 중요한 결속의 토대를 이루는 모임.

현존에서 생기는 순전히 외적인 속박은 전혀 부족하지 않았다. 마찬가지로 점점 파편화되는 자신의 현재 삶을 낭만화할 이유도 없었다. "결국 사회에 맞서다 쫓겨난 자들이 칭송하는 자유가 자유롭게 절망할 수 있는 온전한 권리 이상이 되는 경우는 드물다."[56] 어쨌든 안전을 보장하는 부스러기만큼 작은 배경이라도 없다면 누구도 자유롭게 살거나 생각이라는 걸할 수조차 없다. 그리고 이런 배경이 1938년에 프랑스에서도 조금씩 사라졌다. 시오니즘 청년 이주단이 본부를 파리에서 런던으로 옮겼기 때문에, 아렌트도 일자리를 잃을 위협에 직면했다. 노동 허가증, 체류 허가증, 신분증명서로 이루어진 적나라한 생존의 삼각형은 새로운 법이 제정될 때마다 줄어들고 있었다. 만료된 서류를 갖고 자발적으로 신고한 사람은 추방의 위험을 무릅써야 한다. 신고를 하지 않고 체포된 사람도 마찬가지다. 무엇보다 주기적으로 갱신해야만 하는 '독일 출신 피란민'이라는 특별 신분증명서를 지닌 블뤼허와 벤야민과 같이 계속해서 자유롭게 부유하는 존재들에게 이것은 거의 일상이 되어버린 걱정거리다.

아직 사람들은 그 나라를 떠날 엄두를 내지 못했다. 그럼에도 벤야민은 1938년 여름에 덴마크에 망명 중인 베르톨트 브레히트의 초대를 받아들여 떠났고, 아렌트를 상대로 새롭게 익힌 체스 실력으로 브레히트를 즐겁게 해주었다. 아렌트는 가끔씩 가족의 오랜 친구 마르타 문트를 방문하러 제네바행을 감행하곤 했다. 무엇보다도 쾨니히스베르크에서 더 이상 안전하지 않다고 느끼게 된 어머니를 파리로 데려올 준비를 하기 위해서였다.

게다가 영국이 제안한 두 국가 해법Zwei-Staaten-Lösung이라는 해결 방식(이때 예루살렘은 영국의 보호령 아래 놓일 예정이었다)이 실패함으로써 팔레스타인의 상황 역시 눈에 띄게 악화되었고, 곧 유대인과 아랍인의 내전 상태로 치달았다. 아렌트는 1938년 10월 22일 제네바에서 파리로 자신의 '꼬마'에게 편지를 적어 보냈다. "유대인과 관련해서는 예루살렘과 다른 것들에 대해 몹시 우려하고 있어요. 형편이 아주 좋지 않지만 다시 행복해질 수도 있을 겁니다."[57] 라엘의 목소리이면서 아렌트의 천성이다. 삶에 대한 그녀의 근본적인 긍정은 그 무엇도, 그 누구도 무너트릴 수 없다. 타고난 자발성이라는 행운.

비정상적인 종속

그사이 가족의 친한 친구로 '벤지'라는 별명으로 불리던 벤야민처럼 다른 기질을 지닌 사람들은 자신을 제대로 추스르지 못했다. 1939년 2월 4일 벤야민은 예루살렘에 있는 친구 숄렘에게 다음과 같이 적어 알린다. "주기적으로 지속되는 우울증이 입동 무렵까지 지속되었어. 내가 그것을 훔쳐서 갖고 있는 건 아니라고 말할 수 있지. 동시에 여러 가지 일이 생겼어. 우선 나는 내 방이 겨울에 작업하기에는 거의 쓸모가 없다는 사실을 직시해야만 했네. 여름에는 창문을 열어놓으면 건물 승강기의 소음을 파리 거리의 소음으로 상쇄할 수 있지만, 추운 겨울에는 그럴 수도 없다네."[58]

그와 멀리 떨어진 뉴욕에서 자리를 잡은 사회 연구소의 책임자인 아도르노와 호르크하이머와 사이에 생긴 미묘한 불협화음이 그것에 더해졌다. 작업은 계속되어야 했지만, 쉬운 일이 아니었다. "왜냐하면 내가 이곳에서 살고 작업하면서 겪는 고립으로 ⋯ 내가 하고 있는 작업이 얻게 될 성공에 비정상적으로 의존하는 상태가 되었기 때문이네."[59]

1939년 6월이 되자 결국 숄렘도 예루살렘에서 친구에게 "억누를 수 없는 우울과 마비"에 빠진 심정을 알리는 것 이외에 다른 방도가 없었다. "우리의 상황을 생각하지 '않는다'는 것은 불가능해. 여기서 '우리'라는 단어는 단지 팔레스타인으로 이주한 우리에게만 관련된 것은 아니네. 지난 반년 동안 누구도 제대로 이해할 수 없는 차원에서 벌어진 유대인의 끔찍한 재난. ('식민지를 세우도록' 유대인을 영국령 기아나◆로 보내려는 치욕적인 '계획'처럼) 여러 가지 탈출구가 우리를 조롱하려고 고

안된 것 같은 상황 속에서 벌어지는, 벗어날 수 없을 만큼 완벽한 절망 상태야. 이 모든 게 어느 날 갑자기 닥치면 즐거운 마음은 끝나버리지. … 나에게 팔레스타인이 내전의 장소로 전락하는 것은 근본적으로 수많은 기회 중 하나가 사라지는 것 이상이네. … 다음에 올 세계대전을 지나 살아남을 수 있는 팔레스타인[60] 거주지를 구할 기회를 영국인과 아랍인 못지않게 우리 자신이 위태롭게 만들고 있네. 우리에게도 끔찍한 일이 일어나고 있어. 그리고 어떤 결과가 생길지 생각할 때마다 몸이 떨린다네. 우리는 테러 상태에 살고 있어. 영국인들이 테러에 굴복한 것이 우리 중에 섞여 있는 바보들로 하여금 테러만이 특정 조건과 상관없이 우리가 무엇인가를 달성하기 위해 사용할 수 있는 유일한 무기라고 생각하게끔 만들었지."[61]

숄렘은 한나 아렌트가 그에게 보낸 '라엘에 관한' 책의 원고를 최근 몇 달 동안 유일하게 반짝인 빛이라고 강조한다. 그것이 "'무척' 맘에 들었고, 그 당시 벌어진 일에 대한 뛰어난 분석으로 보이며, 독일의 유대인들이 내세웠던 '독일적 특성'과의 결합처럼 허위에 기반을 둔 결합은 불행으로 끝날 수밖에 없다는 점"을 그에게 분명하게 보여준다고 한다. "어떻게 해야 이 책이 출간될 수 있을지 알지 못해 유감이네."[62]

사람은 자신의 목숨이 안전하지 않다면, 적어도 자신의

1814년부터 1966년까지 남아메리카 북부 연안에 존재했던 영국의 식민지다.

글만이라도 안전한 상태에 있기를 원했다. 그래서 아렌트도 벤야민이 오래 전부터 했던 예를 따라서 자신의 라엘 원고[63]를 문서 보관자 역할을 하는 숄렘에게 보냈다. 그리고 숄렘이 팔레스타인에서 먼저 출판되도록 주선할 수 있기를 은근히 바랐다. 가능성이 전혀 없다. 그곳에서도 순전히 생존의 문제가 일상과 사고를 지배한다.

벤야민이 불평했듯이 기후적으로도 "이례적으로 차가운 봄"에 미래의 "자유로운 존재"를 고려했을 때 지켜야 할 행동 원칙은 오직 기회가 생길 때마다 대서양을 건너 옛 유럽 대륙으로부터 멀리 떨어지는 것이다. 하지만 이것과 관련해서도 당분간은 미래로 가는 모든 출구가 막힌 것처럼 보였다. 대학이나 이에 상응하는 연구소가 직접 초청하지 않는다면, 미국행 비자가 나오는 데는 '4~5년'이 걸렸다. 그것은 앞으로 4개월 혹은 4주 안에 무슨 일이 벌어질지 전혀 알 수 없는 사람에게는 비현실적일 정도로 긴 시간이다.

어쨌든 블뤼허와 아렌트는 그해 봄에 마침내 함께 살 집을 찾았다. 1939년 4월에 쾨니히스베르크에서 도망쳐 온 아렌트의 어머니 마르타 베어발트도 함께 그 집으로 이사했다. 분명 블뤼허에게도, 심지어 아렌트에게도 흡족할 만한 상황은 아니었다. 하지만 달리 무엇을 할 수 있겠는가? 순수하게 자발적인 약속을 훨씬 넘어서는 도덕적 의무들이 있다. 그리고 자신의 어머니에 대한 의무는 적어도 아렌트에게는 절대적으로 그런 의무에 속했다.

미래가 없음

  "1년 내내 나는 나 자신을 현재라는 시간 속에 가두고 매 순간을 즐기려고 노력했다"[64]고 시몬 드 보부아르는 기억한다. 하지만 1939년 봄이 시작되면서 이 같은 태도는 마침내 한계에 봉착한다. 이 시기에 사르트르와 보부아르의 삶의 관계는 복잡함 측면에서 곧 전반적인 세계 정치 상황에 필적할 정도였기에 더욱 그랬다. 파리에서 3년을 함께 보낸 후 사르트르-보부아르-올가의 삼각관계는 이제 성적으로 여러 층으로 겹쳐진 다각적 관계가 되었다. 균형이 유지되도록 촘촘하게 짜인 스케줄에 따라 보부아르는 사르트르와의 관계 이외에도 (이 시기에 "꼬마 보스트"와 굳게 결합되어 있던) 올가와의 관계, (올가가 알아서는 안 되었던) "꼬마 보스트"와의 관계, 그리고 지난해 파리에 있는 학교의 졸업반 여학생이었던 열여덟 살 비앙카 비넨펠트와의 관계도 관리한다(사르트르 역시 1939년 초부터 비앙카와 관계를 맺었다). 게다가 사르트르는 올가의 여동생 완다와도 단단하게 결합되어 있었다(사르트르는 다른 모든 관계와 관련해서 일관되게 그녀를 속였다). 게다가 보부아르와 사르트르는 나탈리 소로킨이라는 이름의 옛 제자와 또 다른 관계를 시작한다. 그런데 이것은 단지 애써서 관리된 결합일 뿐이다.

10년 동안 유지된 그들의 계약에 전적으로 들어맞게, 보부아르와 사르트르는 서로 주고받은 편지에서 그들의 애정 행각과 관련해 아무리 치욕적인 세부 사항이라도 감추지 않는다. 수년간 보부아르의 삶을 결정한 충동, 즉 암울한 미래를 눈앞에 둔 상황에서 자기 자신을 위험에 빠트리지 않고 '매 순간을 즐기려는' 충동은 다시 말해, 어떤 호의적인 묘사의 여지를 남겨두지 않는 모든 비대칭적인 관계와 종속이 일상적으로 얽히고설킨 상태를 만들어냈다.[65]

바로 이 상황 속에 무엇보다 훨씬 많은 숫자의 글쟁이와 진정한 문학가를 구분해주는 것, 즉 모든 윤리적 차원에서 벗어나서 모든 경험, 모든 관계, 모든 체험을 가능한 허구화에 이용하려는 의지가 있을지도 모른다. 경험 전부를 현존의 원래 목적을 달성하기 위한 순수한 수단으로 도구화하려는 의지가.

도덕적인 삶을 사는 것이 태어나면서 사르트르에게 주어진 임무는 아니었다. 보부아르의 경우에는 사정이 조금 다르다. 무엇보다 거짓에 기반을 둔 올가와 꼬마 보스트와의 삼각관계가 점점 더 그녀를 짓누른다.[66] 그렇지만 무엇보다 그것은 올가에 대한 순수한 윤리적 고려보다는 오히려 보부아르가 꼬마 보스트에 대해 느낀 깊은 성적 열정과 관련이 있다. 이 시기에 그녀는 편지마다 그에게 다음과 같이 확언한다. "내겐 오직 하나의 관능적 삶이 있을 뿐이야, 너와 함께하는 삶이야."[67]

그녀는 사르트르와도 여전히 육체적 관계를 맺는다고 말한다. "하지만 아주 드물게, 그리고 서로에 대한 다정함 때문에. 어떻게 말해야 할지 잘 모르겠지만, 나는 그 관계에서 나 자신을 온전히 바치지는 않아. 그도 그렇게 하지 않기 때문이야."[68]

이미 1939년 봄부터 보스트는 징집되어 군복무를 하고 있었다. 전쟁이 일어나면 사르트르 역시 즉시 징집될 것이다. 이제는 피하기 어려워 보이는 전쟁이 보부아르에게서 삶의 지적인 중심과 관능적 중심을 빼앗아가려고 위협했다. 그녀는 어떤 사람이 될 것인가? 이 세상에서 어떤 사람이 혹은 무엇이 그녀를 붙잡아줄 것인가?

그녀가 1939년 7월 6일에 아미앵으로 가는 열차를 타고 그곳에 주둔해 있는 보스트를 방문했을 때, 그녀는 사르트르에게 일련의 편지를 보냈는데, 이 편지들이 당시 그녀가 처한 상황을 대표적으로 보여준다.

1939년 7월 6일
아주 사랑스럽고 작은 사람에게
··· 나는 카페 플로르에서 방금 완다를 떠나보내 신경이 날카로워진 코스(＝올가)를 만났어. 우리는 술을 한 잔씩 마셨어. ··· 그리고 ··· 그녀가 엄청나게 매혹을 느낀 우리의 관계에 대해 이야기를 했어. 그런 다음에 우리는 카페 카푸랄드Capoulade*에 갔어. 그녀는 보스트에 대해 이야기

했어. … 전반적으로 그녀가 가장 밝은 면을 보일 때, 지금처럼 유쾌하고 붙임성 있고 우호적인 모습을 보일 때면 몹시 흥미롭고 매혹적으로 보이지만, 호감이 가지는 않아. 우리는 생 미셸 지하철 역 계단에서 다정하게 인사하고 헤어졌어. 아마 우리는 다음 해(다음 학년)에 목가적인 관계를 갖게 될 거야. …[69] [괄호는 저자의 설명임]

… 나는 우울해, 요즘 거의 잠을 못 잤어. 피곤해. 2400프랑이나 되는 세금 때문에 과태료가 부과되지 않은 첫 번째 경고장을 받았어. 그리고 코스가 어제 빚과 집세를 갚기 위해 300프랑을 빌려달라고 부탁했는데, 나는 그 부탁을 들어줄 마음의 준비가 되어 있지 않았어. … 코스는 보스트에 관해 오랫동안 이야기했어. 나는 그녀 때문에 양심의 가책을 느끼지는 않지만, 순수하지 못하고 쓸데없다는 느낌을 받아. 그 감정은 보스트를 보게 되면 사라지겠지만, 그것이 내게서 모든 여행 욕구를 앗아가. …[70]

그리고 이틀 후 아미앵에서 보낸 편지

파리 라틴 구역 생 미셸 대로에 있는 카페 겸 식당. 1930년대부터 1960년대까지 대학생, 지식인, 파리 관광객들이 즐겨 찾았다.

1939년 7월 8일

… 11시 정각에 보스트는 다시 군복을 입어야만 했어. 나는 병영까지 그를 배웅하고 집으로 갔어. 그는 아주 친절했지만 몹시 낙담했고, 나도 약간 그랬지. 아주 자잘하게 조각이 난 것 같아. 그 사람과 이야기를 할 수도, 정말로 함께 있을 수도 없는데 순식간에 면회의 마지막 순간이 왔어. 모든 것이 미래가 없고, 그것이 사람을 암울하고 무관심하게 만들어.[71]

호전적인

산산조각 난 삶, 마지막 시간, 암울한 무관심. 국가 전체의 분위기가 그렇다. 그녀의 편지에서 분명하게 알 수 있듯이, 그해 여름 심연을 들여다보는 일에는 보부아르에게 구원을 주는 무언가가 있었다. 그녀는 이처럼 훌륭하게 작업을 한 적이 없었고, 자신의 이상적 글쓰기에 지금처럼 가깝게 다가간 적도 없었다. 몇 달 전부터 그녀는 지금까지 거쳐온 사고의 노정을 철학적으로 종합하는 의미를 지닌 소설을 미친 듯이 쓰고 있었다. 사르트르의 조언에 따라 그 소설은 자기 삶의 경험을 힘껏 고수한다. 그 작품의 철학적 핵심으로 보부아르가 이미 열아홉 살 때 일기장에 자기 생각의 진정한 핵심 문제로 털어놓았던 긴장, 즉 "자아와 타자 사이의 모순"[72]이 도움이 된다.

그녀가 직면한 삶의 상황 전부가 다시 그것을 가리키고 있다. 사르트르와 그녀가 밀접한 관계의 삶에서도 완벽한 점유와 냉정한 거부 사이의 긴장을 실험했다는 것만은 아니다. 보부아르에 따르면 형성 중인 모든 의식을 괴롭히는 핵심적인 두 가지가 임박한 전쟁의 모호한 형태 속에도 독특하고 명확한 방식으로 집중되어 있다. 그러니까 그 괴로움 중 하나는 자신의 유한성을 아는 것이고, 다른 하나는 다른 의식이 존재한다는 것을 아는 것이다. 보부아르는 이 삶의 단계에서 그녀에게는 결정적이었던 생각의 돌파구를 다음과 같이 기억한다. "직접 보지 못한 채로 이야기하는 죽음처럼, 다른 사람의 의식은 내게는 그저 들려오는 소문이었다. 내가 타인의 존재를 주어진 것으로 감수해야만 했을 때, 그것은 내게는 아주 화나는 일이었고, 죽음만큼 커다랗고 받아들일 수 없는 것이었다. 부조리하게도 그처럼 불쾌한 일이 또 다른 것을 상쇄할 수 있었다. 내가 '다른 사람'의 목숨을 빼앗는다면 그는 세상과 나에 대한 모든 힘을 잃을 것이다."[73]

원래 자기 것이라고 추정되는 것을 구하기 위해 다른 사람을 없애버리는 것. 정치적으로 이것은 전쟁 의지를, 하지만 개인적 문맥에서는 살인 의지를 의미했다. 이로써 아주 독특한 유형의 철학적 교양 소설의 줄거리가 정해졌다. 1938년 10월 이후 보부아르는 이전에 알지 못했던 내면의 불꽃을 품은 채 소설을 썼다. "마침내 나는 이미 시작한 책에 대해 그것을 끝낼 수 있고, 그 책이 출간될 것이라는 확신을 갖게 되었다."[74]

꼭 닮은 모습

원래 완벽한 살인의 피해자로서 시몬 베유를 문학적으로 표현한 모습을 쓸 예정이었다. 그때까지 보부아르의 사고 세계에서 시몬 베유는 항상 '커다란 타인'이었다. "시몬 베유가 먼 거리에서도 내게 끼친 매력 때문에 나는 그녀를 닮은 나와 대립되는 인물을 만들어야겠다는 생각을 하게 되었다."[75] 하지만 이 점에서도 사르트르는 결정적인 암시를 주었다. 소설 줄거리의 틀 안에서 보자면 올가가 훨씬 더 적합하다고 사르트르는 나름의 근거를 댔다. 그녀가 거의 완벽할 정도로 전형적이고, 더 젊고, 더 폐쇄적이며, 더 변덕이 심하고, 더 고집스럽고, 더 자기중심적이라는 것이다.[76]

보부아르는 지금까지 몇 년 동안 강렬하게 누리고 견뎌온, 올가를 중심으로 한 삼각관계를 통해 진실성을 위한 의식의 투쟁을 표현함으로써 그녀의 철학적 삶의 주제를 소설의 형식이라는 틀 안에 쏟아부으려 할 것이다. 같은 시기 아인 랜드가 그녀의 소설 주인공 하워드 로크를 위한 심리적 연구 대상이 바로 그녀 자신이었다고 자랑스럽게 주장할 수 있는 것처럼, 보부아르의 소설 주인공인 연극 이론가이자 작가 지망생인 프랑수아즈도 심리적으로 그녀 자신을 꼭 닮은 모습으로 구상된 것이다. 소설에서 올가는 연극배우 그자비에르, 사르트르는 천재적인 연극 연출가 피에르가 되며, 사건이 벌어지는 장소는 최종적으로 루앙에서 1938년 파리의 술집과 예술가들이 모이는 환경으로 바뀌었다. 결과적으로 기본 틀은 아주 추상적인 반면 구체적인 장식은 비할 수 없이 삶과 밀착되었다. 그 자체로 최상의 조건이었다. 특히 전개되어야 할 긴장 상황이 지닌 철학적 측면이 보부아르의 눈앞에 생생하게 떠올랐다. 하나의 의식이 또 다른 의식이라는 명백하게 주어진 상황에 직면하는 세 가지 다른 방식의 유형이 될 것이다.

이 틀 속에서 주인공 프랑수아즈(보부아르)는 때 묻지 않은 의식의 전형을 구현했다. "프랑수아즈는 … 자신을 순수하고, 유일한 의식으로 간주했다. 그녀는 피에르를 자신의 독자적인 영역 속에 포함시켰다. 그들은 함께 세상의 중심에 있고, 그 세상의 모습을 드러내는 임무가 그녀에게 주어졌다."[77]

이 의식은 자신을 철학적으로 세 가지 관점에서 절대적으로 순수하다고 여긴다. 첫 번째로 그것은 다른 의식의 영향으로 더러워지거나, 빛나거나, 불안해하지 않는다. 두 번째로 그것은 세계를 있는 그대로 드러내려고 노력한다는 점에서 순수하다. 세 번째로 이 의식은 목표로 삼은 중립성을 지키며 먼저 판단하지 않고, 무엇보다도 일반적으로 주관성이라고 불리는 모든 것을 의식적으로 포기하면서 묘사를 한다는 의미에서 순수하다. "그녀(프랑수아즈)는 주변 환경 속에서 모습이 드러나기 때문에, 그녀 자신의 인격은 분명한 윤곽을 지니고 있지 않았다."[78] 수년간의 후설 연구를 배경으로 보부아르는 그녀의 주인공 프랑수아즈를 바꿔 말하면 순수하게 현상학적으로 조율된 의식의 예로서, 따라서 최상의 의미에서 경험에 대해 열려 있는 의식을 모범적으로 구현한 인물로 제시한다. 그런 의식은 자신의 진짜 의미 중심을 자신의 내면이 아니라, 세계 속에서 구하고 찾는다. 이 소설에서 현상학은 심리학이 되고, 추상적 인식론은 은근슬쩍 구체적인 성격 연구가 된다.

그자비에르(올가)의 의식은 프랑수아즈와 직접적으로 대립되는 의식으로 그려진다. 세계를 향한 개방적이고 중립적인 태도 대신에, 이 의식은 자기 안에 갇혀 있고 자기중심적으로 남는다. 항상 즐겁고 존재를 즐기는 대신, 몹시 변덕스럽고 흔들리는 모습을 보인다. 집중하고 진리를 사랑하는 대신 이리저리 날아다니는 잠자리 같고 편견에 사로잡혀 있다. "그자비에르는 자신 속에 갇혀 있는 불투명한 의식을 구현했다."[79] 이때 그자비에르의 경우에도 완강한 폐쇄성과 함께 인간으로서 선명한 윤곽과 억제하기 힘든 반항이 함께 나타난다. 철학적으로 말하자면 그녀의 의식은 세계를 향해 난 길을 자신의 길이라고 전혀 인식하지 못하고, 더군다나 그것을 인정하려고 하지 않는, 두려움에 휩싸인 회의적 태도를 구현한다.

마지막으로 작품의 세 번째 인물 엘리자베스는 자신을 몹시 타율적이라고 어렴풋이 느끼는 의식의 입장을 택한다. 그녀는 소설에서 피에르의 여동생이자 서투른 화가[80]로 소개된다. 엘리자베스는 세상으로 이어진 통로에서 중립적으로 진리를 사랑하는 것도 아니고 충동적이고 제멋대로이지도 않은, 오히려 잘 조절된 냉소적 태도로 세계를 경멸한다. 한나 아렌트의 책에서 타인의 인정을 갈망하는 벼락부자 같은 라엘 파른하겐과 상당히 유사하게, 엘리자베스는 그녀를 만들어낸 작가의 말을 빌리자면 "그녀는 자신이 실제로는 느껴본 적 없다는 인상을 받는 여러 감정과 신념을 좇는다. 그녀는 이와 같은 무능력을 자책했다. 그리고 이런 자아 경멸로 인해 그녀는 철저하게 이 세계를 싫어하게 되었다. … 세계와 그녀의 존재의 진실을 다른 사람들, 즉 피에르와 프랑수아즈가 갖고 있었다".[81] 엘리자베스는 사실 자기 자신이 너무 낯설어서, 스스로를 온전히 인식하고 인정할 수 없다는 것을 알고 있다. 오직 다른 사람만이 그녀를 위해 이런 일을 할 수 있다. 바로 이것을 아는 데에 그녀의 진짜 불행이 있다.

모서리에 구멍이 없는 당구대 위에 놓인 세 개의 당구공처럼, 보부아르는 소설의 세 인물을 마치 건드려서는 안 되는 검은색 8번 당구공과도 같은, 충돌을 일으키는 원인이자 보상인 피에르(사르트르)와 차례대로 부딪치도록 만들었다.

세계대전

450쪽에 달하는 소설 『그녀가 와서 머물렀다』는 하나의 주제를 향해 나아가면서 계속 변화하는 대화 형식으로 전개된다. 그 주제는 타인을 마주한 상태에서 진정한 자아 발견이 가능한 조건을 묻는 질문이다. 대표적인 발췌문은 다음과 같다.

- 언젠가는 너의 책을 읽어볼 수 있겠지? 그 자비에르가 물었다. 그러면서 그녀는 애교를 부리듯 입술을 비쭉 내밀었다.
- 물론이지, 프랑수아즈가 대답했다. 원하기만 하면 기꺼이 앞의 몇 장을 보여줄게.
- 무슨 내용이야? 자비에르가 물었다. …
- 내 어린 시절에 관한 거야, 프랑수아즈가 대답했다. 이 책에서 나는 왜 어린 소녀가 자주 어려움을 겪는지를 보여주고 싶어.
- 그들이 어려움을 겪는다고 생각해? 그 자비에르가 물었다.
- 너는 아니지, 프랑수아즈가 대답했다. 너는 잘 자랐어. 그녀는 잠시 생각했다.
- 알다시피 어린아이일 때는 특별한 관심을 받지 않아도 쉽게 그것을 받아들이지. 하지만 열일곱 살이 되면

달라지지. 사람들은 정말로 진지하게 존재하고 싶어
해. 그리고 속으로 자신을 항상 대등한 존재라고 느끼
기 때문에, 어리석게도 외부의 보증을 얻으려고 시도
하지.

- 그게 무슨 말이야? 그자비에르가 물었다.
- 사람들은 인정을 갈망하고, 자신의 생각을 글로 적고,
  그것을 증명된 모델과 비교하지. 예를 들어 엘리자베
  스를 봐. 어떻게 보면 그녀는 이 단계를 전혀 극복하지
  못했어. 그녀는 영원히 소녀로 남았지. … 엘리자베스
  는 아주 순종적으로 우리의 이야기를 듣지만 항상 어
  딘가 부자연스러운 태도를 보이기 때문에 우리, 즉 피
  에르와 나를 초조하게 만들어. 사람들이 그녀에 대해
  좀 더 많은 이해심을 보이면, 그 모든 것에서 결코 빼
  앗을 수 없는 가치를 자신의 삶과 인격에 부여하려는
  어설픈 시도를 알아차리게 되지. 결혼이나 사회적 명
  망과 같이 사회가 만든 형식에 대한 그녀의 높은 평가
  도 이런 노력의 한 형태지.
- 희미한 그림자가 그자비에르의 얼굴에 드리워졌다.
- 엘리자베스는 가련하고 허영심이 가득한 여자일 뿐이
  야. 그녀가 말했다. 그게 전부야.
- 아니야, 프랑수아즈가 말했다. 그게 전부는 아니야. 왜
  그녀가 그렇게 되었는지를 이해해야만 해.

- 그자비에르는 어깨를 으쓱했다.
- 그럴 만한 가치가 없는 사람들을 이해하려고 노력해야 하는 이유가 대체 뭐지?
- 프랑수아즈는 성급한 마음이 이는 것을 억눌렀다. 그자비에르는 항상 사람들이 그녀가 아닌 다른 사람에 대해 배려하거나 혹은 아무런 편견 없이 이야기를 할 때마다 기분 나빠했다.
- 어떤 면에서는 누구에게나 그럴 만한 가치가 있어, 그녀는 그자비에르에게 말했다.[82]

순수하고 호의적인 이해를 지닌 의식으로서의 프랑수아즈, 능동적인 자기주장에 갇혀버린 나르시스트적 의식으로서의 그자비에르, 잘못된 인정욕구로 인해 일그러진, 스스로 알고 있는 본질적이지 않은 의식으로서의 엘리자베스. 저마다 타인을 관찰하고 감시하며, 서로가 서로에게 해결되지 않은 문제가 되고, 화를 돋우는 사람이 된다. 무엇보다 프랑수아즈의 관점에서 보면 어떤 호의적 결말도 생각할 수 없게 만드는 극적인 밀도를 지닌 지옥 같은 삼각관계다.[83]

그자비에르의 욕망과 경쟁심, 근본적인 이질성 때문에 몹시 초조해진 프랑수아즈는 줄거리가 전개되는 동안 순수한 의식의 상태를 잃어버리고, 자신의 자아가 실제로 비어 있음을 인정해야 하며, 곧 실제 작가인 보부아르가 다음과 같이 묘사한 상황에 직면하게 된다. "내가 어린 소녀였을 때부터 없애려고 했던 위험이 도사리고 있다. 다른 사람이 그녀의 세계를 훔쳐 갈 뿐만 아니라, 그녀의 존재를 사로잡고 현혹할 위험이다. 그 자비에르는 증오와 분노의 폭발로 그녀(프랑수아즈)의 모습을 일그러트렸다."[84]

자신에게로 향하는 저마다의 의식을 모범적으로 보여주는 소설 속 주인공들은 세계가 불타기 직전에 그들만의 "세계대전"[85]을 치른다. 그리고 이것 역시 본질적으로 타자가 완전히 소멸되어야만 비로소 끝나게 될 또 하나의 전쟁이다.

새로운 상황

물론 서른 살의 보부아르가 스스로를 여성으로서나 지식인으로서 충분히 안정되었다고 여겼다는 사실이 그녀의 개인적인 인정 투쟁이 끝났음을 의미하는 것은 아니었다. 정반대였다. (처음에는 제목이 『멜랑콜리아』였던) 소설 『구토』가 1938년 봄에 출간됨과 동시에 사르트르는 프랑스 문학의 신성新星으로 올라섰고, 열광한 비평가들은 그의 작품과 문체를 카프카와 동등한 수준이라고 평가했다. 같은 시기에 보부아르의 단편집은 갈리마르 출판사와 그라세 출판사의 편집자들로부터 최종적으로 거절당했다. 몹시 기분이 상한 그녀는 계속 투고하라는 사르트르의 권유를 거절했다.

그가 명성이라고 불리는 것을 얻게 된 반면에 그녀는 문학적으로 여전히 무명으로 남았고, 마침내 문학계의 인식에서는 '그의 옆에 있는 여자'라는 역할로 축소되기 직전이었다. 그 역할에 딸린 판에 박힌 모습은 이미 오래전에 만들어져 있었다. 그러므로 보부아르가 그 당시에 이미 자아와 타자 간의 투쟁과 두 젠더 간의 결정적 긴장을 주제로 삼아 아주 세세하게 다룬 것은 충분히 가능한 일이었다. 한 남자가 자아 발견이라는 대화 유희에 참여할 때 그 출발점은 여성의 출발점과는 근본적으로 다르지 않았을까? 여성은 처음부터 일종의 천민으로서 이런 인정 투쟁에 뛰어들지 않았을까?

같은 시기에 한나 아렌트가 자신의 라엘 연구에서 실제로 존재하는 사회적 반유대주의 조건 아래에서 유대인 여성이 반유대주의에 동화될 때에만 정말로 동화될 수 있다고 설명한 것과 마찬가지로. 보부아르의 관점에서도 애초부터 여성을 평가 절하하는 사회적 역할들에 여성의 의식이 의식적으로 동화하는 것은 결과적으로 사회의 여성 혐오적 태도도 함께 내면화하는 것을 의미할 뿐이라고 말할 수도 있다.

'자아'와 '타자'라는 도식 속에서 '여성'과 '남성'이 서로 동등하게 만나는 대신, 상황은 항상 명백하게 부차적인 남녀의 이질성이라는 입장, 즉 제2의 성 혹은 '다른 성'이라는 역할에 의해 결정되었다. 잠재적으로 사회의 비밀을 푸는 생각을 가

다듬기 위해 보부아르는 10년이라는 시간과 또 다른 세계대전의 경험이 필요할 것이다. 이후 철학자로서 마침내 사르트르의 그림자에서 벗어나기 위해서도 그렇다.[86]

그녀는 1938~1939년에 이미 특수하게 여성적인 상황을 해독하기 위해 필요한 생각의 도구를 갖고 있었다. 하지만 이 시기에 그녀의 핵심 질문은 분명 '하나의 여성'이 되는 것이 아니라, 오로지 바로 이 여성, 즉 그녀 자신이 된다는 것이 어떤 의미인가 하는 것이었다.

두려움에 직면해서

어쨌든 그녀는 성인으로 산 지난 10년 동안의 삶에서 가족의 모든 반대를 이겨내고 가족을 보살피는 부인 또는 어머니라는 도처에 만연한 역할에서 벗어나는 데 성공했다. 욕망의 지배적인 논리에 굴복하지 않고, 다소 의식적으로 인생 계획에서 영원히 즐거움을 주는 틈새 전략을 따랐다. 폴리아모르적 양성애polyamouröse Bisexualität라는 삶의 방식으로 단단해진 사르트르와의 '유일하게 필연적인 관계'는 근본적으로 다른 인생 계획이 가능하다는 것을 보여주는 사실적 증거로 작용했다. 그 시기 여자 애인에 대한 보부아르의 태도가 행동과 어투 측면에서 사르트르가 수많은 애정 행각 속에서 보여주었던 남녀 역할에 대한 이해와 뚜렷한 차이를 보이지 않았다는 점을 확인할 수 있다. 보부아르의 접근 방식도 결국 즐거움이나 공감과는 거리가 먼, 조작하고 지배하는 태도를 특징적으로 보여준다. 자신의 행동이 다른 사람의 의식 속에 남기게 될 결과에 대한 깊은 배려 없이 자신의 에고에 새로운 활력을 주기 위한 안이한 놀이.

사르트르가 보부아르에게 보낸 편지에서 "세상이 다 아는 애무가"라고 자화자찬하고, 이 역할 속에서 "물방울 모양의 엉덩이" 혹은 최근에 정복한 대상이 보여주는 "내밀한 키스"에 대한 놀라운 의지까지 알려준 반면, 보부아르는 과거 제자였던 여자들과의 만남이 결국에는 심드렁하고, 재미도 없고, 심지어 방해가 된다는 점을 강조하기를 좋아하는데, 심지어 성교할 때 유혹의 대상이 된 여자들이 풍기는, 집중을 방해하는 분비물 냄새에 대해 아주 구체적으로 불평하기까지 한다. 보부아르는 사르트르와 자신의 애인에 대해 '남자 대 남자'로서, 즉 주체로서 대상에 대해서 말하는 것처럼 이야기한다. 적어도 이런 형태의 동화同化가 그녀의 내부에서 이루어졌다.

자아를 위한 배려에서 타인을 위한 배려로 넘어가는 윤리적으로 결정적인 발걸음, 의심의 여지 없이 그것이 보부아르에게는 다른 사람보다 더 어려웠다.

그럼에도 구체적인 전쟁 위협은 이 측면에서도 그녀에게 추동력을 주었다. 특히 이 시기에 '철학적 생각들을 자기 삶에 통합하려는' 보부아르의 지속적인 계획은 결정적으로 새로운 자극을 얻는다. 봄이 지나가는 동안 그녀는 사르트르와 함께 후설의 제자인 마르틴 하이데거의 여러 글, 특히 그의 책 『존재와 시간』을 집중적으로 연구한다.

하이데거는 스승의 방법론적 자극을 따르면서, 이 책에서 특수하게 인간적인 존재 상황에 대한 광범위한 분석을 해나간다. 하이데거에 따르면 아무런 이유도 없고 발판도 없이 이 세계로 내던져진 모든 현존재의 임무는 죽음이라는 위협적인 무無에 대한 상존하는 선先지식 속에서 가능한 한 단호하게 자신을 붙들고 있는 것이다. 용감하게 자신의 고유성을 지키며 살라는 일종의 철학적 호소인데, 그것이 사르트르와 보부아르에게서 아주 비옥한 토양을 발견했다. 익명의 거대한 '어떤 사람'의 영원히 비본질적인 독재에 맞서기 위해 하이데거는 진정한 자아 규정의 토대로서 막연한 느낌의 두려움, 특히 죽음에 대한 두려움을 내세운다. 폭풍 전야의 긴장이 가득한 고요함, 겉으로는 아무런 사건도 일어나지 않는 참을 수 없는 지루함이 하이데거에 따르면 실존적 단호함을 일으키는 방아쇠 역할을 한다.

아미앵 병영에 있는 보스트를 방문하는 동안 보부아르가 사르트르에게 보낸 또 다른 편지에는 그녀가 세상에 대해 지닌 감정에 하이데거가 끼친 영향이 아주 또렷하게 드러난다.

1939년 7월 7일

… 나는 하루 종일 슬픈 분위기의 카페에서 나타나지 않는 작은 보스트를 기다리면서 시간을 허비했어. 그것이 몹시 신경을 마모시켰어. 오늘 아침 일찍 나는 낙담해서 부대 본부에 그에 대해 물어보았고, 철모에 짓눌린 그를 만났지. 그는 어제 하루 종일 보초를 섰어. … 게다가 어제 몇 시간 동안 기다려야 하는 바람에 하이데거를 읽을 수 있는 아주 좋은 기회가 생겼어. 이제 나는 그의 책을 거의 다 읽었고 잘 이해했어. 적어도 표면적으로는 그래. 그 말은 그가 말하려는 바를 내가 알고 있고, 많은 어려움을 감지했음에도 그것들에 천착하지 않았다는 뜻이지. 게다가 지금 이 순간 나는 몹시 홀린 상태여서 어제처럼 모든 점에서 아주 불쾌했던 하루도 후회하지 않아. 왜냐하면 그것은 내가 소설에서 아주 잘 활용할 수 있는 전형적인 하루를 제공하기 때문이지. … [87]

무료함에 대한 두려움, 죽음에 대한 두려움. 자아를 왜곡시킬 수 있는 힘을 지닌 타인에 대한 두려움, 그리고 그것에서 생기는 자신의 목소리를 찾고 유지하려는 용기. 이 모든 것이 이 여름에 모여서, 오랜 기간의 탐색과 시도 끝에 보부아르의 손에서 작품이 되려고 한다.

사르트르와 보부아르는 코트다쥐르에서 친구들과 함께

8월을 보낸다. 시간조차 숨을 멈춘 것 같다. 사르트르는 보부아르에게 수영을 가르친다. 8월 말, 인적이 없는 듯 보이는 수도로 함께 돌아온 그는 도시의 인상을 다음과 같이 요약한다. "파리는 기이했다. 모든 것이 닫혀 있었다. 식당, 극장, 가게들 … 그리고 구역들은 개별적인 모습을 잃었다. 파리라는 총체적인 모습만이 남았다. 나에게는 이미 '과거'가 되었고, 하이데거가 말한 것처럼 무에 의해 유지되고 지탱되는 총체성이다."[88]

무를 구체적으로 눈앞에서 목도한 사르트르는 새로운 결심을 한다. 어느 날 저녁 식사 때 그는 보부아르에게 10년 전에 시험 삼아 맺은 계약을 최종적으로 '영원히' 연장하자고 제안한다. 결코 다시는 헤어지지 않을 것이며, 한 쌍으로서 언제나 함께하고 결과적으로 항상 진실할 것이다. 죽음을 눈앞에 두고 이루어진 일종의 철학적 결혼.

1939년 9월 1일 새벽 독일군이 폴란드를 공격한다. 이틀 후 프랑스도 참전한다.

6장

폭력

1939~1940년

베유는 적군이 없고, 보부아르는 사르트르가 없고,
아렌트는 도피 중이고, 랜드는 저항 중이다.

끊임없이 눈앞에

수백만 명에 달하는 두 나라 군대의 갈등은 처음에는 전투도 희생자도 없는 소강상태다. 프랑스인들은 방어선 뒤편에 진을 친 채 독일군이 진격해 오기를 기다린다. 긴장의 며칠이 몇 주가 되고, 몇 달이 된다. 시몬 베유는 '착석전der Sitzkrieg'◆이라고 부르는 이 시기를 파리의 부모님 집에서 보낸다. 1939년 11월 의학 전문 잡지에 실린 기사를 읽은 아버지 비리는 몇 년 동안 지속된 딸의 고통이 만성 부비강염 때문에 생긴 것일 수도 있다는 생각을 하게 된다. 모든 증상이 일치한다. 권장 치료법은 만성적 염증이 있는 전두동前頭洞을 코카인으로 세척하는 것이다. 그 방법으로 고통 없이 완치할 수 있다고 한다.[1] 적어도 그것 하나는 긍정적 발전이다.

예견할 수 있는 폭력의 과잉에 직면하여 베유는 그 과잉이 그녀의 조국에 끼칠 결과를 머릿속에서 확인하고자 한다. 전쟁의 본질은 무엇인가? 그 기저에는 어떤 역학이 작용하는가? 그리고 특히, 어떤 조건 아래에서 전쟁이 정의롭게 수행되

◆ 폴란드를 침공한 독일에 대해 프랑스가 전쟁을 선포한 1939년 9월 3일부터 독일 국방군이 서진을 시작한 1940년 5월 10일까지의 시기를 일컫는다. 이 기간에 독일군과 프랑스군은 전면적인 충돌 없이 서로 방어선 뒤에서 대치 상태를 유지했다. 영어권에서는 '가짜 전쟁Phoney War' 또는 '여명의 전쟁Twilight War'으로, 프랑스에서는 '우스꽝스러운 전쟁drôle de guerre'으로도 불린다.

었다고 할 수 있는가? 이 질문들을 위해 그녀는 서양 역사에서 가장 위대하고 자비로운 전쟁 기록이라고 확신하는 호메로스의 트로이 전쟁 서사시를 고려 대상으로 삼는다. 1939~1940년 겨울 몇 달 동안 「일리아스 혹은 폭력의 시」[2]라는 제목으로 그 시대에 대한 가장 심오한 철학적 기록에 속하는 전쟁 폭력의 본질에 대한 명상록이 탄생한다.

베유에 따르면 우선 전쟁 상황의 특수성은 인간의 사물화를 불러일으키는 폭력과 맺게 되는 한계를 넘어선 관계에 있다. 왜냐하면 "폭력은 그것을 견디는 모든 사람을 사물로 만들기 때문이다. 최종 단계까지 행사된 폭력은 단어의 의미 그대로 인간을 사물로 만들고, 주검으로 만든다. 그곳에 누군가 있었지만, 순식간에 아무도 없었다. 일리아스는 이런 모습을 끊임없이 우리의 눈앞에 펼쳐 보인다".[3]

하지만 실제로 『일리아스』가 생생하게 전달해주듯이 이런 사물화의 논리는 훨씬 광범위하고 파괴적인 영향을 끼친다. 마치 프랑스와 독일 사이에 벌어진 착석전 상황에 대한 철학적 일일 논평처럼, 베유의 에세이는 전쟁이라는 상황이 모든 당사자의 의식에 끼치는 쉽게 간과되는 영향을 강조한다.

사람을 죽이는 폭력은 개별적이고 조야한 폭력이다. 사람을 죽이지 않는, 좀 더 정확하게 말하자면 아직은 사람을 죽이지 않은 또 다른 폭력은 방법에 있어서는 훨씬 다양하고, 효과에 있어서는 훨씬 놀랍다. 그 폭력은 분명, 혹은 어쩌면 사람을 죽일 것이다. 아니면 그저 언제라도 죽일 수 있는 사람들의 머리 위를 떠돌고 있을 것이다. 어떤 경우라도 그것은 사람을 돌처럼 굳어지게 한다. 인간을 사물로 만드는 힘에서 인간을 산 채로 사물로 만들어버리는 훨씬 놀라운 또 다른 폭력이 생겨난다. 그는 살아 있고 영혼이 있지만 사물이다. 생기를 띠는 기이한 존재. 영혼에게는 아주 기이한 상태다.[4]

따라서 전쟁 상황은 전반적으로 새로운 존재 상태를 만들어내고, 살아 있는 상태에서 인간을 진정한 의미의 인간으로 정의하고 이끄는 것을 인간에게서 빼앗아 간다. 즉, 다른 사람을 대면할 때 보이는 영혼의 개방성, 유연성, 생동감을 박탈한다. 그리스 전쟁 세계를 바라보면서 베유는 생동하는 기운을 지닌 타인을 단지 사물로만 인지하고 다루는 이 '기이한 상태'를 '노예'의 상태로 파악한다. 결국 일반적인 패전의 결과는 승자가 여성과 아이들처럼 직접 전투 행위에 참여하지 않은 사람들을 노예로 만드는 것이었다. 노예가 되는 이 상태는 "삶을 관통하는 죽음과 같고, 죽음이 소멸시키기 오래전에 이미 단단하게 굳어져버린 삶이나 마찬가지다".[5] 단절된 상황인 전쟁은 실제로 모든 사람을 '노예'로 만드는데, 그 이유는 전쟁이 모든 개인의 내면에서 타자와 관련된 근본적인 무게 중심을 이동시켜 타자를 선전포고된 '적'으로 여기게 하기 때문이다.

너 자신을 알라!

확고한 애국자인 베유는 그녀의 조국이 이제 막 시작된 방어 전쟁이라는 상황 속에서 식민 통치 강대국으로서 전 세계에 걸쳐 만들어냈고, 여전히 유지하고 있는 노예제도와 비슷한 억압 상태에 대해 눈을 감아서는 안 된다는 의무를 강조한다. 이제 막 '정보부 장관'으로 임명된 작가 장 지로두*가 1939년 11월 26일 잡지 『시대Le Temps』에 글 한 편을 발표했는데, 그 글에서 그가 "지배받거나 착취받는 방식과는 다른 방식으로 여러 대도시와 연결되어 있다고 믿는" 전 세계에 있는 "1억 1000만 명의 사람들"에 대해 이야기했을 때, 베유는 더 이상 참을 수가 없었다. 바로 그날 그녀는 분노에 찬 항의 편지를

이폴리트 장 지로두Hippolyte Jean Giraudoux(1882~1944)는 프랑스의 극작가이자 소설가다. 독일과 미국에서 교사·언론인으로 활동하다가 단편집 『시골 여자들』(1909)로 등단했다. 1922년에 발표한 소설 『지크프리트와 리므잔의 사람들』을 각색해서 1928년 무대에 올린 극작품이 커다란 성공을 거두며 극작가로서 인정받게 되었다. 우연한 기회에 시작한 외교관 생활을 1940년까지 했다. 외교부 정보국에서 근무한 이력이 있는 그는 정치 평론과 연극 작품에서도 유럽의 운명을 좌우할 프랑스와 독일의 관계를 지속적으로 다루었고, 두 문화의 특징인 차이점을 분명하게 인정하지만 양국이 협력해야 한다고 주장했다.

쓴다. "당신의 글에는 저를 몹시 아프게 한 구절이 포함되어 있습니다. … 저는 당신이 식민지가 대도시와 맺고 있는 관계가 억압과 착취가 아닌 다른 것을 통해 형성되었다고 강조했을 때, 진실을 말한다고 정말로 믿고 있는지 알고 싶습니다."[6]

특히 전쟁에서는 '너 자신을 알라'는 철학적 명령에 부응하는 것이 중요하다. 왜냐하면 필연적으로 '영혼의 화석화'와 동시에 판단력이 흐려져 자신의 폭력적인 행동의 결과를 보지 못하기 때문이다. 이러한 맥락에서 베유는 『일리아스』의 잠재적 가치를 인식하는데, 그 가치는 책의 표현 의도 전부가 전쟁에서 쓰러진 사람들을 이런 특정한 맹목으로부터 치유하는 것을 목표로 삼았다는 점에 있다.

> 폭력이 가차 없이 파괴하는 것처럼, 폭력은 그것을 소유하거나 소유하고 있다고 믿는 사람을 무자비하게 도취시킨다. 하지만 아무도 실제로 폭력을 소유하지 못한다. 『일리아스』는 인간을 한편에는 패배자, 노예 혹은 도망자로, 다른 한편에는 승자와 주인으로 나누지 않는다. 언제가 됐든 폭력에 굴복하지 않을 사람은 아무도 없다. 자유로운 무장 병사들도 명령과 모욕을 견뎌야만 한다.[7]

폭력을 견디는 것이 태어날 때부터 모든 사람에게 주어진 것이라면, 단 하나의 진실은 상황의 힘이 인간의 눈을 가려 이것을 보지 못하게 만든다는 것이다. 강한 자는 결코 온전하게 강하지 않고 약한 자도 결코 전적으로 약하지 않지만, 둘 다 이것을 알지 못한다.[8]

따라서 이와 관련해서 '계몽'의 원래 목표는 세상에서 폭력을 완전히 없애는 것이 아니다. 전쟁 폭력을 없애는 것도 아니다. 왜냐하면 절대적으로 비폭력적인 공존은 사회적 관계에서 인간 사이에 어떤 권력 차이도 존재하지 않을 때만 성공할 수 있기 때문이다. 그리고 이런 상태는 다시금 최고의, 다시 말해 총체적인 사회적 폭력을 통해서만 생겨나고 유지될 수 있는 상태일 것이다. 이렇게 설명한 그대로의 의미에서 중요하고 또한 중요해야만 하는 유일한 것은 전쟁에서 자신의 행동의 조건과 결과 그리고 궁극적으로 역사적 우연에 의해 제한된 상황에 대한 무지에서 벗어나는 일인데, 그런 상황에서 인간은 때때로 폭력을 가하는 사람 혹은 폭력을 견뎌야 하는 사람으로 존재하게 된다. 맹목을 볼 수 있는 안목이 생겨날 때 비로소 죽음과 살인의 소용돌이에서 벗어날 수 있는 길을 보여주는 척도와 공감이 생겨날 수 있다. 왜냐하면 "폭력의 지배를 알면서도 그것에 복종하지 않는 사람만이 사랑할 수 있고 정의를 행할 수 있기"[9] 때문이다.

우연의 기하학

전쟁 상태로 돌입하면서 슬그머니 불신이 생겨나는데, 그런 불신 속에서 모든 사소한 자극이나 우연히 생긴 장애가 최종적인, 즉 살인적인 수단을 불러일으키는 요인으로 작용할 수도 있다. '생사'가 걸린 상황에서 사람은 어떤 것도 그리고 누구도 우연의 힘에 맡기려고 하지 않기 때문에, 우연은 전쟁 중에 아주 풍부하게 세력이 늘어나고, 사건의 진짜 지배자로 등극하게 된다. 글을 다듬는 동안 베유는 곧 개인적인 경험을 통해 이런 역설적인 위장술에 대해 말할 수 있게 된다.

1939년 11월 30일 소련이 120만 명의 병사와 3000대의 탱크를 이끌고 핀란드를 공격했을 때, 스트라스부르 대학의 수학과 교수였던 그녀의 오빠 앙드레는 안식년을 보내기 위해 부인과 함께 계속 헬싱키에 남아 있었다. 도심지를 산책하던 그는 핀란드 방공망 부대가 주둔해 있던 건물 주변을 돌아다니다가 대로에서 검문을 받았고, 혈통 때문에 간첩 혐의로 체포되었다. 그의 집을 수색한 뒤 그 추측은 더욱 확실해진 듯 보였다. 왜냐하면 핀란드 방첩부대원들은 그곳에서 러시아 동료들과 주고받은 상세한 편지 말고도 이상한 코드로 작성된 글들을 발견했기 때문이다. 사실 그것은 그의 부인이 쓴 속기 연습장이었는데, 속기 기호를 연습하도록 앙드레가 저녁마다 발자크의 소설 『사촌 베티』에서 문구를 선택해 그녀에게 읽어준 것이었다. 핀란드 사람이 듣기에는 전혀 믿을 만한 이야기가 아니다. 그는 운 좋게도 그 자리에서 처형되지는 않았다. 대신 여러 차례 조사를 받은 후에 두 명의 경찰관이 동행한 가운데 스웨덴으로 가는 보트로 끌려갔다. 그리고 스웨덴에 도착하자마자 다시 체포되어 구금되었다. 그것이 지루한 송환 재판의 시작이다. 시몬 베유는 파리에서부터 그녀와 오빠가 직접 고안한 비밀 코드로 쓴 수많은 편지로 전력을 다해 재판을 지원했다.[10]

같은 시기에 독일 군대는 프랑스에 대한 공격을 조금씩 바꾸었다(암호명 '황색 작전Fall Gelb'◆). 그 주된 이유는 1940년 1월 10일에 뮌스터에서 쾰른을 향해 가던 독일 항공 소속 우편기가 안개 속에서 항로를 잃고 벨기에 마스메헬런에 비상 착륙했던 불행한 사건이었다. 이름이 헬무트 라인베르거인 조종사는 비행기에 있던 문서를 파괴하지 못했다. 그 결과 독일의 공격 계획이 적군의 손에 넘어갔고, 독일 군대는 어쩔 수 없이 완

◆ 독일 방위군은 프랑스를 침공할 때 두 단계의 작전을 설정했는데, 첫 번째가 '황색 작전'이고, 두 번째가 '적색 작전Fall Rot'이었다. 전자는 벨기에에서 네덜란드 쪽으로 연합군을 깊숙이 유인한 다음 기갑 부대로 아르덴 지역을 통과해 연합군을 포위해서 섬멸하는 것을 목표로 삼았고, 후자는 마지노선을 측면으로 우회해서 파리를 점령하는 것을 목표로 삼았다. 6월 5일에 적색 작전이 발령되고, 6월 14일에 나치 독일군이 파리를 점령했다. 6월 22일 필리프 페탱과 독일군 사이에 휴전 협정이 체결되었고, 남부 프랑스에 비시 괴뢰 정권이 수립되었다.

전히 새롭게 방향을 설정해야 했다. 협의 과정에서 히틀러는 최종적으로 참모총장 에리히 폰 만슈타인Erich von Manstein이 세운 '낫질' 계획을 선택하기로 결정했다.

순전히 우연 때문에 수립된 그 계획은 전쟁이 진행되는 동안 '역사상 가장 위대한 원수'라는 선전을 통해 널리 퍼진 히틀러의 명성을 확고히 하는 데 결정적으로 기여했다. 특히 가장 신뢰받는 그의 조언자들 눈에 그랬다.[11] 총통 자신이 즐겨 인용했던 '섭리'가 여기에 작용한 건 아니었을까? 『일리아스』의 저자로 추정되는 전설적인 '맹인 통찰자' 호메로스와 마찬가지로, 베유가 1940년 초에 우연이 '가장 위대한' 지도자이자 그들의 주장에 따르면 전쟁의 절대적인 지휘자인 이들을 따라 잡아 붙잡게 되는 이유를 명확하게 밝혔을 때, 그녀의 통찰력도 선지자처럼 예리하다는 사실이 드러났다.

> 권력을 가진 사람은 그의 뜻을 거스르지 않는 환경에서 움직이기에, 그를 둘러싼 무리 속에서는 어떤 것도 충동과 행동 사이에서 생각할 여지가 남은 작은 틈새를 만들기에 적합하지 않다. 생각이 들어설 여지가 없는 곳에서는 신중함도 정의도 존재할 수 없다. … 다른 사람들이 그들의 행위를 저지하고 이웃에 대한 배려를 요구할 수 없기 때문에 그들은 운명이 자신에게는 모든 권리를, 자신에게 굴복한 사람들에게는 아무런 권리도 부여하지 않았

다는 결론에 도달하게 된다. 그렇게 그들은 자신의 힘을 과대평가한다. 그들은 스스로의 한계를 알지 못하므로 자기 힘을 과대평가할 수밖에 없다. 이로써 그들은 돌이킬 수 없이 우연에 맡겨지고, 더 이상 상황을 통제할 수 없게 된다. … 기하학처럼 엄격하게 이루어지는 권력 남용에 대한 처벌이 그리스 사상의 첫 번째 대상이었다. 그것이 그 장편 서사시의 영혼이다.[12]

일단 호전적인 폭력의 불길에 휩싸이면, 승자 측에서 생기는 모든 반대의 상실은 신중함의 상실로, 그리고 궁극적으로는 자기 행동도 실제로 폭력에 노출되어 있다는 감각의 상실로 이어지게 된다. 모든 것을 일으키는 우연이라는 상황에서 전체주의적인 지도자는 몰락으로 향하는 길을 자신이 직접 놓는다. 이러한 사건 진행은 신적 개입으로 생기는 것이 아니라, 이미 호메로스의 작품에서도 나타난 것처럼 폭력의 본질 때문에 생기는 것이다. 폭력은 다른 어떤 것보다 더 절제를 요구하지만, 특히 전쟁에서 다른 어떤 것보다 더 무절제로 사람들을 이끈다. 군사령관이 차고 넘치는 권력과 통제력 속에서 오판을 할수록 그것 때문에 언젠가 그는 모든 것을 집어삼키는 폭력의 본질에 덜미를 잡혀 거꾸러지게 될 것이 점점 더 분명해 진다.

그러므로 베유에게는 모든 전투 행위 이전에 해명되어야

할 진짜 문제는 자신의 나라가 전쟁을 하는 동안 스스로 영혼을 잃어 결정적인 의미에서 패배하지 않을지 여부와 그 패배를 피하는 방법에 관한 것이다. 『일리아스』를 제대로 읽은 사람은 그러기 위해서는 다름 아니라 진정한 기적, 최소한 초인적인 노력이 필요하다는 점을 이해할 것이다. "이런 톱니바퀴 장치에서 벗어날 수 있는 절제된 폭력 사용은 나약한 상태에서 유지되는 품위만큼이나 아주 드문 초인적인 미덕을 요구할 것이다. 게다가 절제도 위험이 전혀 없는 것은 아니다. 왜냐하면 그 힘의 4분의 3 이상을 이루는 명예가 무엇보다 약자에 대한 강자의 엄청난 무관심에서 기인하기 때문이다. 이 무관심은 아주 전염력이 강해서 무관심의 대상이 되는 사람들에게도 옮겨 간다. 하지만 일반적으로 어떤 정치적 사고도 무절제하게 행동하도록 조언하지는 않는다. 무절제 속에 있는 유혹은 거의 저항하기 힘들다."[13]

죽음과 시간

죽음을 눈앞에 두고 절제를 유지하는 능력은 본래 초인적인 결단력으로 드러난다. 특히 같은 시기에 시몬 드 보부아르와 장 폴 사르트르로 하여금 자유와 진정성을 새롭게 이해하도록 자극했던 『존재와 시간』에 담긴 하이데거의 생각을 정반대로 뒤집는 방식으로 베유는 전쟁과 전쟁으로 생긴 죽음에 대한 두려움이 발휘하는 가장 커다란 유혹이 개인의 영혼에 일종의 무자비한 실존주의를 부채질하는 데 있다고 본다. 즉, 구체적으로 자신의 죽음을 예상하게 됨으로써 전쟁 기간 너머에 있는 미래를 구성하려는 모든 전망이 사라지게 된다. 하이데거가 두려움에 사로잡힌 "현존재가 자신의 끝을 향해 미리 달려가는 것"[14]이 진정한 자아 획득의 조건이라고 고상하게 설명했던 반면, 베유는 그것에서 모든 것을 소멸시키는 스스로가 초래한 잘못으로 이어지는 확실한 길을 인식한다. 이것은 병사의 의식 속에 널리 퍼져 있는 미래라는 시간 현상과의 관계를 통해 구체화된다.

비록 번개처럼 순식간에 생길지라도 사람들이 그 가능성을 감지하자마자 죽음에 대한 생각은 더 이상 견딜 수 없게 된다. 사람은 모두 죽어야 한다는 것과 병사가 전장에서 늙을 수도 있다는 것은 맞는 말이다. 하지만 영혼이 전쟁의 굴레에 짓눌려 있는 사람들에게 죽음과 미래의 관계는 바뀌었다. 다른 사람들에게 죽음은 미래에 그어진 한계이지만, 그들에게는 죽음 자체가 미래, 즉 그들의 직업을 결정하는 미래다. 인간이 죽음에서 자신의 미래를 본다는 것은 자연을 거스르는 일이다. … 그러면 그 의식은 더 이상 견딜 수 없는 형태로 긴장되지만, 매일 새롭게 하루가 시작되면 의식은 똑같은 필연성에 노출되고, 며칠이었던 기간이 몇 년으로 늘어나게 된다. 영혼은 매일 폭력으로 고통받는다. 아침마다 죽음과 마주치지 않고는 생각을 시작할 수 없기 때문에, 그녀는 그 어떤 것도 추구할 수 없다. 그렇게 전쟁은 목표에 대한 모든 생각을, 심지어 전쟁 목표에 대한 생각조차 없애버린다.[15]

죽음을 신성시하는 영원히 어두운 현재에 사로잡힌 채 전쟁 너머에 있는 미래에 대한 의식은 무감각해져, 전쟁 경험의 무시무시한 비현실성과 살인이 더 이상 외적인 목적을 알지 못하고 알 수도 없는 지점까지 소위 전쟁 목표라는 이름으로 날마다 새로 죽어나가는 사람들의 점진적인 비인간화에도 기여하게 된다. 죽음 그 자체 말고는 어떤 것도 이 소용돌이를 멈출 수 없다. "자기 안에 있는 적의 존재로 인해 자연이 자신에게 부여한 것을 죽여야만 했던 영혼은 그 적을 파괴함으로써만 치유될 수 있다고 믿는다. … 이처럼 이중적인 죽음의 충동으로 가득 찬 사람은 다른 사람이 되지 않는 한, 살아 있는 종족과는 다른 종족에 속하게 된다."[16]

유일무이한 감정

이로써 폭력의 본질 자체에서 비롯되는 비인간화의 상호성이 존재하게 되는데, 그것이 전쟁에 진짜 끔찍함과 곧 절망적으로 보이는 무의미함을 부여한다. 관련된 당사자들 중 누구도 이런 역학 관계에서 벗어날 수 없다. 승자든 패자든, 가해자든 희생자든, 영웅이든 무고한 피지배자든 그 누구도 벗어날 수 없다.

이편이든 저편이든 모두 폭력과 접하게 되면 어쩔 수 없이 폭력이 자신과 접촉한 모든 사람을 침묵시키거나 귀머거리로 만든다는 사실을 경험할 수밖에 없다.
이것이 폭력의 본질이다. 인간을 사물로 만드는 폭력의 힘은 이중적이며, 양쪽 모두에서 일어난다. 폭력은 다른 방식이기는 하지만 폭력을 견디는 사람과 폭력을 행사하는 사람의 영혼을 똑같이 화석화한다.[17]

화석화의 이중적 힘이 폭력의 본질이다. 그리고 폭력과 접촉하는 영혼은 기적을 통해서만 그것에서 벗어날 수 있다. 그런 기적은 드물고 짧다.[18]

하지만 인류 역사에서 항상 이런 기적, 더 높은 차원으로의 도약, 어둠으로부터 빛을 향한 탈출을 보여준 증거들이 항상 있었다고 베유는 말한다. 부처, 크리슈나, 소크라테스, 예수처럼 구체적인 개인이나 종교 창시자의 형태로, 혹은 『바가바드기타』나 기독교 복음서, 무엇보다도 『일리아스』와 같이 문화를 지탱했던 텍스트와 서사시의 형태로 존재했다. 베유는 전쟁이라는 사건을 바라보는 그들의 전체적 시각이 전쟁 중인 모든 존재를 위한 은총의 빛에 의해 생기를 띤다고 본다. 즉, 개개인 모두에 대한 사랑, 고통받는 그들의 영혼을 위한 정의와 평화에 대한 열망, 복수심에서 벗어나 적과 우정을 맺을 준비가 된 상태, 내던져진 것처럼 태어난 이 세상의 침울한 상태와 관련해서 슬픔을 공유함으로써 생기를 띤다는 것이다.

> 그것이 『일리아스』를 유일무이하게 만든다. 감수성에서 생겨나서 햇빛처럼 골고루 모든 사람 위에 펼쳐진 이 씁쓸함. … 극단적 폭력 행위에 대한 묘사에서는 찾아보기 힘든 사랑과 정의가 사람들을 빛으로 가득 채운다. 비록 말하는 어조 이외에 달리 느낄 수는 없지만 그렇다.[19]

> 영혼의 내면과 인간적 관계에서 폭력의 지배에 굴복하지 않는 모든 것이 사랑을 받지만, 지속적으로 자신이 파괴될 위험 속에 떠다니고 있기 때문에 고통스럽게 사랑받는다.[20]

불과 수십 년 만에 두 번째로 전쟁의 추동력에 완전히 빠져버린 바로 그 문화권에서 가장 오래된 서사시를 재해석하면서 베유는 미래의 평화 조건을 명확히 표현한다. 그 평화는 맹목과 복수에 의해 촉진되는 또 다른 전쟁으로 가는 전 단계 그 이상이 될 수도 있다.

그녀가 이 글을 쓰는 작업을 마칠 무렵 전선에서는 전투 준비를 마친 500만 명의 병사들이 여전히 대치하고 있다. 적어도 그녀가 보기에 독일군의 단호함과 모든 것을 비인간화시키려는 최종 목표에 대해서는 의심의 여지가 없다. 하지만 베유가 동포에게 보낸 경고에 따르면, 같은 정신으로 싸우고 어쩌면 쟁취하게 될 수도 있는 승리가 이러한 배경에서는 패배보다 더 품격을 손상시킬 수도 있다.

그런 패배, 즉 실제로 용서할 수 없는 유일한 패배로부터 그녀의 조국을 보호할 수 있는 것은 오직 궁극적으로 은총을 받음으로써 『일리아스』에 생기를 불어넣은 그 빛 속에 잠기는 것뿐이다. 베유에게 그것은 복음서의 빛과 같은 의미이고, 그 사이 그녀가 직접 겪은 심오한 경험으로 알게 된, 그녀에게 생기를 준 빛과도 같은 의미다. 그것이 그녀가 이야기하는 방식이 책의 끝부분에서 다가올 전쟁 기간 동안 그녀의 사고가 취할 어조를 미리 보여주는 방식으로 변하게 된 이유다. 냉정한 분석에서 예언자적 경고로, 이 세상에서 다른 세상으로, 순수한 논거에서 각성을 촉구하는 호소로의 변화. "유럽의 여러 민족은 … 운명 중 어떤 것도 확실하다고 여기지 않고, 결코 폭력을 찬미하지 않고, 적을 증오하지 않고, 불행한 사람들을 무시하지 않을 수 있을 때, 어쩌면 다시 서사적 정신을 발견하게 될 것이다. 우리는 여전히 거기서 멀리 떨어져 있다."[21]

공수부대원

시몬 베유가 은총의 실존주의에 대해 얼마나 진심이었는지는 1940년 5월의 일상적인 일화를 통해 알 수 있다. 착석전이 시작된 지 9개월째다. 이제 그 상태가 오래 지속되지는 않을 것이다. 그녀가 집에서 저녁 식사를 하면서 만약 지금 이 순간 젊은 독일 공수부대원이 집 발코니에 떨어진다면 그를 어떻게 처리할 것인지를 사람들에게 물었을 때, 아버지 비리는 가능한 한 즉시 그를 헌병에게 인도하겠다고 대답했다. 분노한 시몬은 그런 태도를 보이는 사람과는 더 이상 같은 식탁에서 음식을 먹지 않겠다고 선언한다.

베유의 친한 친구이자 이날 저녁 손님으로 초대된 시몬 페트르망은 처음에는 농담이라고 믿었다.[22] 하지만 베유는 실제로 빵 한 조각도 먹기를 거부했다. 그녀가 그림책 『더벅머리 페터Der Struwwelpeter』*에서 드러나는 엄격한 태도로 음식물 섭취 거부라는 위협 수단을 사용함으로써 그녀의 육체적 건강을 염려하는 부모의 걱정을 폭력적으로 도구화한 것은 분명 이번이 처음은 아니다. 예상대로 아버지는 사랑하는 딸의 영혼의 안식을 위해 식탁에서 자신의 말을 정정했고, 최악의 경우에도 그 병사를 당국에 넘겨주지 않겠다고 맹세했다.

1940년 5월 10일 히틀러는 '황색 작전'을 발동해서 독일군을 프랑스 쪽으로 이동시켰다. 6월 13일 프랑스 정부는 공식적으로 파리를 포기하고, 승리자를 위해 '무방비 도시'라고 선언했다. 하루 뒤 첫 번째 독일 군대가 도시에 도착했다. 이미 이 시점에서 공수부대의 투입은 필요 없게 되었다.

대탈출

1940년 6월 9일 시몬 드 보부아르는 생에 첫 신경 쇠약을 겪는다. 비앙카 비넨펠트의 아버지는 군 고위층으로부터 독일

1844년 정신과 의사인 하인리히 호프만이 세 살짜리 아들에게 크리스마스 선물로 주기 위해 지은 작품의 제목이자 주인공의 이름이다. 1845년부터는 다른 이름으로 인쇄되어 유통되다가 1847년부터 『더벅머리 페터』라는 제목으로 출간되었다. 이 책에서 하인리히는 얌전하게 굴지 않는 아이들, 부모의 말을 듣지 않는 아이들, 이발理髮이나 손톱·발톱 깎기를 싫어하는 아이들의 이야기를 들려준다. 그 아이들이 곤란한 처지에 빠지는 장면을 통해 생활 예절이나 몸가짐 등을 가르치는 교육적인 내용을 다루고 있는 이 동화는 1970년대 이후부터는 권위주의적인 방식으로 아이들을 훈육한다는 비판을 받기도 한다.

군의 진격이 임박했다는 정보를 전해 듣는다. 바로 그다음 날 비넨펠트 가족은 자동차를 타고 서쪽으로 도망쳤다. 보부아르는 마지막 남은 힘을 다해 여행 가방을 꾸렸다. 그녀는 10년 동안 사르트르와 주고받은 편지를 포함해서 가장 필요한 것만을 챙겼다. 그들이 6월 10일 저녁 자동차에 몸을 실었을 때, 비넨펠트 가족과 그녀는 프랑스에서 오늘날까지도 대탈출Exodus이라고 불리는 행렬의 선발대에 속하게 된다. 며칠 만에 300만 명이 넘는 주민들이 북쪽에서 파리 중심부를 향해 다가오는 독일군을 피해 달아났다.

그에 따라 사람들로 넘쳐나는 기차, 꽉 막힌 도로 등 혼란이 발생한다. 맨 먼저 피란민의 홍수에 압도된 지방 도시에서 휘발유가 바닥났고, 그다음에는 식량이 떨어졌다. 보부아르는 일단 직접적인 전선에서 벗어나 서쪽으로, 오랜 친구이자 사르트르의 후원자인 마담 모렐의 시골집이 있는 라 푸에즈La Pouëze까지 인파를 뚫고 갈 생각이다. 이틀 후 "침울한 불안의 상태"에서 그 집에 도달했을 때, 그녀는 "인생에서 가장 끔찍한 며칠"[23]을 그곳에서 보냈다.

마지노 전선은 히틀러 군대의 진격에 일주일도 버티지 못했다. 어떻게 그런 일이 가능했을까? 배신? 태업? 아니면 결국에는 나치의 선전이 주장했던 것처럼 실제로 그들의 전력이 압도적이었나?

그녀가 알기로 자크 로랑 보스트는 야전 병원에서 복부

관통상을 입은 채 사투를 벌이고 있다. 사르트르의 마지막 편지에는 6월 8일이라는 소인이 찍혀 있다. "나는 더 이상 '긍정적으로' 우리가 전쟁에서 이길 거라고 바랄 수가 없어(우리가 질 거라고도 생각하지 않아. 나는 아무것도 생각하지 않아. 미래는 막혀 있어)."[24]

그가 아직도 전선에 있는 것인가 아니면 벌써 후퇴했나? 보부아르는 다음과 같이 쓴다. "3일 동안 나는 범죄 소설만 읽었고, 절망이 터져 나오도록 내버려두고 있었다. 마을 전체가 친척과 친구들로 가득 찼다. 사람들은 열에 들 뜬 것처럼 전쟁 보도에 귀를 기울였다. … 어느 날 저녁 9시경 초인종이 울렸다. 공수부대원을 수색하고 있다고 했다. … 다음 날 아침 우리는 그들이 찾던 공수부대원이 실은 평범한 에어백이었다는 것을 알게 되었다."[25]

한계상황

하지만 실제로 독일군이 도착한다면 무슨 일이 생길까? 시골 마을에는 이에 관한 끔찍한 상상이 가득하다. 불신과 절망, 희망이 뒤섞인 상태에서 보부아르는 6월 22일 늙은 페탱 원수가 콩피에뉴에서 휴전 협정 서류에 서명했다는 소식을 듣는다. "태양이 작열했다. 나는 공상과학 소설을 경험하고 있는 느낌이었다. 나는 내 삶에 속하지 않는 어떤 순간에 사로잡혀 있었다. 그곳은 더 이상 나의 조국 프랑스가 아니었고, 아직은 독일도 아니었다. 그곳은 아무도 살지 않는 땅이었다."[26]

보부아르는 깨어날 수 없는 악몽에 사로잡혀 있다고 생각했다. 갈리마르 출판사가 그녀의 소설 집필 계획을 받아들여 출판하기로 한 지 6주도 채 되지 않았다.[27] 사르트르와 그녀가 그해 봄에 결정적인 돌파구가 생길 것이라는 확신을 공유했던 때였다. 그들이 10년 동안 함께 엄청나게 복잡한 퍼즐을 맞추려고 했던 작업처럼, 이제야 드디어 조각들이 서로 아귀가 맞는 것처럼 보였다. 의식과 현실 사이의 관계를 어떻게 파악해야 했을까? 우리의 자유를 위해, 그리고 영위해야 할 진정한 삶을 위해 무엇이 그것에서 생겨날 것인가? 무엇보다도 이때 다른 사람의 존재는 어떤 역할을 했는가?

그뿐만 아니라 400쪽에 달하는 사르트르의 글『상상적인 것: 상상력의 현상학적 심리학』이 1940년 2월 단행본으로 출간되었다. 연초부터 그는 전선에서 일상적으로 행하는 기구氣球 측정 때문에 방해를 받기는 했지만, 활기가 넘쳐나는 것처럼 '무'에 관한 새로운 대작을 집필했다. 1940년 1월 15일 전선에서 보낸 편지에서 그는 보부아르에게 열광적으로 다음과 같이 전했다.

매혹적인 나의 비버*에게

다시 분주한 날이었어. … 철학 … 그럴 수밖에 없었어. 나는 오늘 아침 하이데거의 강의를 모아 엮은 책 『형이상학이란 무엇인가?』를 다시 읽었어. 그리고 낮 동안에 무에 관한 물음에서 그에 대해 어떤 '입장을 취할 것인지'를 곰곰이 생각했어. 나는 무에 관한 이론을 갖고 있었지. 전에는 아주 멋지게 그 이론을 표현할 수 없었지만, 이제 제대로 표현을 할 수 있게 되었어. … 내가 하는 철학은 … 내게는 아주 이익이 돼. 그것은 내 삶에서 우울함, 전쟁으로 생긴 불쾌감과 슬픔으로부터 나를 보호하는 역할을 해. 게다가 이제 나는 내 삶을 내 철학을 통해서 뒤늦게 보호하려고 하지 않아. 그것은 더러운 짓이야. 또한 내 삶을 나의 철학에 맞추려고도 하지 않아. 그것은 현학적인 짓이지. 오히려 삶과 철학은 실제로 하나야. 이와 관련해 하이데거의 글에서 아주 멋진 문장을 읽었는데, 나 자신에게도 그대로 적용할 수 있을 거야. "현존재의 형이상학은 단순히 현존재에 관한 형이상학이 아니라, 현존재로서 생성되어가는 형이상학이다."[28]

거의 같은 시기에 보부아르는 그녀의 '사랑스럽고 아주

사르트르가 보부아르를 부르던 애칭.

작은 사람'에게 소설이 아주 순조롭게 진행되고 있다는 사실을 알려줄 수 있었다. "내가 생각하기에 당신이 내 소설 원고 250쪽을 읽으면 나를 칭찬할 거야(왜냐하면 오랫동안 사람들을 기다리게 했던 그 책은 최소한 250쪽은 될 테니까)."[29] 무엇보다도 보부아르가 불과 이틀 뒤에 보낸 편지에서 자신을 표현한 방식에서 하이데거의 고유성 개념으로부터 받은 자극이 그사이 그녀의 고유한 사고에 얼마나 커다란 영향을 끼쳤는지가 분명하게 드러난다. 보부아르는 사르트르에게 비넨펠트가 말로 표현할 수 없을 정도로 신경을 거슬른다고 불평한다. 그 이유는 그녀가 "내가 그녀에게 설명한 것, 즉 도덕이 무엇보다 존재론적 토대라는 것을 전혀 이해하지 못하기 때문이야. 그리고 실제로 그녀는 이 세상에서 존재에 대한 모든 감각을 가장 많이 잃어버린 사람이지. … 그녀는 절대적으로 '그녀 자신의' 상황을 살고 있지 않아. 그녀는 … 다른 어떤 것도 아닌, 그저 '누군가'일 뿐"[30]이기 때문이라는 것이다.

오직 자유

보부아르와 사르트르가 하이데거를 무의 이론가로 읽었듯이, 자유의 문제는 순전히 지적으로만 접근할 수 있는 문제가 아니며, 해결될 수 있는 것은 더더욱 아니다. 자유는 객관적으로 그 존재를 확인할 수 있는 사실이 아니라 오히려 어떤 상황에서 행동으로 파악해야 하는 것이다. 바로 이런 단호함에 기반을 두고 있기 때문에 무조건적이다. 1929년 하이데거의 말에 따르면 "해방 속에서만 자유가 존재하고 존재할 수 있다. 인간이 자유와 맺는 유일하게 적절한 관계는 인간 내면에서 자유가 스스로 해방되는 것이다".[31] 인간은 무의 징표 속에서 되돌릴 수 없을 정도로 자유의 상황에 노출되어 있다. 말하자면 자유를 누리도록 정해져 있는 것이다. 결국 '평범한 인간'의 안전 욕구에 이끌려서 자신을 해방시키기를 포기하는 것도 일종의 결정이다.

1940년 4월 사르트르가 마지막으로 전선에서 돌아와 보낸 휴가 기간 중에 보부아르와 그는 센강을 따라 길게 산책을 하면서 이 주제에 대해 토론했다. 보부아르가 회상하듯이 "무엇보다도 상황과 자유의 관계였다. 나는 사르트르가 정의한 자유—스토아적 체념이 아니라 주어진 상황을 능동적으로 극복하는 것—와 관련해서 상황들이 서로 같지 않다고 여겼다. 하렘에 갇힌 여성은 어떤 극복 가능성을 지니고 있나? 사르트르는 사람들이 이렇게 고립된 상태를 서로 다르게 체험할 수도 있다고 말했다. 나는 완강하게 내 주장을 고수하다가, 결국 내키지 않지만 양보했다".[32]

무를 기원으로 삼아 생겨나는 이런 자유는 사르트르가 주장하는 것처럼 정말로 항상 무조건적이었나? 아니면 보부아르가 논박했듯이 자유는 항상 어떤 상황 속에서의 자유, 즉 본질적으로 상황에 의해 제약된 것으로 파악되어야 하지 않을까? 그것은 해결되지 않는 문제이자 측면이었고, 이제 이전의 그 어느 때보다 더 분명하게 라 푸에즈에서 보부아르 자신의 비상사태와 관련되어 있었다. 그녀는 패배한 나라의 서쪽 끝자락에 있는 시골집에서 가까운 사람들과 단절되어 고립된 채, 공포에 질려 단지 거울을 보거나 창밖을 내다볼 수밖에 없었다. 나치가 점령한 프랑스에서 자기 자신을 붙들고 있다는 게 무슨 의미를 지닐 수 있을까? 이 상황을 '극복'하기 위해 지금 열려 있는 가능성은 어떤 것인가?

"그때 (무엇인가가) 폭발했다. … 길 건너 맞은편 식당 유리창이 박살 났다. 성대를 긁는 것 같은 목소리가 알 수 없는 단어들을 내뱉었다. 그리고 그 순간 그들이, 키가 크고 짙은 금발에 장밋빛 얼굴을 지닌 그들이 왔다. 그들은 좌우를 보지도 않고 발을 맞춰 행진했다. 길게 이어진 행진이었다. 말, 탱크, 화물차, 대포, 취사용 야전 트럭이 그 뒤를 이었다. … 독일군들은 아이들의 손목을 자르지 않았다. 그들은 먹은 음식에 대해 돈을 지불했고, 농장에서 달걀을 샀다. 그들은 친절하게 말을 걸었다. 모든 상인이 그들에게 미소를 지었다. 그들은 즉시 선전을 시작했다."[33]

진격 중

　모든 선전과 마찬가지로 당연히 나치의 선전도 처음에는 자신의 목적에 따라 상황과 결정의 관계를 조작하는 것을 목표로 삼았다. 하지만 여기에는 한 가지 결정적 차이가 있었다. 그리고 이 차이는 나치 자신이 공개적으로 표명한 목표에 기반을 두었다. 궁극적으로 이 목표는 자유를 더 이상 선택 사항으로 고려하지도 느끼지도 못할 사람들을 폭력적으로 만들어내는 것에, 말 없는 체념이나 능동적 극복이라는 양자택일 너머에서 계속 살아갈 사람들을 만들어내는 것에, 절대적으로 똑같고 획일화된 사람들이 맹목적으로 추종하는 현재를 살아가는 집단이라는 전체주의적 꿈 속에 있었다.

　시몬 드 보부아르가 처음에 안도하면서 인지했던 프랑스에 주둔한 독일 점령군의 '친절함'과 '올바른 태도'는 이런 해석과 결코 모순되지 않았다. 오히려 섬뜩한 방식으로 그것을 확인시켜주었다. 왜냐하면 마을로 진입하는 독일군 병사들의 '발을 맞춘 행진'에 적용되었던 것은 엄격한 명령에 따라 그들이 피정복민에게 보여준 태도, 즉 '좌우를 보지 않고, 명령에 따라 주어진 규칙을 엄격하게 지켜야 하는' 태도에도 적용되는 것이었기 때문이다. 나치의 여러 규칙을 이끄는 광적인 인종 범주에 따르면 '프랑스인'은 소위 '하층 인종'은 아니었다. 따라서 점령군의 목표는 직접적인 육체적 소멸이나 신체적 노예화가 아니라, 순전히 정신적이고 실존적인 복종이었다. 나치가 점령한 다른 지역의 '사람'은 전혀 다른 상황에 처해 있었다. 유럽 대륙의 내륙 깊숙한 곳에 있는 전투 지역에서는 독일군이 자신들이 사는 마을이나 도시를 점령했을 때 앞의 사례와 비슷한 폴란드나 우크라이나 남녀의 목격담을 찾기 어려울 것이다.[34] 그들은 나치의 인종주의적 세계관에서 '하층 인종'으로 분류된 사람들이기 때문이다. 프랑스에서도 유대인에 대한 행태는 더 말할 필요도 없다.

귀향

1940년 6월 말이 되면 적어도 라 푸에즈에서는 다시금 일상이라고 할 만한 것이 우세해진다. 농부는 자신의 농장으로 돌아왔고, 카페와 가게는 새로 문을 열었다. 보부아르는 첫 번째 전쟁 포로들이 이미 가족에게로 돌아가고 있다는 소식을 듣고, 힘들더라도 히치하이킹을 해서 파리로 돌아가겠다고 결심한다.

보부아르가 며칠간의 힘든 여행 끝에 도착한 호텔에서 사르트르가 아직 살아 있음을 확인할 수 있는 유일한 표식은 그녀가 파리를 떠나 피란길에 올랐던 날인 6월 9일에 작성된 짧은 편지다. 그는 "작업을 잘하고 있으며 소소한 경험이 넘쳐난다"³⁵고 했다. 그것은 모든 것을 의미할 수도 있고, 아무런 의미가 없을 수도 있었다. 1940년 6월 30일 아침, 보부아르는 파리의 전쟁 일기에 다음과 같이 기록한다. "어제저녁 살면서 한 번도 겪어본 적 없는 비참함을 느낀 후, 오늘 새벽에 갑자기 일종의 유쾌함을 되찾았다. 날은 따뜻하다. 나는 카페 돔에 있는 내 전용 자리에 앉았다. … 나는 갑자기 우리가 함께 살게 될 '훗날'을 전력을 다해 믿었다. … 오늘이 내가 고립에서 약간 벗어나 '짓눌린 빈대'가 되는 것을 그만두고 다시 사람이 되려고 애쓴 첫 번째 날이다."³⁶

중립적으로 보면 그녀의 상황은 실제로 더 나쁠 수도 있었다. 부모님은 여전히 건강했고, 코사키에비츠 자매는 루앙의 시골에서 안전했으며, 나탈리 소로킨도 자전거를 타고 이미 파리로 돌아오는 중이었다. 학교 수업도 곧 시작될 예정이다. 이틀 후에 그녀는 이렇게 쓴다. "내 주변의 삶이 다시 형태를 갖추기 시작한다. 사람들이 그와 같은 이별을 어떻게 체험했는지가 흥미롭다. 우선 여기 이런 부유 상태, 이처럼 세상과 현존 전부가 꺾쇠에 죄여 있는 상태. … 사르트르의 생생한 모습은 거의 없지만, 행동과 사고가 멈추자마자 전형적이고 불명확한 모습과 '사르트르'라는 단어가 무의식적으로 솟아오른다. … 근본적으로 시간에 대한 방향감각을 지니고 있을 때, 내가 가장 기다리는 것은 편지였다."³⁷ 현상학적으로 숙달된 자아 분석의 모범적 사례다. 의식이 있을 때 누가 무의식을 필요로 하겠는가? 궁극적으로 의식만으로도 이미 충분히 복잡했다.

헤겔 연구 계획

분석의 결과로 '비버'는—사르트르는 평생 동안 보부아르를 그렇게 불렀다—스스로에게 새로운 계획과 틀에 박힌 엄격한 일상을 유지하도록 처방한다. 모든 것이 괜찮지만, 멈춰 서는 것만은 안 된다. 왜냐하면 정지와 함께 공허가, 그리고 공허와 함께 불안이 오기 때문이다. 자전거 타기도 이 새로운 계획 중 하나다. 나탈리 소로킨은 이 시기에 인내심을 발휘해서 그녀에게 자전거 타는 법을 가르친다. "내 모습을 본다면 웃겠지. 알다시피 자전거를 타고 파리를 돌아다니는 것은 마법처럼 멋져. … 사실상 더 이상 영화관은 존재하지 않아."[38]

편지들이 그에게 닿든 말든, 그녀는 앞으로 사르트르에게 매일 자신의 삶에 대해 자세히 이야기할 것이다. 그리고 영화관과 극장은 문을 닫았지만, 도서관은 문을 닫지 않았다. 7월 6일부터 보부아르는 매일 오후 2시부터 5시까지 국립 도서관에 고집스럽게 앉아서 게오르크 빌헬름 프리드리히 헤겔의 저작을 연구한다. 하필이면 헤겔이다. 그의 『정신현상학』이 후설 혹은 하이데거의 '현상학'과 무슨 관계가 있을까?

명칭이 같다는 점을 제외하면 명백하게 아무런 관계도

없다. 헤겔의 사고에서는 상황 속에서 생겨난, 자신의 고유성을 지키려는 용기 대신 개념을 통해 자신의 상황에서 벗어나 추상화하려는 행위가 우세했다. 자기 자신의 의식에 집중하는 대신 익명의 세계정신에 초점을 맞춘다. 무의 경험에서 생겨난 무조건적 자유가 아닌, 무의 개념에서 생겨난 절대적인 논리의 일관성에 초점이 맞춰져 있다. 자유, 헤겔 철학과 관련해서 이것은 기껏해야 궁극적으로 역사의 구체적 행위자가 행위하든 행위하지 않든 그의 일체 행위로부터 벗어나 있는 역동적인 힘의 필연성에 대한 통찰을 의미한다. "헤겔은 나를 조금 진정시켰어. 사촌 때문에 내 심장에서 피가 흘렀던 스무 살 때 내가 '나와 나의 개인적 슬픔 사이로 인류 전체를 끼워 넣기' 위해 호메로스를 읽었던 것처럼, 이제 나는 현재의 순간이 '세계의 진행' 속에서 모습을 드러낼 수 있도록 시도하고 있어."[39]

독일군이 점령한 뒤 맞이한 첫 번째 여름 동안 보부아르는 헤겔의 서사시적인 책 『정신현상학』을 보다 높은 차원의 논리라는 이름으로 이루어진, 구원을 가져다주는 자발적인 미성숙화의 시로 읽는다. "나는 계속해서 헤겔을 읽었고, 점점 더 그를 잘 이해할 수 있게 되었어. … 그 체계 전체가 나를 혼란스럽게 했어. 보편적인 것이 뒤덮도록 놔두는 것, 역사의 목표라는 관점하에 죽음의 측면도 포함하는 비개인적인 것을 통해 자신의 삶을 관찰하는 것이 매혹적이었어. 그러면 이 세계의 시간 속에 존재하는 아주 짧은 순간, 개인, 나는 아주 우스운 존재처럼 보여! 왜 내가 지금 이 순간 여기에서 내게 벌어진 일, 나를 둘러싸고 있는 것에 대해 걱정해야 하지?"[40]

보부아르의 말에 따르면, 그녀가 모든 개인을 "그저 개미집에 있는 한 마리 개미"[41]로 이해하는 사고의 매력을 분명하게 감지했던 것 못지않게, 그것에 대한 내면의 저항도 그만큼 깊게 자리 잡고 있었다. 자아가 자기 자신을 진정으로 느끼는 한, 사람은 이 세상에서 자신이 차지한 위치와 역할에 대해 무관심하지 않을 것이다. 설령 순수한 이성은 아니라고 해도, 자신의 느낌과 감정의 자발성은 그런 태도와는 뚜렷하게 대립된다.

7월 11일에 드디어 사르트르에게서 소식이 왔다! 낭시 근처의 포로수용소에서, 불과 2주 전에 연필로 급하게 끄적거려 보낸 소식이다. "나의 매력적인 비버, 나는 포로로 잡혀 있지만 아주 좋은 대접을 받고 있어. 작업도 조금 할 수 있어서 아주 지루하지는 않아."[42] 감동, 그리고 기쁨, 하지만 바라던 감정적 해방은 일어나지 않았다. 사르트르는 살아 있고, 포로로 잡혀 있으며, 그녀는 어쨌든 그 정도는 알고 있다고 생각했다. 결정적인 문제는 그들이 얼마나 오랫동안 그를 포로로 붙잡아둘 것인가였다. 몇 년이 될 수도 있다. "알겠지만, 헤겔은 끔찍하게 어려워. 하지만 몹시 흥미롭지. 그리고 당신은 그를 알아야만 해. 그것은 당신의 무의 철학과 유사해."[43] 정확히 얼마나 비슷한지는 언젠가 함께 밝힐 수 있을 것이다. 그때까지는 내적 공허함을 막기 위해 댐을 쌓는 작업을 계속해야 했다.

단호하게 결심한 여인

비버의 자기 치료법 – "편지, 자전거, 헤겔, 편지" – 이 점점 효과를 발휘한다. 바스티유 감옥을 습격했던 혁명 기념일인 7월 14일, 보부아르는 사르트르에게 앞으로 몇 달 동안 결정적이라고 밝혀질 일련의 체험을 적어 보낸다. "내가 한 번은 개를 치고 또 한 번은 두 명의 여성을 자전거로 치었어. 하지만 전반적으로 아주 멋졌어. 라스파유 대로에서 나는 검은색 제복을 입은 독일군이 가득 찬 장갑차 여러 대와 마주쳤어. 내 생각에 그들은 짙은 검정색 제복을 입고, 챙 없는 커다란 모자를 쓰고 해골 표시를 단 기갑병들 같아.* 나는 카페 돔에 앉아서 헤겔의 선집을 읽고 있었는데, 내 소설의 모토로 훌륭하게 어울리는 문장을 발견했어. … 갑자기 나는 짧은 순간 지적 흥분을 느꼈고, 철학을 하고 당신과 이야기를 나누고 다시 소설을 쓰고 싶은 욕구가 생겼어. 하지만 자리를 잡고 앉아 다시 소설을 쓸 결심은 하지 못했어. 당신을 다시 보기 전까지는 그것에 손을 댈 수 없을 거야."44

나치 친위대Schutzstaffel=SS가 SS 해골단SS-Totenkopfverbände과 일반 친위대Allgemeine-SS, 그리고 치안 담당 경찰Ordnungspolizei에서 차출된 병사로 편성한 38개 무장 사단 중 프랑스 전투에 투입되어 파리를 점령했던 제2 SS 기갑사단 다스 라이히2. SS-Panzer-Division Das Reich 부대를 말하는 듯하다.

보부아르의 창조력이 되살아났다. 소설이 그녀의 의식으로 돌아왔다. 게다가 소설과 관련된 주요 인물인 올가와 그녀의 여동생 완다, 곧 부상에서 회복된 '꼬마 보스트'도 파리로 돌아왔다. 잘하면 가을쯤 이 '가족'은 중단되었던 이전의 삶을 다시 시작할 수 있을 것이다. 사르트르의 편지가 트리어 근처에 있는 독일군 수용소(12호 포로수용소)에서 아주 불규칙하게 도착한다. 그가 없어도 소설 작업은 빠르게 진전된다. 헤겔의 『정신현상학』에서 발견한 구호가 소설 마지막 3분의 1을 완성하도록 그녀를 이끌었다. 그것은 '주인과 노예'에 관한 장에서 나온 것인데, 보부아르가 옮겨 적은 글은 다음과 같다. "마찬가지로 모든 의식은 분명 타인의 죽음을 향해 간다."[45]

결국 헤겔의 책에서도 세계정신과 고유한 현존의 정신 사이에 제3의 의식 범주, 즉 혼자든 여러 명이든 타자에 대한 의식이 존재했다. 그녀는 프랑수아즈와 그자비에르라는 인물을 통해 우선 그녀 자신의 문제에서 절대적인 단호함을 보여줄 것이다. 1940년 12월에 그 작품은 완성된다. 마지막 구절은 다음과 같다.

프랑수아즈는 가스계량기 밸브에 손을 댔다. … 그녀(그자비에르)를 파괴하기 위해서는 이 밸브를 누르는 것만으로 충분했다. 하나의 의식을 없애버리는 것. '어떻게 내가 그럴 수 있지?' 프랑수아즈는 생각했다. 하지만 그녀 자신의 의식이 아닌 어떤 의식이 존재한다는 것이 어떻게 가능했을까? 그랬다면 그녀 자신은 존재하지 않았을 것이다. 그녀는 "그녀 아니면 나"라고 반복하며, 밸브를 아래로 눌렀다. … 사람들은 그것을 사고로 간주하거나 자살이라고 믿을 것이다. '어쨌든 아무도 내가 뭔가를 했다고 증명하지는 못할 거야'라고 그녀는 생각했다. … 그녀의 행동은 오직 그녀만의 것이다. "나는 그것을 원해." 그녀의 의지는 그 순간 이루어졌고, 더 이상 그녀를 그녀 자신과 분리시키는 것은 아무것도 없었다. 그녀는 마침내 선택했다. 그녀는 자신을 선택했다.[46]

실제로는 시작일 뿐인 소설의 끝. 이번 겨울, 보부아르도 마침내 자기 자신을 위한 선택을 했다고 느꼈기 때문이다. 조용한 체념에서 벗어나 능동적으로 상황을 극복하는 쪽으로.

지상의 더러운 거품

적어도 그들은 수용소를 탈출했다. 1940년 여름에는 그이상의 것을 이 세계로부터 기대할 수 없었다. 하인리히 블뤼허와 마찬가지로 한나 아렌트도 수용소에서 도망치기 위해 프랑스의 항복 때문에 생긴 혼란을 이용했다. 피레네산맥 근처에 있던 귀르스의 여성 수용소에 수용되어 있던 6000명의 소위 '자발적 수용자' 중 약 200명과 함께 그녀는 오직 칫솔만을 챙겨서 달아났다. 귀르스에서부터 아렌트는 먼저 동쪽을 향해 며칠을 걸어서 루르드에 도달했다. 그곳에서 그녀는 파리에서 도망쳐 온 벤야민을 만났다. "패배의 순간이었다. 더 이상 기차가 다니지 않았다. 가족, 남편, 아이들, 친구들이 어디에 있는지 아는 사람이 아무도 없었다. 벤야민과 나는 아침부터 저녁까지 체스를 두었고, 파리에서 발행된 신문이 있으면 그것을 읽었다. 독일인 인도 조항이 포함된 그 유명한 휴전 조약이 공개된 순간까지는 모든 것이 아주 좋았고 멋졌다."[47] 1940년 6월 22일이었다.

망명자의 권리 철폐 이외에도 이 조약에는 이전에 독일 국적을 소유했던 시민을 "요구가 있으면"[48] 나치에게 인도해야 하는 의무 조항이 포함되어 있었다. 특히 유대인 피란민들은 이 구절에서 무엇이 문제인지를 깨달았다. 게슈타포가 프랑스에서 오래전에 작성해놓은 목록을 마무리하고 동쪽으로 보내는 이송을 주도적으로 시작하는 것은 이제 시간문제일 뿐이다.

아직은 안전하지만 분명 자살 충동을 지닌 벤야민을 마지못해 루르드에 남겨두고 아렌트는 하인리히를 찾으러 갔다. 만남의 장소로 가장 그럴듯하다고 여겨진 곳은 북동쪽으로 약 180킬로미터 떨어진 몽토방이었다. 그곳은 피란민들이 머물도록 허용한 사회주의적 시장이 행정을 책임지고 있었기 때문에, 7월 초에 이 작은 도시는 수용소에서 나와 프랑스 각지를 배회하던 피억류자들이 모여드는 일종의 교차점으로 발전했다. 실제로 아렌트는 그곳에 도착해서 많은 파리 친구들과 '단골 카페'의 단골들, 무엇보다도 로테 클렌보르트와 콘 벤디트 부부를 발견했다.[49] 그리고 며칠 후 아주 우연히 그녀의 '무슈'와도 만났다. 아렌트처럼 그도 6월 말부터 몇몇 수용소 동료들과 함께 며칠 동안 걸어서 프랑스 여러 지역을 거쳐 왔다. 1940년 1월 공식적으로 결혼한 두 사람은 사진가의 버려진 아틀리에에 거처를 마련했다.

아렌트와 그녀의 지인들은 아마도 그들이 몽토방에서 비교적 운이 좋았다는 점을 이해했을 것이다. 이리저리 피란을 다녔고 한때 파리의 뤼 동바슬Rue Dombasle에서 벤야민의 이웃이었으며, 종군 기자이자 작가인 아르투르 쾨스틀러Arthur Koestler◆는 저서 『지상의 더러운 거품』[50]에서 다른 '귀르스 수감자'들의 상황에 대해 이야기한다. 가장 빨리 이웃이나 남편을 만날 수 있지 않을까 하는 희망에 이끌려 많은 사람이 탈출 후에도 몇 주 동안 수용소 근처에서 머물렀다. 몇몇 사람은 농부들에게서 빵과 숙소를 얻기 위해 들판에서 일했지만, 다른 사

◆ 1905년 당시 오스트리아-헝가리 제국에 속해 있던 부다페스트에서 태어나 빈에서 대학을 마치고 제2차 세계대전 중 영국으로 망명했다. 이후 영국에 머물면서 독일어와 영어로 작품을 발표했다. 대표작으로는 『한낮의 어둠』(1940)이 있다.

람들은 그 지방의 술집이나 간이식당에서 억지로 매춘을 할 수밖에 없었다. 이와 관련해 쾨스틀러는 1940년 7월 13일에 어떤 부관이 간이식당 쉬Sus에서 귀르스 수용자였던 세 여자와 벌인 "형편없는 술판"에 대해 이렇게 기록했다. "두 명의 폴란드 여자와 한 명의 유대계 독일 여자. (그는) 그들을 위해 럼을 섞은 페르노를 주문했다. … (나는) 화장실에서 유대인 여자를 만났다. 그녀는 속이 좋지 않았고, 울면서 물었다. '그가 내게 여행 허가서를 줄까요?' 내가 돌아오자 르페브르가 내게 그 젊은 여자와 잤는지 물었다. 그는 어제 20프랑을 주고 귀르스 출신의 유대인 여자와 잤는데, 그녀의 남편도 그 사실을 알고 있었다고 했다. '의사 혹은 그 비슷한 것처럼 보이는 착한 늙은이였어…'"[51]

산송장

점점 더 자주 자살 소식이 들린다. 선택의 자유 같은 것을 가지고 있는 한—아렌트도 이런 확신을 가지고 있다—사람이 스스로를 방치하면 안 되는 상황이 있었다. 자살이라는 주제에 대해 이미 루르드에서 여러 번 벤야민과 이야기를 나누었는데, 그는 너무 늦어서 자살할 수조차 없게 되는 때가 언제인지 아무도 알 수 없다고 거듭 경고했다. 귀르스에서도 여러 건의 자살이 있었는데, 심지어 수감자들 사이에서 잠시 항의의 표시로 집단 자살이 논의되기도 했다. 하지만 어쨌든 이곳에서 '뒈질 것'이라는 말이 나오자마자 갑자기 분위기가 밝아졌다고 아렌트는 기억한다. 결국 그곳에서 "전체적인 불행을 여전히 개인적 불운으로 볼 수 있고, 그에 따라 개인적으로 자신의 삶에 종지부를 찍을 수 있는 사람은 비정상적일 정도로 반사회적이고 사건의 일반적 결과에 무관심한 게 분명하다는 생각이 일반적"[52]이었다.

아렌트는 이제 막 벌어지고 있는 불행을 그 진행 과정과 목표 안에서 이해하려는 시도를 통해 모든 개별적 기억에서 떼어내 추상화하는 것이 중요하다고 확신했다. 우주는 그것을 개인적으로 생각하지 않았다. 나치조차 그렇게 하지 않았다. 제대로 이해한 것이라면, 이것이 바로 그들이 원래 지니고 있는 야수성이다. 그들에게는 이런저런 개인을 박해하거나 소멸시키는 것은 중요하지 않다. 실제로 유대인을 전멸하는 것만이 중요한 문제가 아닐 수도 있다. 오히려 그들의 행동은 태도나 감각의 모든 자발성을 소멸시키려는 광기에 가득 찬 환상을 따르고, 모든 개별 "인간을 동일한 조건에서 항상 동일한 상태를 유지하게 될 사물로 변화시키려는"[53] 계획을 추구한다.

아렌트는 강제 노동 수용소의 논리에 대한 후반기의 분석에서 시몬 베유와 거의 같은 의미로 "산송장으로 만든 박제품"[54]과 같은 광범위한 사물화라는 전체주의적 목표에 대해 이야기한다. "일반적으로 영혼(혹은 특성)이라고 부르는 것을 파괴할 수 있는데, 이때 반드시 인간의 육체를 같이 파괴할 필요는 없다는 사실"[55]을 이해하는 것이 수용소 체계에 대한 분석에서 특히 중요하다. 하지만 "총체적 지배를 향해 가는 첫 번째 결정적인 단계는 법률적 인격을 죽이는 것"에 있고, "그런 인격 살인은 국적이 없는 경우 무국적자가 유효한 법의 테두리 밖에 서게 됨으로써 자동적으로 일어나게 된다."[56]

늦어도 1940년에는 이 목적이 달성되었다. 아렌트가 1943년 출간한 에세이 『우리 난민들』에서 묘사한 것처럼, 프랑스에서 독일 출신 유대인들의 출현으로 "적에 의해서는 강제 노동 수용소에, 친구에 의해서는 포로수용소에 처박힌 완전히 새로운 종류의 인간"[57]이 만들어졌다. 사람들은 우선 "그들이 독일인이기 때문에 감금했고, 이제는 그들이 유대인이기 때문에 풀어주지 않았다"[58]. 그들의 죄는 결코 개인적 행위나 행동에 있지 않고, 오히려 단순히 그들의 존재 자체에 있었다. 그 때문에 수용소에 갇힌 사람들의 상당수는 "그들 자신의 의식 속에서건 혹은 그들을 괴롭히는 자들의 의식 속에서건 그들의 구금과 합리적 연관이 있는 일을 결코 하지 않은 사람들로"[59] 충원되었다. 따라서 개인으로서의 자아를 인정하는 것과 관련해서 그들은 범죄자, 강간범 혹은 살인자들보다 낮은 자리에 있었다.

6월의 혼란스러웠던 시기에 혼자 힘으로 도망칠 용기를

갖지 못했던 사람은 곧 다시 감시가 가장 심한 수용소에 갇혔고, 프랑스인 감시자가 독일인으로 교체될 때까지 얼마나 걸릴지를 혼자서 곰곰이 생각하게 되었다.

통과 비자

떠나거나 머무는 것 중에 어떤 것이 더 불법적이었을까? 공식적으로 통행증을 신청하는 것이 더 위험했을까? 아니면 그냥 포기하는 것이 더 위험했을까? 몽토방의 상황에서 뒤죽박죽으로 엉켜버린 규칙 중 아주 일부분만 계획된 것이었다. 프랑스 측의 혼란은 지나치게 컸다. 어떤 규칙인지 그리고 누가 누구의 이름으로 그 규칙을 만들어냈는지가 명확하지 않았다.

비시 정권의 통치자로 취임한 페탱Pétain이 1940년 7월 11일에 행한 첫 번째 직무는 행정 명령을 내려서 헌법의 효력을 정지시킨 것이었다. '자유, 평등, 박애'라는 구호 대신에 새로운 프랑스 국가에서는 '노동, 가족, 조국'이라는 핵심 개념이 토대를 이룰 것이라고 했다. 피란민들에게는 특히 쓰디쓴 조롱이었다. 불과 10년도 채 안 되어 지금 그들은 두 번째로 그 토대를 빼앗겼다. 집을 떠나고, 직업을 포기하고, 가족을 잃거나 독일에 남겨지거나 수용소에 갇혔다. 타고난 쾌활한 성격과 현장에서 경험한 연대와 우정에도 불구하고, 아렌트도 이 시기 몇 주 동안 내면이 굳어지는 것을 이겨내기 위해 온 힘을 다해 자신과 싸워야만 했다.

그사이, 고집스럽게 아직도 루르드에 머무르고 있지만 몇 주 전부터 독감으로 쇠약해진 벤야민은 8월 2일에 뉴욕에 있는 테오도어 아도르노Theodor Adorno에게 편지 한 통을 보내는데, 그 편지에는 새로운 프랑스에서 살고 있는 거의 모든 독일 출신 유대인의 상황이 인상적으로 기록되어 있었다.

"다음 날, 다음 시간에 무슨 일이 생길지에 대한 완전한 불확실함이 몇 주 전부터 내 삶을 지배하고 있어요. … 내가 당신에게 지금까지 어려운 순간에도 평정심을 유지하고 있다는 인상을 주었기를 바랍니다. 그것이 변했다고 생각하지 마십시오. 하지만 상황의 위험한 특성을 외면할 수는 없습니다. 나는 어느 날 그 상황에서 도망칠 수도 있었을 사람들의 숫자를 헤아리게 될 것 같아 두렵습니다."[60] 불과 일주일 후에 그는 몽토방에 있는 아렌트에게 보낸 편지에서 자신의 상황을 다시 자세하게 이야기한다. "지금 이 순간 내가 알고 있는 전부는 뉴욕에 있는 사람들은 내게 발행된 비자가 마르세유 영사관에 맡겨져 있을 거라고 생각한다는 것뿐입니다. 그들은 내가 기꺼이 즉시 그곳으로 갈 거라고 생각할 수도 있겠죠. 하지만 마르세유에서 온 확인서 없이 통행증을 얻는 것은 불가능해 보입니다. 며칠 전에 나는 그 확인서를 얻기 위해 [미리 반신료를 지불한][61] 전보를 그곳으로 보냈습니다. 아직까지 아무런 답신도 받지 못했습니다. 따라서 나의 불확실한 상태는 지속되고 있고, '방문' 허가를 받으려고 애쓰는 것 때문에 이민을 가려는 나의 노력이 수포로 돌아갈 수도 있다는 것조차 알 수 없을 때, 불확실함은 그만큼 더 크죠. 몹시 후덥지근한 날씨 때문에 정신적, 육체적 삶을 최소한의 상태로 유지하려는 나의 성향이 더 강해졌습니다. … 내 원고의 운명을 생각할 때마다 엄습하는 커다란 불안으로 고통은 두 배로 커집니다. 친구들과의 접촉도 거의 없고, 소식도 거의 없습니다."[62]

삶의 불꽃이 꺼지기 직전인 고립된 사람이 그렇게 적어 보낸다. 그는 더 이상 자신에 대해 걱정하지 않고, 사라질 것 같은 예감이 드는 필생의 역작에 대한 걱정을 먼저 한다. 몇 주 전에 벤야민은 게슈타포가 그의 파리 집을 수색해서 모든 원고를 압수했다는 사실을 알게 되었다.

아렌트와 블뤼허에게도 이제 자유를 향한 모든 길은 점령되지 않은 프랑스의 마지막 자유항인 마르세유를 거쳐 간다. 마르세유는 아직도 비자 및(혹은) 바다를 건너 북아프리카로 가는 여행증을 신청할 수 있는 유일한 도시였다. 몽토방에서 자전거를 타고 가면 이틀이나 사흘쯤 걸리는 거리다. 작년과 비교하면 비자 발행률이 분명하게 낮아졌지만, 아렌트는 그사이에 캘리포니아에 정착한 전남편 긴터 슈테른의 도움을 기대할 수 있었고, 마찬가지로 시오니즘 청년 이주단의 네트워크를 통한 접촉과 지원도 기대할 수 있었다. '무슈' 하인리히도 남편의 신분으로 함께 갈 수 있을 것이다. 물론 아렌트의 어머니가 파리에서 몽토방으로 왔기 때문에 상황은 훨씬 더 복잡해졌다.

마르세유에 있는 수천 명의 피란민이 원하는 것은 단 한 가지뿐이다. 가능한 한 빨리 프랑스를 벗어나는 것이다. 하지만 그것을 이룰 수 있는 방법을 정확하게 아는 사람은 아무도 없었다. 적어도 합법적으로 할 수 있는 일은 없었다. 왜냐하면 이민자를 받으려는 국가의 비자와 함께 일반적으로 스페인과 포르투갈을 통과하기 위한 허가서, 그리고 무엇보다도 유효한 프랑스 출국 서류가 필요했기 때문이다. 특히 프랑스 출국 서류를 얻는 일이 점점 더 불가능해졌다. 그에 따라 갖가지 서류를 사고파는 암시장이 번성했으며, 그중 많은 서류가 진짜였다. 예를 들어 부모님과 함께 역시 마리세유에 발이 묶인 시몬 베유는 은밀한 정보를 얻었는데, 우선 카사블랑카로 가려는 사람들에게는 최종 목적지가 어딘지는 상관이 없다는 정보다. 그래서 그녀는 1940년 8월에 시암* 영사관에서 세 개의 비자를 발급받는다. 하지만 이 비자가 마르세유에서 직접 시암으로 떠나는 배에만 유효하다는 사실을 나중에야 알게 된다. 하지만 시암으로 가는 직항 여객선은 존재하지 않고, 전에도 존

시암은 아유타야 시대부터 라타나코신 시대까지의 태국이다. 1936년부터 국호를 시암에서 타이로 바꾸면서 현재의 타이 왕국이 되었다.

재한 적이 없었다.[63]

역사의 천사

아렌트와 블뤼허가 1940년 9월 20일에 마르세유에서 다시 한번 벤야민을 만났을 때, 벤야민도 마침내 리스본에서 뉴욕으로 떠나는 여객선에 승선할 수 있는 모든 서류를 지니고 있었다. 그리고 그가 며칠 전 이웃이었던 아르투르 쾨스틀러에게 털어놓은 것처럼 말 한 마리를 충분히 죽일 수 있는 정도의 모르핀도 지니고 있었다.

아렌트는 그 만남을 정확하게 기억한다. "내가 그(벤야민)를 다시 만났을 때, 스페인 비자는 유효기간이 8일 혹은 10일 정도만 남아 있었다. 당시에는 프랑스 출국 비자를 얻는 것이 전혀 가능성이 없었다. 그는 내게 어떻게 해야 할지 절망적으로 물었다. … 나는 그에게 말했다. … 이 (스페인) 비자가 언제까지 유효할지 아주 의심스럽다고, 그러니 비자 유효기간을 넘겨 못 쓰게 되는 위험을 감수할 필요는 없다고. 당연히 우리 셋이 함께 가는 것이 가장 좋을 것이고, 그러기 위해 그가 우리가 있는 몽토방으로 와야 한다고, 하지만 아무도 그것을 책임질 수는 없다고 이야기했다. 그 직후 그는 매우 서둘러서 마르세유를 떠나기로 결정했다."[64]

한편 아렌트와 블뤼허 부부는 그들의 미국 비자 두 개와 벤야민이 떠나면서 맡긴 그의 원고가 들어 있는 짐을 가지고 몽토방으로 돌아왔다. 그 원고는 아마도 벤야민이 루르드에서 종이에 적은 「역사 개념」이라는 단편 글[65]이었을 것이다. 느슨하게 배열된 열두 개의 철학적 단편으로 이루어진 묘사를 통해서 그는 시간, 역사성 그리고 개인의 역할 사이의 관계를 시적으로 응축시켰다. 7번 단상에는 '역사의 천사'라는 인물이 있다.

커다랗게 눈을 뜨고, 입은 벌어져 있다. 그리고 그의 날개는 활짝 펼쳐져 있다. 역사의 천사는 틀림없이 이런 모습일 것이다. 그의 얼굴은 과거를 향해 있다. 일련의 사건들이 우리 눈앞에서 펼쳐지고 있는 바로 그곳에서, 그는 끊임없이 잔해를 차곡차곡 쌓아 올리고, 그 잔해 더미를 그의 발 앞으로 내던지는 단 하나의 파국을 바라보고 있다. 천사는 그곳에 머무르며 죽은 자들을 일깨우고, 산산조각 난 것을 짜 맞추고 싶어 한다. 그러나 낙원에서 폭풍이 불어와 그의 날개를 휘감는다. 그 폭풍이 너무 강해서 천사는 더 이상 날개를 접을 수 없었다. 이 폭풍은 그가 등을 돌리고 있는 미래 쪽을 향하여 간단없이 그를 떠밀고 있으며, 반면 그의 앞에 쌓이는 잔해 더미는 하늘까지 치솟고 있다. 우리가 진보라고 일컫는 것이 바로 이 폭풍이다.[66]

벤야민의 천사는 미래를 등진 채 1940년 소위 진보의 역사에서 오직 높이 쌓인 잔해 더미와 산처럼 쌓인 시체 말고는 아무것도 볼 수 없다. 생각 속에서 멈추거나, 기억하거나, 함께 기억할 가능성도 없이. 천사의 날갯짓도 폭풍의 힘을 거스를 수 없다. 그럼에도 그 글은 특이하게 구원을 주는 전망으로 끝난다. 이를 통해 벤야민은 숄렘이 평생 설득했음에도 불구하고 자신의 것이라고 여기지 않았던 전통에 자신의 이름을 새겨 넣었다.

그러나 그것 때문에 유대인에게 미래가 동질적인 시간이나 공허한 시간이 되지는 않았다. 왜냐하면 그런 시간 속에서는 매 순간이 메시아가 들어설 수 있는 작은 문이기 때문이다.[67]

계속해서 읽고 낭독한 이 구절이 아렌트에게는 몽토방에서 매일매일 견디고 숙고하는 행위의 동반자가 되었다. 히틀러의 비행기가 처음으로 영국을 공습하기 위해 날아가고, 이로써 군사적 상황은 다시 한번 암울해진다. 그사이 귀르스에 새로 이송된 포로들이 도착한다. 노르트바덴과 카를스루에에서 온 그들은 게슈타포가 맨 먼저 아직 수용 능력이 남아 있는 프랑스로 보낸 수백 명의 유대인 여성과 아이들이다.[68] 자유로 통하는 문이 닫히기 시작한다. 벤야민이 피레네 산맥을 넘었는지에 대해 오랫동안 아무 소식도 들려오지 않았는데, 아렌트가 오랫동안 믿기를 거부했다는 소문이 뒤따랐다. 1940년 10월 21일 아렌트에게도 확실해졌다. 그녀는 팔레스타인에 있는 숄렘에게 그들이 함께 알고 있던 친구 벤야민의 운명을 전하기 위해 펜을 든다.

> 친애하는 숄렘 씨
> 발터 벤야민이 9월 26일 스페인 국경 근처 포르 부Port Bou에서 스스로 목숨을 끊었어요. 그는 미국 입국 비자를 갖고 있었지만, 23일부터 스페인 사람들이 '국가' 증명서를 소지한 사람만 통과시켰어요. 이 글이 당신에게 도달할 수 있을지 모르겠습니다. 저는 지난 몇 주, 몇 달 동안 발터를 여러 번 보았어요. 마지막으로 20일에 마르세유에서 보았습니다. 자살 소식이 거의 4주 늦게 우리와 그의 누이동생에게 전해졌어요.
> 유대인들은 유럽에서 죽고, 개처럼 서둘러 묻힙니다.[69]

움직여야 할 긴박한 순간이었다. 하인리히와 아렌트에게도 모든 것이 적절한 시점에 달려 있다. 우선 두 사람은 아렌트의 어머니 없이 1월 초 피레네산맥을 향해 길을 나선다. 산을 넘어가는 통로, 숨겨진 오솔길을 따라서 여러 시간 동안 산을 올라가야 하는 그 길을 벤야민도 걸어갔다. 마찬가지로 아렌트가 국경을 넘을 때 도와준 긴급 구조 위원회의 도주 협력자도 같은 사람이었다. 그들 중에는 전에 함께 귀르스 수용소에 수감되었던 리사 피트코Lisa Fittko도 있었다. 이날은 국경 통과에 성공한다. 한나와 하인리히는 유효한 미국 비자를 가지고 1월 말에 리스본에 도착한다. 이제 그들과 '자유의 나라'를 갈라놓고 있는 것은 오직 여객선뿐이다. 아렌트는 후에 숄렘에게 다음과 같이 알린다. "우리는 그(벤야민)의 무덤을 찾아보았지만 헛수고였어요. 찾을 수가 없었어요. 어디에도 그의 이름은 없었어요."70

실패

"세계사가 그처럼 개똥 같지 않다면, 사는 게 즐거울 것이다."71 이것이 한나 아렌트의 기본 원칙이다. 아인 랜드도 평생 동안, 특히 1940년 겨울에 그 원칙에 공감할 수 있었을 것이다. 미국 유권자는 1940년 11월 5일 압도적 다수로 민주당원 프랭클린 델러노 루스벨트가 세 번째 임기를 맡도록 도와주었다. 랜드에게 그것은 정치적 재앙일 뿐만 아니라, 아주 개인적인 패배이기도 하다. 그녀는 긴 가을 내내 선거 운동원으로 일하면서 집집마다 초인종을 누르고, 전단과 '웬델 윌키: 미국의 희망'이라는 문구가 적힌 배지를 나누어 주었으며, 강당과 영

화관에서 후보 지지 연설을 했고, 대로에서 뉴욕 시민과 말다
툼하는 것조차 마다하지 않았다. "당신이 미국과 무슨 상관이
야? 당신은 외국 여자일 뿐이잖아!" "나는 미국인이 되기로 '결
정'했어. 여기에서 태어난 것 말고 당신이 미국을 위해서 한 일
이 뭐지?"[72] 그 모든 것이 다 헛수고가 되었다.

결국 인디애나 출신의 자수성가형 백만장자인 웬델 윌키
가 이길 가능성은 전혀 없었다. 막판에야 공화당원들에 의해
단상 위로 밀려 올라가서 깜짝 후보가 된 그의 선거 운동은 곧
윌키가 1939년까지 민주당 당원이었다는 사실이 드러남으로
써 곤란을 겪었다. 이는 그의 신뢰도에 심각한 타격을 입혔는
데, 당시 '구 우익Old Right'이라고 불렸던 영향력이 강한 우파 집
단에서 특히 그랬다.

랜드의 열광도 곧 사라졌다. 뉴딜 정책이 시작되고 8년
이 지났어도 실업률은 여전히 15퍼센트를 넘었다. 친기업적인
자신의 정책 의제를 일관되게 전면에 내세우는 대신에, 윌키
는 유권자에게 "인디애나 시골에 뿌리를 두고 있다"는 점을 장
황하게 이야기했다. 그는 보수적인 '미국 우선주의'라는 의미
에서 미국의 참전에 반대하는 의견을 분명하게 표명하지 못했
다. 선거 패배 후 랜드의 평가는 다음과 같다. "미국을 파괴하
려는 모든 사람 중에서 윌키가 가장 책임이 크다. 단지 시대의
산물인 루스벨트보다도 책임이 훨씬 크다."[73]

그것으로 1940년은 랜드에게 그해를 시작했을 때와 마

찬가지로 다시 한번 실패로 끝났다. 또 다른 연극 작품의 성공을 바라는 마음으로 그녀는 작년에 그녀의 첫 작품『살아 있는 우리』를 연극으로 각색하기 위해 새로운 소설『기원』작업을 중단했다. 연극에 맞게 소설을 각색하는 것은 예상했던 대로 아주 괴로운 일이었다. 하지만 그 작품은 브로드웨이의 유명 제작자가 의뢰한 것이어서 잠재적으로 아주 높은 수익성을 지니고 있었다. 이 작품은 1940년 2월 13일『정복되지 않는 사람들』이라는 제목으로 커다란 팡파르와 함께 뉴욕에서 초연되었다. 그리고 그날 밤 비평가들로부터 만장일치로 "이번 연극 시즌의 최대 실패작 중 하나"라는 평가를 받았다.[74]

랜드는 그 후 이틀 동안 자신의 방에 틀어박혀 나오지 않는다. 프랭크도 방으로 들어갈 수 없다. 다시 방에서 나온 그녀가 첫 번째로 한 일은 존 오라이언 장군에게 보낼 핀란드 전투 기금을 위한 기부 편지를 쓴 것이었다. "당신이 만든 핀란드를 위한 무기 구입 구호 기금 단체에 보내는 제 기부금을 동봉합니다. 주제넘지만 당신의 일에 존경을 표합니다. 그 작업은 위대한 목적에 도움이 됩니다."[75] 벌써 '겨울 전쟁'이 시작되고 3개월이 지났는데도 겨우 30만 명에 불과한 핀란드 군대는 압도적으로 우세한 소련이라는 적에 맞서 여전히 진지를 지켰다. 저항 의지를 보여주는 눈부신 모범이다.

투히 원칙

다음 날 아침 랜드는 다시 작업 책상에 앉는다. 시간이 촉박하다. 이미 작년에 그녀는 소설의 첫 번째 마감일을 넘겼다. 계약서 조항에 따르면 이제 그녀는 10월까지 원고를 완성해 출판사로 넘겨야 했다. 지금까지 3분의 1도 쓰지 않았기에, 사실상 불가능한 일이다. 매일 골목길이 점점 좁아지면서 막다른 골목에 이른다. 하지만 핀란드 사람들에게 통용되는 것을 아인도 명심하려고 한다. 포기는 결코 선택 사항이 아니다.

무엇보다 적의 방법과 목표가 점점 더 분명하게 그녀의 눈앞에 떠올랐기 때문이었다. 히틀러와 스탈린이 전 세계를 뒤덮은 대규모 군사적 충돌에 앞서 문화적으로 아주 다른 형태의 전쟁이 벌어지고 있었고, 미국에서도 마찬가지였다. 잘못 이해된 핵심 개념이라는 이름으로 이루어진 이런 형태의 정신적 잠입을 한눈에 알아볼 수 있도록 만들고, 소설의 형태로 가능한 한 인상적이고 구체적으로 표현하는 것이 중요했다.

이것과 관련해서 결정적인 각성 체험은 랜드가 뉴욕의 좌파 성향의 뉴 스쿨에서 영국 정치학자이며 언론인인 해럴드 래스키Harold Laski의 행사에 참여했던 1937년으로 거슬러 올라간다.[76] 루스벨트가 자신의 말을 귀 기울여 듣는다고 공개적으로 자랑했던 진정한 스타 지식인 래스키는 몇 년 전부터 미국에서 사회적 현안에 대해, 특히 시대정신에 맞게 민주주의와 자본주의의 긴장 관계에 대해 유명한 강연을 자주 했다.

랜드는 그녀의 행운을 믿을 수 없었다. 그는 로크와 반대되는 인물로 더할 나위 없이 딱 들어맞았다! 수사학에 아주 능하고, 외모에서 풍기는 명백한 오만함을 항상 가벼운 아이러니로 순화시키는 그는 적확한 단어들을 말하고, 열광적인 뉴욕의 문화계 사람들이 갈채하면서 받아들일 수 있도록 올바른 테제들을 제시했다. 문화계 인사들은 오랜 기간에 걸쳐 이루어지는 조용한 잠입 선전을 통해 그것을 올바른 것으로 여겨 내면화했다. 그녀는 래스키를 관찰하고, 귀를 기울여 그의 말을 듣고 받아 적기만 하면 되었다.

래스키에게 어울리는 이름도 즉시 찾았다. 랜드의 소설 세계 속에서 항상 그런 것처럼 엘즈워스 투히Ellsworth Toohey라는 이름―'다른 가치'라는 뜻의 else worth로도 읽힌다―도 무언가를 말해주는 이름이다. 악마적인 속성을 지닌 로크의 커다란 적수인 그에게 그녀는 4부로 구성된 소설의 2부 전체를 할애하게 될 것이다. 1940년 봄이 지나가는 동안 랜드는 최종적으로 그를 소설 인물로 확정한다. 그 나라의 가장 영향력 있는 신문의 가장 영향력이 큰 예술 평론가로서 투히는 뉴욕에서부터 모든 것을 평준화하는 못된 짓을 저지를 것이다.

1940년 2월 22일

투히의 목적은 강한 사람들, 개별자들, 독창적인 사람들,

건강한 사람들, 즐거움이 넘쳐나는 사람들을 파괴하는
데 있다. 심지어 '다른 사람들'과 인도주의라는 무기를
가지고.[77]

1940년 4월 22일
투히는 사회적으로 아주 영향력이 큰 인물로 성공했다.
그는 국가의 정신적, 문화적 삶의 비공식적 독재자다. 수
많은 '조직'을 이용해 그는 여러 예술을 '집단화'했다. 그
리고 그가 선택한 평범함을 제외하고는 어떤 형태의 명성
도 허용하지 않는다.[78]

투히는 인간 내면에 있는 모든 형태의 독립과 모든 위대
한 업적을 파괴한다. … 모든 위대한 업적을 더럽히기 위
해 그는 어떤 멍청이라도 쉽게 파악할 수 있는 평가 기준
을 확립했다.[79]

랜드가 이해한 바로는, 전체주의적 진격을 위한 실제의
문화적 전제 조건은 뚜렷한 목적을 정하고 광범위하게 대중
매체를 사용해서 개인의 판단력을 흐리게 만드는 것이었다.
그리고 이것은 그 어느 곳보다 미적 판단 영역, 즉 예술 작품에
관한 판단력에서 가장 뚜렷하게 효과를 발휘한다.
　그 때문에 평준화의 거장이라는 역할에서 예술 평론가

투히는 랜드에게 '인도주의적', '사회적', '선한' 것으로 추정되는 것이 지닌 진부함을 구체적으로 나타낸다. 하지만 그것은 사실 개인을 개인으로 특징짓고 행동하도록 만드는 능력, 진정으로 아름다운 것에 대한 감각, 원래 인간의 삶이어야 하고 삶일 수 있는 상태에 대한 감각을 목표로 삼는다. 결론적으로 그 감각이란 랜드의 말로 표현하자면 건축가인 주인공 로크가 자기 삶을 설계하면서 미혹되거나 타협하지 않고 초인간적으로 추구했던 '삶의 감각'이다. 투히가 언론의 모든 규칙에 따라 없애려고 하는 것은 소설 속에서 로크를 통해 구현된 용기와 독자적으로 판단하고 새로운 것을 창조할 수 있는 능력이다. 달리 말하면 타인이라는 난간 없이 생각하고, 설계하고, 행동하는 용기와 능력이다.

1940년 여름 랜드는 새롭게 구성한 소설의 초안 전체에서 좁은 의미에서 '투히 원칙'이 지닌 사회적, 정치적 측면을 가다듬었고, 임박한 유럽 전체주의의 세계적 승리의 행진으로 짧게 끝낸다.

근본적으로 그(투히)는 불임의 존재다. 그는 다른 사람을 제외한다면 무엇인가에 대한 커다란 열정도 없고, 자신만의 관심사도 없다. 그래서 그는 우월함을 얻으려고 시도하지 않는다. 좀 더 정확하게 말하자면 우월함에 대한 개념을 파괴하려고 한다. 그는 스스로 상승할 수 없다. 다른

사람을 끌어내릴 수 있을 뿐이다. 그는 위대한 것을 잡으
려고 팔을 뻗지 못한다. 그는 평평하게 만들 수 있다. 평
등이 그의 가장 커다란 열정이 된다.[80]

커다란 모순, 즉 모든 인간 의식에 있는 두 가지 위대한
원칙 간의 투쟁이 그의 눈앞에 명확하게 모습을 드러낸
다. 개인 대 집단, 혼자와 다수, '나'와 '그들'의 투쟁. …
그는 집단의식, 즉 다른 사람이 한 인간의 근본적인 동기
속으로 침입하는 것이 모든 악과 고통, 모든 좌절과 거짓
의 근원이라는 사실을 알고 있다. 그리고 그에게는 진정
으로 위대한 것을 파괴하는 일이 중요하기 때문에, 그는
개인의 적이 되고, 집단주의의 대가가 된다.[81]

그(투히)의 인생 강령은 간단하다. 인간을 다른 사람과
결부시킴으로써 인간을 파괴하는 것, 자신을 희생하고,
자신을 부정하고, 자신을 과소평가하는 것을 받아들이도
록 설교하는 것, 모든 다른 사람을 위해 개인의 정신적 노
예화를 설교하는 것. 그럼으로써 위대한 창조자와 해방
자, 즉 인간의 자아를 박멸하는 것이다. 투히는 '위대한
인도주의자'로 알려져 있다. … 스스로 주인의 품위를 벗
어던진 보편적 노예 상태. 노예 대 노예의 관계. 커다란
무리와 완전한 평등. 그것이 바로 엘즈워스 투히다.[82]

잘못된 평등

랜드 역시 1940년의 세계가 전체주의의 심연 속에 빠져 있다고 본다. 그래서 랜드도 이 상황에서 극단적 악의 이론을 발전시키는데, 그 악의 핵심적인 정치적 소실점이 인간에 의해 이루어진 인간의 총체적 노예화와 탈개인화에 있음을 인식한다. 그녀는 이것이 투히와 같은 부류의 확고한 냉소주의자들이 찬양하고, 무차별적인 평등과 무가치함이라는 이름으로 모든 것을 평준화하는 대중문화를 통해 먼저 시작된다고 본다. 투히의 세계에서는 무관심한 만족Interesseloses Wohlgefallen♦의 자리에 만족하는 무관심이 차지한다. 자신의 오성을 사용하려는 용기의 자리를 항상 모두를 위해 그리고 모든 사람과 같이 판단하라는 부당하고 쓸데없는 용기가 대신 차지하고, 이전에 문화를 지탱했던 세분화하는 능력의 자리를 절대적 무관심을 향한 의지가 대신 차지한다.

소설의 한 핵심 단락에서 엘즈워스 투히는 그가 '찬양하기는' 하지만 실제로는 전혀 재능이 없는 스타 건축가 피터 키

이마누엘 칸트는 자신의 저서 『판단력 비판』에서 미적 판단(취미 판단)의 고유한 특성과 양태를 상세히 언급한다. 취미란 어떤 대상을 일체의 관심을 떠나 만족 또는 불만족에 따라 판정하는 능력이다. 만족을 주는 것으로는 선한 것, 쾌적한 것, 아름다운 것이 있는데, 오직 미적인 것만이 관심을 떠난 만족을 준다고 보았다. 아름다운 것이 주는 만족은 개념과는 무관한 보편적 만족이다.

팅과 대화하면서 이 신조를 다음과 같이 표현한다. "나는 개인
주의를 믿지 않아요. … 나는 어떤 사람이라도 다른 사람으로
바뀔 수 있다고 믿습니다. 우리 모두는 같아서 서로 대체될 수
있다고 믿습니다."[83]

랜드가 듣기에 이 말은 전체주의의 핵심 원칙 그 자체다.
제대로 귀 기울여 들었다면 그사이 그것이 도처에 널리 퍼졌
으며, 심지어 미국에서도 그것은 실제적인 빛을 만들어내는
데, 그 빛 속에서 모든 공개적인 표현이 경우에 따라서 합리적
이고 도덕적으로 근거를 지니고 있거나 혹은 적절하다고 판단
된다.

통째로 교환될 수 있는 상태로서의 총제적인 평등과 그
로 인한 개인의 무가치함이라는 미래의 전망. 결론적으로 그
것은 예술 영역의 판단력에서부터 시작되었고, 모든 의식 상
태 중에서 가장 기본적인 의식, 즉 각자의 인간적 자아의 실제
적 고유성에 대한 의식을 광범위하게 상실하는 것에서 비인간
적인 종착점을 찾았다.

맨해튼 트랜스퍼

군사적으로나 문화적으로도 분명 이런 과정이 한창 진
행 중이었다. 특히 미국의 공적 삶에서도 그랬다. 모든 사람이

알아볼 수 있도록 랜드는 1930년대 말 뉴욕을 배경으로 한 소설의 중심인물들을 그 시기에 살았던 실존 인물에서 가져왔을 것이다. 심리적으로 그녀의 쌍둥이 형제와 다름없는 건축가 로크의 직업 활동은 분명 프랭크 로이드 라이트Frank Lloyd Wright의 경력에 맞춰 구성되었다. 랜드는 그를 몹시 존경했고, 그와 개인적인 접촉을 하려고 계속 시도했지만 뜻을 이루지는 못했다. 투히는 뉴욕 좌파 지식인의 원형인 해럴드 래스키였다. 마지막으로 언론 재벌―소설에서 투히는 주로 그가 발행하는 출판물을 위해서 활동했다―게일 와이넌드라는 인물은 당시 미국에서 가장 영향력이 있었고 교활했던 신문 발행인 윌리엄 랜돌프 허스트William Randolph Hearst의 주요 특징을 모델로 삼아 만들어졌다.

이제 수정된 랜드의 기본 개념에 따르면 그 작품은 우리 영혼의 삶에서 벌어지는 개인과 집단 간의 투쟁에 대한 시대를 초월한 비유 그 이상이 될 것이고, 전 세계에서 승리를 거두고 있는 전체주의의 모습에서 미국을 위협하는 자아 포기에 관한 열쇠 소설Schlüsselroman◆이 될 것이다. 적어도 랜드의 세계에서 머지않아 실현될 악몽 같은 시나리오는 특히 한 인물에 의해 대표되었다. 실제로 거의 독재적이라고 할 만큼 넘치는 권력을 지닌 루스벨트 대통령이었다.

이런 배경에서 1940년 가을 재정적인 압박과 임박한 원고 마감에도 불구하고 그녀 특유의 무조건적인 결단력으로 모

든 것을 내려놓고 공화당 편에서 무보수 선거 운동원으로 참여
하기로 한 랜드의 결정은 순전히 이기적인 이유로 내려진 것이
었다. 그녀는 이미 한 번 '투히 원칙'이 어떤 일을 저지를 수 있
는지 몸소 경험했다. 자신의 힘이 미치는 한 그녀는 새로운 고
향에서 가장 끔찍한 정치적 상황이 벌어지는 것을 막고자 했
다. 랜드 자신이 소설에서 묘사한 역학 관계, 뉴욕 문화계의 모
든 투히들로부터 개인적으로, 특히 예술가로서 억압과 비방을
받았다고 느꼈다는 점에 대해서는 의심의 여지가 없다.

　　1940년 11월 한동안 그녀는 직업적으로도 정치적으로도
모든 전선에서 자신이 패배했음을 인정해야 했다. 연극은 다섯
번 공연을 한 다음에 중단되었고, 소설 출간 계약은 출판사에
의해 최종적으로 해지되었고, 에이전트 장 윅과의 관계는 심

모델 소설이라고도 한다. 실제 인물에 허구의 옷을 입혀 만든 소설로, 인물의 정체
를 파악할 수 있는 '열쇠가 들어 있는 소설'이라는 의미의 프랑스 단어 로망 아 클
레roman à clef에서 유래한 문학 장르를 지칭하는 개념이다. 일정 정도의 지식 수준
을 지닌 독자라면 소설 속의 인물을 현실의 인물이나 사건과 연결해 작가의 의도
를 파악할 수 있게 쓰인 소설이다. 풍자문학의 역사만큼이나 오래된 기법이지만,
일반적으로는 17세기에 프랑스 여성 작가인 마들렌 드 스퀴데리가 당시 정치와
관련된 소설을 쓰면서 사용한 것을 '열쇠 소설'의 효시로 본다. 조지 오웰, 제임스
조이스, 올더스 헉슬리, 클라우스 만과 같은 현대 작가들도 자주 애용한 소설 기법
이다. 이런 소설 기법을 사용하는 이유는 논란이 있는 주제들을 다룰 때 명예훼손
소송과 같은 번거로운 일들을 피하면서 내부 정보를 다룰 수 있으며, 실제 인물의
전기적 요소를 바탕으로 한 이야기를 작가가 바라는 방향으로 바꿀 수 있는 여지
가 많기 때문이다.

각하게 훼손되었다.[84] 히틀러와 스탈린은 유럽에서 아무런 방해도 받지 않은 채 진격 중이었으며, 미국 유권자의 대다수는 분명 판단력이 제한되어 있어서 겨우 1 더하기 1을 실수 없이 계산할 수 있을 정도였다. 맨해튼 파크 애비뉴에 있는 넓은 아파트도 유지할 수 없었다. 그사이 프랭크와 그녀는 멀지 않은 렉싱턴 애비뉴에 있는 방 두 개짜리 반지하 주택에서 살고 있었다.

랜드의 헌법적 애국주의

물론 고무적인 시대적 징후들도 있었다. 수많은 공개적 행보와 무엇보다도 소위 '밑바닥 지지자'들과의 대화를 통해 그녀는 일상에서 검증된 명확한 견해와 기본적인 정치적 이성에 친숙해졌으며, 그로 인해 '많아도 너무 많은' 이런 사람들에 대해 그녀가 보였던 이전의 아주 엘리트적인 기본 태도가 바뀌었다. 실제 부족한 것은 결코 유권자 속에 있는 자유 감각이 아니라, 그들을 정치적으로 효과적으로 동원하기 위한 올바른 접근 방법이었다. 결론적으로 상황은 매우 심각했지만, 절망적이기만 한 건 아니었다. 간단하게 판세를 뒤집을 수 있다면 더욱 그렇다. 다시 말해, 문화와 언론 분야에서 명백하게 전체주의적인 분위기를 지닌 여론 권력에 대항하도록 자유를 위해 행동하는 엘리트를 최고의 레닌주의적인 방식으로 대립시키고, 그렇게 해서 '위로부터', 역시 대중 매체의 지원을 받아서 미국을 유일무이하게 만들었던 '삶, 자유 그리고 행복'에 대한 진짜 미국적 갈망에 새롭게 불붙일 수만 있다면, 결코 절망적이지 않을 것이다.

1940년에서 1941년으로 해가 바뀔 무렵에 랜드의 눈앞에 점점 구체적으로 떠오른 것은 모든 개인의 선택의 자유를 무조건적으로 보호하겠다고 약속한 가장 명백하고 심오한 정치적 문서인 미국 독립 선언서와 헌법에 토대를 둔 정치적 반反혁명이다. 그러므로 이 운동은 인종적으로 이미 결정된 민족이나 국민 대신, 온전히 문서라는 특정한 표식 속에서 순수한 헌법적 애국주의Verfassungspatriotismus◆로 사람들을 끌어모아야 한다.

왜냐하면 이것 역시 몇 달의 유세 기간 동안 거리, 편집실, 뉴욕의 정치 클럽에서 얻은 본질적 인식이었기 때문이다. 랜드는 정치적 신념과 지적 선호 면에서는 몇 년 전 호두나무

독일의 정치학자이자 언론인인 아돌프 슈테른베르거Adolf Sternberger가 1970년에 도입한 개념으로, 1986년 위르겐 하버마스Jürgen Habermas가 이 개념을 받아들여서 정교하게 발전시켰다. 헌법적 애국주의라는 개념은 공화주의적 국가 개념에 기반을 두고 있다. 이러한 이해는 국가가 공동의 의지에 의해 유지되는 인간의 공동체라는 생각에서 출발한다. 사람들은 자신들이 서로 자유롭고 동등하다고 본다. 이런 생각에서는 어떤 한 국가의 국민을 정의할 때 피부색, 혈통과 같이 인종적으로 미리 결정된 요소가 아니라, 사회를 구성하는 기본 가치, 사회 기구, 정치적 기본 질서, 헌법에 대한 동의가 더 중요하다고 본다.

목재로 된 책상에서 느꼈던 것과는 달리 결코 혼자 고립되어 있지 않았다. 그래서 그녀는 그해 가을을 보내면서 1935년에 출간된 베스트셀러 『우리의 적 국가』의 저자이자 언론인인 앨버트 제이 노크Albert Jay Nock, 독일 출신 언론인이자 니체 번역가인 헨리 L. 멘켄Henry L. Mencken과 같은 작가들과 접촉한다. 후자는 언어적으로 뛰어나고 내용 면에서 논쟁적인 칼럼으로 그의 생전에 가장 큰 영향력을 발휘한 루스벨트 비판자 중 한 명이었다. 「헤럴드 트리뷴Herald Tribune」에 게재된 칼럼에서 랜드가 대체적으로 공감할 수 있는 입장을 전개했던 작가이자 문학 비평가인 이저벨 패터슨Isabel Paterson과도 접촉했다.[85]

1930년대가 지나는 동안 루스벨트는 '자유주의적'[86]이라는 형용사로 자신의 정치 형태를 성공적으로 선전을 할 수 있었기 때문에, 보수적인 작가들은 루스벨트의 행동과 개념적으로 차별화를 꾀하기 위해 의도적으로 자신들을 '자유 지상주의자Libertäre'라고 불렀다. 물론 이처럼 극단적인 개인주의자들을 정치 단체나 정당에 가입하도록 설득하는 일은 결코 쉽지 않을 것이다. 그들의 지향점이 '여러 조직에 반대하는 조직'이 되려는 것뿐이라 해도 그렇다. 그럼에도 불구하고 랜드는 1941년 1월 최초의 창립 문건을 작성하는 일을 시작했을 때 이 집단을 염두에 두었다. 최고의 러시아 혁명적 방식으로 그녀는 미국 유권자들에게 보내는 '공개편지'라는 형식을 선택했다.

나는 당신을 원한다!

상황의 극적인 특징을 분명히 드러내기 위해—아마도 심리적으로 그다지 영리하지 않은—랜드는 이런 유권자들을 비난하는 것으로 편지를 시작한다.

이 글을 읽고 있는 당신이 미국에게는 가장 큰 위험이다. 유럽에서 전쟁이 어떻게 끝나든 간에 전체주의는 많은 미국인의 머릿속에서 이미 완벽하게 승리했고, 이 나라의 정신적 삶 모두를 정복했다. 당신이 이렇게 되도록 협조했다. ⋯ 위험과 관련해서 어떤 환상에도 빠지지 말라. 유럽에서 무슨 일이 일어나고 있는지 당신은 보고 있다. ⋯ 어떤 증거가 더 필요한가. "이곳에서는 그런 일이 일어날 수 없어"라는 어리석은 말은 하지 말라. ⋯ 프랑스에서는 그런 일이 일어날 수 있었겠는가? 1년 전이라면 당신은 이 질문 때문에 웃었을 것이다. 하지만 이제 '프랑스에서도 그런 일이 일어났다'. 자유와 민주주의의 모태였던 프랑스에서. 지구상에서 가장 정신적으로 독립적이었던 나라, 프랑스에서도.[87]

여전히 랜드는 미국의 참전을 단호하게 반대한다. 그녀에게 중요한 것은 후방에서의 이념 투쟁이다. 바로 이 영역에서 지금 단호한 저항이 요구된다. 왜냐하면 "전체주의자들은 당신의 적극적 지지를 원하지 않기 때문이다. 그들에게는 이것이 전혀 필요치 않다. … 그들이 원하는 것은 당신의 무관심뿐이다."[88] 특히 다른 분석과는 반대로 전체주의는 세계 역사에서 새로운 것이 아니라, 아주 오래된 현상이기 때문이다. 문제가 되는 것은—이 점에서 랜드는 니체를 추종하는 오래된 엘리트주의적 사고로 되돌아간다—"무가치한 범죄자들이 사회를 통제하려고 노력하는 것이다. 이 요소는 결코 어떤 나라에서도 사라지지 않는다. 하지만 건강한 사회는 그들에게 어떤 기회도 주지 않는다".[89] 위에 언급된 범죄자들의 노력과 밀접하게 연관되어 있는, 모든 전체주의 운동에 공통적인—나치 독일과 스탈린 소련의 예에서 특히 명백하게 볼 수 있는—두 번째 요소는 다음에 있다.

'국가가 개인보다 우월하다'는 주장. 집단이 모든 권리를 갖고, 개인은 어떤 권리도 없다는 주장. … 그것이 결정적 핵심이다. … 개별적이고 개인적인 인간 존재에 대한 모든 존중을 잃고 계급, 인종, 국민은 어떤 의미를 지니지만 개별 인간은 아무 의미가 없다는 생각, 다수는 신성하지만 소수는 오물일 뿐이라는 생각, 패거리는 중요하지만 인간은 아무것도 아니라는 생각을 받아들인 인간들에 의해 현재의 공포가 가능했다. 당신은 이에 대해 어떤 입장

인가? 여기에 중간은 없다.[90]

모든 사람을 위한 이런 결정에 도달하기 위해 랜드는 어떤 타협도 없이 수호해야 할 열린 사회의 핵심을 '개인적 권리, 개인적 자유, 개인적 가치의 원칙'으로 정의했다. "이것이 세계를 불안하게 만드는 문제의 핵심이다. 이것이 전체주의와 유일하게 반대되는 것이며, 그것에 대항하는 우리의 유일한 방어책이다."[91]

이제 이 전쟁을 수행해야 하며, 상대편이 이미 오래전부터 이용하고 있는 은밀하거나 공공연하게 드러난 같은 수단을 사용해서 응전해야 한다. 선전, 언론, 그리고 랜드에 따르면 심층 효과에서 일반적으로 완전히 저평가되고 있는 위대한 대중 예술인 문학과 영화가 그런 수단들이다.

소설과 영화에서 주체의 특성은 비로소 고유하게 만들어지고 형태를 띠게 된다. 저널리즘이나 광고와 같은 피상적인 현상보다 인간의 의식을 더 광범위하고 지속적으로 만들어내는 것은 진정으로 심오하고 대중적인 작품들이다. 따라서 바로 이 영역에서 의식적으로 전투를 수행해야 하며, 그래야 비로소 미국적 관계 속에서 전투로 인식되고 받아들여질 것이다. 최종적으로 랜드가 미국인에게 보내는 편지를 마무리했을 때, 그녀는 적어도 한 가지는 절대적으로 확신했다. "세상은 놀랄 만큼 아름다운 곳이고, 그것을 위해 싸울 만한 가치가 있다.

하지만 자유 없이는 아니다."⁹²

　　도서 출간 계약도 없고, 다른 수입도 없고, 1941년이 어떻게 전개될지에 대한 구체적인 생각도 없이, 랜드는 먼저 작가이자 극작가인 채닝 폴록Channing Pollock에게 편지를 보낸다. 그는 자유 지상주의 초기 모임의 또 다른 구성원이 될 수 있으리라고 그녀가 기대한 인물이었다. 랜드는 전적으로 그녀가 생각하는 미국을 위해 결정했다. 그리고 그녀는 한번 얻은 확신을 쉽게 바꾸는 여자가 아니었다. 그녀는 자신이 가진 것과 할 수 있는 모든 것을 다해서 다가올 폭풍에 맞설 것이다. 미래를 등진 상태가 아니라, 정면으로 바라보면서.

7장

자유

1941~1942년

보부아르는 해방되고, 아렌트는 고립되고
베유는 유언장을 작성하고, 랜드는 출생증명서를 쓴다.

해방된 것 같은

파리가 점령되고 1년이라는 시간이 흐른 뒤 시몬 드 보부아르는 존재에 대한 새로운 감각을 찾았다. 경직 상태는 단호함으로, 우울함은 능동적인 삶의 용기로, 죽음에 대한 두려움은 태평함으로 바뀌었다. "이전에는 알지 못했을 만큼 ⋯ 사건들이 나를 변화시켰다. ⋯ 나는 마침내 내 삶이 나 자신에게 하는 이야기가 아니라, 세상과 나 사이의 타협이라는 사실을 인정했다. 동시에 내 신경을 거스르는 일을 더 이상 불의라고 여기지 않았다. 그것에 맞서야 할 이유가 없었다. 그것을 피하거나 견뎌야만 했다. 내가 아주 힘든 시절을 보내야 할 수도 있고, 어쩌면 제자리걸음을 하게 될 수도 있다는 것을 알았다. ⋯ 나는 봄과 여름을 즐겼고, 소설을 완성했다."[1]

포로로 잡혀 있던 사르트르가 귀환한 것이 분위기 변화의 주요 요인이었다. 그러나 보부아르가 새로 찾은 생을 즐기려는 활기차고 유연한 태도에 관한 한, 사르트르가 있다는 사실이 처음에는 오히려 방해가 되었음이 드러났다. "나를 당혹스럽게 만든 것은 그의 경직된 도덕주의였다. 내가 암거래를 했는가? 나는 가끔 약간의 차를 샀을 뿐이다. 그러면 그는 너무 많다고 했다. 내가 프리메이슨 회원도 아니고 유대인도 아니라는 진술서에 서명을 하지 말았어야 했다. ⋯ 그가 파리로 돌아온 것은 감미로운 자유를 즐기기 위해서가 아니라, 행동하기 위해서였다. 어떻게? 나는 당혹해서 그에게 물었다."[2]

정치적 참여, 저항, '레지스탕스'로! 1941년 3월 말, 돌아온 지 불과 몇 주 만에 그는 미스트랄 호텔에서 첫 모임을 소집했다. 사람들이 보부아르의 방에서 만났다. 사르트르의 이전 제자들, 보스트의 친구들, 그리고 그동안 대학에서 가르치다가 공산주의로 전향한 메를로퐁티의 제자들이었다. 모든 사람이 절대적으로 단호하게 자신의 입장을 밝혔다. 하지만 아무도 그 입장이 무엇을 위한 것인지는 알지 못했다.

그 그룹의 거칠고 젊은 사람들은 개별적 공격을 옹호했다. 하지만 누구의 폭탄으로? 그리고 어떤 전문 지식을 갖고? 특히 사르트르는 무엇보다 사고 속에 행동의 실제적 필요성이 있다고 보았기 때문에 그것에 반대했다. 그는 "민주주의가 승리할 경우 좌파는 새로운 원칙이 필요할 것"이라고 자신의 의제를 개진했다. 토론과 계획을 통해 이 원칙에 견고한 토대를 제공해야 한다고 했다. 이때 계획의 핵심은 "그 운동을 지칭했던 서로 조화되기 어려운 두 단어, 즉 사회주의와 자유"라는 말로 요약될 수 있다. 하지만 독일이 전쟁에서 승리한다면 "우리는 독일이 평안함을 얻지 못하도록 신경을 집중해야 할 것이다".[3] 1941년 초여름에는 후자가 훨씬 더 개연성이 높아 보였다.

이집트, 노르웨이, 그리스, 유고슬라비아 등 독일군은 도처에서 엄청난 성공을 거두었다. 자신들의 힘에 도취된 그들은 1941년 6월 22일 소련을 공격했다. 상호 불가침 조약을 어기고, 선전포고도 없이 스탈린을 깜짝 놀라게 했다. 발칸반도 진격과 마찬가지로 '바르바로사 작전'은 전격전으로 계획되었다. 독일군 지휘부는 모스크바까지 진격하는 시간을 최대 4주에서 6주로 잡았다. 히틀러가 원래의 전쟁 목표라고 선언한 "슬라브 민족에 대항한 게르만 민족의 전쟁"[4]은 특히 가차 없이 수행되어야 했다. 단순한 승리가 아니라 "적을 무자비하고 완전하게 파괴"한다는 의미에서 말살이 명백한 목표다. 다음 단계들도 이미 정해졌다. "아프가니스탄, 인도, 이란, 튀르키예, 시리아, 이라크, 북아프리카, 지브롤터, 몰타, 그리고 대서양의 여러 섬이었다."[5]

총체적으로 경계를 벗어난 이 전쟁의 말살 행위는 막 시작된 유럽의 유대인 대량 학살과 동시에 이루어졌다. 마찬가지로 1941년 6월 22일부터 구 폴란드 지역에서 약 3000명의 독일 특수부대가 유대인을 총살하기 시작했다. 처음에는 성인 남자들만 죽이다가, 곧이어 여성과 아이들까지 살해했다. (그렇게 죽은 유대인의 전체 숫자는 1942년 4월까지 대략 56만 명에 달한다.[6] 결론적으로 주당 평균 1만 명 이상이 처형되었다.) 이제부터는 돌이킬 수 없었다.

증가한 폭력의 결과를 파리에서도 직접 감지할 수 있었다. 1941년 초여름에 대해 보부아르는 다음과 같이 적는다. "앞으로 유대인들에게는 사업장을 소유하고, 경영하고, 관리하는 일이 금지될 것이다. 비시 정권은 유대인 인구 조사를 명령했다. … 수천 명의 유대계 외국인들이 피티비에^{Pithivier}시에 있는 수용소에 갇혀 있다가 한 무리씩 독일로 이송되었다."[7] 특히 파리에서 이미 활동하고 있던 수많은 저항 단체 세포 조직에 대한 압력이 증가했다. 그 때문에 사르트르가 원하는 접촉을 찾기가 어려워졌다. 어쨌든 저항 단체들 내에서 그의 평판은 그다지 좋지 않았다. 한편으로 그것은 부르주아적 카페 자유주의자로 알려진 그의 처신 때문이기도 하고, 다른 한편으로는 석방의 이유라고 그가 퍼트린 이야기에 기인한다. 그는 거짓으로 꾸며낸 건강 문제(균형 감각 장애)와 사팔눈 때문에 결국 수용소에서 석방되었다고 했다. 하지만 레지스탕스의 예리한 귀에는 그가 게슈타포의 비호 아래 저항 단체와 접촉하도록 풀려났다는 말이 더 그럴듯하게 들렸다. 지금 그는 실제로 그런 접촉을 하려고 돌아다녔다. 그자는 호의를 지닌 아마추어이거나 위장한 첩자다. 아마 두 가지 다일 수도 있다. 어쨌든 무조건 신뢰할 수 있는 동지는 아니다. 사뮈엘 베케트^{Samuel Beckett}의 말을 빌려 표현하자면—당시에 사르트르는 베케트가 속한 레지스탕스 그룹 '글로리아'와 접촉하려고 했다—"레지스탕스든 게슈타포든 누구도 진지하게 여기지 않았던 사람들이 항상 있었다. 많은 사람이 사르트르도 그런 사람들 중에 하나라고 생각했다".[8]

손님이 주문을 해야만 웨이터의 역할을 온전히 수행할 수 있는 것처럼, 사르트르도 레지스탕스 활동가로서 자신의 역할이 궁극적으로는 다른 사람의 호의에 의존해야 한다는 사실을 깨달았다. 그러나 앞으로도 그런 호의는 생겨나지 않을 것이다.

　보부아르조차 그의 새로운 계획에 의심을 품었다. 물론 그녀에게 그는 성적이거나 정치적인 영웅으로서 아니라, 대화 상대이자 깊이 신뢰할 수 있는 영감을 주는 사람으로서 정말로 포기할 수 없는 존재였다. "그와 함께 있을 때 우울해진다는 것은 불가능했다. … 그의 호기심과 열정이 모든 세포를 생기 있게 만들었다. … 관찰하고, 이해하고, 사랑해야 할 것들이 여전히 차고 넘친다."[9] 그녀가 실제 모든 것에 대해 이야기하고 싸울 수 있는 유일한 사람인 그가 드디어 돌아온 것이다. 대화 소재가 파리 여인들의 최신 피란민 복장(직물 터번)이건, 자코메티의 기이하면서도 작은 조각상(소로킨의 카페 정복 대상)이건 혹은 막스 셸러Max Scheler◆의 현상학에서 다루어진 공감 개념이건 상관없었다. 셸러의 글을 읽으면서 어떻게 다른 사람과 똑같이 느끼고 생각하고 싶다는 생각을 할 수 있을까? 그리고 그것이 여전히 그렇게 깊이 사랑받고 존경받을 수 있을까? 대체 그것은 어떤 종류의 충동일까?

막스 셸러(1874~1928)는 제1차 세계대전 이후 혼란기에 빠진 독일에서 활약한 철학자다. 일반적으로 현상학파에 속하는 것으로 보며, 후설에서 시작해 하이데거에서 절정에 달하는 현상학의 발전 단계에서 중간자로서의 역할을 한 것으로 여겨진다. 실질적 가치윤리학, 지식사회학의 토대를 마련했다. 대표 저서로는 『윤리학에 있어서 형식주의와 실질적 가치윤리학』(2권, 1913~1916) 『지식의 여러 형식과 사회』(1926) 등이 있다.

마침내 해방되다

좋은 질문이다. 하지만 보부아르에게는 실제로 핵심적인 질문은 아니다. 그녀가 첫 번째 소설을 끝낸 작년 한 해 동안 무엇보다 헤겔과 하이데거 사이에 존재하는 긴장이 그녀의 내면에서 작용했다. 좀 더 정확하게 표현하자면, 그것은 '개인이 아무 의미를 갖지 못하는데, 어떻게 보편적인 것이 의미를 지닐 수 있는가'라는 문제였다.

헤겔의 체계는 세계정신의 익명적 보편성을 옹호했는데, 그 보편성은 얼굴 없는 '누군가'가 가하는 사회적 순응 압력보다 더 광범위하게 구체적 개인을 미성숙한 존재로 만들겠다고 위협했다. 반면 하이데거는 개별적 현존재의 극단적 단호함을 옹호했는데, 그 존재는 다른 무엇보다 (다른 사람이 아닌) 자신의 진정성을 얻으려고 고심한다. 보부아르에게 결정적인 철학적 성공은 정확하게 1941년 1월 9일로 확인된다. 그러니까 사르트르가 파리로 돌아오기 약 두 달 전이다. 그녀의 전쟁 일기에는 다음과 같이 적혀 있다.

헤겔의 책에서 내 마음을 강하게 움직인 생각. 사회적 세계상의 토대가 될 수 있는, 여러 의식의 상호 '인정'에 대한 요구. 그런 인정—사랑에서, 예술적 표현 등에서의 인정—이 유효하고 자유로워질 수 있도록 모든 의식의 '자유'를 요구하는 인간 의식만이 유일하게 절대적이다. 동시에 인간의 현실이란 다름 아니라 그것이 '스스로 만들어내는' 어떤 것, 자신을 넘어서 도달하려고 하는 것일 뿐이라는 실존적 사고.[10]

헤겔과 하이데거를 단순히 통합하려고 노력하는 것과 멀리 떨어져 있던 보부아르는 그들의 생각에서 중요한 동기들을 자신의 것으로 만들었고, 몇 년간의 독서와 (사르트르와의) 토론을 바탕으로 삼아 존재론적 상호 인정이라는 새로운 자유의 철학을 만들어냈다. '자아'와 '타자'의 관계를 결과적으로 항상 상호 의존적인 승자(주인)와 패자(노예)만을 아는 투쟁으로 설정하는 대신에, 보부아르는 그 투쟁을 모든 사람이 공동으로 같은 수준으로 쟁취할 수 있는 하나의 상황이라고 선언한다. 아무도 고립된 섬이 아니다. 아무도 자신만 자유로울 수 없다. 오히려 내 자유의 진정한 전제 조건은 다른 의식의 자유에 있다. 그렇다. 그것은 좀 더 일관되게 생각한다면, 다른 모든 의식을 자유롭게 인정하는 것에 있다. 정치적으로 이것은 실존적 상호 해방이라는 특징 속에 있는 모두를 위한 해방 투쟁의 요구로 이어진다. 각자의 고유한 자유를 위해서, 자유 '그리고' 사회주의를 위해서.

보부아르의 새로운 철학에서 본질적으로 하이데거에게서 영감을 받은 요소로 남은 것은 "인간의 현실이란 다름 아니라 그것이 스스로 '만들어'내는 어떤 것일 뿐'이다'"라는 전제다. 결론적으로 그 철학은 무엇보다도 헤겔적이든 마르크스적이든 혹은 종교적인 특징을 지닌 것이든, 인간의 세계를 조정하는 감추어진 손, 간계 혹은 모든 형태의 법칙성을 분명하게 거부하는 것이다. 모든 존재의 등 뒤에서 벌어지는 얼굴 없는 변증법도 없고, 순수하게 경제적 토대 위에서 결정하는 발전 법칙도 없으며, 섭리도 없고, 최후의 심판도 없고, 운명도 없다. 오직 자기 현존의 자유 속으로 내던져져 행동하는 인간만이 진정한 창조자이자 고유한 척도로 남는다. 타인 속에 존재하는 한 사람으로서의 인간. 따라서 개인적 자유의 불꽃과 정치적 자유의 불꽃은 실제로는 같은 것이다. 그리고 그것은 우리 모두의 내면에서 모두를 위해 타올랐다.

스스로 일구어낸 성공에 대한 보부아르의 의식을 가장 명백하게 증언하는 것은 다름 아니라 그녀의 삶에서 여전히 유일하고 필연적인 타인에게 배신과 비슷한 짓을 했다는 느낌이다.

나는 8월에 내게 도움이 많이 되었던 헤겔의 관점에서 멀어졌다. 나는 헤겔이 모든 것을 낙관적으로 해결할 때 이용한 역사적 무한성과 대립되는 형이상학적 존재의 개별성을 다시 의식하게 되었다. 불안. 나는 마침내 작년에 내가 갈망하던 것이 무엇인지를 이해했다. 고독, 죽음에 직면했을 때처럼 완벽한 고독. 지난해까지도 나는 여전히 사르트르와의 관계에서 무능력자였다. 그러나 지금은 사르트르가 부재하는 한 세계에서 살고 있다. 심리적으로 보면 나는 내가 아주 안정적이고 모든 것을 잘 이겨내고 있다는 데 때때로 바보같이 자부심을 지녔다. 하지만 오늘 이 피상적인 보호 기제가 내게 더 이상 도움이 되지 않는다. 어지럽다. 사람들은 죽음을 받아들일 단 하나의 충분한 이유를 지녔는데, 그것은 자신의 '존재'를 보존하려는 희망이라고 생각한다. '살아가야 할 이유들'이 핵심이 아니다. 삶이 핵심이 아니고, 그 이상의 것이 중요하다. 스스로 여러 개미 중의 한 마리가 되거나 의식에 직면해서 자유로운 의식을 갖는 것, 그 둘 중 하나다. 유아론唯我論자였던 내게는 새로운 발견인 '형이상학적' 연대. 나는 개미들 사이에서 의식, 정신일 수 없다. 나는 어째서 우리의 반反인문주의가 근시안적인지 깨달았다. ⋯ 인간의 현실 이외에 다른 현실은 없다. 모든 가치는 그것에 근거를 두고 있다. 그리고 '인간의 현실이 자신을 넘어 도달하려고 하는 어떤 것'이 우리를 계속 움직였고 우리의 길을 결정했다. 11월 21일 이후로 나는 그저 도망쳤을 뿐이다. 이런 고독하고 새로운 시작이 내게는 배신처럼 여겨졌기 때문이다. 이제 그 새로운 시작은 저절로 이루어졌다. 하지만 나는 나를 위한 것만큼이나 그를 위해서 다시 시작한 것처럼 느낀다. 그리고 다른 어떤 때보다 더 (일관되지는 않지만) 내가 다시 그를 보지 못한다면 자살하게 될 것이라고 느낀다.[11]

철학적으로 상승을 시작한 지 10년 이상이 지난 1941년 1월에 보부아르는 마침내 자신이 의식의 동굴에서 벗어났음을 알았다. 유아론이 형이상학적 연대로, 쾌락적 나르시시즘이 다른 사람들 사이로 던져져 죽을 수밖에 없는 인간이라는 것을 받아들이는 용감한 고백으로 바뀌었다. 여기서 제시해야할 더욱 심오한 이유나 최종적인 증거는 존재하지 않는다. 그러나 훨씬 더 근본적인 것은 행동하면서 새로 찾은 이 자유를 파악할 수 있는 가능성을 명확하게 의식한 것이다. 개미도 아니고 주인도 아니고, 진정으로 자유로운 개별자로서의 자유.

긍정적으로 채워진

오래 떨어져 지낸 후 다시 적응 과정을 거칠 필요가 없는 한 쌍은 거의 존재하지 않는다. 그 기간 동안 쌓은 경험이 아주 특징적이라면 더욱 그렇다. 하지만 보부아르와 사르트르의 경우, 그리고 1941년 봄에 그들이 서로에 대해 느낀 낯섦 속에 이미 본 것처럼 깊은 철학적 차이가 추가되어 나타난다.

파리로 돌아왔을 때 사르트르는 그의 대표 저작인 『존재와 무』, 좀 더 정확하게 말하자면 「시간성」이라는 제목을 지닌 장을 쓰는 작업에 파묻혀 있었다.[12] 1000쪽이 넘는 두꺼운 작품이 1943년 7월 출간되었을 때, 그 책의 맨 끝부분에 윤리 문제를 언급한 다섯 쪽 분량의 글이 들어 있었다. 사르트르는 「도덕적 전망」이라는 제목의 장에서 자신의 철학을 배경으로 놓고 보면 도덕적 측면에서는 "고독하게 술에 취하든 여러 민족을 이끌든 동일한 결론에 도달할 것"이라고 고백한다. "이 활동 중 하나가 다른 활동을 능가한다면, 그것은 실제 목적 때문이 아니라 그 활동이 이상적 목표로부터 얻게 되는 의식의 정도 때문이다."[13]

　　내용이 없는 허무주의라는 점에서 이 입장은 보부아르가 도달한 입장과 딱할 만큼 정반대였다. 정말로 그것이 도덕적 관점에서 히틀러와 스탈린에게 결여된 것, 그들에게 인간적으로 결여된 것이었나? 그들이 자신의 이상에 대해 가졌던 충분하지 못한 의식이었나? 자아 투명성, 진정성의 결핍이었나?

　　인간으로서 그리고 사르트르의 옆에 있는 여성으로서 보부아르는 무엇보다 그의 천재성과 관련해 그녀가 사르트르와 맺고 있는 사상적 관계를 관리하는 일에 평생 동안 최대한 신경을 써야 했다. 특히 그의 철학적 독창성과 관련해서도. 그런데 이것은 1943년부터는 사르트르의 철저하게 자기중심적인 후원 아래, 그리고 1945년부터는 '실존주의'라는 개념으로 힘

차게 서구 세계를 정복하게 될 철학 조류의 내적 동력에는 맞지 않는다. 왜냐하면 1945년부터 사르트르가 핵심 문제로 제시한 질문, "실존주의에서 휴머니즘"[14]이 얼마만큼 중요한가 하는 문제, 다시 말해 휴머니즘의 윤리적 핵심이 어디에 있는가라는 질문과 관련해 결정적인 돌파구는 보부아르에게로 거슬러 올라가기 때문이다.[15] 사르트르가 이것을 충분히 표현하지 않았지만 실제로 그렇다.

하지만 보부아르가 겪은 더 깊은 괴로움의 이유는 이것이 아니었다. 전후에도 전쟁 중에도 마찬가지였다. 이미 1941년 여름에는 둘이 함께하는 것이 다시 일상이 되었다. 그 같은 조화가 가능했던 것은 무엇보다도 두 사람이 모두 사랑했던 틀에 박힌 일상을 다시 회복했기 때문이다. 무엇보다 둘이 함께 보낸 6주간의 교사 휴가가 그렇다. 한번은 8월 중순부터 9월 말까지 불법으로 녹색의 경계선*을 넘어서 '자유로운' 프랑스 남부를 자전거로 일주했고, 이전처럼 함께 즐겼다. 비버라는 애칭을 지닌 보부아르는 코트다쥐르의 풍경과 명소를 탐색했

양국이 서로 인정한 국경 통과 검문소 사이에 있는 국제적으로 용인된 국경선을 의미한다. 이 단어는 자연적으로 이루어진 국경선에서 파생되었다. 하지만 인용 문장에서는 독일군이 점령한 프랑스 국토와 비시 정권이 관할하는 비점령 지역 사이의 약 1200킬로미터에 달하는 비무장 경계선을 의미한다. 점령지에서 이 경계선을 넘어 프랑스 지역으로 가려면 신분증과 함께 독일 점령 당국이 발행한 통행증이 필요했다.

지만, 천성적으로 몸을 움직이길 전혀 좋아하지 않았던 그녀의 '사랑스러운 꼬마' 사르트르는 자유 시간을 파라솔 아래에서 글을 쓰면서 보냈다.

동지 사르트르가 단체의 결정에 따라 실제로는 비밀 임무를 수행했었다는 소문은 곧 사그라든다. 특히 그가 파리 바깥에서 연속적으로 퇴짜를 맞았기 때문에 더욱 그랬다. 앙드레 지드André Gide는 친절하게 그를 앙드레 말로André Malraux에게 보냈다. 말로의 여름 별장에서 이루어진 만남은 "미국식으로 불에 구운 닭고기"[16]가 곁들여진 기름진 식사만큼이나 우호적으로 이루어졌지만, 성과는 전혀 없었다. 공산주의 동지였던 콜레트 오드리조차 그에게 마음을 열지 않았다. 거친 자갈길에서 중고 자전거 타이어를 사용할 때 쉽게 예상할 수 있는 것처럼 레지스탕스 지도자라는 현존의 삶을 갈망했던 사르트르의 꿈도 그해 여름에 곧 사라져버렸다. 회고록에서 보부아르는 안심한 어머니 같은 어조로 그 실패를 다음과 같이 요약했다. "이 계획을 포기하는 것이 그에게는 쉽지 않았다. 결국 그는 마지못해 포기했다. … 우리는 일을 많이 했다."[17]

실제로 파리로 되돌아왔을 때 가족의 사정은 성적인 문제에서도 가장 긍정적인 의미에서 차분해진 모습을 보였다. 사르트르는 승려처럼 완다에게 집중했고, 그러는 동안 보부아르는 지난해 가을 이후 자리를 잡은 잠자리 일정(일주일에 두 번은 소로킨, 두 번은 올가, 두 번은 보스트)[18]을 엄격하게 고수했다. 소로킨과 사르트르 사이에 생긴 염문 같은 것은 거의 중요하지 않았다. 모두가 모두에 대해서 알고 있다는 의미는 아니지만, 이제 모든 가족 구성원이 "이 관계의 고유함을 존중하기 위해 주의를 기울였다. … 둘이서 짝을 짓는 것이 지배적이었다. 카페 '플로르'에서 내가 올가 혹은 리제(나탈리 소로킨)와 만나거나, 사르트르가 완다와 외출을 하거나, 리제와 완다가 함께 수다를 떨거나 하면, 우리 중 누구도 다른 두 사람이 있는 테이블에 앉을 생각을 하지 않았을 것이다. 사람들은 이런 태도를 우습다고 생각했지만, 우리에게는 그것이 당연했다".[19]

이례적으로 춥고 눈이 많이 내린 1941~1942년 겨울에 숙소, 음식, 의복 문제에서 "완전히 구차해지지 않기 위해 엄청난 노력이 필요하기는 했지만",[20] 가족 연합은 공동으로 강요된 곤경을 새로운 창조적 공간으로 재해석했다. 몇 년 후에 사르트르가 역설적으로 평가를 하게 될 시절이 시작되었다. "독일 점령 시절보다 더 자유로웠던 적은 없었다."

철학자이자 작가인 보부아르에게 이 새로운 자유는 이미 1941년 1월에 시작되었다. 그것과 함께 시작된 세계와의 관계 변화가 새로운 소설의 중심을 이룰 것이다. 그녀의 첫 작품에서 여전히 '자아'와 '타자' 사이의 투쟁이 지닌 '심리적' 측면을 다루었다면, 이제 그것은 '사회적'이고 정치적인 측면을 다루어야 했다. "나는 내 다음 소설에서 타자와의 이 관계가 실존적 복잡성 속에서 명백하게 드러나기를 바랐다. 멋진 주제다.

타인의 의식을 '파괴하는 것'은 약간 유치하다. 그 문제는 사회적인 것으로 귀결된다."[21]

드러난 것처럼 이것은 특별한 종류의 도전이었다. "(하지만 사회적인 것을 묘사하는 것은 얼마나 배은망덕한 일인가, 그리고 그것이 교육적이고 도덕적인 효과를 발휘하는 것을 어떻게 피할 수 있는가?) 자유와 사실성 같은 다른 것과의 관계를 강조하기 위해서는 사회적 소재(파업, 반란, 지도자의 행동)를 형상화할 수 있어야 한다."[22]

무미건조하게 교훈적이거나 거짓으로 도덕화하지 않으면서 다른 사람과의 진정한 유대를 강조하도록 파업—반항—을 연출하는 것. 그것이 가장 달성하기 어려운 일이다. 같은 시기 시몬 베유 역시 직접 몸으로 그것을 경험하고자 했다.

추수감사절

생 마르셀의 주민들은 두려움 혹은 혐오감 때문에 그녀에게서 고개를 돌렸을지도 모르지만, 시몬 베유는 1941년 초가을 몇 주 동안 이보다 더 커다란 선물을 받은 적이 없었다고 느꼈다. "감탄을 자아내는 풍경, 감미로운 공기, 세상에서 벗어남, 휴식, 고독, 신선한 채소와 과일, 샘에서 길어 온 물, 벽난로의 불꽃. 엄청난 호사다."[23] 그녀는 "네 개의 바람으로 이루어진

집"에서 보낸 편지에서 그렇게 썼다. 정말로 그것은 숲 가장자리에 있는 허물어질 것 같은 나무 오두막으로, 밤이면 쥐들이 오두막의 썩은 바닥을 빠르게 스치며 지나가곤 했다.

농부의 첩? 도주 중인 유대인? 혹은 그저 티봉의 농장에서 자비롭게 보살핌을 받던 정신 나간 여자? 마을의 누구도 짙은 청색의 로덴 코트*를 입은 이 여인의 정체를 정확하게 말할 수 없었다. 사람들은 비쩍 마른 그녀가 매일 아침 옹달샘 옆에 있는 긴 돌의자에 앉아서 몰아 상태로 낯선 시구를 암송하는 것을 보았다. 아직은 그녀가 동물들에게 설교를 시작하는 일은 생기지 않았다.**

베유는 마르세유에 있는 가톨릭 친구를 통해서 수확기의 보조 인력으로 프랑스 남부 지역 아르데슈의 농부 작가인 귀스타브 티봉Gustave Thibon의 농장에 일자리를 얻었다. 그해 여름에 쓴 편지에서 읽을 수 있듯이 "굶주림을 겪는 민중들 사이에서 내 육체와 영혼의 피곤함을 온전히 감자로 변화시키는"[24] 것이 그녀의 열렬한 소망이었다. 프랑스어로 대지의 사과pommes

---

알프스 티롤 지방에서 사용되는 두껍고 털이 있는 천인 로덴 클로스를 사용해서 만든 방한용 외투. 19세기 중엽 오스트리아의 귀족들이 방한용 외투로 사용하던 이 외투가 패션으로 등장한 것은 1890년대 무렵이며, 20세기 중엽 유럽에서 크게 유행했다.

◆◆

동물들에게 설교를 했다고 알려진 성 프란체스코를 암시한다.

de terre인 감자는 고향 같은 낙원의 과일이다.

그러니까 그녀가 더 멋지게 그것과 만날 수는 없었을 것이다. 그녀는 그해 가을에 쓴 또 다른 편지에서 그녀의 새로운 삶의 행복을 찬미한다. "지금 이 순간 지구의 많은 지역에서 사람들이 내던져져 있는 공포와 고통에서 시선을 거둔다면, 지금 이 상황은 나한테 잘 맞습니다. 내 나라 프랑스 정부는 내게 아주 커다란 호의를 베풀어 지적인 직업을 금지하고, 생각하는 것을—어쨌든 그것은 무료여야 하지만—비용이 들지 않는 활동으로 만들어주었습니다. 아주 어려서부터 나는 가난과 결혼한 성 프란체스코를 꿈꾸었습니다. 하지만 분명 언젠가는 가난이 내게 강요될 것이기 때문에 나는 그것을 얻으려고 노력할 필요가 없으며, 결과적으로 그편이 더 나을 것이라고 느꼈습니다."[25]

유대인인 베유는 법에 따라 더 이상 그녀의 조국 프랑스의 학교에서 가르칠 수 없다. 베유는 그 지시의 더 깊은 이유가 무엇인지 교육부에 계속해서 문의했다. 결론적으로 그녀는 유대 교육을 받은 적이 없으며, 살면서 한 번도 유대교 회당을 방문하지 않았고, 유대교 의식에 참석한 적도 전혀 없었으며, 단 하루도 자신을 유대인으로 느낀 적이 없었다. 그렇다면 무슨 근거로 그녀가 유대인으로 등록되어 있단 말인가?

교육부에 비아냥거리는 청원을 보낸 베유에게 중요한 것은 어떻게든 보호를 받는 것이 아니라, 적용된 기준을 귀류법

reductio ad absurdum◆을 통해 부정하는 것이다. 여하간 그녀는 자신의 방식대로 스스로 그만두는 법을 알았을 것이다. 그러기 위해 다른 사람은 전혀 필요하지 않았다. 점령된 조국의 정부도 필요하지 않았다. 열매를 보면 그녀가 어떤 사람인지를 알 수 있을 것이다!

긴장에 찬 기대

아르데슈에서 육체적으로 완전히 지쳐버릴 때까지 함께 포도 수확을 하려던 베유의 원래 계획은 10월 말에 (아마도 그녀를 보호하려는 티봉의 재촉으로) 예기치 않게 무산되었고, 그녀는 마르세유로 돌아갈 수밖에 없었다. 그곳에서 그녀의 부모님은 이미 1년 전부터 미국으로 가는 구조 여객선에 오를 수 있기를 기다리고 있었다.

이 시기에 베유의 생각은 세례 성사 문제, 그리고 모든 성사 중에서 첫 번째이자 가장 성스러운 세례 성사에 그녀가 합당한지, 그리고 만약 그렇다면 어떤 조건에서 합당할 수 있

◆ 글자 그대로의 의미는 '불합리로의 회귀'인데, 어떤 명제가 참이라고 가정한 후, 모순을 이끌어내 그 가정이 거짓임을 드러냄으로써 다른 명제가 참임을 증명하는 논증 방식이다. 간접적인 증명법이라고도 한다.

는지를 묻는 질문 주위를 강박적으로 맴돌고 있었다. 시몬 베유는 자신이 깊은 신앙심을 지녔으며 심지어 신이 그녀를 어루만졌음을 알고 있다. 하지만 그것이 인간에게, 그녀와 같은 철학자에게 어떤 결과를 가져올까? 신의 면전에서 시험을 이겨내기 위해 어디까지 자발적으로 복종해야 하는가? 아니면 복종하겠다는 명백한 '의지'와 함께 이미 실제적인 신성 모독이 발생한 것인가? 가톨릭교회 밖에서 영혼의 구원이 가능했을까? 그리고 교회의 품에 받아들여달라는 요청이 다른 한편으로는 여전히 교회 밖에 있는, 절망적인 패자와의 연대를 굴욕적으로 철회하는 것을 의미하지는 않을까? 그것은 옳은 일일까?

그녀는 자책하며 해결책을, 신호를 기다린다. 그사이 그녀의 조언자가 된 도미니크회 신부 조제프 마리 페랭은 이 최종적이고 가장 중요한 신앙의 문제에서 아무것도 찾지 말라고, 신의 의지 외에는 어떤 것도 바라지 말라고 충고한다.

내면적으로 깊은 혼란을 겪고, 그동안 사회적으로는 광범위하게 무위도식하도록 처분을 받은 상태에서 몇 달 동안 무언가를 기다리면서 보낸 겨울이 지금까지 그녀의 삶에서 가장 생산적인 시기로 발전했다. 베유가 마르세유에 있던 도미니크 수도회의 지하 납골당에서 했던 그리스 철학과 신비주의 의식에 관한 강연과 당시 비공산주의 집단에서 지적으로 주도했던 잡지 『남부의 연구지Cahiers du Sud』에 나중에 기고문 형식으로 실렸던 수많은 강연 원고[26] 이외에, 베유의 정신적 에너지는 무엇보다도 그녀의 철학 일기로 흘러 들어간다.[27]

종교적 각성 체험에 바탕을 두고, 고대 축의 시대Achsenzeit♦의 위대한 지혜의 기원(플라톤 사상, 힌두교, 불교)과 직접 대화함으로써 베유는 겉으로 보기에 느슨하게 배열된 문장들과 글에서 그녀 자신에게는 결정적인 질문에 대한 설명을 찾고자 한다. 자아의 가치와 기원, 자아가 타인, 신, 사회 그리고 역사적 상황과 맺고 있는 관계, 사랑과 선의 본질과 기원, 유한함과 무한함, 내면성과 초월성 사이에 존재하는 근본적인 인간의 긴장 상태가 그런 질문들이다.

자아가 없이

그녀의 철학 일기를 같은 시기에 작성된 보부아르의 일기 및 기록과 비교해보면, 팽팽하게 당겨진 한없이 긴 줄의 양

독일 철학자 카를 야스퍼스는 1949년 출간된 자신의 역사철학서 『역사의 기원과 목표Vom Ursprung und Ziel der Geschichte』에서 대략 기원전 800년부터 기원전 200년까지의 시대를 '축의 시대'라고 불렀다. 그는 이 시기에 서로 독립적으로 발전했던 네 개의 문화 영역에서 중요한 철학적 발전과 기술적 진보가 이루어졌다고 주장했다. 한국어로도 번역되어 있는 카렌 암스트롱의 책 『축의 시대』는 이 시기를 자세하게 다루고 있는 대표적인 저술이다.

끝에서 공명 관계를 이루면서 마주 보고 있는 두 명의 뛰어난 정신의 소유자가 텔레파시로 접촉한 것 같은 아주 대단한 인상을 받게 된다. 왜냐하면 베유도 철학 일기에서 자신의 필멸성과 유한함을 알고 두려움으로 가득한 인간의 상황을 철학적 탐구의 출발점으로 삼았기 때문이다. 물론 1941~1942년에 이미 '실존주의자'[28]라고 불린 사람들과는 분명히 다른 추진 방향을 지닌 채로.

> 현존─'실존주의' 속의 한 가지 진실. 하지만 그것이 한 가지 유혹을 가져왔다.[29]

독일어 원문에 있는 전문 용어 '현존Dasein'을 사용함으로써 베유는 하이데거의 책 『존재와 시간』을 분명하게 가리킨다. 언젠가는 더 이상 존재하지 않음을 사건을 통해 확인하는 것인 불안의 분위기 속에서 본질적인 진리들이 현존재에게 그 모습을 보인다. 하지만 이 심연의 공허를 견디고 완벽하게 자아를 지워버리는 정화의 계기로 삼는 대신에, 공허는 실존주의에서 자유롭게 욕망하는 '에고', 즉 '나는 원한다'는 모습에서 순수한 자기 권능의 토대가 되었다는 것이 베유의 비판이다.

베유의 주장에 따르면, '실존주의'는 이미 철학적 인식을 향해 첫 걸음을 내디딤으로써 자아 보존과 자아 반항이라는 잘못된 방향으로 갈라져 나간다. 그리고 자아 장악이라는 순전히 현세를 지향하는 이기주의의 선구자가 되었는데, 그와 같은 이기주의의 고집스러운 고립은 전통에 의해 제한된 '어떤 사람'의 가장 둔감한 순응주의가 불러일으킬 수 있는 모든 것을 능가한다. 그녀의 철학 일기에 적힌 몇 가지 기록들은 다음과 같다.

> 이기주의자는 자기 자신을 위해서가 아니라, 삶의 안락함을 위해 모든 것을 희생한다. 그것은 동일하지 않다.[30]

> 인간은 기꺼이 이기적이고자 하지만, 그럴 수 없다. 이것이 그의 비참함의 가장 두드러진 특징이며 동시에 그의 위대함의 근원이다.[31]

> 사람이 이기주의자가 될 수 있다면 아주 쾌적할 것이다. 그것은 평온을 의미할 것이다. 하지만 인간은 글자 그대로 그럴 수 없다.[32]

이것은 본질에 있어 보부아르가 1941~1942년에 자기 삶이 형성된 모습을 돌아보면서 거쳤던 성찰의 과정이기도 하다. 하지만 보부아르가 '형이상학적 연대'라는 의미로 자아의 자유를 타인의 존재와 결부한 지점에서 베유는 이런 운동을 단지 또 하나의 도피 행동으로 평가한다. 해방을 주는 진정한 목표는 연대해서 타인에게 헌신하는 것이 아니라, 신적 초월의 징표인 은총이 넘쳐나는 자아 포기다. 왜냐하면,

> 우리는 이 세상에서 아무것도 소유하고 있지 않기 때문이다. 왜냐하면 우연은 우리에게서 자아를 말할 수 있는 능력을 제외하고 모든 것을 빼앗을 수 있기 때문이다. 자아는 인간이 신에게 바쳐야 할, 즉 파괴해야 할 어떤 것이다.[33]

현존재는 구원을 가져다주는 자아 파괴라는 처음이자 마지막 행위가 이루어진 다음에야 비로소 선을 행할 수 있는 능력을 지니게 된다는 것에서 베유가 끄집어낸 은총의 실존주의를 위한 결론은 다음과 같다.

> '자아'는 나쁜 것이기 때문에, 그 '자아'가 행하는 모든 것은 선행을 포함해서 예외 없이 나쁘다.[34]

> 자아 속에서 필연이 작용하도록 할 것. (자기 의지를 포기함.)[35]

유일하게 선한 행위는 무위無爲라는 분명한 형태로 구성되는데, 심지어 그것은 신을 사랑하겠다는 결정에도 영향을

끼친다. 이 점에서 베유는 직관하는 눈이라는 동·서양의 신비주의자의 전통 속에서 언어의 한계를 향해 달려간다. 따라서 당시 베유에게 결정적인 문제였던 가톨릭 세례와 관련해서는 자신의 독자적 결정은 고려 대상이 아니었다. 결국 신을 옹호하거나 반대하는 선택을 하는, 그리고 의식적으로 신을 옹호하거나 반대하는 결정을 하는 나는 누구인가? 모든 생각 중에서 가장 오만한 생각, 상상할 수 있는 모든 죄 중에서 가장 심각한 죄다. "내가 신을 사랑해야 하는 것이 아니라, 신이 나를 통해 스스로를 사랑하게끔 해야 한다."[36]

우리가 없는

그러니까 니힐리즘을 치유하는 순전히 현세 지향적인 치료의 토대로 보부아르의 실존주의에 도움이 되었던 바로 그것이 베유에게는 정확히 질병의 원인 자체이다. 그리고 다시 한번 첨예화된 방식으로 이런 진단은 해방된 '우리'라는 생각을 통해 개별 자아에게 윤리적 현존이라는 탁 트인 곳으로 가는 길을 열어주려는 노력에도 그대로 적용된다. "인간은 '나'가 될 수 없지만, '우리'가 될 수는 더더욱 없다."[37]

오히려 나에서 우리로 넘어가는 단계가 베유가 보기에는 악의 왕국으로 넘어가는 질적인 전환을 나타내는 것이다. '우리'라는 이 말을 '사회'라는 의미에서 발언하고, 정치적으로 동원할 경우에 특히 그렇다. 자신의 행동을 '사회'—사회의 안녕, 이익, 지속—에 맞추는 것이 현존재에게는 추측건대 도덕적으로 자신의 무가치함에서 벗어나기 위해 상상할 수 있는 가장 치명적인 형태를 의미한다. "사회에서 개인은 한없이 작다."[38]

하지만 베유에 따르면 인간은 충분히 작지 않다. 왜냐하면 현존재가 신과 마주할 때의 초월적인 무한성과 비교하면 사회적 무한성은 부차적이고 파생적이며, 아주 세속적이고 그러므로 결국 악마적 대용품일 뿐이다. 베유는 이런 사회적 영역과 그 사회적 압력을 플라톤을 인용하면서 "커다란 짐승"이라고 표현한다. "커다란 짐승에게 순종함으로써 도덕적인 사람은 위선적이다."[39]

보부아르도 거기까지는 무조건 동의할 수 있을 것이다. 하지만 철학 일기에서 '위대한 우리'에 대한 베유의 비판은 이런 공통점을 훨씬 넘어서고, 그것이 어떤 형태를 띠든 상관없이 도덕적 행위의 목표이자 수신자인 사회적 영역을 근본적으로 반대한다. 아인 랜드조차도 더 극단적으로 표현할 수 없을 것이다. "인간은 사회적 동물이지만, 사회적인 것은 악이다."

인간은 일단 사회적 동물(또는 아리스토텔레스의 용어로 말하면 정치적 동물)이기 때문에, 베유가 곧바로 언급한 것처럼 인간에게는 이 악에서 벗어날 수 있는 탈출구가 없다. 그리고 곧 그녀는 이런 역설적 상황을 묘사함으로써 자신이 카프카에게서 영감을 받은 독자임을 드러낸다.

> 그것에 대항해서 우리는 아무것도 할 수가 없다. … 그러
> 므로 삶은 찢어질 듯한 고통일 수밖에 없다. 이 세상은 살
> 만하지 않다. 그래서 사람들은 다른 세계로 도망쳐야 한
> 다. 하지만 문이 닫혀 있다. 문이 열릴 때까지 얼마나 오
> 랫동안 문을 두드려야만 하는가. 문지방에 머무르지 않
> 고, 정말로 안으로 들어가려면, 사회적 존재가 되는 것을
> 멈춰야 한다.[40]

따라서 목표는 있지만 길은 없다. 적어도 순수하게 세속
에 묶여 있는 개인이 혼자의 힘으로 찾아 걸어갈 수 있는 길은
없다. 만약 살아 있는 동안 다른 세계로 통하는 문이 열린다면,
분명 자신이 문을 두드려서 열린 것은 아니다. 이것은 오직 은
총의 행위 속에서만 일어난다.

베유는 '커다란 짐승'의 진짜 유혹은 실제 유일자의 신적
인 초월만이 일으킬 수 있는 것을 세속적 초월이라는 방식을
통해 달성하려고 하는 아주 기이한 희망 속에 있다고 본다.

아편 없이

자신을 플라톤의 정신으로 채워진 기독교인으로 본 그녀의 자기 이해에는 전적으로 세속적 영역에서 생겨나거나 속해 있는 그 어떤 것도, 즉 인간의 현존이라는 유한한 내재성에서 자양분을 얻는 것은 그 어떤 것도 '실제적', '선한'이라는 단어의 진정한 의미에서 근거가 될 수 없다. 특히 가치나 주도적 이상은 아니다. 그래서 세속적 토대에 기초를 세운 모든 휴머니즘은 모든 선한 것의 근원과 실제로는 초월을 향해 기울어진 무한한 현존의 본질을 필연적으로 놓치게 된다.

> 휴머니즘이 기독교 신앙이라는 것을 인식함으로써 휴머니즘 개념 그 자체, 동시에 휴머니즘과 반대되는 것도 함께 해체해야 한다.[41]

베유에 따르면 휴머니즘적인 잘못된 추론은 오직 수직 지향적인 진보를 약속한 속류 정치적 마르크스주의에서 역사적으로 가장 파괴적이며 사회적으로 가장 커다란 영향력을 지닌 형태를 갖게 된다.

> 커다란 짐승은 우상 숭배의 유일한 대상이며, 유일한 신의 대용물, 즉 나로부터 무한히 멀리 떨어져 있는 동시에

자아이기도 한 대상의 유일한 모방품이다.[42]

마르크스 신봉자와 19세기 전체의 커다란 오류는 인간이 앞을 향해 똑바로 가기만 한다면 공중으로 솟아오르게 될 것이라고 믿은 것이었다.[43]

결과적으로 시몬 베유가 보기에

종교가 아니라 혁명이 인민의 아편이다.[44]

베유에 따르면 이때 공산주의/사회주의의 혁명에 대한 갈망이 심리적인 왜곡에 짓눌려 있다는 것이 드러나며, 그 왜곡으로 전체주의적인 일상에서 공산주의/사회주의는 인종주의적 동기를 지닌 나치와 사실상 구분되지 않는다.

사회주의는 패배한 사람에게 선을 부여함으로써 존재한다. 그리고 인종주의는 승자에게 선을 부여함으로써 존재한다. 하지만 사회주의의 혁명적 진영은 하층 계급에서 태어났지만 천성과 소명에 의해 승자가 되는 사람들을 이용한다. 그래서 사회주의는 같은 윤리로 귀결된다.[45]

따라서 다음 문장도 유효하다.

전체주의는 기독교의 대용품이다.[46]

시몬 드 보부아르가 찬양한 신이 없는 세계에서 '형이상학적 연대'의 자유 철학(자유 '그리고' 사회주의)은 1941~1942년 겨울 시몬 베유에게는 커다란 짐승의 영원히 지속될 지옥으로 곧장 통하는 길을 닦는 것이 된다. 그것은 진정성을 얻기 위해 서로를 현혹하는 노력이라는 영원한 우상 숭배로 통하는 길을 준비한다. 실제로 그 노력은 인간 존재에게는 진정으로 자신을 찾는 것, 발견하는 것, 좀 더 정확히 말해 정말로 자신을 잃는다는 것이 의미하는 바에서 더 멀리 떨어질 수는 없을 것이다.

수용의 윤리

작지만 크다고 뽐내고 싶어 하는 에고는 소멸되고, 우리라는 커다란 짐승은 멈추었지만, 상대방인 너의 상태는 어떠한가? 자율적으로 행동하는 주체나 사회적 전체 책임과 같은 것을 가정하지 않는 개념에서 이웃 사랑이라는 기독교의 중심 계명은 어떻게 될까? 타인과의 관계는 대체 어떻게 생겨나고, 결정되는가? 베유의 직접적인 대답은 타인의 본질적인 취약성과 고통을 주의 깊고 변함없이 수용함으로써 생긴다는 것이다.

타인의 불행을 받아들이고 그것으로 고통을 겪는 것. 수용이란 다름 아니라 무엇인가가 존재한다는 것을 인식하는 것이다.[47]

타인의 불행을 외면하지 않고 주시하기. 육체적 시선만이 아니라, 거부나 사디즘 혹은 다른 내적 위로를 이용해 시선을 돌리지 않고 관심을 기울여 바라보는 것, 그것은 아름답다.[48]

타인의 고통을 통해 신을 사랑하는 것은 자신의 고통을 통해 신을 사랑하는 것보다 훨씬 더 어렵다.[49]

이때 타인의 고통에 완전히 명상적으로 몰입하는 것은 오직 고통을 지각하려는 목적에만 유용하다. 고통은 존재한다. 그곳에 존재하는 것은 고통'이다'. 베유에 따르면 앞에서 설명한 바대로 타인이 고통받고 있다는 것을 인식하는 것, 그리고 이를 바탕으로 어떤 이유와 어떤 통용되는 규범에 근거하여 그의 편을 들 것인가를 스스로에게 묻는 것은 (윤리적으로) 날카로운 의식의 증명이 아니라, 오히려 진짜 윤리적인 현존을 어디에서 발견할 수 있는지를 처음부터 내면화하지 못했다는 사실을 보여주는 반성적 증거다. 계획된 배경 앞에서 독자적으로 해결할 수 있는 형식 문제는 없다. 왜 윤리적이어야 하는가? 왜 다른 사람을 도와야 하는가? 내가 내 형제의 보호자인가? 등등.

'존재' 속에서 '당위'의 근거를 묻는 그럴듯한 철학적 질문은 현대적 주체성의 정신에 따라 '존재'와 '당위'를 구분해야 한다고 생각하는 세계관의 가짜 문제임이 드러난다. 하지만 이런 구분은 고통을 주시함으로써 극복할 수 있는 자아 효과에 지나지 않는다. 베유에게 아픔과 고통은 다른 말로 하면 본질적으로 행동과 연관된 주어진 상황이다. 정당화될 수 있는 좀 더 심오한 이유라는 의미에서 논증으로 해결될 수 있는 문제는 드러나지 않는다. 그리고 실제로 그런 것은 존재하지 않는다.

이제 남은 것은 부족한 주의력, 지속적인 산만함과 자기 본위의 생각으로 약해진 타인을 배려하려는 충동뿐이다. 베유에 따르면 자신의 목적—'선한', '사회적' 혹은 '휴머니즘적'이라고 추정되는 목적—을 위해 타인의 취약성을 수단화하려는 아주 인간적인 의지만이 남게 된다.

더 높은 차원의 무관심

타인의 고통에 대한 명료한 시선이 규범이나 윤리적 명령에 대해 질문하지 않는 것과 마찬가지로, 그 시선은 분명한 격려나 요구를 필요로 하거나 용납하지 않는다. 고통을 겪는 타인을 능동적으로 받아들이려는 경향은 개인적으로 차이가 있을 수 있지만, 이 개별적 차이는 베유가 언급한 것처럼 "보다 높은 차원에서의 무관심"[50]이라는 상태 속에 있다. 그리고 그것은 분명 고통이라는 현실과 마찬가지로 주어진 것으로 받아들여야만 하는 것이다.

도움을 주려는 성향은 강하건 약하건 상관없이 자연적인 것이므로 굳이 강화할 필요가 없다. 오히려 그것의 실현을 방해하는 것을 제거해야만 한다.[51]

시몬 베유의 현존의 경우, 이러한 경향은 너무나 분명하게 극단적이어서, 그녀의 동료들이 보기에는 병적인 모습을 띠었다. 그녀의 자아는 어떤 의미로는 약해졌고 따라서 그 어느 때보다도 모든 사람의 고통을 흡수했다. 최고의 주의력과 몰입 상태에서—에고는 극단적인 지점까지 약화되었다—마지막 문을 지나쳐 자신과 타인의 경계를 완전히 없애는 것이 그녀에게 허락된다면 그것은 최고의 선이 될 것이고, 온전하게 빛나게 될 것이라고 했다. 마침내 절대적으로 자유로워지고, 따라서 선택조차 필요 없게 될 것이다.

가장 높은 수준의 주의력은 기도와 동일하다. 그것은 믿음과 사랑을 전제로 한다. 의지의 영역에 머물러 있는 선택의 자유와는 다른 자유가 그것과 결합되어 있다. 즉, 은 총의 자유다. 더 이상 선택할 필요가 없도록 주의를 기울여라. 그러면 자신의 깨달음을 얻게 될 것이다.[52]

진정한 목표는 모든 사물에서 신을 보는 것이 아니라, 신이 우리가 보는 모든 사물을 우리를 통해 보는 것이다.[53]

신을 위해 이 시선을 가로막지 않기 위해 나는 물러나야만 한다.[54]

모든 사실을 사랑한다는 것은 다름 아니라 그 안에서 신을 읽는다는 것이다.[55]

완벽하게 목적에서 벗어난 '더 높은 차원의 무관심'이라는 베유의 윤리는 한편으로 서양적 문맥에서는 바뤼흐 드 스피노자Baruch de Spinoza[56]나 그녀가 살아 있던 시기에 루트비히 비트겐슈타인[57]이 대변한[58] 입장에 가까웠다. 하지만 동양 문화권에서 이것은 불교와 힌두교에서도 발견되는데, 이는 베유가 자신의 철학 일기에서 분명하게 암시했고 반복적으로 탐구했던 생각에 부합한다. 그 생각에 따르면 특히 사람들 사이에서 '올바른 방식'으로 행동하려는 경향을 특별히 감소시키고 제한하는 것은 평가하는 자아 또는 모든 가치와 목적의 기원이라고 추정되는 우리라는 것에 대한 집착이다.

실존주의적 사회참여는 존재의 선에 대해 자아가 스스로 권한을 부여해서 저지르는 범죄를 의미한다. 이것이 1941~1942년 겨울에 시몬 베유가 가혹할 정도로 일관되게 사고한 끝에 내린 판결이다. 그녀가 그런 실존주의적 사회참여와 대립시킨 것은 순전히 세속적인 성향의 모든 의지로부터 자유로운, 구원으로 가는 금욕적이고 험난한 산길이다. 베유가 자신의 철학 일기에서 간결하게 설명한 것처럼 "분명 그것은 모든 사람이 할 수 있는 일은 아니다. 그리고 신을 사랑하는 것 또한 모든 사람이 할 수 있는 일은 아니다".[59] 그러나 아름다운 것, 선한 것, 정의로운 것과 같이 이 세상에서 가치와 의미를 지닌 모든 것과 마찬가지로, 이 같은 사랑의 근원도 다른 세계에 있다.

초자연적인 사랑만이 현실을 창조한다. 그것으로 우리는 공동 창조자가 된다. 우리는 우리 자신을 없애버림으로써 세상의 창조에 한몫을 하게 된다.[60]

대서양을 건너감

1941년에서 1942년으로 넘어갈 무렵 작성한 베유의 철학 일기는 인간 현존이 어둠을 지나 빛을 향해 가는 노정에서 거쳐야 하는 고독한 고원과 계곡들로 이루어진 세계를 그려낸 스케치와 같다. 그 안에서 똑같거나 비슷한 목표는 서로 다른 방향에서 계속해서 새롭게 언급되고, 부챗살처럼 펼쳐져 점점 더 커다란 형상으로 이어진다.[61] 그것은 무엇보다 베유가 길 위에서 이 스케치를 작성했기 때문이다.

그녀에게 철학하기란 냉정하게 전달되는 이론이나 심지어 제1 원칙에 관한 학문이 아니라, 두려움 없이 바로 그 길을 걸어가는 것이다. 다른 말로 표현하자면 그것은 객관적으로 확인할 수 있는 것은 아니지만, 실존적으로 변환시키는 활동이다. 따라서 그것은 위임하거나 지적으로 공표할 수 없고, 기껏해야 손짓과 가리키는 행동을 통해서만 타인에게 전해질 수 있다. 결론적으로 이미 자신의 길을 가고 있는 사람을 위한 지침의 한 형태다. 그리고 경험상 이들은 결코 전부나 다수가 아니고, 항상 소수이거나 개별자다. 가장 어두운 시기에 궁극적으로 중요한 것은 바로 본질적으로 특이하고 드문 이런 사람들이다. 그리고 이 점에서도 베유가 플라톤의 제자임이 드러난다. 그들이 이 세상에 빛을 가져온다. 그리고 그들이 있는 곳이 어두울수록 그들의 불꽃은 더욱 밝아진다.

따라서 순전히 세속적인 기록만으로는 이런 소수의 사람을 정확하게 묘사할 수도, 판단할 수도 없다. 그럼에도 그것을 시도한다면 당혹감과 정신착란의 관점에서만 가능할 것이다.

아르데슈에서 포도 수확 보조 노동자로 일했을 때건, 마르세유에서 몇 달 동안 보낸 이른 봄이건 베유도 위에서 언급한 단계에서 이런 반응을 경험했다. 다음 계획에 대해 친구들로부터 질문을 받으면 그녀는 항상 "가장 위험한 곳, 내 생명이 가장 보호받지 못하는 곳으로 가서 봉사하겠다"[62]는 당혹스러운 대답을 하곤 했다. 그녀는 '자유 프랑스'의 군부와 고위 관리들에게 계속해서 편지를 썼고, 위에서 말한 의미에서 수행해야 할 임무에 대한 세부 계획을 서술했다. 그녀가 받는 심리적 압박은 확실히 엄청나다. 얼핏 보면 신에게 복종하는 차분함과 자아 의지에서 자유로워진 헌신의 흔적이 전혀 보이지 않는다. 그녀가 우선 뉴욕으로 가는 여객선에 부모님과 동행해야 한다는 확고한 의무감을 지녔기 때문에 더욱 그랬다. 한편으로 다른 무엇보다도 일단 미국에 도착하고 나면 더 이상 고통받는 조국으로 돌아올 수 없으리라는 두려움이 더 무겁게 그녀의 마음을 짓눌렀다.

여행 가방은 1942년 1월 말부터 이미 꾸려져 있었다. 언제든 떠날 수 있다. 절대적으로 빈 시간. 순전히 참고 기다리는 것. 다른 모든 계획은 중단되었다. 다시 한번 외부로부터 강요된 중단 상태에서 베유는 해방을 가져다주는 '자아를 없애는 행위'를 향해 성큼성큼 길을 걸어간다. 극도로 각성된 정신 상태에서 그녀는 철학 일기를 한 장씩 채워 나간다. "중단, 관찰, 순수한 직관, 정신적 공허, 내적 공허를 받아들이는 순간. 이 순간들을 통해 (인간은) 초자연적인 것을 알아볼 수 있는 능력이 생긴다. 잠시라도 이 공허를 견딘 사람은 초자연적인 양식을 얻거나 아니면 쓰러질 것이다."63

구스타브 티봉은 1942년 봄에 이루어진 마지막 만남을 이렇게 기억한다. "나는 이제 막 최초의 빛으로 돌아가려고 하는 정말로 투명한 존재 앞에 서 있는 것 같은 인상을 받았다. … 그녀는 복음서를 논평하고 있었다. 말들이 나무의 과일처럼 그녀의 입술에서 쏟아졌다. 이 말들은 현실을 번역하는 게 아니라, 현실을 적나라하게 그리고 총체적으로 나의 내면으로 옮겨놓았다. 나는 시공간을 초월한 느낌을 받았다."64

마지막 의지를 기록한 문서로 영적 유언장을 작성했다는 점을 의식하면서 그녀는 1942년 4월 그 철학 일기를 페랭과 티봉에게 건네면서 보관해달라고 부탁한다. 1942년 5월 14일 베유 가족은 마르세유를 떠나 우선 카사블랑카로 향했다. 갑판 위 난간에서 시몬은 부두에서 손을 흔드는 친구들에게 외친다. "우리가 어뢰를 맞아 격침되면, 아주 멋진 세례식이 될 거야!"65

이것은 당신을 의미한다!

적어도 한나 아렌트는 독일 잠수함 어뢰의 불꽃 세례를 피할 수 있었다. 그러나 뉴욕에 도착한 지 1년이 지났지만 그녀는 그곳에서 편안하게 지내지 못했다. 특히 그녀가 가장 친숙하게 지냈어야 할 사회 집단, 즉 그곳에 사는 유대인 지식인과 학자들 집단과 원만하게 지낼 수 없었다. 그녀는 1942년 4월 25일 예루살렘에 있는 숄렘에게 편지를 쓴다. "당신은 이곳의 사회 생활이 우리에게 얼마나 낯설고 기이하게 여겨지는지 이해하기 힘들 수도 있습니다(내 남편 '무슈'가 유대인이 아니기 때문에 만약의 경우에 대비해 집에 있도록 했습니다). 사람들은 우리 유대인과 관계된 모든 것, 우리에게 일어났던 모든 것에 관해서 근본적으로 함께 불행을 겪지 않은 때에만 가질 수 있는 일정한 거리를 유지한 절망적 태도를 갖고 이야기합니다. 그리고 감히 말하자면 이것은 심각한 착각입니다."[66]

아렌트의 확신에 따르면 그사이 지구상의 거의 모든 민족이, 실제로 현존하는 모든 사람이 직접적으로 나치의 위협을 받고 있다. 그녀가 보기에는 시오니스트와 연합군 모두 이 점을 충분히 이해하고 있지 않다는 사실이 진짜 위험이었다. 이것은 유대인 그리고 세계의 다른 모든 민족과 국가의 미래에 대한 위협이었다.

아렌트는 다음과 같이 적는다. "그것과는 별개로 우리의 사정은 아주 좋습니다. 남편 '무슈'는 온갖 종류의 책을 만들고, 조사해야 할 일이 생길 때마다 일종의 전문가로 일을 합니다. 나는 반유대주의에 관한 글을 쓰고, 그것을 부분적으로 여러 유대 신문에 발표합니다. … 그 이외에 「건설」에 꽤 정기적으로 글을 씁니다. 그 잡지에서 저는 미국의 가장 작은 칼럼니스트로 아주 평화롭게 자리를 잡았습니다."[67]

이는 거의 거짓말이 아니었다. 두 사람은 아렌트의 어머니와 함께 센트럴 파크와 허드슨강 사이에 있는, 가구가 반쯤 구비된 두 개의 방에서 살았다. 전혀 편안한 상황이 아니었다. 특히 '무슈'와 장모 사이의 긴장 관계가 점점 고조되었기 때문에 더욱 그랬다. 블뤼허는 뉴욕의 택시 운전사처럼 굳세게 여전히 그에게 익숙하지 않은 언어로 요란한 소리를 내면서 지나가는 중이다. 그의 언어 실력으로는 일상의 단편적 대화를 나누는 것 이상은 힘들었으며, 아렌트의 어머니가 되풀이해서 지적했듯이 보수가 좋은 일자리를 얻기에도 충분하지 않았다. 그는 계속해서 미국의 군사 목적과 선전 목적을 위해 부분적으로 보수를 받으면서 독일어로 글을 작성해 기고한다.

반면에 아렌트는 이미 도착한 지 며칠 만에 미국식 영어 습득에 온 힘을 쏟아부었는데, 1941년 여름에는 시골의 한 가정에서 몇 주를 함께 보내면서 언어를 배우기도 했다. 그리고 불과 몇 주 후에 영어로 된 첫 번째 글을 완성했다. 그 글의 어조는 새로운 관용구와 사고 전개의 날카로움으로 사람을 매료했다. 그녀는 여러 사람과 접촉했고, 1941년 11월에는 당시 유대인 망명 그룹 사이에서 권위를 누렸던, 독일어로 발간되는 주간지 「건설」에 칼럼을 기고하게 되었다.

칼럼 제목 「이것은 당신을 의미한다This means you」[68]는 일종의 강령이고, 아렌트가 '평화로운' 정착을 지향하지 않는다는 것을 알게 해준다. 오히려 그녀는 전 세계에서 모집한 유대인으로 구성된 독자적인 군대를 창설해 나치의 굴레에서 해방되도록 연합군과 나란히 서서 싸워야 한다고 열정적으로 촉구하는 것에 첫 번째 칼럼의 대부분을 할애했다.

유대인 군대는 모든 나라의 유대인들이 그것을 요구하고, 자원해서 입대할 준비가 되어 있다면 결코 유토피아가 아니다. 하지만 히틀러의 패배가 우리의 활동 때문에 생긴 것도 아닌데 어떻게든 그것에서 이익을 얻을 수 있다고 생각하는 것이야말로 진짜 유토피아적이다.[69]

적으로부터 스스로를 방어하는 일이 허용되지 않은 민족은 민족이라기보다는 차라리 살아 있는 송장이다. … 우리는 우리가 겪은 고통에 대한 '복수'가 이루어질 수 있다는 약속을 원하는 것이 아니라 싸우고자 한다. 우리는 자비가 아니라 정의를 원한다. … 하지만 자유는 견디고 이겨낸 고통에 대한 보상이 아니며, 정의는 부자의 식탁에서 남은 빵부스러기처럼 얻는 것이 아니다.[70]

아렌트의 확신에 따르면 자신의 깃발 아래 모여 이루어낸 무장 투쟁을 통해서만, 그리고 유대인이라고 공격을 받았던 사람들이 유대인이라는 이름을 내걸고 군사적으로 저항할 마음의 준비가 되어 있다는 것을 온 세상에 내보임으로써만 앞으로 그녀가 속한 민족이 유럽에서 역사적으로 굳어진 듯 보이는 희생자 집단 역할에서 벗어날 수 있을 것이다. 또한 전 세계의 유대인 군대는 팔레스타인의 안정화와 함께 유대인이 두 세계에 사는 한 민족—고향 팔레스타인(시온)에 사는 민족과 영원한 망명과 유랑을 하는 민족—으로 분열되는 일을 막을 것이다. 하지만 아렌트에게 심리적으로나 정치적으로 결정적인 것은 그런 군대가 다른 많은 억압받는 민족과 세계의 민족 집단 중 하나로 생각하는 유대인의 자아 인식과 유대인을 바라보는 타인의 의식을 정상으로 되돌리는 데 기여할 것이라는 점이다. 그리고 이는 그녀가 반드시 필요하다고 여기는 일이다. 궁극적으로 인종주의적 동기를 지닌 히틀러의 정복 과정에서 거의 "모든 유럽 국민들은 … 소외자가 되었고, 그들 모두는 자유와 정의를 위한 투쟁을 새롭게 받아들여야 했다. 처음으로 우리의 운명이 특별한 운명이 아니며, 처음으로 우리의 투쟁이 유럽의 자유 투쟁과 같아졌다. 우리는 유대인으로서 유대 민족의 자유를 위해 싸우고자 한다. 왜냐하면 '내가 나 자신을 위하지 않는다면 누가 나를 위하겠는가?' 그리고 유럽인으로서 우리는 유럽의 자유를 위해 싸우고자 한다. 왜냐하면 '내가 나만을 위한다면 나는 누구란 말인가?'(힐렐Hillel◆)"71

새로운 경악

유대인의 운명과 관련해서 아렌트는 신세계에서도 주로 유럽의 관점에서 주장한다. 그리고 그녀의 주장이 아주 논리 정연하다는 인상을 주었지만, 늦어도 1942년 5월쯤에 그녀는 자신의 언론 선전 활동이 시오니즘 그룹 내에서 실패했음을 인정해야 했다. 세계 정치 상황이 결정적으로 변했다는 사실이 드러났기에 그것은 더욱 뼈아팠다. 이미 1941년 10월에 모스크바를 향한 독일군의 진격이 저지되었고, 전황은 러시아의 겨울 추위가 엄습하면서 양측에게 분명 막대한 손실을 초래할 소모전 양상으로 굳어졌다. 몇 주 내에 자체적으로 붕괴하는 대신 스탈린의 붉은 군대는 더욱 강력한 힘을 보여주었다. 레닌그라드의 운명은 새로운 상황을 예시적으로 보여준다. 1941년 이후 나치에 의해 포위되고 봉쇄된 그 도시를 스탈린 군대는 모든 희생을 감수하면서 유지하고 지켜냈다. 나중에 '영웅들의 도시'가 되는 그 도시의 주민 수십만 명이 이미 첫

힐렐은 2차 성전 파괴 이전 시기에 가장 중요한 바리새파 랍비 중 한 명이었다. 산마이파와 함께 바리새파 랍비의 율법 해석에 큰 영향을 미친 힐렐파의 창시자다. 바빌론에서 출생한 그는 젊은 시절 예루살렘으로 돌아와서 주요 율법학자가 되었고, 자신이 창설한 학파의 수장이 되었다. 그의 율법 해석은 오늘날까지도 유대교 교리에 지대한 영향을 끼치고 있다. 본문에 나온 문장은 그의 가장 유명한 언명 중 하나다.

번째 겨울을 보내는 동안 나치가 국제법을 어기면서 강요했고, 스탈린이 전략적으로 감수했던 굶주림으로 죽었다.

1941년 12월 7일 일본 폭격기가 진주만에 정박해 있던 미국 태평양 함대를 공격한 결과, 미국도 세계대전 참전을 공식적으로 선언했다. 미국 군대는 영국과 연합해서 먼저 유럽 서부 전선에 역량을 집중한다. 기본 노선은 '독일을 먼저' 상대하기다. 그래서 1942년 봄 유럽에서는 독일 국방군의 전투력을 필연적으로 초과하게 될 두 개의 전선이라는 장면이 분명하게 나타났다.

1942년 4월 히틀러의 군대는 소련에서 다시 한번 돌파구를 마련하기 위해 결정적인 공격을 감행하지만 또다시 실패로 끝난다. 현재의 전투력과 무기 자원을 냉정하게 평가한다면 나치의 패배는 이제부터는 시간문제일 뿐만 아니라, 연합군이 얼마만큼의 희생을 감수할 마음의 준비를 하고 있느냐에 달린 문제가 될 것이다.

1942년 5월 9일 시오니즘 운동을 이끄는 인물들이 뉴욕 빌트모어 호텔에서 임시 회의를 개최하기 위해 모였을 때, 논의는 독특한 이중의 긴장 상태에서 이루어졌다. 아직 확실한 정보는 아니었지만, 나치는 1942년 초부터 동부 유럽 점령지에서 강제로 게토화된 지역에 억류되어 있던 유대인들을 오직 살해할 목적으로 세운 수용소로 집단 이송시키기 시작했다. 우선 우크라이나의 렘베르크Lemberg와 폴란드 동부 지역의 루블린Lublin에서부터 이송을 시작했다.[72] 분명히 유럽 유대인에 대한 대량 학살은 지금까지 상상조차 할 수 없었던 새로운 단계로 접어들었다. 이는 영국 보호령 '팔레스타인'으로 들어가는 입국 제한을 완화하거나 심지어 철폐하라는 시오니스트들의 요구에 다시금 절박감을 부여했다. 동시에 연합군 승리의 시나리오가 임박했고, 유대 민족의 고향으로서 정치적 주권을 지닌 팔레스타인에 새로운 전망을 부여했다. 아렌트도 참관자로 회의에 참석했다. 그리고 그곳에서 작성된 결의문에 경악했다.

잘못된 통일

이미 몇 달 전부터 아렌트는 유대인의 끔찍한 상황에 직면한 시오니즘 운동이 내부적으로 더욱 경직되고, 무엇보다도 민족주의적으로 편협해질 수도 있다는 점을 걱정하고 있었다. 유대인 군대 창설을 옹호하는 그녀의 언론 선전 활동을 이념적으로 장악하려고 위협하는 세력들에 대항하기 위해 그녀는 1942년 3월 '젊은 유대인 그룹'이라는 이름으로 정치 토론 모임을 창설했다.

아렌트가 지적 자극을 주는 사람으로 참여한 그 토론은 "팔레스타인에 사는 유대인들이 어떤 정치 조직을 스스로 만들어야 하는가"[73]라는 문제에 집중되었다. 이때 아렌트는 유대인으로서가 아닌 정치 이론가로서 이 문제를 다룬다. 그것은 그녀가 팔레스타인의 유대인 문제를 단순히 기존의 민족 국가에서 소수자로 살면서 적절한 대표성과 자결권, 정체성과 언어, 종교적·문화적 특성과 전통의 보존을 추구하는 모든 민족과 모든 민족 집단에 영향을 미치는 상황의 모범적인 응축으로 해석한다는 사실로 간단히 설명할 수 있다.

아렌트의 분석에 따르면, 19세기의 주도적인 정신에서 탄생해 유럽 전역에서 구속력을 갖게 된 '민족', '영토' 그리고 '민족의 필연적 통일체'로서의 민족국가라는 고정관념이 두 차례의 세계대전과 현대적 반유대주의—역시 19세기에 탄생한 개념—의 실제 기원을 이루었다. 아렌트 자신의 말로 표현하자면 다음과 같다.

> 당시에 반유대주의는 어떤 형태로든 자신의 정체성을 유지하고자 하는 다른 민족의 존재로 인해 민족, 영토 그리고 국가의 근본적인 정체성이 어쩔 수 없이 방해받는 민족국가에서는 피할 수 없는 전형적인 갈등이었다.[74]

나중에 이스라엘의 수상이 되는 사회민주주의자 다비드 벤구리온David Ben-Gurion의 주도하에 빌트모어 호텔에서 작성된 결의문에 따르면, 유대 민족이 팔레스타인에서 자신의 고향을 세우기 위해 표본으로 삼으려 했던 것도 바로 이 인종적으로 단일한 민족국가라는 모델이었다. 왜냐하면 이 회의에서 200만 명에 달하는 유럽 거주 유대인의 이주 허가 요구와 더불어 팔레스타인을 '유대인 공동체'로 보는 비전이 의결되었기 때문이다. 그곳에 살고 있던 사실상 인구의 다수를 이루는 아랍인에게는 (투표권이 포함되어 있지 않은) 소수자의 권리만 부여될 것이라고 했다.

아렌트는 분노, 더 나아가 절망으로 입에 거품을 물고 비판했다. 그녀는 시오니즘이라는 이름으로 이루어진 빌트모어 결의로 단일민족국가라는 이상이 '유대인 문제'의 가능한 해결책으로 변용된 것을 보았다. 그런데 그 이상은 그녀의 확신에 따르면 정치적 반유대주의, 그리고 그 결과로 현대적 의미에서의 '유대인 문제'로 이어졌다. 그것은 이상적인 경우에는 민족, 영토 그리고 국가라는 전적으로 구속력을 지닌 통합을 형성하는 단일민족 국가라는 고정관념이다. 그런데 그런 국가에서 민족으로서 유대인은 필연적으로 다른 사람들을 심하게 방해를 하는 이민족으로 인식될 수밖에 없다.

아렌트에게 빌트모어 결의는 심각한 오류를, 심지어 시오니즘 운동이 지닌 원래의 해방적인 목표에 대한 배신을 의미했다. 게다가 그녀는 현실정치적으로도 그 결의가 이미 중기적으로 자기 파괴적인 어리석음이라고 여겼다. 그녀는 다음 몇 주 그리고 몇 달 동안 발표한 수많은 분노에 찬 글에서 민주적인 유대인 공동체 내에서 다수를 차지하는 민족(아랍인)에게 기껏해야 소수자의 권리만을 주려는 생각은 부조리하다고 설명했다. 다른 보호국의 군사적 지원에 영원히 의존해야만 존속하고 번영할 수 있는 주권을 지닌 민족국가라는 생각 역시 그녀가 보기에는 허구적이다. 지도를 들여다본다면 유대인만 사는 팔레스타인 지역에게는 피할 수 없는 것처럼 보이는 운명이다.

> 민족이라는 조야한 힘만을 기반으로 세워진 민족주의는 아주 나쁘다. 하지만 필연적으로 그리고 명백하게 타민족의 힘에 의존하는 민족주의는 확실히 더 나쁘다. … 팔레스타인에서 유대인이 다수라고 해도 … 근본적으로 어떤 것도 유대인이 주변 국가로부터 스스로를 보호하기 위해 외부 세력을 찾거나 주변 국가와 효과적인 소통을 이루어야만 하는 상황을 바꾸지는 못할 것이다.[75]

특히 결의된 그 방식은 아랍계 팔레스타인 거주자들과의 모든 평화적 공존을 지속적으로 불가능하게 만들고, 국경을 맞대고 있는 주변국에서 점점 강하게 일고 있고 범아랍적 반유대주의를 더욱 부채질할 것이다.

빌트모어 결의는 아렌트가 제도화된 시오니즘과 최종적으로 결별한 지점이다. 그러나 그녀는 수천 년 동안 시공간에서 정치적으로 효과적인 통일성을 유지해왔고, 민족으로서 자유로운 자결권을 누릴 자격이 있는 '유대 민족'과 같은 것이 존재했다는 사실을 단 한 순간도 의심하지 않는다. 마찬가지로 그녀는 유대인으로서 테오도어 헤르츨이 제시한 목표, 즉 유대 민족을 위한 민족적 고향을 만들려고 했던 목표를 평생 신봉했다. 하지만 그것은 과거 유럽적 특성을 띤 고전적인 민족 국가의 형태는 아니었다.

세계시민적 의도

스스로를 주권을 지닌 정치 공동체로 구성할 수 있는 다른 가능성이 있다는 것을 무엇보다도 그녀의 새로운 터전인 미합중국이 증명했다. 이 국가는 이전에 '연방 국가'로 창설되었으며 "함께 국가를 세운, 서로 다르고 분명하게 인식할 수 있는 민족적이거나 기타 정치적인 요소로 구성되어 있다. 해결할 수 없는 다수와 소수의 문제가 더 이상 존재하지 않기 때문에 여러 민족적 갈등은 그러한 연방 국가에서만 해결될 수 있다. … 이와 같은 연합에서는 어떤 주 정부도 다른 주 정부보다 우선권을 갖고 있지 않으며, 모든 주 정부가 함께 나라를 다스린다".[76]

미래의 유럽 국가 연방의 일부로서든 혹은 영연방의 일부로서든 바로 그와 같은 연방적 해결책이 미래의 팔레스타인을 위한 이상적 해결책으로 아렌트의 머릿속에 떠오른다. 그녀는 "다른 작은 나라들이나 다른 작은 민족과 마찬가지로 팔레스타인은 어떤 연방으로 통합될 경우에만 유대인의 민족적 고향으로서 유지될 수 있다"[77]고 확신한다.

세계 시민을 지향하는 이런 형태의 유대인 애국심을 지닌 채 그녀는 뉴욕 콘크리트 사막에서 외로운 선지자처럼 서 있었다. 이는 잘 훈련된 시선으로 탁자 위의 지도를 쳐다본다면, 1942년 초 그녀의 미래 전망이 '철학적'이라는 형용사를 붙여 우호적으로 볼 경우에만 여전히 논의될 가치가 있었다는 사실 때문만은 아니었다. 뉴욕에 있는 미국과 유럽 출신의 시오니스트 집단 내에서 아렌트가 점점 더 고립된 데에는 구체적인 사회적, 대인관계적 이유들도 있었다. 음조가 음악을 결정했다. 그리고 '미국에서 가장 작은 칼럼니스트'인 아렌트는 항상 가장 신랄하고 고집스러운 어조로 글을 썼다. 유럽의 유대인들이 절멸이라는 심연을 눈앞에 둔 시기에도 그녀는 조롱과 분열적 아이러니, 나치의 인종주의와 유대인 민족주의가 실제로는 같다고 보는 주장의 논거를 쉼 없이 제시한다.[78] '공적 지식인 public intellectual'으로서 그녀는 파장이 생길 것을 뻔히 알면서도 분노를 불러일으키는 발언을 한다. 그녀는 자신과 자신이 아는 사람들이 그렇게 해야 할 책임이 있다고 믿는다. 진리, 정의 그리고 솔직하고 공개적인 담론의 자유라는 이름으로.

그녀의 삶에서 아마도 가장 암울했을 순간에 그녀가 유

대인들에게 정치적으로 요구했던 것은, 보부아르의 용어를 빌려 표현하자면, 자유에 대한 아주 고유한 관심으로 억압받는 세계의 모든 민족과 '형이상학적 연대'를 이루는 태도였다. 순수하게 철학적인 면에서 보더라도 이미 이것은 상당히 많은 것을 요구한 것이다. 그러나 현실정치의 관점에서 보면 필연적으로 과도한 요구였을 것이다. 적어도 실제로 존재하는 압력의 상황에서는 그렇다.

작은 집단

보부아르, 베유, 랜드와 마찬가지로 아렌트가 현실정치적 임무를 수행하는 철학자로서 추구하고자 했던 것은 어느 시대에도 달성하기 어려웠을 것이다. 원칙에 충실하면서도 정치적으로 효과를 발휘하는 것, 철학적 날카로움과 심오함, 구체적인 실현이 바로 그것이다. 1941~1942년 무렵에 그것은 전혀 가망이 없는 시도였다. 파리든 뉴욕이든 마찬가지였다. 진정한 사회주의든 기독교든 시오니즘 혹은 미국이라는 이름으로든. 실존주의적 연대든 예수든 칸트의 세계 시민주의든 혹은 극단적인 자유 지상주의의 이름으로든. 무엇보다도 정치를 최우선으로 생각하고자 했기 때문에, 그들은 정치적으로 주변부로 밀려났다. 철학자 집단의 역사를 되돌아본다면, 철학하는 사람들에게 이것은 사실 새로운 경험이 아니다. 더구나 필연적인 자유 상실의 경험도 아니다. 결국 사람들은 실제로 사건의 중심에서 멀어졌을 때, 아니 오히려 멀리 떨어질수록, 가장 먼 가장자리와 심연에 있을 때 사건을 더욱 명료하게 보지 않았던가?

생각이라는 명칭에 걸맞은 생각을 하는 사람은 사회적으로 고립된다. 이는 생각이 핵심적으로는 일종의 행위이며, 그 행위의 무조건적인 집중은 궁극적으로 타인의 도움 없이 획득되어야 한다는 사실 때문일지도 모른다. 대체적으로 그런 모임은 한두 명 이상의 친밀한 사람을 견디지 못한다. 어쨌든 이 것은 아렌트가 평생 견지한 신념이기도 하다.

1942년 11월 「건설」에 실리던 아렌트의 칼럼이 중단되었다. '젊은 유대인 그룹'도 이 시기에는 이미 지나간 일이 되었다. 따라서 아렌트가 몇 달 후에 숄렘에게 다시 한번 그녀가 겪은 지속적인 '문화 충격'에 대해 이야기하는 것을 불평으로만 이해할 필요는 없다(그러나 그녀는 이미 독일어의 변모음인 움라우트와 성공적으로 작별한 듯 보인다). "이 나라에서 몹시 외롭게 지냅니다. 무엇보다 저마다 해야 할 일이 너무 많고, 어느 정도 시간이 지나면 대다수 사람들이 더 이상 여가에 대한 욕구를 느끼지 않기 때문입니다. 이것은 사람들 간의 접촉을 매우 어렵게 만드는 하나의 지속적인 부재―내 생각에 그것은 주의산만입니다―를 야기합니다."[79]

정신적인 것과는 거리가 먼 시대에 집중력을 잃지 않고 유지하기. 여가와 느긋함에 대한 욕구를 키우기. 활동적이지만 너무 바쁘지 않은 상태. 신세계에서 아주 오래된 유럽 여성의 고전적인 삶의 방식을 고수하기. 아렌트에 따르면 '정치적 자유'와 '사회적 예속 상태'[80] 사이에 놓인 미국의 전형적인 심연 속으로 떨어지지 않는 것만이 아니라, 새로 얻은 자유를 자신의 의지대로 형성하려는 것이기도 하다. 다시 한번 그 단어가 가진 최상의 의미에서 '틈새'를 발견하려는 것, 그리고 무엇보다도 그것을 계속 추구하려는 것.

여름이 시작될 무렵, 그녀는 뉴욕 브루클린 칼리지에서 겸임 강사adjunct lecturer로 첫 강의를 맡게 되면서 새로운 기회를 얻는다. 강의의 제목은 '최근의 유럽 역사'다. 이로써 언론인이면서 학자라는 새롭고도 낡은 삶의 모형이 구체화된다. 비록 그것과 밀접하게 연결된 단독 연구 계획이기는 했지만, 현재의 암울한 모습을 초래한 주요 원인들을 밝히는 것이 연구 목표다. 즉, 전체주의의 유럽적 죽음의 찬양, 인종주의적 동기에서 생긴 억압 의지, 통일된 단일 민족과 국가 구성체라는 강박관념, 진전된 비인간화의 장소인 수용소의 논리… 반유대주의, 제국주의, 총체적 지배로 끝나게 된 요소들을 드러내는 것이 연구 목표다. 이 모든 것의 기원은 시간을 거슬러 19세기를 가리키고 있다. 우리는 이 흔적을 쫓아가야 한다.

이를 위해 정말로 필요한 것을 아렌트는 이미 가지고 있다. 즉, 독자적으로 생각할 수 있는 내적 자유, 그녀에게 가장 소중한 대화 상대이기도 한 남편, 그리고 단지 명목상으로만 고집스러운 태도를 허용하는 게 아닌 나라의 외적 자유가 그것이다. 훌륭한 신사 하인리히가 계속해서 매일 자신의 학습 노트에 적었던 관용적 표현 중 하나를 빌려 말하자면, 한나 아렌트는 1942년 말에 대서양 양쪽에서 산전수전을 다 겪은 '멋진 여자'일 뿐만 아니라, 무엇보다도 '아주 독자적으로 생각하는 여자'였다.

니체의 저주

돌이켜보면 아인 랜드가 거의 같은 시기에 아렌트와 보부아르가 시작했던 정치적 계획들에 대해 전혀 알지 못했다는 점은 다소 유감스럽다. 만약 알았더라면 자신의 모임에 이름을 붙이는 어려운 과정에서 그녀가 영감을 받았을 수도 있었을 것이다. 예를 들면 '형이상학적 이기주의자', '젊은 자유 지상주의 그룹', 혹은 '사회주의 없는 자유'처럼 단도직입적인 이름일 수도 있었다.

이 명칭들은 전부 1941년 가을에 실제로 논의하고 제안했던 명칭들로, 예를 들면 '미국의 이웃'(랜드의 평가: "사람들은 그것이 남아메리카와 관련이 있을 거라고 생각할 것이다"[81])이나 창설자 자신이 직접 제안한 명칭인 '지적 귀족'보다 훨씬 나았을 것이다. 왜냐하면 그 명칭도 정확하게 정곡을 찌르지는 못했기 때문이다. 오히려 그것은 자유 지상주의가 중심이 되는 전체 계획의 핵심 문제, 즉 공공연한 엘리트주의와 추구하고자 하는 대중적 인기 사이에 있는 중재하기 어려운 긴장을 강조했다. 니체의 저주다. 광범위한 대중이 본질적으로 어리석은 행동을 하는 경향이 있다는 점과 자신의 이성을 사용하려는 계몽된 용기는 항상 소수의 이상이었고 앞으로도 그럴 것이라는 점을 어떻게 다수에게 민주적으로 납득시킬 수 있을까?

앨버트 제이 노크◆도 그룹의 첫 모임 중 하나에서 바로 이 방향으로 의견을 표명했다. 그는 만인의 이름으로 정치적 개인주의의 전망을 위해 싸우는 대신에, 차라리 가장 작은 집단에서 자유로운 자족감이라는 이상을 계속 육성하자고 조언했다. 그의 말에 따르면, 대중과 관련된 경우 자율성을 보장할 수 있는 처방은 단 하나뿐이다. 바로 사회적 거리 두기와 일상적인, 특히 경제적인 독립이다. 함께하지는 않는 것. 계속해서 상세히 관찰해보면 시대와 국가와는 무관하게 그런 이상은 달성할 수도, 이성적으로 희망할 수도 없다. 미국에서도 마찬가

자유 지상주의적 이론을 주장한 미국의 사회학자, 교육이론가이자 언론인이다. 자유주의적인 좌파 잡지 『국민The Nation』에서 일했으며, 1920년부터 1924년까지는 자유지상주의를 옹호하는 잡지 『자유인The Freeman』의 공동 발행인으로 활동했다.

지다. 다른 대안이 없다고 여겨지는 좋은 삶에 대한 자신의 비전으로 온 세계를 정치적으로 기쁘게 하려는 것, 바로 그것이 전체주의적 충동 그 자체가 아니었던가?[82]

이미 10년 이상 뉴욕 「헤럴드 트리뷴」지의 칼럼니스트로 활동 중인 문학평론가 이저벨 패터슨*도 호의적이었지만 참여는 거절했다. 그해가 지나면서 랜드가 소설가 블라디미르 나보코프Vladimir Nabokov의 여동생 올가 나보코프와 함께 상트페테르부르크에서 보낸 청소년 시절에 있었던 우정을 연상할 만큼 랜드와 그녀 사이에 깊고 신뢰에 찬 일종의 우정이 생겨났음에도 불구하고, 어떤 집단이나 조직에 가입하지 않는다는 패터슨의 완강한 자유 지상주의적 삶의 원칙은 전혀 바뀌지 않았다.

캐나다 태생의 미국 언론인, 문학평론가, 소설가. 자본주의와 사적 소유권을 옹호하고, 이것을 제한하려는 중앙 정부의 필요성을 부정하는 무정부 자본주의 Anarchocapitalism의 선구자 중 한 명이다. 1924년부터 1949년까지 뉴욕 「헤럴드 트리뷴」지에서 문학평론가로 일했다. 평론가 활동과 더불어 여러 편의 소설을 발표하기도 했지만 큰 주목을 받지는 못했다. 대표작인 논픽션 책 『기계의 신The God of the Machine』(1943)으로 대중에게 널리 알려졌으며, 이 책은 자유 지상주의와 개인주의에서 중요한 저작으로 여겨진다.

미국인 폭파 전문가

계획이 시작되기도 전에 '지적 귀족'은 중서부 출신의 호의적인 중산층 출신 여섯 명과 공화당에 몹시 실망한 뉴욕 거주 구蛍 우파 몇 명으로 숫자가 축소되었다. 그때그때 현장 교육에 투입될 수 있는 개인주의적이고 전문 기능을 갖춘 엘리트와 함께 시작하는 대신에, 랜드가 받은 인상에 따르면 사람들 자신이 먼저 제대로 재교육을 받아야 할 정도였다. 그 신사들은 자기 수표책을 제대로 펴려고도 하지 않았기 때문에 계획한 운동에 필요한 초기 자본이 아주 모자랐다.

전적으로 사적인 일에서도 마찬가지였다. 파라마운트 영화사의 대본 검토자로 시간제 일을 하는 것을 제외하면 자유지상주의 모임을 위해 하루 종일 시간을 쏟았던 랜드는 1년 넘게 제대로 된 수입 없이 생활했다. 게다가 여덟 곳의 출판사가 소설 집필 계획에 대한 거부 편지를 보내왔다. 엎친 데 덮친 격으로 프랭크도 힘들게 얻은 담배 가게 판매인 자리를 잃었다. 보수가 좋은 일자리는 여전히 귀했다. 루스벨트의 뉴딜이 실행된 지 8년이 지났는데도 경기 불황은 흡연자의 기침처럼 끈질지게 계속되었고, 아인 랜드처럼 확고한 미국 고립주의자조차 1941년 12월 미국의 참전을 조용히 환영했을 수도 있다.[83]

미국의 참전으로 그녀는 적어도 정치적 야망의 실패를 직접 설명해야 하는 부담감을 덜게 되었다. 전쟁으로 생긴 과장된 애국주의 속에서 미국 우선주의를 주창하는 목소리는 당분간 잦아들 것이다. 마찬가지로 전속력으로 작동하기 시작한 전쟁 경제의 모습에서 특별히 자유 지상주의의 단초들 역시 잦아들었다.[84] 결과적으로 '지적인 귀족들'이라는 공동 계획은 시작하기도 전에 역사 속으로 사라졌다. 하지만 '하워드 로크' 프로젝트는 여기에 해당되지 않았다.

정반대였다. 마른하늘에 날벼락처럼 갑자기(실제로는 이저벨 패터슨이 주선한 듯한데) 인디애나폴리스에 있는 봅스 메릴 출판사가 원고에 구체적인 관심을 보였는데, 특히 그곳에 새로 입사한 편집자인 아치볼드 오그던이 큰 관심을 보였다. 그는 즉시 해고될 위협을 감수하면서 그 원고를 위해 싸우고, 마침내 자신의 견해를 관철시킨다.

이미 1941년 12월 10일에 계약이 체결되었다. 비록 선불금은 겨우 1000달러에 불과했고, 또다시 계약서에 적힌 원고 제출 기한(1943년 1월 1일)은 전혀 현실성이 없었지만, 적어도 이제 구체적인 목표가 다시 생긴 것이다. 그리고 시몬 베유, 시몬 드 보부아르 그리고 한나 아렌트와 마찬가지로 아인 랜드가 진짜 필연적이라고 경험한 유일한 자유, 즉 창조 행위로서의 글쓰기라는 자유를 향해 곧게 뻗은 길이 열린 것이다.

진주만 공습이 발생한 지 정확히 3일 후, 그리고 미국이 공식적으로 참전하기 하루 전에 출판 계약서에 서명함으로써 그녀의 삶에서 가장 행복하고 생산적인 한 해가 시작된다.

사회적 거리 두기

랜드는 1942년 2월 19일에 그녀가 좋아하는 새로운 편집자에게 소설과 관련한 소식을 전한다. "저는 미친 듯이 글을 썼고, 지금도 계속 쓰고 있습니다. 글자 그대로 밤낮으로 일하고 있습니다. 오후 4시에 시작해서 딱 한 번 식사를 위해 중단한 것을 제외하고 다음 날 새벽 1시가 되어서야 비로소 손을 놓은 작업 시간이 지금까지 최고 기록입니다. 자주 그렇게 할 수는 없지만, 이 시간 동안 나는 지금까지 쓴 것 중에서 가장 훌륭한 부분을 썼습니다. 이삼일 동안 옷을 갈아입지도 못했고, 단지 몇 시간 자기 위해 소파에 누웠다가 일어나서 다시 일을 한 적도 있습니다."[85] 그녀는 아파트를 거의 떠나지 않는다. 그리고 일요일에 이저벨 패터슨을 만나는 것 말고는 모든 사회적 접촉을 중단하고 신체 관리와 잠을 최소한으로 줄인다. 담배, 초콜릿, 프랄린praline*과 같은 필요한 에너지 공급원이 확보된 경우라면 그렇다.

10년도 더 된 옛날에 이상으로 꿈꾸었던 것처럼, 랜드는 1942년이 지나는 동안 매주 인쇄해도 좋을 정도로 완벽한 25쪽 분량의 원고를 써내면서 인간에서 인간의 모습을 한 글 쓰는 기계로 바로 넘어가는 중이었다. 이것은 그녀가 원하던 존재

---

* 설탕에 졸인 견과류로 보통 초콜릿 안에 넣는 재료로 쓴다.

였다. 독립적이고, 자주적이고, 스스로 생산하며, 가장 훌륭한 의미에서 가치를 창조해내는 존재. 있을지도 모르는 독자, 사회, '비평가'에 대한 생각은 전혀 하지 않는다. 이 과정에서 유일하게 중요한 것은 작품 자체와의 형이상학적 연대였다. 초인간적일 정도로 생산적인 자아본위Egotismus를 모범적이며 구체적으로 보여주는, 집중하는 작가의 현존. 내면에서부터 자신의 고유한 세계를 만들어낼 수 있다면 (그리고 남편이 일상적인 심부름을 떠맡는다면) 누가 외부 세계를 필요로 하겠는가?

정치 활동가로 보냈던 그해가 완전히 실패한 것도 아니었다. 오래 유지해온 확신은 더욱 선명하게 모습을 드러냈고, 세분화된 새로운 통찰력이 추가되었다. 랜드가 이미 1934년 철학 일기에서 명료하게 표현했던 근본적인 문제, "윤리가 꼭 필요하고 근본적으로 사회적인 개념인지" 그리고 "주로 개인을 대상으로 하는 윤리적 체계가 존재하는가?"[86] 하는 질문과 관련해서는 특히 그랬다.

1930년대에는 전문 용어상 '개인주의'와 '집단주의' 사이의 긴장이 여전히 결정적이었다면, 이제 아인 랜드는 자유의 진짜 적으로 '이타주의'라는 개념을 도입했다. 이에 따르면 이타주의자는 자신을 주로 타인의 모습에 따라서 윤리적으로 행동하는 존재로 이해하려는 사람이다. 따라서 그들은 권력에 굶주려 복종이나 조작을 목표로 삼든, 타인을 후원하거나 심지어 '구원하려는' 자기희생적 목표를 갖고 있든 상관없이, 타인의 존재와 관심사에 맞춰 생각하고, 행동하고, 창조하는 사람이다. 결론적으로 모든 것은 윤리적 행위의 원래 수신자로 누구를 생각하는가에 달려 있었다. 나 자신인지 아니면 다른 사람인지. 그에 따라 랜드는 1942년 철학 일기에 다음과 같이 적는다. "사람들이 타인을 주요 덕목으로 믿는 경우에는 두 가지 대안만이 남는다. 다른 사람들이 믿는 것을 실행하려고 노예처럼 행동하거나 혹은 타인의 이익을 위한다는 명분으로 그들에게 자신의 믿음을 강요하는 것이다."[87] 다른 말로 표현하자면 소위 윤리적 행동의 수신자인 타인은 복종의 형태로만 도움을 받을 수 있다. 그것이 자기 자신이 복종하는 것이든 타인을 억압하는 형태이든 상관없다. 제3의 방식은 존재하지 않았다.

그러므로 타인의 모습 속에 있는 윤리─같은 시기의 사르트르도 이것을 더 대담하게 표현할 수는 없었을 것이다─는 필연적으로 동조하면서 타인에게 맞추는 윤리였다. 결과적으로 한 쌍을 이루고 있는 양극단 모두에게 그것은 필연적으로 자율성 박탈과 결부된 것이다. 따라서 이 상황에서 벗어날 수 있는 유일한 탈출구로 남는 것은 윤리적인 자기 결정 행위에서 자신의 의지 결정에 다른 사람을 포함시키려는 모든 시도를 포기하는 것이다. 타인을 '위한', 타인을 '통한', 혹은 타인과 '함께하는' 자유가 아니라, 타인'으로부터' 벗어나는 자유다. "이기심. 타인을 망가트리기 위해서가 아니라, 다른 사람들로부터 '자유롭기' 위한 것."[88] 랜드가 생각하는 자기중심적인 사람은 현존하는 타인을 무조건적으로 인정하기 때문에, 그리고 타인 역시 똑같은 존재감과 가치를 지니고 탁월한 의미에서 존재할 수 있기 때문에, 자신의 의지에 따라 내리는 결정과 관련해서는 타인의 존재와 있을지도 모르는 그들의 욕구를 무조건 지워 없애버려야 한다.

따라서 상호 자유를 실제로 가능하게 하고 보장하는 유일한 것은 소위 '형이상학적 연대'가 아니라, '형이상학적 독립'이라는 일관된 태도다. 타인과 관계를 맺고, 그를 마찬가지로 자유로운 인간으로 제한 없이 인정하는 유일하게 실제적이고 비폭력적인 형태는 훌륭한 거래와 같은 계약 형태다. 내가 한 약속은 꼭 지킨다. 그러니 그것을 받든지 싫으면 그만둬라. 그리고 그 결과를 받아들여라. 교환 목적을 실현할 수 있는 확정적이면서도 사회적으로 가장 유연한 방식은 명백하게 돈을 매개로 이루어지는 금전적 방식이다. 이런 의미에서 개인 사이에서 실제로 비폭력적인 교환을 가능하게 하는 유일한 경제적 방식은 완전 자유방임주의라는 형태의 자본주의였다. 이런 의미에서 유일하게 합법적인 정부 체계는 국가 개입이 최소한으로 유지되면서도 직접 선거로 실현된 민주주의였다.

랜드에게 이런 자유로운 공생이라는 종합 세트는 실제로 가장 훌륭하게 검증되었을 뿐만 아니라, 경험상 사람들 사이에 존재하는 최소한의 악이다. 그것은 선험적으로도 적절한 것이었다. 잘 작동되었을 뿐만 아니라, 사람들 사이에 있는 선한 것이었다. 결론적으로 선함 그 자체다. 왜냐하면 인간 이외에 다른 가치의 기원은 존재하지 않기 때문이다(설령 다른 기원이 존재한다고 해도, 우선 개인이 자유롭게 그것을 결정해야 한다).

그러나 이런 이상에서 자발적으로 벗어나는 모든 행위는 뻔히 알면서도 자업자득인 굴종의 상태를 향해 걸어 들어가는 것을 의미한다. 윤리적으로는 이타주의, 경제적으로는 사회주의, 종교적으로는 근본주의, 정치적으로는 전체주의가 그런 길이다. 당연히 그것을 갈망하는 사람들도 있었다. 자신의 내면에서 창조적 자유의 불꽃을 피우거나 품고 있을 수 없는 사람들이다. 그들은 자신의 '행복 추구'라는 고된 모험에 직접 참여하는 대신 다른 모든 사람이 다른 모든 사람의 이름으로 둘러싸여 있는 상태를 보고자 한다. 문명에 따라서 다양하게 변형되어 나타난 '투히 원칙'이다.

엄밀하게 논리적인 의미에서 이 모든 것이 궁극적 근거를 지닌 것도 아니고, 모든 개념적 변화가 실제로 대리석처럼 매끈하게 다듬어진 상태도 아니었지만, 1942년에 이 원칙들은 해석의 틀로 랜드에게 도움이 되었는데, 그 틀을 이용해서 그녀는 쓰고 있던 소설을 동시에 세 가지 차원으로 구성할 수 있게 되었다. 개인의 심리 속에서 서로 극단적으로 부딪치는 이상적 발전의 시간을 초월한 투쟁의 묘사, 제2차 세계대전 직전 미국의 특수한 시대정신의 긴장에 대한 해석, 그리고 어두운 시대에 타인이라는 지옥으로부터 벗어나는 길을 알려주겠다고 약속한, 종교적 의미의 구원자로 격상된 인물 하워드 로크가 등장하는 소설의 형태로 형성된 학설이다.

1942년 겨울, 쉬지 않고 미친 듯이 창작에 몰두하며 열두 달을 보낸 끝에 랜드는 소설의 원래 목적지이자 정점인 열두 명의 배심원 앞에서 로크가 자신을 변호하는 부분에 도달할 수 있었다. 진정한 미국의 소크라테스처럼 그는 민중의 이름으로 배심원 앞에 서서, 세상의 모든 사람 앞에서 모든 사람을 위해 널리 존중받는 미국 독립 선언서와 헌법의 원래 토대가 되는 가치를 모범적으로 구현하려고 한다.

로크의 변론

로크가 기소된 것은 청년을 유혹하거나 신성을 모독해서가 아니다. 처음에 그것은 훨씬 더 시시해 보이지만, 자세히 살펴보면 사회 구조의 결속에 훨씬 더 위험하다. 그는 완공을 눈앞에 둔 시점에 자신이 입안한 사회 주택 건설이라는 선구적 건설 계획에 따라 지어진 건물을 직접 다이너마이트로 완전히 무너트렸다. 그 이유는 투히가 이끄는 건설 프로젝트에 부속된 공공 위원회가 원래의 설계를 사소하게 변경하도록 요구했고, 이어서 설계자의 명시적 동의 없이―엄격하게 보자면 이것은 계약 위반 사항이다―바꾸어버렸기 때문이었다. 결론적으로 배심원이 판결해야 할 것은 그 행위나 행위의 과정이 아니다. 왜냐하면 로크는 이것을 결코 부정하지 않았기 때문이다. 오히려 판단 대상은 그의 행위 동기가 지닌 가치와 정당성이다.

검찰의 말로 표현하자면 이 동기는 명백하게 "모든 정상적이고 인간적인 감정 너머"에 있다. "우리 대부분은 그것을 끔찍하고 상상할 수 없는 것으로 여길 것이다. … 다이너마이트가 건물을 깨끗이 없애버린 것처럼, 이 동기는 이 사람의 영혼에서 모든 인간성을 날려버렸다. … 지상에 존재하는 가장 위험한 폭발물, 즉 에고이스트가 관계된 것이다."[89]

이제 로크가 자신을 해명해야 할 차례다. 그는 변호사를 포기하고 스스로 변론한다. 혹시 모를 자신의 의존 상태를 가리킬 수도 있는 모든 것에 대해 전혀 모르는 그는 얼핏 배심원들에게도 "두려움이라는 감정이 전혀 없는"[90] 사람으로 보인다. 이것은 자신의 감정적 삶을 이성으로 완벽하게 조절할 수 있다고 여기는 랜드의 확신에 따라 논리적으로 나온 주목할 만한 표현이다. 결론적으로 말하자면 인간적 현존재가 잘못해서 저지를 수도 있는 어리석은 감정과 정서가 있는데, 첫 번째가 두려움이다. 또한 후회와 추진력 부족. 그 모든 것이 내적 공허함으로 통하는 길이고 결과적으로 다른 사람이 침입하게 되는 통로다. 당연히 그 모든 것이 로크의 본성에는 낯설다. 자신만의 상상력과 창조력에 이끌려, 천부적 재능으로 불타오르고 있는 그는 오로지 순수한 행동의 욕구와 충만함 그 자체다.

그의 변론이 인류 최초의 창조자인 프로메테우스에서 시작된 것은 논리적이다. "수천 년 전에 한 사람이 처음으로 불을 만드는 법을 발견했습니다. 아마도 그는 자기가 불붙이는 법을 가르쳐준 형제들에 의해 장작더미에서 화형을 당했을 겁니다."[91]

이것으로 상승과 몰락의 깊이*가 확정되었고, 주제가 정해졌다. 모든 문명적 진보를 만든 실제적 추동력으로서의 개인이 그를 시기하는 '너무 많은' 무리와 겪게 되는 갈등. 무분별하게 저지른 어두운 자기 부정에 맞선 창조적 이성의 빛. 두려움 때문에 멈추고 싶어 하는 '일반 사람'의 욕구를 이겨내고 앞으로 나가려는 용감한 나 자신이 그것이다.

하지만 진정한 창조자를 움직이는 것은 무엇인가? 그의 행동의 진정한 동기는 무엇인가? 로크에 따르면 그것은 그의 이웃에게 어떤 식으로든 유용하거나 도움이 되고자 하는 의지가 아니다. 오히려 그것은 최고의 지식과 양심에 따라 문제의 해결책을 찾으려는 것, 그러니까 행위라는 진실을 향한 의지다.

그것이 새로 제기된 문제라면, 이미 다른 사람이 정해놓은 규칙과 방식을 이용하는 것만으로는 해결책이 될 수 없다. 따라서 창조력은 필연적으로 사회적 영역에서도 자부심이 넘

고전주의 연극 이론에서 신분이 고귀한 사람만이 비극적 감정을 경험할 수 있다는 개념이다.

치는 일탈 의지를 의미한다. 그 때문에 모든 인간의 진보를 추동하는 진정한 창조자는 외톨이이며, 외톨이여야 한다. 바로 이런 이유로 그들은 대중으로부터 벌을 받고, 배척당하고, 아주 빈번하게 개인적인 폭력을 당했다. 그게 아니면 드물기는 하지만 대중에게 환영받고, 연단에 올려져 신처럼 숭배받았다. 두 가지 모두 창조적 개인에게는 해롭다, 그리고 결과도 마찬가지로 위험하다. 다른 사람에 반대하거나 그들을 위해서가 아니라, 그들로부터 '독립하는' 것. 일단 성공하게 되면 그들은 그것을 높이 평가할 것이다.

로크가 배심원들에게 상황을 자세히 설명한 것처럼, 진정한 창조력과 실용적 이성의 기원은 동일하다. 궁극적으로 단 하나의 사고와 추론의 형식만이 존재한다. 그리고 그것은 모든 사람에게 동일하다. 게다가 의식적으로 조정할 수 있는 능력인 그것은 인간의 고유한 특성이다. 그것이 없다면 인간은 생존할 수 없을 것이다. 잠재적이지만 인간은 그것을 가지고 뭐든 할 수 있다.

하지만 무엇보다 창조라는 탁월한 의미에서 인간 개개인은 오직 자신만을 위해 생각할 수 있다.

집단적 두뇌나 집단적 사고와 같은 것은 존재하지 않는다. … 자신의 폐를 사용해서 타인을 위해 숨을 쉬는 사람은 없다. 그 누구도 자신의 뇌를 사용해서 타인을 위해 생

각할 수 없다. 모든 정신적이고 육체적인 기능은 사적이다. 그것은 공유하거나 양도할 수 없다.[92]

특히 로크가 보기에는 여기에서 다음과 같은 결론이 나온다. 저작권은 무조건 보호되고 유지되어야 한다. 그것은 심신의 창조적 통일체로서 그때그때 한 개인의 통합에서 본질적인 부분이다. 폭력으로 이 권리를 침해하는 사람은 자유와 진보라는 문명의 토대에 도끼질을 하는 것이다. 그 때문에 정의롭고 좋은 사회는 타인의 폭력적 점유로부터 이 통합을 절대적으로 보호하는 것이다.

그런 사회는 특히 스스로 창조할 수 없고, 무엇보다 그것을 원하지 않는 사람들이 점유하지 못하도록 그 권리를 보호한다. 인간으로서 '일반인'과 '좋은 사회'라는 겉보기에만 안락한 것으로 도망치기를 더 좋아하는 사람들이 점유하는 것을 막는다. 가장 비열하고 저열한 동기에서―대개 선전宣傳으로 주객이 전도된 모든 사람의 이름으로―의도적으로 창조자를 방해하고 없애려는 사람들의 불법 점유로부터, 다시 말해 '아이디어 도용자들'과 종속이라는 그들의 주도적 이데올로기, 개인의 교환 가능성, 그에 따라 모든 타인의 이름으로 요구되는 각 개인의 자기만족이 불법 점유하는 것으로부터 보호한다. 결국 이타주의자로부터의 보호다. "이타주의란 다른 사람을 위해 살고 그들을 자신보다 우선시하도록 요구하는 교리다."[93]

로크에 의하면 이 이데올로기를 그토록 파괴적으로 만드는 것은 그것이 지닌 깊은 심리적인 왜곡만이 아니라, 훨씬 더 근본적으로는 실제로 그것을 쫓아가 추월할 수 없다는 점이다. 이타주의는 글자 그대로 불가능한 것을 요구하는 것이다.

누구도 다른 사람을 위해 살 수 없다. 사람은 자기 몸은 물론 자기의 정신을 다른 사람과 공유할 수 없다. 하지만 아이디어 도용자는 착취의 이타주의를 이용해서 모든 도덕적 원칙의 토대를 뒤집었다. 창조하는 사람을 파괴할 수 있는 모든 방법을 사람들에게 가르쳤다. 의존이야말로 덕이라고 사람들에게 가르쳤다. 다른 사람을 위해 살고자 하는 사람은 의존적이다.[94]

이성을 부여받은 모든 사람이 함께 사는 사람을 고려할 때 마주하게 되는 실제 선택은 '굴종'이냐 '지배'냐가 아니라, '의존'이냐 '독립'이냐 사이에서 이루어진다. 이때 독립하려는 명확한 의지—문화적으로 누가 그 의지에 미국인들보다 더 가까이 있을 수 있겠는가—는 각자의 재능이나 지적 재능의 문제가 결코 아니다. 자기 자신이 될 수 없을 정도로 어리석은 사람은 없다. 중요한 것은 자신의 이성을 독자적으로 사용하려는 분명한 용기다. "'나는' 원한다"와 "'나는' 할 수 있으며 하고자 한다"는 자의식 넘치는 말을 하려는 의지다. 하지만 이러한 행동은 그 자체로는 전혀 엘리트적이지 않으며, 오히려 실존적인 선택지로서 생각할 수 있는 한 가장 평등하고, 존엄성을 지키며, 풀뿌리 민주주의적이다.

> 능력의 정도는 상이할지라도, 근본 원칙은 동일하다. 독립, 주도권, 일에 대해 갖는 개인적 애정의 정도에 따라 노동자로서의 재능과 인간으로서의 가치가 결정된다. 자주성은 인간적 미덕과 인간적 가치의 유일한 척도다. 그리고 그것은 한 사람이 다른 사람을 위해서 하거나 하지 않는 것이 아니라, 한 인간을 이루는 것 그리고 그가 자신에게서 만들어낸 것이다. 개인의 존엄을 대신할 수 있는 것은 없다. 개인의 존엄을 잴 수 있는 다른 척도는 없다. 모든 정당한 관계에서는 아무도 다른 사람을 위해 희생하지 않는다.[95]

그러므로 이런 용기에 토대를 두고, 헌법에 맞게 이것을 무조건 보호하는 공동체만이 국가로서 성장하고 번영할 수 있다. '자유의 나라'에서 그런 것처럼. 커다란 집단의 대중화된 민족주의와는 거리가 먼 로크는 헌법을 수호하는 미국 애국자로서 배심원의 양심에 호소한다.

개인주의 원칙 위에 세워진 사회의 결과를 보십시오. 이

것이 바로 우리의 나라입니다. 인류 역사에서 가장 고귀한 나라. 가장 커다란 성취, 가장 커다란 복지, 가장 커다란 자유를 이룬 나라. 이 나라는 몰아적인 봉사, 희생, 포기 혹은 이타주의의 지시 위에 세워지지 않았습니다. 이나라는 행복 추구를 기반으로 세워졌습니다. 다른 사람의행복이 아니라, 바로 자기 자신의 행복입니다. 사적이고, 개인적이며 이기적인 동기입니다. 그 결과를 보십시오. 여러분의 양심에 귀를 기울이십시오.[96]

따라서 이타주의에 한 발짝도 양보해서는 안 된다. 이타주의의 과도한 요구에 단 한 발짝도 양보해서는 안 된다. 여성이든 남성이든 모든 이성적인 인간의 독립과 통합의 이름으로 무조건 그리고 어떤 타협도 없이 지켜야 할 유일한 권리, 즉 정신적, 육체적 소유권의 토대를 파괴하는 것에 단 한 발짝도 양보해서는 안 된다.

오로지 그만이 생각해낼 수 있었던 모범적 주거 단지 '코틀랜드'를 직접 폭파한 것은 로크의 확고한 권리일 뿐만 아니라, 미국의 본래적 의무이기도 하다. 그것은 어두운 시대에 가치를 보존하려는 저항의 행위였다. 물론 그는 궁극적으로 자신을 위해, 순전히 이기적인 이유에서 그렇게 했다. 그 점에서 검찰은 완전히 옳았다. 하지만 그는 자유를 열망하는 자신의 나라, 아니 이 세상의 모든 이성적인 사람을 대신해 그 일을 했다.

이제 여러분은 내가 왜 코틀랜드를 폭파했는지 알 겁니다.

...

나는 누구에게도 내 삶의 단 1분을 가질 권리도 주지 않겠다고 말하기 위해 이 자리에 서 있습니다. 내 에너지의 일부나 내가 이룬 성과의 일부분에 대한 권리도 주지 않겠습니다. 그런 요구를 하는 사람이 누구든, 그들의 수가 얼마나 많고 그들의 필요가 얼마나 크든 마찬가지입니다.

나는 한 인간의 창조적 작품의 완전함이 어떤 자선 행위보다 더 중요하다는 점을 말하기 위해 이곳에 온 것입니다. 그것을 이해하지 못하는 사람은 세계를 파괴하는 사람입니다.

나는 나의 조건을 설명하기 위해 이곳에 왔습니다. 나는 다른 사람들에게 맞춰서 살 생각이 없습니다.

나는 인간의 자유를 존중하고 노예를 유지하려는 사회와 관계를 맺지 않을 의무 이외에는 인간에 대한 어떤 의무도 인정하지 않습니다. 내 조국이 더 이상 존재하지 않는다면 감옥에서 보내야만 할 10년의 세월을 기꺼이 조국에 선사하겠습니다. 나는 그 시간을 이전에 이 나라가 이루어낸 것을 생각하고 고마워하면서 보내겠습니다. 그것은 충성의 서약이 될 것이고, 내 조국의 자리를 대신하게 될 세계에서 살거나 일하기를 거부하는 것입니다.[97]

선고

　　이제 판결은 배심원들의 손에 달려 있다. 그들 각자에게. 그리고 당연히 주어진 상황에서 1942년의 한나 아렌트, 시몬 베유 그리고 시몬 드 보부아르가 직접 가상의 배심원이 되었다고 상상하는 것은 특별한 매력이 있다. 그들은 로크의 동기에 대해서 어떤 판결을 내렸을까? 그리고 그의 변론을 어떻게 평가했을까? 그의 논거를 어떻게 분석했으며, 그의 등장을 어떻게 경험했을까?

　　유한한 존재인 인간에게 가치와 존엄성을 부여한 것은 정말 '나는 원한다'는 자부심 넘치는 행위였을까? 아니면 그것의 기원은 자신의 외부, 어쩌면 이 세상의 밖에 있는 것은 아닌가? 살과 피로 이루어진 에고는 실제로 다른 사람에게서 독립했을 때에만 자유롭게 결정할 수 있는 것인가? 아니면 반대로 오직 그들을 통해 그리고 그들과 함께할 때만 그렇게 할 수 있는 것인가?

　　감정적 삶의 자발성과 완고함은 어떤가? 정말로 그것은 이성에 무조건 복종해야만 하는가? 그리고 만약 그렇다면, 자기의 고유한 생성에 생길 수도 있는 개성에 어떤 결과를 미치게 될 것인가? 로크가 정말로 그 자신이 제시한 것처럼 창조적인 소외자였나? 그보다는 오히려 자아도취에 빠져 눈이 먼 전형적인 벼락부자는 아니었을까? 그는 인간으로서 정말로 모든 유형의 고전적 천재 숭배를 벗어났는가? 아니면 그것은 다른 사람들이 올려주기를 바랐던 바로 그 연단이었을까?

그가 주장하는 철저하게 논리적인 사고와 독창적인 창조의 동일성은 어떤가? 정말 연구의 논리는 한 가지뿐이었나? 인식과 판단의 논리적 형식 역시 한 가지뿐이었나? 창조 과정의 기원은 상태가 어떤가? 착상이 창조적 개인이 의도를 갖고 만들어내거나 불러올 수 있는 게 아니라는 점이 분명할 경우, 어느 정도까지 그것을 사유 재산이라고 주장할 수 있을 것인가?

로크가 주장하는 것처럼 세계는 실제로 자아 상실과 자아 희생의 광란으로 인해 몰락했는가? 오히려 광기 어린 개인의 무조건적인 자아 권능의 의지 때문은 아니었을까? 실제로 아틀라스와 같은 소수의 어깨 위에 문명 진보의 모든 책임이 놓여 있었나? 오히려 이 소수의 사람에 의해 체계적으로 착취당한 사람들의 영원히 굽은 등에 놓여 있었던 것은 아니었나?

무엇보다 로크가 배심원들을 향해 이야기할 때 사용한 언어의 본질은 어떤가? 이 언어도 최초에 한 이기적인 천재가 만든 작품이었을까? 확실히 한 인간의 작품이었을까? 다른 사람의 존재와 무관하게 만들어진 어떤 것으로 상정함으로써, 언어가 의사소통과 사고의 매체로 이해되었는가?

보부아르와 아렌트, 베유 사이에서 그것과 관련된 가상의 논의는 분명 며칠, 어쩌면 몇 년(혹은 수 세기)의 시간이 필요했을 것이다. 물론 이때에도 만장일치로 결론을 내릴 수는 없을 것이다. 독자적으로 철학을 하는 사람들 사이에서 어떻게 다른 것을 기대할 수 있겠는가? 바보나 이데올로기 고안자들만이 합의를 사고의 목표로 여긴다.

아인 랜드의 실제 소설에서 무엇보다 회사 임원, 기술자, 트럭 운전사, 전기 기사, 벽돌공 등 현실에 단련된 미국적 상식의 대표자들로 구성된 배심원은 몇 분 만에 판결을 내렸다.

"배심원 대표님, 평결이 이루어졌습니까?"
"그렇습니다."
"평결이 어떻게 내려졌습니까?"
"무죄입니다."[98]

랜드가 이 단락을 썼을 때, 그녀에게는 열두 달 동안의 사회적 고립과 창작으로 생긴 끊임없는 도취가 있었다. 1942년 12월 31일 그녀는 아치볼드 오그던에게 완성된 원고를 직접 건넸다. 그것으로 그녀는 계약서에 적힌 자신의 의무를 다했다. 이제 그녀는 누구에게도 빚진 것이 없었다. 무엇보다 그녀 자신에게 그랬다. 이제부터 그 작품은 다른 사람의 손에 달려 있다. 그리고 그들이 어떤 판단을 내릴지와는 상관없이 그녀는 이 순간에 자신이 무엇을 했고 만들어냈는지 정확히 알고 있었다. 그것은 신과 같은 느낌이었다.

8장

불꽃

1943년

랜드와 보부아르는 행복의 절정에 있고,
아렌트는 심연을 응시하고,
베유는 마지막 문턱을 넘는다

파업

"나는 이타주의자가 아니다. 나는 해야 할 말은 다했다. 그것이 독자에게 호소하는 바가 없다면, 무엇 때문에 계속 그들을 계몽하기 위해 애써야 하는가?"[1] 출간되고 나서 겨우 6주가 지난 후 그녀의 두 번째 소설의 운명도 결정된 것처럼 보였다. 광고도 없었고, 대규모 할인 판매도 없었다. 혹평조차 없었다. 이저벨 패터슨이 전화기 반대편에서 자신의 실패에 얽힌 비밀을 털어놓은 것도 아무런 도움이 되지 못했다. 그때까지 쓴 소설 여덟 권이 모두 실패했다. 그중 한 권도 성공하지 못했다. 랜드의 소설 『기원』이 출간되기 몇 주 전에 패터슨의 가장 야심 찬 논픽션 책인 『기계의 신』이 출간되었다. 그 책은 문화 역사를 기반으로 집필된 자유로운 기업가 정신과 개인의 창의성에 대한 찬가였다. 역시 커다란 반향은 없었다. 이 친구는 무엇을 기대한 걸까?? 진심으로 10만 부에 달하는 판매 부수를?[2] 철학 소설인데도? 루스벨트가 대통령으로 있는 미국에서?

그녀는 16개월 동안 쉬지 않고 뼈가 빠지게 일했다. 4월이 될 때까지 매일 교정 작업을 위해 자리에 앉아 있었다. 끝 무렵에는 각성제[3]를 먹어야만 일을 할 수 있었다. 랜드는 너무 지쳐서 차분함을 유지할 수가 없었다. 이런 책에 관심을 기울이지 않는 문화는 몰락해도 마땅하다. "이봐 팻, 내가 그냥 파업을 한다면 어떻게 될까? 그리고 나뿐만 아니라 세상의 모든 창조적 인간들이 함께 파업을 한다면?"⁴ 우리가 '기계'에서 그냥 플러그를 뽑아버린다면. 말하자면 가장 완고한 집단주의자조차 모든 짐의 무게가 실제로 누구의 어깨 위에 놓여 있는지 공개적으로 인정할 수밖에 없을 때까지 창조적인 사람들이 서로 협력해서 반항을 한다면. 랜드는 대화를 잠시 멈춘 다음에 다시 덧붙인다. 아마도 그건 아주 훌륭한 소설이 될 거야. 더 이상 누구도 그것을 쓰려고 하지 않겠지만. 어쨌든 그녀는 아니다. 그 대신 내일 가능한 한 의미 없는 일을 찾아볼 것이다. 프랭크처럼 그녀도 내적 망명을 하겠지만, 어쨌든 밤에는 글을 쓸 것이다. 그러나 더 이상 현재가 아닌, 후세를 위한 글이 될 것이다. 그리고 그것으로 충분하다.

패터슨은 대화가 진행되는 동안 완전히 지쳐버린 친구에게 당장 포기한 채로 평생 사는 대신 다른 종류의 휴식이 필요하다고 설득할 수 있었다. 7월에 2주 동안 그녀는 친구 부부를 코네티컷의 별장으로 초대했다. 잠자기. 산책하기. 먹기.

허구가 아님

1943년 7월, 랜드가 미국에 도착한 이후 처음으로 글자 그대로 아무것도 하지 않는 동안 미국에서 『기원』의 판매 속도가 기적적으로 늘어났다. 순수하게 입소문을 통해 초판

8000부가 거의 매진되었다. 즉시 재판을 찍어야 하고, 약한 불꽃을 계속해서 피워 올려야 할 시간이었다. 원기를 회복한 랜드는 8월 중순에 이미 편집자에게 새로운 계획에 대해 알린다.

1943년 8월 16일
친애하는 오그던 씨에게
지금 짧은 논픽션 책을 쓰고 있습니다. … 책의 가제는 『개인주의의 도덕적 토대』입니다. … 이 책은 단순하고 구체적인 방식으로 『기원』의 주제들을 소개할 것입니다. 인간의 본질적인 완결성과 자기 보존력, 이타주의를 잘못된 추론이자 도덕적인 근본악으로 설명하는 것, 다른 사람을 위한 자기희생이나 다른 사람을 위한 지배가 아닌, 정신적인 독립에 토대를 둔 적절한 도덕 법칙에 대한 정의를 제시합니다. … 그리고 도덕적 본성에서 유추할 수 있는 사회적, 정치적, 경제적 체계, 즉 자본주의 체계의의미, 원칙 그리고 한 사회의 유일하게 '도덕적인' 체계로서의 본질에 관한 개요를 보여줄 것입니다.
자본주의는 지금까지 정말로 도덕적인 토대 없이 존재했습니다. … 우리는 이 토대 위에 문명 전체를 세웠습니다. … 그것이 유일하게 실용적이고 현실적인 체계이지만 윤리적인 체계는 아니라고 가르쳐왔습니다.[5]

그 누구도, 자유를 갈망하는 사람조차도 실제로 빵만으로는 살 수 없으며, 오히려 다른 무엇보다도 여러 생각에 따라 살아간다. 잘 살기를 원한다면, 이 생각들이 더욱 참되고 충분한 근거가 있어야 한다. 이로써 과제는 분명하게 제시되었다. 자본주의를 도덕적 상호 공존의 유일하고 진정한 표현으로 확립하는 것, 자유와 자결을 추구하는 유일하고 진실한 형식으로 확립하는 것이다. 이익에 대한 자본주의의 약속은 주로 물질적인 것이 아니라, 본질적으로 정신적이다. 그것의 주도적 이상은 복지가 아니라 자율성이다. 그것의 목적은 부가 아니라 자아실현이다. 그것의 이상은 착취가 아니라 독립이다. 단지 '최소한의 악'이 되는 것과는 거리가 먼 자본주의는 오히려선 그 자체의 논리적 표현이다! "우리는 개인주의를 '도덕' 법칙으로 이해해야 하며, 그것을 실현하는 데 있어 자본주의를 개인주의의 적절한 표현으로 받아들여야 합니다. 그렇게 하지 않는다면 자본주의를 구할 수 없을 것입니다. 그리고 자본주의를 구하지 못하면, 우리 모두는 끝입니다. 미국, 세계, 즉 남자와 여자, 그리고 아이들 모두가. 그다음에는 동굴과 몽둥이밖에 남지 않을 것입니다. 지금 파괴되는 속도를 보십시오. 한가지 생각, 치명적인 거짓 이론이 그것에 책임이 있습니다. 다른 생각이 그것을 멈출 수 있습니다. 진정한 생각만이."[6]

판권 계약

그 책은 쓰이지 않았다. 시장의 자유로운 힘은, 특히 랜드가 생각하는 자유로운 힘은 불과 한 달 후 다른 것을 원했다. 놀랍게도 오그던은 9월에 출판사를 떠났다. 동시에 소설 『기원』은 동부와 서부의 해안 지역에서 처음으로 베스트셀러 목록에 올랐다. 10월까지 4쇄를 찍었다. 영업 부서는 크리스마스 시즌을 위해 새로 계획한 전국적인 광고 캠페인을 예고했다. 랜드는 자신의 행운을 분명하게 이해했다. 정확히 그녀가 상상한 그대로였다! 그녀는 지인들에게 그런 일이 일어날 거라고 정확히 예언했다! 6월의 권태는 이제 흔적도 없이 사라졌다! 오히려 그녀는 새로 불붙은 에너지로 가득 차 있다. 이저벨 패터슨이 가장 먼저 그것에 대해 알게 될 것이다.

> 1943년 10월 6일
> 당신이 이야기해준 모든 것에 대해서 고맙게 생각합니다. 무엇보다 당신이 나를 당신의 자매라고 부른 것에 대해서. … 이제 『파업』[7]을 써야 한다는 걸 알고 있습니다. 나는 다른 모든 것을 제쳐두고 그 소설의 줄거리만 생각하고 있어요. 지금은 정말 그러면 안 되죠. 하지만 그 모든 것이 내가 그것에 사로잡혀 있다는 것을 보여주고 있습니다. … 내 경우에는 보통 그렇게 시작됩니다. 신이 나를 도

와주시기를. 그리고 당신과 프랭크도 도와주시기를.[8]

　그사이 할리우드도 『기원』이 인기를 끌고 있는 현상에 주목했다. 11월 중순에 랜드는 워너브라더스 스튜디오로부터 전화를 받았다. 그녀는 즉시 그것을 새로운 에이전트인 앨런 콜린스에게 전달했다. 콜린스는 영화 판권으로 2만 5000달러를 요구할 것이고, 2만 달러에 합의하길 원한다. 그로써 그의 고객은 대실 해밋Dashiell Hammett[*], 존 스타인벡John Steinbeck[**]과 어깨를 나란히 하게 될 것이다. 그러나 무엇보다도 몇 년 동안은 안정적으로 살게 될 것이다. 랜드가 이해한 대로, 『기원』은 이

하드보일드 스타일의 탐정 소설과 단편 작품을 쓴 미국 소설가. 다면적인 캐릭터, 인물의 행위 동기를 현실적으로 묘사하는 문체, 날카롭고 위트 넘치는 대화가 그의 소설의 특징이다. 그가 쓴 소설들은 이후에 나온 수많은 통속 소설과 영화에 커다란 영향을 미쳤다. 대표작으로는 『붉은 수확』(1929), 『데인가의 저주』(1929), 『몰타의 매』(1930), 『그림자 없는 남자』(1934) 등이 있다.

대공황 시대의 미국을 배경으로 경제적 모순으로 고통받는 노동자의 삶을 사실적으로 묘사한 작품을 쓴 리얼리즘 계열 소설가. 윌리엄 포크너, 어니스트 헤밍웨이와 더불어 20세기 미국의 대표적인 작가로 꼽힌다. 은행에 의해 농장을 빼앗긴 조드 일가를 등장시켜 지주, 은행, 경찰이 노동자를 탄압하는 모습을 생생하게 묘사해서 고발한 소설 『분노의 포도』(1939)로 공산주의자로 몰려서 미국 연방 경찰의 사찰 대상이 되었다. 이 소설로 1940년 퓰리처상을 수상했다. 이후에도 『통조림공장 골목』(1945), 『에덴의 동쪽』(1952), 『달콤한 목요일』(1954), 『찰리와 함께한 여행』(1962) 등을 발표했고, 1962년 노벨 문학상을 수상했다.

제 막 속도가 붙기 시작했다. 영화 사업과 그 사업의 수익에 대해 잘 알고 있던 그녀는 콜린스에게 5만 달러를 요구하라고 지시했다. 조금도 양보하지 말고, 1센트도 모자라서는 안 된다고, 그렇지 않으면 계약은 없다고 했다.[9]

계약 결정을 알리는 전화를 받은 사람은 프랭크였다. 랜드는 적어도 시나리오의 초고를 직접 써야 하고 대본 작업을 위해 다시 할리우드로 돌아와야 하는데, 매달 500달러에 달하는 모든 부대 비용도 영화사가 지불할 것이며, 당연히 별도로 영화 판권료로 5만 달러를 지불할 것이라고 했다.

축하를 하기 위해 두 사람은 길모퉁이에 있는 단골 식당으로 가서 이번에는 할인 메뉴 중에 좀 더 비싼 음식을 주문해서 먹었다. 그리고 한숨도 자지 않았다. 꿈을 꾸면서, 현실을 인식하면서. 결국 그녀의 어머니가 옳았다. "할리우드도 언젠가는 '흰색'은 역시 '흰색'이라는 사실을 인정할 것이다."[10] 몇 년 전부터 그녀의 가족들이 살아 있음을 알 수 있는 징후가 전혀 없었다. 레닌그라드 포위는 세 번째 겨울을 맞이했다.

계약서에 서명한 날, 랜드는 남편에게 이끌려 5번가에 있는 모피 가게로 들어갔다. "이제 코트를 하나 골라. 어떤 것이든 상관없어. 하지만 반드시 밍크 코트여야만 해!" 랜드는 2400달러짜리 외투를 골라 그 자리에서 바로 입었다. 그리고 그것을 입은 채 곧장 패터슨의 편집실로 갔다.[11]

누더기를 걸친 사람만이 겸손하다! 그사이 스스로 진짜

뉴요커라도 된 듯한 그녀가 말했듯이 "넌덜머리 나는 캘리포니아의 햇볕" 때문에 언제 다시 코트를 보여줄 수 있을지 전혀 알 수 없었기 때문이다. 이미 12월에 할리우드로 갈 예정이었다. 무엇보다 프랭크가 그때까지 기다리지 못했다. 부부는 첫 번째로 기차를 타고 시카고로 가는 여정을 택했다. 호화로운 일등칸을 타고, 레스토랑에서 진짜 소고기 스테이크를 먹으면서![12] 적어도 이 순간만큼은 꿈꾸던 이상에 아주 가까웠다.

할리우드에 도착하자마자 랜드는 대본을 다듬는 일에 착수했다. 그것에 대한 첫 기록은 1943년 12월 13일에 작성되었는데, 다음과 같았다. "주도 동기: 인간적 통합성."[13]

새로운 행렬

"어제 이사를 마쳤고 볶은 감자 요리를 먹었어. 그런 다음 기차를 타고 계속 갔어. 귀여운 꼬맹이 씨, 이 기차의 통로는 끔찍하니까 반드시 좌석을 예약해."[14] 사르트르는 호텔 라루이시안느의 새로 옮긴 방에서 엄청난 보수를 받은 대본 계약을 이행하기 위해 작업을 해야 했다. 그래서 보부아르는 7월 초 여름휴가를 보내기 위해 혼자 먼저 북부 로안으로 가야 했다. 새로 기운을 모으고, 새로 계획을 세워야 했다. 가을에 파리에서 무슨 일이 그녀를 기다리고 있을지는 모르겠지만, 이제 예전의 삶으로 되돌아가는 것이 불가능하게 되었기 때문이다. 교육부의 결정으로 보부아르는 1943년 6월 17일 자로 교직에서 면직되었다. 결국 소로킨의 어머니가 제기한 피교육자를 성적으로 유혹했다는 혐의는 약 1년 반에 걸친 조사를 통해서도 입증되지 않았지만, 입건 상태만으로도 교사 자격을 박탈하기에는 충분했다. 이로써 보부아르는 1943년 여름에 어린 시절부터 항상 꿈꿔왔던 독립적인 작가이자 철학자라는 칭호를 공식적으로 얻게 되었다.

8월 말이면 그녀의 첫 소설이 갈리마르 출판사에서 출간될 것이다. 순전히 머릿속으로만 그 작품을 구상하면서 몇 년의 세월을 보냈는데, 그 작품을 지탱했던 관계 설정에서 그 사실은 별로 중요하지 않았다. 하지만 그 작품 수용에서 이런 측면들이 특별히 전면에 내세워질 것이라는 점은 의심의 여지가 없다. 사르트르의 명성 때문에 특히 그랬다.

작가로서 대중 앞에 선다는 것이 어떤 의미인지를 명료하게 보여주기라도 하듯, 기차를 타고 가는 동안 보부아르가 탄 객실에서는 그사이 프랑스의 모든 사람이 몰두했던 다음과 같은, 혹은 약간 다른 형태의 논쟁적인 비평이 벌어졌다. "그것 때문에 아주 즐거웠어. … 그들은 『이방인』과 『구토』를 비교했어. 그들은 『구토』가 부분적으로 훌륭함에도 불구하고 지루하다고 생각했기 때문에 카뮈에 대해 우호적이었어. 그런 다음 토론을 주도하는 사람이 「파리 떼」에도 좋은 내용이 있는데,

그 작품이 사람들에게 호평을 받지 못하는 것이 이상하다고 분명하게 말했어."[15]

맞는 말이었다. 사르트르의 최신작은 6월에 실패했다. 정확한 이유는 보부아르에게도 수수께끼로 남았다. 고대의 소재를 사용해서 정치적 주제를 새롭게 다루는 것이 실제로 대유행이었고, 사실상 검열을 통과할 수 있는 유일한 방법이기도 했다. 혹은 사람들이 사르트르를 좋지 않게 생각한 것이 공연 자체 때문이었을 수도 있다. 게다가 전에 사라 베른하르트 극장이라고 불렸던 테아트르 드 라 시테에서 공연이 이루어졌다. 그를 시기하는 사람들이 많았다. 그리고 아주 공공연하게 그를 부역자로 의심하는 사람도 많았다.◆

◆

언급된 극장은 19세기 오스망 남작이 파리 시가지를 정비하면서 파리 4구역 샤틀레 광장에 세운 두 개의 극장 중 하나다. 극장이 문을 연 이후로 이름이 여러 번 바뀌었는데, 19세기의 유명 프랑스 여배우였던 베른하르트의 이름을 따서 '베른하르트 극장'이라고 불린 적도 있었다. 독일군이 파리를 점령한 후 그녀가 유대인 혈통이라는 이유로 테아트르 드 라 시테로 이름이 바뀌어서 1947년까지 사용되었다. 1968년부터 '시립 극장Théâtre de la Ville'으로 이름이 바뀌어 오늘날까지 이어지고 있다. 사르트르를 비판하는 사람들이 보기에 이름을 바꾼 이 극장에서 공연한다는 것은 나치의 인종 정책에 대한 일종의 묵인으로 보였을 수도 있을 것이다.

창조적으로 경계를 넘기

어쨌든 카뮈는 그 작품을 넘치도록 칭찬했다. 총연습을 마친 후 사람들은 술을 마시러 나갔고, 밤늦게까지 토론했고, 농담을 주고받았다. '이방인', '구토' 그리고 '초대받은 여자'. 새로운 실존주의의 새로운 트리오. 안 될 이유는 뭔가?

모든 자발적 공감에도 불구하고 그날 밤에도 사르트르와 카뮈 사이의 철학적 차이는 분명했다. 하지만 이런 긴장이 그녀에게, 보부아르의 사고에 어떤 의미가 있었을까? 무엇보다도 자유에 대한 실존주의적 이해를 배경으로 '형이상학적 연대'가 어떻게 정확하게 규정될 수 있을까 하는 문제에?

정확히 무엇이 다른 사람과의 관계를 만들어냈는가? 타인의 존재로 어떤 종류의 책임이 생겨나는 것인가? 타인의 존재는 어느 정도로 위험한가? 그리고 어느 정도로 내 자유의 조건이 되는가?

갈리마르 출판사의 편집자였던 장 그르니에게 약속했던 에세이가 마치 새로운 자극에 감전된 것처럼 단 몇 주 만에 그녀의 펜에서 흘러나왔다. 총 100쪽에 달하는 이 에세이의 제목 『피뤼스와 시네아스Pyrrhus und Cineas』 역시 고대 소재를 새로 수용하는 유행을 따랐다.[16] 그녀는 그것에 매우 만족했다. 자신의 계획을 위해 타인의 자유도 무조건 원하고 촉진하는 것이 중요하다는 핵심 사상이 작품을 떠받치고 있는 것처럼 보였다. 왜냐하면 "타인의 자유는 내 목표가 다시금 타인에게 도움을 주어 출발점이 될 경우에만 내게도 뭔가 도움이 되기 때문이다. 내가 만든 도구를 이용함으로써 타인은 자신의 존재를 지속하게 된다".[17]

곧 출간될 책이 그에 대한 훌륭한 예다. 결국 사람은 타인을 위해 책을 쓰지 않는다. 그리고 마찬가지로 이미 존재하는 자신을 위해 쓰는 것도 아니다. 오히려 글을 쓰는 과정에서 고유한 자아를 새롭게 갱신하고 이전의 경계를 창조적으로 넘어서기 위해서, 다른 말로 표현하자면 자신을 초월하기 위해서 쓴다.

그러므로 사람은 타인을 위해서 자신을 초월하는 것이 아니다. 사람은 책을 쓰고, 아무도 요구하지 않은 기계를 발명한다. 그런 일이 자신을 위해서만 일어나는 것은 아니다. 왜냐하면 자아는 세상을 향해 자신을 내던지는 계획을 통해서만 존재하기 때문이다. 초월이라는 사실은 모든 목표, 모든 정당화보다 앞선다.[18]

창의적 구상을 하는 인간의 기본 충동에 관한 한, 결론적으로 무엇보다도 두 개의 오류를 피해야만 한다. 어떤 종류든 상관없이 이미 존재하는 타인의 욕구를 만족시키거나 충족하기 위해 계획을 세우지 않는 것처럼, 그 충동은 이미 계획 행위

이전에 정확하게 규정되거나 파악될 수 있는 자아의 이름으로 이루어지는 것도 아니다. 오히려 지속적으로 자신을 새롭게 계획하는 인간의 존재는 그의 본질보다 앞선다. 그리고 결코 본질이 그것을 추월할 수는 없다.

이 지속적인 자아 역동화의 과정에서 타인의 중요성은 우선 이 운동을 증언하고, 모두가 공유하는 세계에서 그 운동의 결과물에 의미를 보장하는 자리를 주고, 그럼으로써 자신의 삶에 생겨날 수도 있는 새로운 계획을 위한 출발점을 보장한다는 점에 있다.

그러므로 이것이 타인과 마주 보고 있는 내 상황이다. 인간은 자유롭고, 나는 이 낯선 자유 아래 세상으로 던져졌다. 나는 그들이 필요하다. 내가 자기 자신의 목표를 넘어서고, 내 행위가 새로운 계획에 의해 새로운 미래로 이끌리지 않게 된다면, 내 행위는 굳어지고, 자신에게로 되돌아가게 될 것이기 때문이다.[19]

그러므로 인간 존재는 타인과 직면해서 자신을 항상 새롭게 발견하고 고안해내는, 결코 끝나지 않는 자유를 향한 운동으로 보부아르의 눈앞에 드러난다. 타인이 그녀의 작품을 독자적으로 수용하지 않는다면 이 역동성은 곧 멈추게 될 것이다. 생기를 불어넣는 타인의 숨결이 없다면 자유의 불꽃은 곧 꺼지게 될 것이다.

첫 번째 소설이 출간되기 직전에 보부아르는 그녀의 에세이 『피뤼스와 시네아스』에서 자유를 지키면서 타인과 맺는 관계를 아이들이 자신의 힘만으로는 올라갈 수 없는 담이나 장애물을 딛고 넘어갈 수 있도록 서로에게 팔이나 어깨를 빌려주는 행동과 같은 것이라고 정의했다. 사람은 단지 자유로운 현존재라는 자신의 단순한 무게를 통해 다른 사람의 계획을 지탱한다. 하지만 모든 사람은 자신의 행동에 대해 자신만의 방식으로 책임을 진다. 보부아르는 몇 년 전부터 그녀와 사르트르의 '가족'의 삶을 규정했던 그 역동성을 (상당히 이상적으로) 묘사한 것이라고 이해할 수도 있는 좀 더 정적인 은유를 써서 다음과 같이 표현한다. "우리의 자유는 떠받치고 있는 어떤 기둥도 없는 반구형 천장의 돌덩어리들처럼 서로를 지탱하고 있다."[20]

열린 미래

8월 말 사르트르와 보부아르는 라 푸에즈에 있는 마담 모렐의 시골 저택으로 가기 위해 한 번 더 길을 나섰다. 남은 여름 동안 그들은 그곳에서 글을 쓰려고 한다. 보부아르는 세 번째 소설의 시작 부분을 쓰려고 하는데, 이미 몇 년 전부터 그 책의 제목으로 '타인의 피'를 염두에 두고 있었다. 사르트르는 '타인들'이라는 제목을 지닌, 소수의 인물만 등장하는 희곡을 쓰려고 한다. 하지만 그 작품은 단순한 손가락 연습 이상이다. 무엇보다도 올가와 마찬가지로 연극배우가 되려고 하는 완다가 첫 번째 배역을 맡을 수 있도록 돕기 위한 것이었다. 그 작품은 나중에 「닫힌 방Huis Clos」이라는 제목을 갖게 된다.

앙제에서 연결 열차가 연착했다. 보부아르가 카페에서 휴식을 취하는 동안, 사르트르가 역에서 '신문을 흔들며' 그녀에게 다가왔다. 때가 되었다. "『초대받은 여인』에 관한 첫 번째 비평이 연극 잡지 『코메디아Comœdia』에 실렸다. … 어떤 기사도 나를 그렇게 행복하게 만든 적이 없었다. … 실제 비평가가 쓰고, 실제 잡지에 실린 이 비평으로 내가 정말로 책을 썼으며, 갑자기 진짜 작가가 되었다는 점을 확실히 인식하게 되었다. 나는 마음껏 기뻐했다."[21]

사르트르에게도 최고로 좋은 소식이 있었다. 그의 대본이 받아들여졌고, 그것으로 돈이 확보되었다. "걱정하지 마. … 내년에는 우리도 편안해질 거야."[22] 수도 파리에 짧게 머무는 동안 사르트르는 보부아르에게 국립 라디오 방송국의 편집인이라는 보수가 좋은 자리를 마련해줄 수 있었다. 국영 방송국이었는데, 그 때문에 일반 사람들의 표현으로는 비시 정권의 라디오 방송국이라고도 불렸다.

그들이 10월에 파리로 되돌아왔을 때, 보부아르의 소설은 몽파르나스를 훨씬 뛰어넘어 화제의 중심이 되었다. 예상대로 줄거리를 떠받치고 있는 삼자 동거가 무엇보다도 독자들의 상상력을 자극했다. "경솔한 질문 때문에 내 즐거움이 줄어들지는 않았다. 나는 소설의 가치, 소설이 시간을 견뎌낼 수 있을지에 대해 자문하지 않았다. … 그 순간에는 첫 번째 문턱을 넘어섰다는 것만으로도 충분했다. 『초대받은 여인』은 다른 사람들을 위해 존재했고, 나는 공공의 삶 속으로 발을 들여놓았다."[23]

더욱이 그 책은 공쿠르상의 최종 후보작으로 선정되었다. 단순한 첫걸음 이상이었다. 그것은 돌파구였다. 그리고 사람들이 BBC 방송을 제대로 이해한 것이라면, 시칠리아섬에 연합군이 상륙한 이후 프랑스의 해방도 점점 가까워지고 있었다. "미래가 다시 열릴 날이 오리라는 것이 중요했다. 우리는 이제 더 이상 그것에 대해 의심하지 않았고, 더 이상 기다려야 할 필요도 없다고 믿었다."[24]

병에 넣어 띄워 보낸 편지

1943년 가을, 뉴욕의 한나 아렌트도 지옥 같은 장면들이 끝나게 될 그날을 점점 더 초조하게 기다리고 있었다. 하지만 그동안 비교할 만한 개인적 돌파구를 마련하지는 못했다. 정반대였다. 도시의 시오니스트 단체들과 겪은 불화 이외에도 독일 망명 지식인들과의 접촉도 점점 유쾌하지 않은 모습을 띠게 되었다. 우선 이것은 테오도어 비젠그룬트 아도르노와 막스 호르크하이머Max Horkheimer, 그리고 그들이 운영하는 사회 연구소에 해당되었다. 그 반감은 아렌트와 이제 막 결혼한 남편 귄터 슈테른이 아도르노의 주변에서 교수 자격 취득 논문을 작성할 수 있는 기회를 찾았지만 아무런 성과를 얻지 못했던 1930년대 초반의 프랑크푸르트 시절로 거슬러 올라간다. 새로운 세계에서 서로를 이어준 유일한 것은 벤야민의 유고에 대한 걱정이었다. 임무를 받은 것처럼 아렌트는 도착한 직후 벤야민의 마지막 글을 보관하기 위해 연구소로 가져갔다. 하지만 그 이후로 그 글의 소재와 특히 그것의 활용에 대해 아무런 소식도 듣지 못했다. 그것이 벌써 2년여 전의 일이었다. 벤야민의 가장 오래되고 가장 친한 친구였던 예루살렘의 숄렘도 점점 화가 났다. 왜 그 글과 관련해서 아무 일도 생기지 않는가? 왜 출간이 이루어지지 않는가? 왜 이런 문의에 대해 아무런 대답이 없는가?

"비록 나도 한 부밖에 갖고 있지 않지만, 당신에게 벤야민의 논문을 보냅니다." 아렌트는 1943년 11월 4일 숄렘에게 보낸 편지에 아인 랜드도 존경을 보냈을 만한 뉴욕 토박이 같은 솔직한 어조를 사용해서 적어 보낸다. "비젠그룬트와 협상하는 것은 무의미하기 짝이 없습니다. 그들이 유고를 어떻게 처리했는지, 아니면 그것으로 무엇을 하려고 생각하는지 모르겠습니다. 여름에 이곳에 왔던 호르크하이머와 이야기를 했지만, 아무런 결과도 없었습니다. 그는 그 유고 상자가 금고에 보관되어 있지만(하지만 이것은 분명 거짓말일 겁니다), 아직 그 상자에 손도 대지 못했다고 주장합니다. … 나는 이곳에서 아무런 지원도 없이 완전히 고립되어 있으며, 이 일을 감당할 수 없습니다. … 게다가 연구소 자체가 지리멸렬한 상태라는 것도 추가됩니다. 그들은 항상 돈이 있지만, 점점 더 그 돈으로 스스로를 위해 편안한 노후를 확보해야 한다는 의견이 점점 더 많아지고 있습니다. 잡지는 더 이상 발간되지 않고, 설령 사람들이 그 잡지가 존재한다는 것을 안다고 해도 여기서 그것이 지닌 명성은 최상은 아닙니다. 비젠그룬트와 호르크하이머는 캘리포니아주에서 호사스럽게 살고 있어요. 연구소는 이곳에서 순전히 행정적으로만 존재합니다. 돈 이외에 무엇을 관리하고 있는지 아무도 모릅니다. 그들은 에이전트와 술수를 써서 반유대주의를 주제로 다루는 연구 작업을 수행하기 위해 미국 유대인 협의회로부터 1만 달러를 지원받았습니다."[25]

　　이것이 아렌트가 처한 상황이었다. 네트워크도 없고, 직장이나 장학금도 받지 못했던 그녀는 하필 자신이 몇 년 전부터 집중해서 작업하고 있던 주제로 아도르노와 호르크하이머가 상당한 액수의 연구비를 확보한 것을 지켜봐야만 했다. "그들은 유대인과 그들의 적에 대해 관심을 보인 적이 없으며, 자신들이 그와 같이 '부차적'이고 미친 짓을 다루어야 한다고 내게 불평했음에도" 불구하고 그랬다. "비젠그룬트와 그 일당은 그사이 '미래를 위해 병에 넣어 바다에 던질 편지'를 작성했어요. 저는 그들이 '금고'에 보관한 글에서 많은 자극을 받았다고 추측합니다."[26]

위에 언급한, 아도르노와 호르크하이머가 작성한 '병에 든 편지'는 1년 후에 『계몽의 변증법』이라는 제목으로 출간되고, 20세기에 커다란 영향력을 발휘한 철학 작품 중 하나가 된다. 하지만 역사와 무엇보다도 유럽에서의 반유대주의와 연관된 경우에 한해서 이들은 미국에서도 점점 더 대중적 관심의 중심으로 들어오게 되었다.

심연에서

이미 1년 전인 1942년 11월에 세계 유대인 총회는 유대인 대량 학살에 관한 첫 번째 보고서를 언론인들에게 전달했다. 그 내용에 따르면 이 정보는 몹시 끔찍했지만, 그 시기에 실제 일어난 일에 비슷하게라도 접근하지 못했다. 오늘날 알고 있는 것처럼, 독일 국방군이 스탈린그라드로 진격했던 1942년 8월부터 10월까지 140만 명 이상의 유대인들이 친위대에 의해 살해되었다. 그중 '라인하르트 작전' 계획에 포함된 베우제츠Belzec, 소비보르Sobibor, 트레블링카Treblinka의 강제 수용소에서

100만 명 이상이 살해되었다. 하루에 1만 4000명이다. 그 끔찍한 일은 10월 말에는 순전히 수송 문제 때문에 규모가 줄어들었다. 우선적으로 살해될 사람들의 후속 공급이 제대로 이루어지지 않았던 것이다.[27]

하지만 심지어 당시 떠돌던 소문의 한도 내에서도 나치가 저지른 짓은 믿을 수 없다는 반응을 불러일으켰다. 전문가와 언론인들 측에서도 마찬가지였다. 외부에서 보면 그것이 아무런 의미가 없는 것처럼 보였기 때문에 특히 그랬다. 군사적으로도 다른 어떤 종류로도 그랬다. 전쟁이 절정에 달한 시기에 나치가 자신들이 그렇게 할 능력이 있고, 무엇보다도 그렇게 할 의지가 있다는 것을 증명하려는 경우가 아니라면.

아렌트와 블뤼허도 마찬가지로 보도의 진실성을 확신하기까지는 몇 달이 걸렸다. 1943년 봄부터 아렌트는 강연에서 "전쟁이 발발한 이후, 그리고 그 이전에도 유대 민족의 고통과 상실을 둘러싼 침묵의 공모가 이루어졌다"[28]는 확신을 계속해서 표명했다.

하지만 1943년 벤 헥트Ben Hecht*와 쿠르트 바일Kurt Weill**이 메디슨 스퀘어 가든에서 조직한 음악회 '우리는 결코 죽지 않을 것이다'와 같은, 대중에게 커다란 효과를 발휘할 수 있는 연대감을 보여주는 행사에 그녀가 참여하도록 마음이 바뀌지는 않았다. 그사이에 시오니즘 색채를 띤 모든 형태의 참여에 대한 불신이 그녀에게 아주 깊게 자리 잡고 있었다.

당장은 뉴욕에서 병에 담길 자신의 편지를 계속 가다듬
는 것보다 더 의미 있는 일은 없었다. 그녀는 1943년 11월 편
지에서 숄렘에게 다음과 같이 알린다. "나는 작업을 아주 많이
했습니다. 언젠가 반유대주의에 관한 책[29]을 쓴다면, 그 안에
는 분명 기이한 내용들이 아주 많이 들어갈 겁니다. 그사이 나
는 여느 때와 마찬가지로 여러 가지 글을 썼고, 그것을 이곳에
있는 여러 잡지에 발표했습니다."[30]

◆

미국 뉴욕에서 태어난 언론인, 작가, 시나리오 작가, 영화감독. 그는 시카고의 「데
일리 뉴스Daily News」 기자로 있다가 「시카고 리터러리 타임스Chicago Literary Times」
를 창간하면서 제1차 세계대전을 전후로 해서 일었던 시카고 문예부흥의 중심인
물이 되었다. 또한 할리우드에서 가장 인기가 많았던 시나리오 작가이기도 했다.
앨프리드 히치콕Alfred Hitchcock, 하워드 호크스Howard Hawks, 오토 프레민저Otto
Preminger, 존 포드John Ford, 에른스트 루비치Ernst Lubitsch 같은 유명 영화감독과 함
께 작업했다.

◆◆

독일 데사우에서 태어나 미국 국적을 취득한 작곡가. 1918년 베를린 음악 전문 대
학교에서 공부했다. 그는 희곡 작가 베르톨트 브레히트와 공동 작업을 한 『서푼
짜리 오페라Die Dreigroschenoper』(1928), 『마하고니시의 흥망성쇠Aufstieg und Fall der
Stadt Mahagonny』(1930), 『7가지 대죄Die sieben Todsünden』(1933) 등으로 세계적 명성
을 얻었다. 유대 혈통이었던 그는 나치가 정권을 잡자 우선 프랑스로 피신했다가
1935년 미국으로 이주했다. 1940년대에 뉴욕 브로드웨이에서 뮤지컬 작곡가로
성공을 거두었다.

여러 요소와 기원들

유대학 연구자인 숄렘도 그의 최근 저서인 『주요 흐름으로 본 유대인 신비주의』[31]에서 자신의 길을 따라갔다는 사실은 그런 상황과 아주 잘 들어맞는다. 참고 문헌과 방법론 전부. 작년에 그는 그녀에게 직접 책 한 권을 보냈다. 아렌트가 1943년 숄렘에게 보낸 편지에 동봉한 작품에 관한 메모에서 언급했듯이, 그의 연구는 유럽에서 현대 유대 역사 서술을 아주 오랫동안 규정했고 부담을 주었던 해석의 틀을 선견지명이 돋보이는 방식으로 벗어났다.

지난 세기 유대 역사가들은 … 디아스포라의 역사라는 그들의 근본적인 논제에 들어맞지 않는 유대 역사의 모든 사실을 무시하곤 했는데, 디아스포라의 역사에 따르면 유대인은 결코 고유한 정치적 역사가 없었으며, 끊임없이 적대적이고 때때로 폭력적인 주변 환경의 무고한 희생자였다. … 하지만 사람들이 알고 있는 것처럼 사바타이를 추종하는 운동에서 정치적 행동으로 이어진 유대의 신비주의적 사상은 이런 해석에 아주 심각한 장애물이었기 때문에 성급한 비방이나 완전한 무시에 의해서만 극복될 수 있었다. 유대 신비주의에 대한 숄렘의 새로운 해석과 평가는 이런 간극을 좁혔을 뿐만 아니라 실제로 유대 역사

의 전체 모습을 바꾸어놓았다.[32]

특히 인용문에서 언급된 사바타이주의[*]는 사바타이 제비Sabbatai Zevi[**]를 메시아로 추앙한 18세기 초의 신비적 구원 운동으로, 숄렘에 의하면 유럽에서 벌어진 유대인 비극의 진짜 기원이었다. 명백한 정치적 운동이었던 사바타이주의가 탄압 받으면서 사회적 동화나 희생자 역할 너머에 존재하는 정체성 발견에 대한 모든 희망이 사라져버렸다는 점에서 그렇다. 사바타이를 추종하는 운동의 실패는 깊은 정체성 위기와 정치적

◆

사바타이주의는 사바타이 제비가 세웠고 바루치아 루소Baruchia Russo 혹은 야콥 프랑크Jakob Frank에 의해 계승되어 유지된 메시아적 운동 중 하나다. 현재 튀르키예에 이를 신봉하는 된메Dönme(이교도)라고 불리는 신자들이 여전히 존재하며, 19세기 베를린이나 쾨니히스베르크에서 태동한 하스칼라Haskala주의나 동유럽에 널리 퍼진 하시디즘Hasidism 등도 사바타이주의로부터 영향을 받았다.

◆◆

라틴어로 스미르나라고 불렸던 오늘날 튀르키예 이즈미라시에서 태어난 유대 율법학자이며 유대교 신비주의인 카발라를 신봉했다. 이후 스스로를 메시아로 선언하고, 자신의 이름을 따 사바타이주의를 창설했다. 역시 자신을 메시아라고 주장한 폴란드 출신의 유대인 네흐미아 하 코헨Nehemia ha-Cohen이 그를 튀르키예 당국에 고발함으로써 법정에 서게 된 그는 죽음과 이슬람 개종 중에 선택하라는 요구를 받고 이슬람으로 개종했다. 1672년 말 이슬람의 이단이라는 비난을 받아서 다시 체포된 그는 사형 대신에 알바니아로 추방된다. 그곳에서 겉으로는 이슬람을 믿지만 속으로는 유대교 신앙을 고수하는 이중생활을 영위하면서 자신의 이론을 발전시켰다. 1676년 9월 16일 망명지에서 사망했다.

고통의 시대가 시작되었음을 의미했는데, 그러한 위기와 고통은 19세기의 현대적 반유대주의와 민족주의에 힘입어 1940년대 초 현재 사상 최악의 상태에 놓여 있었다. 결국 나치가 유대인을 말살하고자 시작한 전쟁에서 직면한 것은 한 민족의 내적 운명에 대한 절망보다 훨씬 커다란 것이었다. 그것은 산업화된 살인을 통한 총체적 소멸에 직면하면서 느낀 숨이 막히는 공포였다. 아직은 그런 명칭으로 불릴 만한 미래에 대한 모든 희망이 곧 상실될 위험이었다.

따라서 완전히 벤야민이 생각한 역사의 천사라는 의미로 숄렘과 아렌트도 과거를 바라보는 독자적 관점에서 현재의 잔해와 시체 더미가 어떻게 생겨날 수 있었는지를 밝히기 위해 우선 미래에 등을 돌린다. 벤야민처럼 그들도 이른바 과거라는 것이 사실 미래만큼이나 확정되지 않았다고 확신한다. 그리고 이 충격의 가장 어두운 국면에서는 우선 모든 것이 다른 현재가 아닌 바로 이 현재로 이어진 특정한 상황을 살펴보는 게 중요하다고 확신한다. 왜냐하면 벤야민의 글 「역사 개념」에 나오는 논제로 이야기하자면 "과거의 것을 역사적으로 명백하게 밝힌다는 것은 … 위험의 순간 기억이 번쩍일 때 그 기억을 손에 넣는 것"[33]이기 때문이다. 그것은 현재의 공포가 갑자기 결정화되어서 드러나는 여러 요소와 기원들을 하나로 모으는 것을 의미한다.[34] 이는 반유대주의 역사에 대한 아렌트의 현재 연구 계획을 정확하게 묘사한 것이었다. 그리고 그녀가 이해한 것처럼 미래 전망을 지닌 유대학 학자인 숄렘의 계획에 대한 묘사이기도 했다.

메모에서 그녀는 1943년 11월 그의 가장 최신 기본 저서에 있는 다음 인용문을 가져오는 것으로 마무리했다. "긴 역사에서 과거 그 어느 때보다 더 깊숙이 이 세대의 유대 민족에게 닥친 커다란 파국 속에서 여전히 우리에게 주어진 것일 수도 있는 운명과 신비로운 변화―나는 그러한 변화가 아직 오지 않았다고 믿는다―에 대해 이야기하는 것은 예언자의 일이지 교수의 일이 아니다."[35]

이때 아렌트는 즉시 이 인용문에다 "우리의 궁극적인 정치적 의지에 대해 판단하는 것은 예언자의 임무"[36]가 결코 아니라는 반대 의견을 덧붙였다. 마찬가지로 그것은 교수의 임무도 아니었다.

운명이 아니다

이로써 주어진 상황에서 그녀의 임무가 명확하게 윤곽을 드러낸다. 그녀는 예언자나 교수의 자격으로 글을 쓰지 않을 것이다. 모호한 변증법의 이름으로 칸트의 계몽적 이상을 배반하지도 않을 것이고, 신비적 속삭임으로 도피하지도 않을 것이다. 순진하게 '진보'를 믿지도 않을 것이고, 더 나은 미래에 대한 희망을 영원히 포기하지도 않을 것이다. 역사를 순진하게 이야기하거나, 진부하게 인과적으로 설명하지도 않을 것이다. 오히려 현재적 사고—세계에 대한 이해 속에서 이루어지는 철학 행위[37]—의 이름으로 침묵 속에 감춰져 있거나 위장된 심연을 바라볼 수 있는 시선을 열어놓도록 지속적으로 충격적 교란을 일으킬 것이다. 틈새 속에 존재하고, 그 틈새 사이를 지나가는 것. 그것은 1943년에 숄렘의 책에 대해 쓴 메모를 마무리하면서 적은 경고에 따라 그녀가 평생 유지하게 될 태도다. "그러나 우리가 … 잊지 말아야 할 것은 자신의 정치적 운명을 결정하는 것이 결국 인간에게 달려 있다는 사실입니다."[38]

국제 정치의 새로운 시대가 점점 더 확연하게 모습을 드러내는 지금이야말로 이런 기억 작업을 새로운 방식으로 수행하기에 더없이 좋은 시기였다. 개인적으로도 갑자기 희망의 불씨가 타올랐다. 그녀의 좋은 남편은 아직도 영어를 제대로 구사할 줄 몰랐지만, 그사이 진정한 미국의 엘리트 대학에서 가르치고 있었다. 그의 임무는 독일어를 할 줄 아는 미군 장교에게 독일군과 프랑스군의 조직과 구조에 대해 강의하는 것이었다.[39] 일종의 설명 작업이었다. 심지어 제일 긴급한 작업이기도 했다. 1943년 11월 숄렘에게 보낸 편지에는 다음과 같은 구절이 있다. "저의 '무슈'는 지금 프린스턴 대학의 초빙 교수로 일합니다. 그리고 나는 몇 년 만에 처음으로 돈 걱정을 하지 않게 되었습니다."[40] 거의 자유나 마찬가지였다.

미친 과일들

"사랑하는 어머니, 뜨거운 날들이 돌아왔어요. 계속해서 폭우로 중단되기는 해요. 더 이상 오래가지는 않을 거예요. 9월은 종종 건조하고 볕이 좋다고 해요."[41] 시몬 베유는 벌써 4개월 동안 미들섹스 병원의 병동에 머물러 있었다. 그때부터 그녀의 상태는 꾸준히 악화되었다. 거의 숟가락을 들 힘조차 없었다. 편지를 쓰기 위해 필요한 에너지를 끌어낼 뿐이었다. 하지만 대서양의 다른 쪽에 있는 미므와 비리에게 자신의 상태에 대해 알리는 대신에 베유는 1943년 8월 4일 런던의 여름 거리의 삶, 공원과 맥주, 청춘 남녀, 첫 키스와 이루어지지 못한 재회를 꾸며내서 이야기했다. 아주 평범한 젊은 사람들의 아주 일상적인 즐거움에 대해서. 마치 그녀가 그 삶의 일부이기라도 한 것처럼. 예전부터 그 삶의 일부였던 것처럼.

그녀는 이것이 부모님께 보내는 마지막 편지라는 것을 예감했다. 그 때문에 몇 달 전에 관찰해서 적어 보낸 내용을 바로잡아야 할 필요를 절실하게 느꼈다. 영국인들이 '프루트 풀 fruit fool'이라고 부르는 달콤한 후식이 실제로는 과일로 만든 것이 아니라, 거의 전적으로 젤라틴과 화학 첨가물로 이루어졌다는 사실이다. 그것과 관련된 일은 셰익스피어의 작품에 나오는 바보의 경우와는 전혀 다르다. 그의 작품에서 진리를 말하는 것은 바로 바보, 오직 바보뿐이다. 다른 모든 인물들은 거짓이 뒤섞인 말만 한다. 베유가 보기에 거기에는 깊은 통찰력이 담겨 있다.

> 이 세계에서는 구걸하는 것보다 훨씬 더 극단적으로 굴욕을 경험한 존재만이, 그리고 사회적으로 아무런 의미도 없을 뿐만 아니라 자신이 모든 사람의 눈에 인간의 첫 번째 존엄성인 이성을 박탈당했다고 여기는 존재만이 실제로 진실을 이야기할 수 있다. 그 외 다른 사람들은 모두 거짓말을 한다.[42]

하지만 이 '미친 사람들'은 교수나 고관들이 아니므로, 아무도 그들이 말하는 진리에 주목하지 않았다. 그들의 말을 경청하거나 이해하지 못했다. "사랑하는 미므. 이 바보들과 나 사이에—일류 대학에 들어가 학위를 받았음에도 불구하고, 내 '지성'에 대한 찬사에도 불구하고—본질적으로 존재하는 유사성을 느끼시나요? … 내 경우에 이러한 칭찬은 단 한 가지 '목적', 즉 '그녀가 진리를 말하고 있는 것인가, 아닌가?' 하는 질문을 피하기 위해서만 사용되었던 거예요."[43]

해결할 수 없는

베유가 이 글을 쓸 당시, 그녀는 오랫동안 요양소로 옮겨 달라고 요청해온 상태였다. 의사의 충고와는 반대로 그녀는 더 이상의 모든 치료를 거부했다.[44] 그녀는 더 이상 싸우고 싶지 않았다. 다른 사람의 눈에는 미친 것처럼 보일지도 모르지만, 그녀는 단 한 번도 더 많은 것을 원하지 않았다. 최종적으로 다른 형태의 치유, 즉 자유를 향한 노력이 있다. 정신의 길 위에. 철학의 길 위에. 베유가 런던의 철학 일기를 시작한 것처럼 그 실제 방법은 다음과 같다.

> 해결할 수 없는 문제를 해결할 수 없는 상태 속에서 분명하게 파악하고 그것을 관찰하는 것, 다른 것은 아무것도 하지 않고, 몸을 돌리지도 않고, 지치지 않고, 몇 년 동안, 어떤 희망도 없이, 기다리면서.
> 이 기준에 따르면 소수의 철학자만 존재한다. 전혀 없다는 말은 너무 지나친 말일 것이다.
> 초월적인 것으로의 이행은 인간의 여러 능력(이성, 의지 그리고 인간적 사랑)이 한계에 부딪히고 인간이 이 문턱에 머무르게 될 때 완결된다. 그는 그 문턱을 한 발자국도 넘어설 수 없으며, 거기서 몸을 돌리지도 않고, 무엇을 원하는지도 모른 채 긴장해서 기다리며 그렇게 머문다.

이것은 최고의 굴욕 상태다. 이 굴욕을 받아들일 수 있는 능력이 없는 사람에게는 불가능한 것이다.[45]

길 위에서 수년을 보낸 후 베유는 세속적 존재—그녀의 단순한 현존—를 앞에서 설명한 종류의 문제로 인식했다. 이제 그녀가 문턱에 머물러야 할 시간이 되었다. 더 이상 저항은 없다. 낯선 전선도 없다. 다른 적도 없다. 최대한 집중하고 자신을 비운 의식. 신비주의의 길. 구원의 길. 가장 원초적이고 동물적인 의지 충동, 즉 음식에 대한 욕구를 극복하는 것이다.

임무를 내려놓기

병동의 담당 의사는 그녀를 "내가 겪었던 환자 중에서 가장 어려운 환자"로 기억할 것이다.[46] 입원한 날부터 그녀는 모든 특별 대우를 단호히 거부한다. 그녀의 폐결핵이 아직 전염성이 있어서 다른 사람을 위험하게 만들 수도 있다는 지적도 개인 병동으로의 이송이 필요하다는 점에 대해 그녀를 납득시키지 못한다. 양쪽 폐엽肺葉이 전부 해당된다. 처음에는 완치 가능성이 상당히 높았다. 그녀는 절대적 안정을 취해야 하고, 무엇보다도 충분히 먹어야 된다고 했다.

베유는 적은 양의 귀리죽 외에는 아무것도 먹으려 하지

않는다. 그녀가 말했듯이 고국의 굶주린 민족, 특히 아이들과의 연대 때문이다. 그녀는 간호사들에게 자신에게 제공된 우유를 직접 프랑스로 보내라고 반복해서 지시한다. 병원에서 보낸 처음 몇 주 동안 그녀는 글을 쓰고 산스크리트어로 된 『바가바드기타』를 연구하며 지낸다.

이미 6월에 그녀는 너무 쇠약해져서 프랑스 군종신부가 호출된다. 베유는 그에게 세례를 받는 것은 말할 것도 없고, 그와 이야기도 나누고 싶어 하지 않는다. 방문객 의자에 앉아서 귀를 기울이던 그 선한 남자는 은총의 선물과 빛을 향해 가는 영혼의 길에 대해 부드럽게 속삭이는 연상의 사슬을 따라가는 것이 자기 능력을 벗어난다고 여긴다. 드골의 참모이자 베유가 신뢰하는 인물인 그녀의 동창 모리스 슈만이 마지막으로 방문했을 때에도 그녀는 기대했던 대화와는 거리가 먼 예언적인 암시로만 이야기한다.

이 지점에서 정신적으로 마지막 밧줄이 끊어졌다. 1943년 7월 26일 그녀는 다시 한번 마지막으로 남아 있던 힘을 모두 그러모아 '자유 프랑스'의 지도부에게 그녀가 느낀 깊은 실망의 이유를 자세하게 설명한 편지를 쓴다. 그녀가 분명하게 바라던 임무를 수행하도록 프랑스로 보내는 대신에 사람들은 그녀가 영국에 도착한 이후부터 4개월 동안 무의미할 정도로 막연하거나 그녀가 달성하기에는 불가능한 여러 가지 임무를 부여했다고 쓴다. 현장에서 싸우고 민족을 위해서 죽도록 허락하는 대신에 사람들은 그녀가 지니고 있다고 추측한 지성을 이용하고자 했다는 것이다. "시장에는 유용한 지성이 전혀 부족하지 않습니다. 확실히 말하건대 내 지성은 정말 특별한 것이 아닙니다. … 내게도 도움이 되도록 그것을 사용한 적이 한 번도 없는데, 어떻게 그것이 다른 사람에게 도움이 될 수 있겠습니까?" 따라서 그녀는 이것으로 최종적으로 임무를 그만두려고 하며 "나는 직간접으로든 심지어 아주 간접적으로든 프랑스 저항 운동과 아무런 관계가 없었다"는 점을 영원히 확실하게 하고 싶다고 쓴다.

"추신: 당신들은 그것으로 커다란 손실을 입지는 않을 겁니다. … 나는 끝에 도달했고, 병원에 갇혀 있으며, 결핵균과는 상관없이 회복될 가능성이 전혀 없습니다. 이 균은 그저 저항력이 없음을 이용했을 뿐이고, 분명히 손상을 약간 심화시켰을 뿐입니다."[47]

부모에게 보낸 편지가 그녀가 직접 쓴 마지막 편지다. 네 번째 편지지의 가장자리에 베유는 작별 인사를 적었다. "사랑하는 부모님에게 천 번의 키스를 보냅니다. 희망을 갖되 절제하면서. 행복하십시오. 엄마와 아빠 두 분을 몇 번이고 포옹합니다."

1943년 8월 17일 베유는 켄트주 애시퍼드에 있는 요양원으로 이송되었다.

접지接地

높은 체온에도 불구하고 간호사는 그녀가 입원할 때 유쾌한 기분이고 온전한 정신 상태라는 것을 알았다. 눈동자는 맑고 생기가 넘친다. 창밖으로 보이는 풍경은 나무와 들판이다("아, 죽기에 딱 좋은 멋진 방이군요"[48]). 심지어 그녀는 음식을 먹을 준비가 되어 있다고 말한다. 프랑스식으로 조리된 으깬 감자 요리를 가장 먹고 싶다고 했다. 그것이 가능할까요?

당직 근무 중인 의사인 브로더릭은 새로 온 환자에게서 직접 그녀가 누구이고 살면서 무슨 일을 했는지 듣고자 한다.

시몬 베유는 미소를 지으면서 한 문장으로 대답한다. "나는 철학자이고 인간성에 관심이 있어요."[49]

숲속 길

아인 랜드는 할리우드에서 『기원』을 각색해서 각본을 쓰는데, 그 각본은 1949년 개리 쿠퍼가 주연을 맡은 영화로 제작되었다. 독일어 제목은 「폭약 같은 사나이」였다. 랜드의 네 번째이자 마지막 소설인 『아틀라스』는 10년이 넘는 원고 작업 끝에 1957년에 출간되었으며, 『기원』과 함께 그녀의 두 번째 주요 작품으로 간주된다.

학계에서 널리 무시당하던 그녀는 1960년대에 에세이와 논픽션 형태로 자신의 철학을 존재론, 인식론, 언어 철학, 윤리학, 정치 철학 및 미학의 종합 체계로 발전시키기 시작한다. 랜드는 그녀의 체계에 '객관주의'라는 이름을 붙인다. 그녀는 원래 그것을 '실존주의'라고 부르고 싶어했다.

랜드가 사망한 1982년에 그녀의 마지막 책이 출간된다. 책 제목은 『철학: 누가 그것을 필요로 하는가』다. 이 시점에 그녀는 미국에서 이미 수십 년 전부터 하나의 문화 아이콘이었고, 시장자유주의적 보수주의와 자유 지상주의 집단의 정치적, 사회적 삶에 끼친 그녀의 영향은 아무리 높이 평가해도 지나치지 않을 정도다.

1951년 뉴욕으로 돌아온 후 충성스러운 추종자 무리를 끌어모은 랜드의 가장 영향력이 큰 제자 중 한 명은 1987년부터 2006년까지 미국 연방준비제도이사회 의장이었던 앨런 그린스펀Alan Greenspan이다. 로널드 레이건이 그린스펀을 지명했다. 그린스펀은 이미 1974년 미국 대통령 경제 자문위원회 의

장으로 임명되었다. 랜드는 그린스펀의 선서식에 참석했다.

돌이켜보면『기원』이외에 이저벨 패터슨의『기계의 신』과 로즈 와일더 레인Rose Wilder Lane의『자유의 발견』이 출간된 해인 1943년은 자유 지상주의 운동이 시작된 해로 여겨진다. 그 운동은 1971년 이후 미국에서 자유 지상주의를 지향하는 정당으로 존재하면서 오늘날에도 여전히 독자적으로 대통령 후보를 내고 있다.

2008년 금융위기와 함께 랜드의 영향력은 새로운 추동력을 얻었는데, 특히 랜드의 소설에서 유래한 여러 가지 본질적인 자극을 자신들의 프로그램과 항의 행동에 받아들인 소위 티파티Tea-Party 운동*의 형태로 그렇게 되었다.

랜드의 책은 오늘날까지 영어권 국가에서만 2500만 부 이상 팔렸으며(2020년 기준),『기원』은 800만 부 이상 판매되었다.『아틀라스』는 1960년대 이후 미국에서 성경 다음으로 가장 많이 팔린 책으로 여겨진다.

원래 티파티 운동은 1773년 영국 정부가 일방적으로 부과한 세금에 격분한 보스턴 시민들이 보스턴 항구에 정박해 있던 영국 상선에 실려 있는 홍차를 바다에 버리고 불에 태운 사건을 가리키는 용어였다. 하지만 2010년 세금 인상에 반대하고 연방 예산의 방만한 운영을 비판하는 시민들의 모임이 자신들을 티파티 운동이라고 부르면서 새로운 의미를 갖게 되었다. 여론조사 기관의 설문 결과에 따르면 이 운동의 지지자가 대부분 공화당원, 백인, 보수주의자, 복음주의적 기독교인, 기혼자로 이루어졌다고 한다. 2010년부터 미국 공화당에서 가장 커다란 영향력을 발휘하는 집단으로 발전했다.

시몬 드 보부아르와 장 폴 사르트르는 1945년 잡지『현대 Les Temps Modernes』의 창립 편집부의 일원이 된다. 편집부에는 레몽 아롱과 모리스 메를로퐁티도 있었다. 같은 해 보부아르와 사르트르는 연속 기사와 강연의 형태로 '실존주의적 공세'를 시작한다. 그 결과 실존주의는 파리에서 시작해서 정치적으로나 미학적 삶의 형태로나 서구에서 가장 커다란 영향력을 지닌 철학 사조로 발전한다.

1949년 보부아르는『제2의 성』을 출간한다. 그 책은 오늘날까지 현대 페미니즘의 토대가 되는 저서로, 그리고 1968년 이후 여성운동의 중대한 자극으로 여겨진다. 그 책에서 보부아르는 본질주의와 생물학주의에서 멀리 떨어져 여성의 존재를 특수한 생리적 조건을 기반으로 하는, 사회적으로 구성된 '상황'으로 묘사한다. 이로써 그녀는 나중에 커다란 영향력을 발휘하게 된 생물학적 성sex과 사회적 성gender의 구분을 위한 초석을 놓았다. 그 책은 세계적으로 성공을 거두고 사르트르와 보부아르는 마침내 세계적인 철학 아이콘이 된다.

1954년 보부아르는 전후 파리의 좌파 지식인 풍경을 다룬 열쇠 소설『레 망다랭Les Mandarins』으로 프랑스의 가장 중요한 문학상인 공쿠르상을 수상한다. 그 책에서는 제대로 신분이 감추어지지 않은 사르트르 외에도 알베르 카뮈와 아르투르 쾨스틀러가 중심적인 역할을 한다.

1960년대와 1970년대에 보부아르와 사르트르는 무엇보다 반제국주의와 사회주의 혁명 운동, 여성의 법률적, 사회적 평등의 문제에서 점점 더 자신들의 역할을 정치적 활동가로 여긴다.

마지막까지 잡지 『현대』의 편집자이자 작가로 활동한 보부아르는 1986년 4월 14일에 사망한다. 그녀는 평생의 사상적 동반자였던 장 폴 사르트르와 몽파르나스 공동묘지의 같은 무덤에 묻힌다.

한나 아렌트는 전쟁이 끝난 후 여러 유대 연구소와 문화 기관에서 일한다. 그녀는 1951년 미국에서 『전체주의의 기원』을 출간한다. 같은 해 그녀는 미국 시민권을 얻는다. 1955년 상당 부분이 수정되고 개정된 상태로 그 책은 『전체주의 지배의 여러 요소와 기원들: 반유대주의, 제국주의, 전체주의 지배』라는 제목을 달고 독일어로 출간된다. 그 책은 전체주의 연구의 기본 참고 도서로 여겨지며 아렌트의 세계적 명성에 확고한 토대가 된다.

1949년에서 1950년으로 해가 바뀔 때 아렌트는 처음으로 독일로 돌아오고 그곳에서 카를 야스퍼스와 마르틴 하이데거를 만난다. 그녀는 두 사람과 평생 우정을 나눈다.

아렌트는 언론인으로 계속 활동하고 1950년대 후반부터 프린스턴, 시카고 대학 그리고 뉴욕 뉴스쿨 등 미국의 여러 대학에서 강의를 한다.

1961년 잡지 『뉴요커The New Yorker』가 아돌프 아이히만의 재판을 보도하기 위해 그녀를 예루살렘으로 보낸다. 1963년에는 우선 영어로 그녀의 책 『예루살렘의 아이히만: 악의 평범성에 대한 보고서』가 출간되고, 상당한 논란을 일으킨다. 아이히만의 핵심적인 잘못이 '사고할 줄 모르는 무능력'에 기인한다는 아렌트의 설명은 사건을 사소한 것으로 만들려는 태도로 이해되었다. 유대인이 수용소로 이송되는 사건이 일어나는 동안 유대인 평의회가 보인 태도에 대한 아렌트의 문제 제기 역시 스캔들을 일으켰고, 그것은 아렌트가 시오니즘 그룹 및 유대인 지성계와 맺고 있던 관계, 특히 게르숌 숄렘과의 우정에서 심각한 단절을 초래했다.

아렌트의 또 다른 주요 저작에 속하는 것으로는 『비타 악티바Vita activa—활동적인 삶에 대하여』(1960)와 세 권으로 이루어진 철학적 주저 『정신적인 삶에 대하여: 사유/의지/판단』이 있다. 세 번째 책 『판단』을 집필하는 도중에 아렌트는 심근경색을 일으키고 1975년 12월 4일 리버사이드 드라이브에 있는 집에서 사망한다. 그녀는 바드 칼리지 묘지에 있는 하인리히 블뤼허의 무덤 옆에 안장되었다.

독일에서도 아카데미 철학으로부터 수십 년 동안 광범위하게 무시되었던 아렌트의 사상은 1950년대 이후 전 세계적으로 영향력을 발휘하는데, 그 영향력은 정치 이론과 역사 연구의 영역을 훨씬 넘어서 오늘날까지 계속 의미를 지니고 있다.

시몬 베유는 1943년 8월 24일 영국의 애시퍼드 요양원에서 사망한다. 의학 보고서에는 사인이 "기아와 폐결핵이 원인이 된 ··· 심부전"이라고 명시되어 있다. 다음과 같은 추가 문장도 있다. "고인은 정신 착란 때문에 음식 섭취를 거부했다."[1]

단 일곱 명만이 베유 장례식에 참석했다. 그중에 모리스 슈만이 있었고, 그는 그녀의 무덤에서 기도를 올렸다. 신부도 불렀지만 기차를 놓쳐서 제때 도착하지 못했다.

1947년부터 프랑스에서 베유의 철학 일기에서 선별한 첫 번째 발췌본이 출간되었고, 1949년에는 『뿌리내림』이라는 제목으로 출간되었다. 1950년대 초반에 알베르 카뮈가 베유의 작품을 맡아 갈리마르 출판사에서 그녀의 중요한 저작을 다수 출간한다.[2] 1951년 베유의 어머니에게 보낸 편지에서 카뮈는 다음과 같이 적는다. "이제야 이해하게 되었지만, 시몬 베유는 우리 시대의 유일하게 위대한 정신입니다. ··· 저에 관한 한, 누군가가 제가 사용할 수 있는 보잘것없는 수단을 사용해서 그녀의 작품을 전파하고 널리 알리기 위해 해야 할 일을 했다고 이야기한다면 그것으로 저는 만족합니다. 그녀의 작품이 지닌 온전한 영향력을 우리는 이제 비로소 제대로 측정해봐야 합니다."[3]

1958년 애시퍼드에 있는 베유의 무덤에는 다음과 같은 글이 적힌 묘비가 세워졌다. "많은 글을 쓴 그녀는 현대의 가장 중요한 철학자 중 한 명이다."

베유의 글은 이제 갈리마르 출판사에서 편집된 전집의 형태로 출간되어 있다. 그녀의 영향력은 오랫동안 가톨릭 신학과 교육학, 정치 이론의 영역에 한정되어 있었다. 베유의 사상은 오늘날까지 아카데미 철학에서 광범위하게 무시되고 있다.

그녀의 작품은 재발견될 만한 가치가 있다.

감사의 말

편집자로서 최고의 전문적인 신중함과 가장 멋진 인간적인 배려를 지니고 이 책과 함께해준 크리스티아네 브라운, 크리스토프 젤처 박사 그리고 요하네스 차야 박사에게 감사를 드린다.

결정적인 격려와 신뢰, 그리고 활력을 불어넣는 '칵테일'을 제공해준 톰 크라우스하르와 미하엘 게브에게, 그리고 호의를 베풀어주고 실수를 하지 않도록 조언해준 토마스 마이어에게 고마움을 전한다.

이 책에서 다룬 주인공 네 명에 대한 결정적인 평전, 즉 앤 헬러의 『아인 랜드와 그녀가 만든 세계』, 시몬 페트르망의 『시몬 베유—어떤 삶』, 케이트 커크패트릭의 『보부아르 되기—어떤 삶』, 엘리자베스 영 브릴의 『한나 아렌트: 삶, 작품 그리고 시대』에 고마움을 느낀다. 이 평전들은 이 책을 쓰는 동안 항상 나와 함께한 동반자였다.

브로스트 재단의 관대한 재정적 지원이 없었다면 어려운 시기에 이 책은 지금의 모습으로 생겨날 수 없었을 것이다. 특별히 소냐 빌라레알, 보리스 베르거 박사, 보도 홈바흐 교수에게 감사를 드린다.

항상 효과적인 조언을 해준 베라 슈미트 아일렌베르거 박사에게 감사의 마음을 전한다.

무엇보다도 내 삶의 불꽃인 피아, 벤라, 카이자에게 다시 한번 고마움을 전한다.

2020년 5월 23일
베를린에서

옮긴이의 말
지금이야말로 '철학하기'가 필요한 때다

2018년 철학자이자 언론인인 저자 볼프람 아일렌베르거는 1920년대 전후 혼란기에 활동했던 네 명의 남성 철학자 루트비히 비트겐슈타인, 발터 벤야민, 에른스트 카시러, 마르틴 하이데거를 주인공으로 삼아 '철학 무대'에 올렸다. 『마법사들의 시대: 철학의 위대한 10년 1919~1929』이라는 제목을 지닌 이 책은 출간되자마자 철학책으로는 이례적으로 베스트셀러에 올랐다. 전작의 성공에 힘입어 아일렌베르거는 2020년 후속작으로 『자유의 불꽃: 1933~1943 암흑의 시대에 철학을 구하기』라는 책을 출간했다. 베스트셀러의 후속작은 전작의 무미건조하고 지루한 복사판인 경우가 대부분이지만, 아일렌베르거는 후속작에서도 젊은 네 명의 여성 철학자들을 주인공으로 삼아 그들의 개인적 삶과 사고의 생성 과정을 생생하면서도 설득력 있게 서술하는 데 성공했다. 좌우의 이념 대립이 극단으로 치달아 전체주의 정치 체계로 귀결되고 마침내는 전쟁으로 이어진 1930년대와 1940년대에 자신만의 독특한 세계를 구축하고자 했던 네 명의 여성 철학자는 '실존주의적 소설'의 작가이자 에세이 작가, 그리고 페미니스트 이론의 선구자인 시몬 드 보부아르, 정치 이론가이자 평론가이며 역사학자인 한나 아렌트, 예언자적인 사회혁명가이자 신비주의자인 시몬 베유, '합리적 이기주의' 세계관을 표방하는 소설가이자 자유방임주의 선전가이며 자본주의의 열렬한 옹호자인 아인 랜드다.

여성에게는 정치적으로 가장 기본적인 권리인 투표권과 피선거권조차 주어지지 않았던 20세기 초에 태어나 정치적 혼란과 대립의 시기인 1920년대에 대학 교육을 받았으며, 하고많은 학문 중에서 철학에 몰두했던 네 명의 여성 철학자. 이미 그것만으로도 이 네 명의 여성 철학자는 '주변인' 혹은 '경계인'의 삶을 살아야만 했는지도 모른다. 게다가 시몬 드 보부아르를 제외하고 세 명은 모두 유대인이었기 때문에 나치의 유대인 박해를 피해 프랑스로, 마지막으로는 미합중국으로 도망쳐야만 했다. 시몬 드 보부아르도 직접적으로 정치적 박해를 받은 것은 아니지만 독립적 자아를 쟁취하기 위해 가톨릭적이고 보수적인 중상류 시민 계층의 억압적 분위기에서 벗어나 몽파르나스의 보헤미안 삶을 살기로 결정한다. 그럼으로써 그녀 역시 사회에서 배척되고 소외되는 주변인의 경험을 했다.

네 명의 '여성' 철학자를 다루고 있는 이 책을 접한 독자는 자연스럽게 몇 가지를 자문하게 된다. '왜 하필이면 혈통,

국적, 성장 환경, 철학적 사고, 영향 측면에서 전혀 다르게 분류될 수 있는 네 명의 철학자를 선택한 것일까?', '1933~1943년이라는 10년의 시기를 선택한 특별한 이유는 무엇인가?', '그 시대의 많은 철학자 중에서 하필이면 여성 철학자만을 따로 다룬 이유는 무엇인가?', '상이한, 심한 경우 서로 대립적이기까지 한 결론을 제시한 네 명의 철학자를 하나로 묶을 수 있는 공통의 핵심 문제는 무엇이었나?' 등등의 질문이다.

저자의 견해에 의하면 전체주의적 정치 체계와 개인의 자유 사이에 존재하는 긴장 관계를 집중적으로 파고듦으로써 네 명의 철학자는 '20세기의 가장 영향력이 큰 철학자'가 될 수 있었다. 그럼에도 불구하고 그들은 최근까지도 철학의 역사에서 진지하게 다루어진 적이 없고, 심지어는 거의 언급되지도 않았다. 아일렌베르거는 그들이 이처럼 광범위하게 무시되거나 저평가된 상황이 오히려 흥미롭다고 생각했으며, '아카데미 영역' 밖에서 자신만의 고유한 삶을 형성한 '여성' 철학자들이 20세기 철학의 대안적 역사를 서술하기에 적합한 모델이라고 보았다. 평소에도 여러 대담에서 강단 철학의 자족적이면서도 심드렁한 태도를 비판했던 아일렌베르거가 이 네 명의 여성 철학자를 자신의 철학책 주인공으로 삼은 것은 아주 자연스러우면서도 일관성이 있다.

저자 아일렌베르거는 이 책에서 네 명의 철학자의 삶과 성장 과정을 소설적 방식으로 묘사하고 서술함으로써 철학사에서 중요한 주제 중 하나였던 '자아와 타자의 관계'를 다시 논의의 장으로 끌어들인다. 그는 '우리', '민족', '계급', '노동자'라는 집단의 이름으로 개인을 억압하는 전체주의가 성공을 구가하는 당시의 상황 속에서 자신의 삶을 자신의 의도와 행동으로 만들어나가려고 애썼던 네 명의 철학자들을 '자유'라는 단어로 묶어 설명하려고 시도한다. 지극히 개인적인 삶이든 아니면 고도로 사회화된 삶이든, 그들이 스스로 만들어내고자 했던 삶은 자유라는 단어와 불가분의 관계를 맺고 있다. 그럼 자유라는 단어가 구체적으로 의미하는 것은 무엇인가? 이들이 추구한 자유란 무엇보다도 호의적이지 않은 환경에서도 자아를 주장할 수 있는 자유, 그러한 자유를 자아와 자아를 둘러싸고 있는 타인과의 관계 속에서 관철할 수 있는 방식을 찾으려는 행동의 자유, 그리고 언어를 통해서 자신의 자아를 표현할 수 있는 창작의 자유다.

1930년대 좌우의 구분 없이 전체주의적인 정치 체계가 개인을 위협하는 상황에서 네 명의 철학자들은 자아의 자유와 인간의 존엄을 지키려고 노력했다. 극단적인 자아 중심주의를 문제의 해법으로 제시한 아인 랜드부터 자아와 사회적 환경 사이의 상호 연관성을 주장하는 아렌트와 시몬 드 보부아르를 거쳐 자아의 소멸을 철학의 목표로 보는 시몬 베유에 이르기까지 다양한 결을 보여주고 있는 네 명의 철학자들은 스스로에게 다음과 같은 질문을 던진다. '이처럼 암울한 시대에 나는 어떻게 내 자유를 보존하고 유지할 수 있는가?' '이 암울한 시대에 인간의 존엄을 유지할 수 있는 방법은 무엇인가?' 저자는 한 방송국과의 대담에서 네 명의 철학자들이 단지 자신들의 철학을 공표한 것이 아니라 실제 삶에서 구체적으로 체현했다고 이야기한 적이 있다. 그들에게 어두운 시대에 '철학하기'란 직업적 성공이나 아카데미에서 이론을 가르치는 것이 아니라, 스스로 자신의 삶을 형성해나가는 추동력인 동시에 개인과 집단, 인식과 실천의 긴장 속에서 점점 집단화되어가는 사회의 위험 속에서 개인의 삶을 능동적으로 형성하고, 시류를 거슬러 자신의 삶을 관철하려는 의지였던 것이다.

저자는 1943년 네 명의 철학자가 처해 있는 상황을 묘사하는 것으로 책을 시작했다가, 곧 10년의 세월을 건너 뛰어 1933년부터 시대순으로 네 명의 성장 과정과 발전을 묘사하고, 다시 1943년으로 되돌아오는 일종의 순환 과정을 거치면서 마무리한다. 이처럼 의도적으로 문학 작품과 같은 묘사 방식을 사용함으로써 네 명의 철학자들이 각자의 완결된 세계를 이루어냈다는 인상을 불러일으킨다.

잘 알려져 있다시피 1933년은 독일에서 히틀러가 이끄는 국가사회주의 정당(나치)이 합법적 선거를 통해 정권을 잡은 시기이고 1943년은 유럽에서 전쟁이 결정적인 전환점을 맞은 시기다. 이 10년의 세월 동안 일어났던 사건들은 많은 사람에게 실존적인 대답을 강요했다. 유대인 혈통이었던 한나 아렌트, 시몬 베유, 아인 랜드, 그리고 비유대인이었던 시몬 드 보부아르에게도 유럽의 지적 전통, 문명, 개인적인 존재 방식 등등 많은 것들이 집단의 이름으로 자행되는 폭력의 위협을 받아 사라질 것처럼 보였다. 그들은 이런 사회 정치적 상황 아래에서 사랑, 삶, 그리고 사고가 어떻게 구성될 수 있을지를 묻는 질문에 스스로 대답해야 한다는 것을 잘 알고 있었다. 이런 질문은 필연적으로 자신의 존재 의미를 묻는 질문과 직결되는데, 이때 자아와 타자의 관계가 핵심적인 역할을 한다. '자아는 어떤 종류의 자유를 얼마만큼 요구할 수 있는가?' '자유를 실현하고자 할 때 타인의 존재는 나에게 어떤 의미를 지닐 수 있는가?' '그것은 자아의 자유에서 필수적인 요소인가, 아니면 반대로 나의 자유를 제한하고 방해하는 훼방꾼일 뿐인가?' 서로를 개인적으로 알지 못하는 상태에서 그들은 이런 문제에 대해 각자만의 서로 다른 대답을 제시한다.

저자 아일렌베르거에 의하면 시몬 드 보부아르는 열아홉 살에 '자아와 타자의 모순'을 자신의 사고를 추동하는 핵심적인 철학 문제로 인식했다. 대학을 졸업하고 철학 선생님으로서 학생들을 가르쳤을 때 그녀는 타인의 존재를 전적으로 부정하면서 자기 지시적이고 유아론적인 태도를 가감 없이 보여준다. 그녀는 우선적으로 자신의 삶의 형식, 장 폴 사르트르와의 관계에서 생긴 "단절 없는 우리라는 동일성"이라는 관점에서 '자유'를 이해한다. 당시 그녀는 자유의 개념을 사적 영역, 특히 성적 영역에서 자신의 의지와 욕구를 방해받지 않고 실현하는 자유로 이해했다. 보수적이고 가톨릭적인 부르주아 분위기에서 벗어나려고 시도했던 그녀에게 성적인 이탈은 자유를 향해 나아가는 철학적 탐색이었다. 1934년 나치가 통치하던 독일을 방문했을 때 그녀가 보여준 비정치적이고 탐미주의적인 모습에서 이런 생각이 고스란히 드러난다. 자신의 자아에 대한 관심과 걱정에서 벗어나 타인을 위한 걱정으로 옮겨가는 결정적인 방향 전환을 이끈 것은 역설적이게도 독일 방위군의 파리 입성이었다. 이런 정치적 변화를 경험한 이후 그녀는 전혀 다른 자유 개념을 모색하게 되었고, 동시에 '간극 없는 사르트르와의 결합'에 대해 이전에 지녔던 믿음을 의문시하면서, 독립적인 자아와 자신만의 자리를 찾고자 고심하게된다. 그녀는 긴장으로 가득 차고 힘든 모색의 과정을 거치면서 새롭게 얻은 자유 개념을 "형이상학적 연대"라고 부르고, 그것을 타자를 눈앞에 두고서 지속적으로 자신을 새롭게 찾아내고 만들어내는 행동으로 이해했다. "아무도 고립된 섬이 아니다. 아무도 자신만 자유로울 수 없다. 오히려 내 자유의 진정한 전제 조건은 다른 의식의 자유에 있다. 그렇다. 그것은 좀 더 일관되게 생각한다면, 다른 모든 의식을 자유롭게 인정하는 것에 있다. 정치적으로 이것은 실존적 상호 해방이라는 특징 속에 있는 모두를 위한 해방 투쟁의 요구로 이어진다. 각자의 고유한 자유를 위해서, 자유 '그리고' 사회주의를 위해서." 1943년 그녀는 이런 자신의 자유 개념을 소설의 형식으로 출간함으로써 철학적으로도 문학적으로도 사르트르의 그늘에서 벗어나 자신만의 길을 걸어갈 수 있게 되었다. 그리고 당연하게 그녀는 나중에 젠더 연구에서 중요한 이론을 제공한 선구자 중 한 명으로 여겨지게 되었다.

1909년 파리에서 유대인 가정에서 태어난 프랑스인 시몬 베유에게도 1943년은 결정적인 해였다. 그녀는 처음에는 노동조합 활동가로 사회 참여적인 운동을 시작했다. 사회주의를 지향점으로 삼아 활동했던 그녀는 시몬 드 보부아르와 비슷한 시기에 나치 독일을 방문했다. 그곳에서 그녀는 독일 좌파의 딜레마, 좌파의 분열, 그리고 히틀러에 대항해서 통일 전선을 결성하기를 거부했던 공산당의 잘못을 파악하고 예리하게 비판했다. 독일 방문 이후로 그녀는 정치적으로 박해받아 프랑스로 도망쳐 온 피난민을 돕는 구조 활동과 함께 마르크스주의를 비판적으로 연구하기 시작했다. 이때 그녀는 마르크스가 주장했던 성장에 대한 종교적 믿음, 그리고 그것과 결부되어 있는 자연 착취를 신랄하게 비판했다. 그녀에게는 생산력의 발전이라는 신화 속에서 비인간적인 노동을 강요당하는 고도로 집중된 자본주의나 공산주의보다는 자율적인 개인이 자유롭게 노동하는 '정의로운' 사회가 더 중요했다. 공장에서의 살인적인 노동 체험과 스페인 내전에 참여했던 경험을 토대로 작성한 글에서 그녀는 노동과 전쟁에서 벌어지는 인간의 노예화와 폭력에 의한 인간의 사물화 현상에 관심을 집중하고, 그런 현상을 가능하게 만든 원인이 무엇인가를 묻는 질문에 천착한다. 그러면서 동시에 정치와 이데올로기 영역에서 공허한 수사로 전락한 언어에 대해서도 비판을 가한다.

이때에도 역시 자아와 타자의 관계가 중요한 역할을 하는데, 시몬 베유는 보부아르와는 확연하게 다른 입장을 취한다. 그녀는 자아, 자아 발전, 나르시시즘, 자아 발견을 향해 가는 현대 철학의 경향을 "전적으로 파괴적인 것"이라고 여겼으며, 보부아르의 '형이상학적 연대'를 현세를 지향하는 감추어진 이기주의라고 비판한다. "보부아르가 '형이상학적 연대'라는 의미로 자아의 자유를 타인의 존재와 결부한 지점에서 베유는 이런 운동을 단지 또 하나의 도피 행동으로 평가한다. 해방을 주는 진정한 목표는 연대해서 타인에게 헌신하는 것이 아니라, 신적 초월의 징표인 은총이 넘쳐나는 자아 포기다." 그녀는 진정한 자유는 자아를 유지하는 것이 아니라 자아를 포기하는 것을 통해서, 인간적 상호 관계 속이 아니라 신의 은총

속에 존재한다고 결론짓는다. 그녀가 주장하는 '은총의 실존
주의'는 그녀가 트로이 전쟁을 주제로 삼은 글에서 가장 선명
한 형태로 모습을 드러낸다.

　　시몬 드 보부아르가 '실존주의 철학' 속에서 개인의 자유
와 사회주의의 결합을 모색하려고 시도했던 반면에, 시몬 베
유는 일찍부터 스탈린 독재와 나치 독재의 구조적 유사성에
주목하고, 사회주의적 집단주의 역시 개인의 자유를 위협하는
세력이라고 선언한다. 파시스트의 잔인한 테러와 사회주의의
비극적 실패에 대한 반사작용으로 그녀는 철학의 영역을 벗어
나 '은총의 실존주의'라는 종교적 신비주의로 방향을 튼다. "그
녀의 경우 변화의 경험은 자신의 행동이 아니라, 행동의 토대
및 가치 있는 기원과 관련이 있었다. 변한 것은 장소, 그녀의
의식에서 가장 뜨거운 곳, 사명에 대한 그녀의 자기 이해였다.
이제부터 그것은 더 이상 순수하게 인간 상호적인 것과 내재
적인 것이 아니라, 신적이고 초월적인 것에 기반을 두게 된다.
그것은 더 이상 구성된 논증에서 자양분을 얻지 않고, 주로 자
비롭게 허용된 경험에서 자양분을 얻었다." 그녀가 보기에 유
럽이 겪고 있는 광범위한 문명적 위기에서 벗어날 수 있는 유
일한 출구는 보부아르가 결정적으로 영향을 받은 '사물로 돌
아가라'는 현상학적 원칙이 아니라, '기원 자체'로 돌아가는 것
이다. 그녀의 견해에 의하면 현명한 삶은 신비주의자들의 가
르침에 따라 자신의 자아를 "반드시 던져버려야 하는 해로운

가상"으로 인정하는 것에서부터 시작된다.

스탈린그라드를 둘러싸고 벌어진 공방전이 소련의 승리로 끝남으로써 전세가 역전되기 시작했던 시기에 그녀는 이 세상에서는 더 이상 자신의 활동이 의미가 없음을 인식한 것 같다. 이미 1933년부터 독일의 나치즘과 소련의 스탈린주의 사이에 존재하는 구조적 유사성을 인식하고 공산주의와 결별했던 그녀는 근본적 가치를 되찾음으로써 문명의 몰락을 막고 인간의 품위를 보존하려던 자신의 임무가 실패했음을 받아들인다. 음식과 치료를 거부함으로써 의식적으로 죽음을 선택한 그녀의 행동은 자아를 포기하고 신의 은총 속에 모든 것을 맡기려고 했던 마지막 의지 표현이 아니었을까?

1905년 유대계 러시아인으로 태어났지만, 1926년 스탈린의 전체주의를 피해 미국으로 탈출하는 데 성공한 아인 랜드는 극단적인 모습에서는 베유와 비슷했지만, 자아와 타인을 이해하는 것에서는 정반대되는 모습을 보인다. "베유의 경험은 신적이면서 사랑하는 초월자의 영역에 존엄의 진정한 바탕을 두려는 것으로 귀결되었는데, 그 초월자는 사로잡힌 각자의 의식을 에고의 환상에서 해방하거나 치유한다. … 반면 랜드의 경험은 욕망하는 자아에 신과 동등한 독자성과 불가침성을 부여함으로써 이 존엄의 절대성을 확보하려는 경향을 보였다." 시몬 베유와 마찬가지로 아인 랜드도 모든 가치를 상실한 시대에 인간의 존엄은 어떻게 될 것인가, 그리고 그것을 어떻게 보존할 것인가 하는 문제에 천착했다. 그녀는 사람들이 타인을 기준으로 삼아 평가하는 시대에는 '자아'라는 성스러운 단어가 중요한 기능을 상실했으며, 이런 자아 상실의 상태를 극복하고 '자아를 재정복'하기 위해서는 타인의 모든 중요성을 극단적으로 부정해야 한다고 주장한다. 그녀의 소설 『기원』에 등장하는 주인공 하워드 로크는 그녀의 생각을 구현한 인물이라고 볼 수 있다. 기독교의 구원자와 대척점에 있는 니체적 초인인 하워드 로크는 자율과 타율, 진보와 몰락, 자유와 억압, 나와 다수의 타인 사이에서 벌어지는 투쟁에서 항상 '욕구하는' 자아를 옹호한다. 창조적이면서 뛰어난 개인 하워드 로크에게 우둔한 다수는 있어도 그만이고, 없어도 아무 상관이 없는 존재일 뿐이다. 그에게는 오직 자신의 독창성을 구현하는 것만이 중요했다. 노골적인 엘리트주의와 자유 지상주의를 극단적으로 옹호하는 그에게도 타인이란 존재가 필요한 때가 있는데, 그것은 오직 자신의 '놀라운' 행위를 바라보면서 경탄할 때다. 그런 점에서 그가 소설 말미에서 변호인의 조력을 포기하고 스스로를 변론하여 배심원들에게서 무죄 평결을 끌어내는 장면은 시사하는 바가 크다. 이렇게 극단적으로 '창조적 개인'을 옹호하는 그녀에게 타인을 위해 자아를 포기한다는 것은 생각할 수도 없는 범죄다. 그녀가 보기에는 국가도 개인의 자유를 침해하는 아주 커다란 '타인'일 뿐이다. 그래서 그녀는 국가의 모든 개입으로부터 개인의 자유와 독립을 지키는 것을 전체주의적 위험으로부터 자아를 수호하려는 정신적 '독립운동'으로 격상시킨다.

또한 그녀는 이타주의를 다수가 개인에게 자아를 포기하도록 강요하는 노예의 윤리이며, 기독교의 이웃 사랑에서 이것이 가장 순수한 형태로 나타난다고 비난하면서 기독교를 자신의 정신적 주적이라고 선언한다. 미국이 제2차 세계대전에 참전하는 것은 독일과 이탈리아의 파시스트와 싸우는 소련을 돕는 것이며 또한 유럽을 위해 자유의 나라 아메리카의 이익을 포기하는 행위라고 보았으므로 그녀가 미국의 참전을 반대한 것은 그녀의 논리 체계에서는 아주 일관된 태도다. 또한 그녀에게 타인이 관심의 대상이 되는 것은 창조적 개인과 동등한 계약을 맺을 수 있는 자격을 갖추었을 때뿐이다. "따라서 상호 자유를 실제로 가능하게 하고 보장하는 유일한 것은 소위 '형이상학적 연대'가 아니라, '형이상학적 독립'이라는 일관된 태도다. 타인과 관계를 맺고, 그를 마찬가지로 자유로운 인간으로 제한 없이 인정하는 유일하게 실제적이고 비폭력적인 형태는 훌륭한 거래와 같은 계약 형태다." 동등한 의무와 권리를 지닌 대등한 상대끼리 맺는 계약. 아주 미국적이지 않은가! 바로 미국적이기 때문에 이런 관계야말로 민주적이라고 그녀는 생각했다. 이런 논리에서 그녀는 자본주의야말로 유일하게 윤리적인 경제 체계라는 극단적 주장까지 하게 된다. 그리고 자신의 철학적인 임무를 자본주의에 윤리적 토대를 부여하는 것이라고 보았다. 그녀가 공화당을 지지하는 보수주의가 세운 '티파티'와 고삐 풀린 자본주의에 상당한 영향력을 끼친 인물 중 하나로 여겨진 것도 바로 이런 이유다. 심지어 미국의 전 대통령 도널드 트럼프는 자신이 가장 좋아하는 소설 주인공이 하워드 로크라고 언급한 적도 있다. 주로 소설과 연극 작품, 에세이를 집필한 아인 랜드는 체계적이고 학문적인 정치 사회 이론을 세우는 것에는 관심이 없었다. 오히려 그녀는 대중들이 쉽게 이해할 수 있는 언어로 자신의 생각을 전달하는 것에 더 관심을 기울였다. 그녀가 연극과 영화를 염두에 두고 소설을 쓴 이유도 바로 그 때문이다. 이런 맥락에서 보면 그녀가 학계에서보다는 현실 정치에서 더 커다란 영향력을 발휘한 것도 당연하다.

아인 랜드의 '계몽된 이기주의'는 악으로부터 세상을 구원하는 세속적 구원자, 혼돈에 빠진 세계를 새롭게 빚어서 창조성과 이성이 찬란하게 빛나는 새로운 세계를 만들어내는 조물주로서의 초인적 인간인 하워드 로크에게서 구체적인 모습을 띠게 된다. 따라서 아인 랜드에게 히틀러와 스탈린은 "같은 논리, 즉 이념적으로 지나치게 고양된 집단의 이름으로 모든 개인을 폭력적으로 국가에 종속시키려는 논리를 따른 것"이므로 외형적인 차이만이 있을 뿐 본질적으로는 창조적 개인을 억누르고 집단에 동화시키려는 '전체주의'에 지나지 않는다.

이런 전체주의에 맞설 수 있는 유일한 인간은 하워드 로크처럼 창조적 자아를 극단으로까지 몰고 가는 '이성적 이기주의'자뿐이다. 그에게 타인의 존재는 자신의 창조적 구원 활동에 필요한 도구일 뿐이다. 그러므로 그에게는 타인과의 관계라는 것 자체가 애초부터 존재하지 않는 것이다. 따라서 타인은 항상 익명의 존재, 그의 존재의 발현을 방해하는 장애물일 뿐이다. 그런 하워드의 세계는 아렌트의 눈에는 전도된 형태의 전체주의가 아니었을까? "그 기원에는 실제로 자신의 의지에 따라 세계 전체에 새로운 모습을 부여하고, 세계를 글자 그대로 하나의 통일된 형틀로 새롭게 창조하려고 하는 사람의 광기 어린 생각이 놓여 있었다. 그것은 장차 한 가지 모습으로만 결정될 세계를 보고자 하는 망상이었다. 다시 말해서 지속적으로 새롭게 창조하기 위해 다른 어떤 인간도 필요하지 않고, 그 어떤 육체적 저항도 필요하지 않은 세계를 바라는 망상이며, 전체주의 지배라는 정치적 악몽이었다."

아인 랜드와는 대조적으로 유럽, 특히 독일의 지적 전통에 깊이 뿌리를 두고 있었던 한나 아렌트는 유럽의 사회적, 정치적 격변기를 겪으면서 하이데거의 유아론적인 실존주의에서 시작해 야스퍼스의 실존주의를 거치고 유대인으로서의 자신의 정체성을 받아들이는 과정을 거쳐서 국제 정치를 예리하게 분석한 정치 이론가로 성장하게 된다. 그녀의 사고 발전 과정에서 타자를 바라보는 야스퍼스의 관점이 중요한 역할을 한다. "야스퍼스의 '실존철학'은 두려움이나 죽음과의 친밀성과 같은 침울하고 아주 개별화된 분위기의 힘보다는 의사소통과 타인에 대한 관심을 통해 좀 더 밝고 자유로운 삶을 향해 가는 길을 발견할 수 있는, 인간이 지닌 여러 가능성을 강조했다. 이 상적인 경우 이런 관심은 항상 이야기를 주고받는 관심으로 여겨질 수 있고, 실제로 반드시 상대가 필요하다는 점을 강조했다."

점점 암울해지는 독일의 정치 상황과 유럽에서 점증하는 반유대주의를 목도한 그녀는 벤야민과 마찬가지로 19세기를 집중적인 연구 대상으로 삼는다. 이때 독일 사회에 동화되려고 노력했던 유대인 지식인 라엘 파른하겐이 핵심적인 인물로 부상했다. "아렌트에게 라엘의 경우는 요구되는 두 가지 형태의 용기가 삶의 상황에서 충돌한다는 점에 한해서 시대 전체를 보여주는 모범적인 예다. 자신의 이성을 사용하고, 이런 의미에서 스스로를 이성적 존재로 자율적으로 결정하는 용기, 그리고 이러한 자기 설계의 자유는 어떤 개인도 언제나 완벽하게 거리를 둘 수 없는 여러 가지 역사적, 문화적 관계에 의해 제한된다는 것을 인정하는 용기다."

라엘 파른하겐을 집중적으로 연구함으로써 그녀는 유대인이라는 자신의 정체성을 받아들여 새롭게 정립할 수 있게 되었다. 새로운 정체성을 획득하는 것과 동시에 그녀는 타인과의 관계도 새롭게 설정할 수 있게 되었고, 그 관계에서 "진정한 자기 결정이라는 독자적 윤리의 토대"를 끄집어낸다. "자신의 의지에 따라 행동하면서 이웃의 고통받는 얼굴에서 감동을 받는 보존된 자발성"이야말로 인간의 존엄성을 유지할 수 있는 가능성을 제공할 수 있다고 본 것이다. 새로운 시각에서 자신을 바라보게 된 한나 아렌트는 처음에는 시오니즘 운동을 지원함으로써 사회적 참여를 시작하지만, 1940년대 초 볼티모어에서 19세기의 사고 모형에 기반을 둔 인종적으로 단일한 민족국가를 세울 것을 결의했을 때 시오니즘의 가장 신랄한 비판자가 된다. 유대인 단체들과의 긴장 관계 때문에 사회적으로 고립된 그녀는 반유대주의의 원인과 전체주의적 사고의 기원에 대한 연구에 몰두했다. 그녀의 책 『전체주의의 기원』은 이런 연구를 집대성한 결과물이었다.

도널드 트럼프와 미국 공화당의 강경 보수파들이 대변하는 '미국 우선주의', 상품의 자유로운 이동을 주장하지만 사람들의 이동은 가능한 한 억제하려는 신자본주의 경향, 이에 편승해서 반이민주의를 기치로 내세운 극우의 득세, 소수의 플랫폼으로 집중화된 자본주의와 그 폐해가 일상 깊숙이 파고든 현실, SNS를 통한 극단적인 정치 구호가 점점 커다란 영향력을 발휘하고, 협상이나 타협을 정치적 굴복으로 폄훼하는 일이 일상화되고, 좌우의 극단 세력들이 점점 정치적 영향력을 확대하는 현실에 관심을 기울이고 있던 독자는 이 책을 읽으면서 어렵지 않게 1930년대와 지금의 상황이 지닌 유사점에 주목하게 될 것이다. 하지만 저자는 전혀 다른 해답을 제시한 네 명의 철학자를 소개함으로써 두 시대를 비교하고 그 유사점을 찾아 생각하는 임무의 상당 부분을 독자에게 넘겨주고 있다. 합의를 지향하는 것이 아니라, 자신의 생각과 타인의 생각을 맹목적으로 추종하지 않고, 시대와 타인과의 관계에서 항상 자신에게 질문을 던지고 그것에서 끄집어낸 생각에 따라서 자신의 삶을 스스로 형성하는 것이 '철학하기'의 본질이라고 여기는 저자의 관점에서 보자면 독자에게 최종적인 결정권을 남겨놓는 것은 너무나 당연하다. 또한 그것이 이 책의 장점이자 미덕이기도 하다. 과거의 가치가 더 이상 당연하다고 여겨지지 않고 사회적 상황이 암울해 보이는 지금이야말로 아카데미의 이론이 아니라, 삶의 형상 원칙으로서의 철학을 하기에 가장 좋은 시기가 아닐까 생각하게 된다.

더 읽어보면 좋을 책들

시몬 드 보부아르

시몬 드 보부아르 지음, 한길석 옮김, 『그러나 혼자만은 아니다』, 꾸리에, 2016

시몬 드 보부아르 지음, 홍상희·박혜영 옮김, 『노년』, 책세상, 2002

시몬 드 보부아르 지음, 이송이 옮김, 『레 망다랭 1』, 『레 망다랭 2』, 현암사, 2020

시몬 드 보부아르 지음, 박정자 옮김, 『모든 사람은 혼자다』, 꾸리에, 2016

시몬 드 보부아르 지음, 최정수 옮김, 『모스크바에서의 오해』, 부키, 2016

시몬 드 보부아르 지음, 백선희 옮김, 『미국여행기』, 열림원, 2000

시몬 드 보부아르 지음, 강초롱 옮김, 『아주 편안한 죽음』, 을유문화사, 2021

시몬 드 보부아르 지음, 이정순 옮김, 『연애편지 1』, 『연애편지 2』, 열림원, 1999

시몬 드 보부아르 지음, 손장순 옮김, 『위기의 여자』, 문예출판사, 1998

시몬 드 보부아르 지음, 이영선 옮김, 『자유로운 여자』, 산호, 1993

시몬 드 보부아르 지음, 함정임 옮김, 『작별의 의식』, 현암사, 2021

시몬 드 보부아르 지음, 이정순 옮김, 『제2의 성』, 을유문화사, 2021

시몬 드 보부아르 지음, 이혜윤 옮김, 『처녀시절/여자 한창때』, 동서문화사, 2010

시몬 드 보부아르 지음, 방곤 옮김, 『초대받은 여자』, 하서출판사, 1992

케이트 커크패트릭 지음, 이세진 옮김, 『보부아르, 여성의 탄생』, 교양인, 2021

시몬 드 보부아르·알리스 슈바르처 지음, 이정순 옮김, 『보부아르의 말』, 마음산책, 2022

데어드르 베어 지음, 김석희 옮김, 『시몬 드 보부아르: 보부아르 전기』, 웅진문화, 1991

우르술라 티드 지음, 우수진 옮김, 『시몬 드 보부아르 익숙한 타자』, 앨피, 2007

시몬 베유

시몬 베유 지음, 이세진 옮김, 『뿌리내림』, 이제이북스, 2013

시몬 베유 지음, 박진희 옮김, 『시몬 베유 노동일지』, 리즈앤북, 2012

시몬 베유 지음, 이종영 옮김, 『신의 사랑에 관한 무질서한 생각들』, 새물결, 2021

시몬 베유 지음, 이종영 옮김, 『일리아스 또는 힘의 시』, 리시올, 2021

시몬 베유 지음, 윤진 옮김, 『중력과 은총』, 문학과지성사, 2021

시몬 베유 지음, 이희영 옮김, 『중력과 은총/철학강의/신을 기다리며』, 동서문화사,
2017

한나 아렌트

한나 아렌트 지음, 김선욱 옮김, 『공화국의 위기』, 한길사, 2011

한나 아렌트 지음, 서유경 옮김, 『과거와 미래 사이』, 한길사, 2023

한나 아렌트 지음, 김희정 옮김, 『라헬 파른하겐』, 텍스트, 2013

한나 아렌트 지음, 이성민 옮김, 『발터 벤야민: 1892-1940』, 필로소픽, 2020

한나 아렌트 지음, 서유경 옮김, 『사랑 개념과 성 아우구스티누스』, 필로소픽,
2022

한나 아렌트 지음, 홍원표 옮김, 『어두운 시대의 사람들』, 한길사, 2019

한나 아렌트 지음, 김선욱 옮김, 『예루살렘의 아이히만』, 한길사, 2006

한나 아렌트 지음, 홍원표 옮김, 『유대인 문제와 정치적 사유』, 한길사, 2022

한나 아렌트 지음, 이진우 옮김, 『인간의 조건』, 한길사, 2019

한나 아렌트 지음, 이진우·박미애 옮김, 『전체주의의 기원 1』, 『전체주의의 기원 2』,
한길사, 2006

한나 아렌트 지음, 홍원표 옮김, 『정신의 삶』, 푸른숲, 2019

한나 아렌트 지음, 서유경 옮김, 『책임과 판단』, 필로소픽, 2019

한나 아렌트 지음, 윤철희 옮김, 『한나 아렌트의 말』, 마음산책, 2016

한나 아렌트 지음, 홍원표 옮김, 『혁명론』, 한길사, 2004

로널드 C. 아네트 지음, 홍원표 옮김, 『어두운 시대의 한나 아렌트』, 신서원, 2022

알로이스 프린츠 지음, 김경연 옮김, 『한나 아렌트』, 이화북스, 2019

줄리아 크리스테바 지음, 이은선 옮김, 『한나 아렌트: 삶은 하나의 이야기다』, 늘봄,
2022

앤 C. 헬러 지음, 정찬형 옮김,『한나 아렌트 어두운 시대의 삶』, 역사비평사, 2021

김선욱 지음,『한나 아렌트와 차 한잔』, 한길사, 2021

엘리자베스 영 브륄 지음, 홍원표 옮김,『한나 아렌트 철학 전기』, 신서원, 2022

사만다 로즈 힐 지음, 전혜란 옮김,『한나 아렌트 평전』, 혜다, 2022

아인 랜드

아인 랜드 지음, 이철 옮김,『낭만주의 선언』, 열림원, 2005

에인 랜드 지음, 민승남 옮김,『아틀라스 1』,『아틀라스 2』,『아틀라스 3』, 휴머니스트, 2013

아인 랜드 지음, 정명진 옮김,『이기심의 미덕』, 부글북스, 2017

에인 랜드 지음, 민승남 옮김,『파운틴헤드 1』,『파운틴헤드 2』, 휴머니스트, 2011

에인 랜드 지음, 이진수 옮김,『1월 16일 밤에 생긴 일』, 청림출판, 1988

선별된 참고 문헌

Adamowitsch, A. und Granin, D. (2018), Blockadebuch - Leningrad 1941-1944, Berlin.

Adorno, T. W. und Benjamin, W. (1994), Briefwechsel 1928-1940, Frankfurt a. M.

Alain (1939), Convulsions de la force, Paris.

Alain (1939), Échec de la force, Paris.

Applebaum, A. (2003), Gulag - A History, London.

Applebaum, A. (2017), Roter Hunger - Stalins Krieg gegen die Ukraine, München.

Bair, D. (1998), Simone de Beauvoir - Eine Biographie, München.

Bakewell, S. (2018), Das Café der Existentialisten - Freiheit, Sein und
    Aprikosencocktails, München.

Benjamin, W. (2003), Gesammelte Schriften Bd. 1, Frankfurt a. M.

Benjamin, W. (2010), Über den Begriff der Geschichte, Berlin.

Bernanos, G. (1949/1938), Die großen Friedhöfe unter dem Mond, München.

Beauvoir, S. de (Hrsg.) (2008), Jean-Paul Sartre: Briefe an Simone de Beauvoir
    (1926-1939), Reinbek.

Beauvoir, S. de (Hrsg.) (2004), Jean-Paul Sartre: Briefe an Simone de Beauvoir
    (1940-1963), Reinbek.

Blume, D., Boll, M. und Gross, R. (Hrsg.) (2020), Hannah Arendt und das 20.
    Jahrhundert, München.

Boehm, O. (2020), Israel - eine Utopie, Berlin.

Boschwitz, U. A. (2018), Der Reisende, Stuttgart.

Bouchardeau, H. (1995), Simone Weil - Biographie, Paris.

Bovenschen, S. (2016/1979), Die imaginierte Weiblichkeit, Frankfurt a. M.

Branden, B. (1987), The Passion of Ayn Rand, New York.

Branden, N. (1999), Judgment Day: My Years with Ayn Rand, San Francisco.

Burns, J. (2009), Goddess of the Market – Ayn Rand and the American Right, Oxford (daraus übersetzte Zitate W. Eilenberger).

Cavell, S. (2005), Philosophy the Day After Tomorrow, Harvard.

Cavell, S. (2006), Der Anspruch der Vernunft – Wittgenstein, Skeptizismus, Moral und Tragödie, Frankfurt a. M.

Cohen-Solal, A. (1985), Sartre: 1905-1980, Paris.

Collado Seidel, C. (2016), Der spanische Bürgerkrieg – Geschichte eines europäischen Konflikts, München.

Descartes, R. (1965), Meditationen – Mit sämtlichen Einwänden und Erwiderungen, Hamburg.

Eiland, H. und Jennings, M. W. (2014), Walter Benjamin – A Critical Life, Harvard.

Eilenberger, W. (2018), Zeit der Zauberer – Das große Jahrzehnt der Philosophie 1919-1929, Stuttgart.

Fest, J. (2019/1973), Hitler: Eine Biografie, Berlin.

Foessel, M. (2019), Récidive – 1938, Paris.

Gabellieri, E. und L'Yvonnet, F. (Hrsg.) (2014), L'Herne: Simone Weil, Paris.

Gladstein, M. R. und Sciabarra, C. M. (Hrsg.) (1999), Feminist Interpretations of Ayn Rand, Pennsylvania.

Hampe, M. (2014), Die Lehren der Philosophie – Eine Kritik, Berlin.

Hegel, G. W. F. (1986), Phänomenologie des Geistes: Werke 3, Frankfurt a. M.

Heidegger, M. (1993), Sein und Zeit, Tübingen.

Heidegger, M. (2000), Gesamtausgabe, Ausgabe letzter Hand, Bd. 16: Reden und andere Zeugnisse eines Lebensweges (1910-1976), Frankfurt a. M.

Heidegger, M. (2004/1924), Der Begriff der Zeit, Frankfurt a. M.

Heidegger, M. (2010/1929), Kant und das Problem der Metaphysik, Frankfurt a. M.

Heller, A. C. (2009), Ayn Rand and the World She Made, New York (daraus übersetzte Zitate W. Eilenberger).

Hobsbawm, E. (1994), The Age of Extremes: 1914-1991, London.

Homer (1983), Ilias, Stuttgart.

Jaspers, K. (1932), Max Weber – Deutsches Wesen im politischen Denken, im Forschen und Philosophieren, EA Stalling, Oldenburg.

Kant, I. (1983/1798), Anthropologie in pragmatischer Hinsicht, Leipzig.

Kershaw, I. (2016), Höllensturz - Europa 1914 bis 1949, München.

Kirkpatrick, K. (2019), Becoming Beauvoir - A Life, London (daraus übersetzte Zitate W. Eilenberger).

Kirkpatrick, K. (2020), Simone de Beauvoir - Ein modernes Leben, München (lag beim Verfassen des Buches noch nicht vor).

Koestler, A. (2018/1937), Ein spanisches Testament, Berlin.

Koestler, A. (1941), Scum of the Earth, London.

Koestler, A. (1971), Abschaum der Erde, Frankfurt a. M.

Labatut, B. (2020), Das blinde Licht: Irrfahrten der Wissenschaft, Berlin.

Lepore, J. (2019), Diese Wahrheiten - Geschichte der Vereinigten Staaten von Amerika, München.

Louette, J.-F. (2019), Sartre et Beauvoir: Roman et Philosophie, Genève.

Marx, K. und Engels, F. (1958/1946), Marx-Engels-Werke, Bd. 3, Berlin.

Meyer-Moses, H. (2019), Reise in die Vergangenheit - Eine Überlebende des Lagers Gurs erinnert sich an die Verfolgung während der NS-Diktatur, Ubstadt-Weiher.

Nieradka-Steiner, M. (2018), Exil unter Palmen - Deutsche Emigranten in Sanary-sur-Mer, Darmstadt.

Nietzsche, F. (1999/1888), Ecce Homo, Gesamtausgabe Bd. 6, München.

Nietzsche, F. (2013), Philosophische Werke in sechs Bänden, Hamburg.

Nye, A. (1994), Philosophia: The Thought of Rosa Luxemburg, Simone Weil and Hannah Arendt, London.

Ortega y Gasset, J. (1956/1929), Der Aufstand der Massen, Reinbek.

Pelz, M. (2007), Simone de Beauvoir, Frankfurt a. M.

Pétrement, S. (1973), La vie de Simone Weil, Paris (daraus übersetzte Zitate W. Eilenberger).

Pétrement, S. (2008), Simone Weil - Ein Leben, Leipzig (lag beim Verfassen des vorliegenden Buches nicht vor).

Perrin, J.-M. (2009/1984), Mon dialogue avec Simone Weil, Paris.

Perrin, J.-M. und Thibon, G. (1954), Wir kannten Simone Weil, Paderborn.

Perrin, J.-M. (2008), Attente de Dieu, Paris (daraus übersetzte Zitate W. Eilenberger).

Peikoff, L. (1991), Objectivism: The Philosophy of Ayn Rand, New York.

Poirier, A. (2019), An den Ufern der Seine - Die magischen Jahre von Paris 1940-1950, Stuttgart.

Prinz, A. (2013), Hannah Arendt oder Die Liebe zur Welt, Frankfurt a. M.

Reckwitz, A. (2017), Die Gesellschaft der Singularitäten, Berlin.

Redecker, E. v. (2013), Gravitation zum Guten: Hannah Arendts Moralphilosophie, Göttingen.

Rees, R. u. Moore, H. T. (1978), Simone Weil: A Sketch for a Portrait, Southern Illinois.

Rhodes, R. (2015), Hell and Good Company: The Spanish Civil War and the World it Made, London.

Roberts, A. (2019), Feuersturm - Eine Geschichte des Zweiten Weltkriegs, München.

Rowley, H. (2005), Tête-à-Tête: Simone de Beauvoir and Jean-Paul Sartre, New York.

Samjatin, J. (2015/1920), Wir: Utopischer Roman, Hemmingen.

Sartre, J.-P. (2018/1938), Der Ekel, Reinbek.

Sartre, J.-P. (2019/1943), Das Sein und das Nichts, Hamburg.

Sartre, J.-P. (2018/1947), Der Existentialismus ist ein Humanismus und andere philosophische Essays 1943-1948, Reinbek.

Sartre, J.-P. (2010/1947), Die Transzendenz des Ego - Philosophische Essays 1931-1939, Reinbek.

Scholem, G. (1951/1941), Die jüdische Mystik in ihren Hauptströmungen, Frankfurt a. M.

Scholem, G. (2018), Walter Benjamin/Gershom Scholem - Briefwechsel 1933-1940, Frankfurt a. M.

Schreiber, G. (2013), Der zweite Weltkrieg, München.

Sciabarra, C. M. (2013), Ayn Rand - The Russian Radical, Pennsylvania.

Seghers, A. (2018/1951), Transit, Berlin.

Seymour-Jones, C. (2009), A Dangerous Liaison: A Revelatory New Biography of Simone de Beauvoir and Jean-Paul Sartre, New York.

Shklar, J. N. (2020), Über Hannah Arendt, Berlin.

Smith, T. (2007), Ayn Rand's Normative Ethics: The Virtuous Egoist, Cambridge.

Später, J. (2016), Siegfried Kracauer - Eine Biographie, Frankfurt a. M.

Sparti, D. und Hammer, E. (Hrsg.) (2002), Stanley Cavell: Die Unheimlichkeit des Gewöhnlichen und andere philosophische Essays, Frankfurt a. M.

Spinoza, B. (1986/1677), Die Ethik, Leipzig.

Stone, L., Quantifying the Holocaust: Hyperintense kill rates during the Nazi genocide, in: Science Advances vom 2. Januar 2019, Bd. 5, Nr. 1, eaau7292.

Suhr, M. (2015), Jean-Paul Sartre zur Einführung, Hamburg.

Webber, J. (2018), Rethinking Existentialism, Oxford.

Weil, Sylvie (2010), André und Simone Weil: Die Familie Weil, Leipzig.

Weinstock, N. (1975), Das Ende Israels? Nahostkonflikt und Geschichte des Zionismus, Berlin.

Wildt, M. und Kreutzmüller, C. (2013), Berlin 1933-1945, München.

Wimmer, R. (1996), Vier jüdische Philosophinnen: Rosa Luxemburg, Simone Weil, Edith Stein, Hannah Arendt, Leipzig.

Wimmer, R. (2009), Simone Weil: Person und Werk, Freiburg i. B.

Winch, P. (1989), Simone Weil: »The Just Balance«, Cambridge.

Wittgenstein, L. (1984/1923), Tractatus logico-philosophicus, Frankfurt a. M.

Wroblewsky, V. v. (Hrsg.) (2008), Jean-Paul Sartre: Briefe an Simone de Beauvoir 1926-1939, Hamburg.

Wroblewsky, V. v. (Hrsg.) (2004), Jean Paul Sartre: Briefe an Simone de Beauvoir 1940-1963, Hamburg.

Young-Bruehl, E. (2018/1982), Hannah Arendt - Leben, Werk und Zeit, Frankfurt a. M.

주석

1장

1 시몬 드 보부아르, 『사드의 책을 불태워야만 하는가? 실존주의 도덕에 관한 세 편의 에세이』, 라인베크, 2007/1955년, 195쪽. 이 장에 있는 모든 인용문은 보부아르의 에세이 「퓌루스와 시네아스」에서 선택한 것이다.

2 같은 책, 196쪽.

3 같은 책, 197쪽.

4 시몬 드 보부아르, 『가장 좋았던 시절』 라인베크 2008/1960년, 167쪽을 참조할 것.

5 『L'invitée』(1943)는 1953년에 독일어로 『그녀가 왔고 머물렀다』라는 제목으로 출간되었다.

6 『Le sang des autres』(1945)는 1963년 독일어로는 『타인의 피』라는 제목으로 출간되었다.

7 1945년 가을 파리에서 「쓸모없는 입들Les Bouches inutiles」(1945)이라는 제목으로 초연되었다.

8 시몬 드 보부아르, 『사드의 책을 불태워야만 하는가? 실존주의 도덕에 관한 세 편의 에세이』, 라인베크 2007/1955년, 207쪽.

9 케이트 커크패트릭, 『보부아르 되기-어떤 삶』 런던 2019년, 156쪽

10 시몬 드 보부아르, 『사드의 책을 불태워야만 하는가? 실존주의 도덕에 관한 세 편의 에세이』, 라인베크 2007/1955년, 222쪽.

11 같은 책, 228쪽.

12 같은 책, 228쪽.

13 같은 책, 196쪽.

14 시몬 베유, 『철학 일기 4』 뮌헨 2017년, 324쪽.

15 삶의 이 단계에서 세부 이력 사항에 대해서는 시몬 페트르망, 『시몬 베유-어떤 삶』, 파리 1973년, 643~673쪽을 참조할 것.

16 시몬 베유, 『전쟁과 폭력: 에세이와 기록물』 취리히 2011년, 199쪽 이하.

17 시몬 페트르망, 『시몬 베유-어떤 삶』 파리 1973년, 667쪽.

18 시몬 베유, 『뿌리내림: 인간에 대한 의무를 설명하기 위한 서막』 취리히 2011년.

19 시몬 베유, 『전쟁과 폭력: 에세이와 기록물』 취리히 2011년, 205~214쪽을 참조할 것.

20 같은 책, 212쪽.

21 시몬 베유, 『뿌리내림: 인간에 대한 의무를 설명하기 위한 서막』 취리히 2011년, 173쪽.

22 같은 책, 43쪽 이하.

23 시몬 베유, 『철학 일기 4』 뮌헨 2017년, 204쪽.

24 마이크 벌리너(편집), 『아인 랜드의 서간집』 뉴욕 1997년, 67쪽 이하.

25 같은 책, 69쪽.

26 그사이(2020년 기준) 전 세계적으로 이 책의 판매 부수는 800만 부를 훌쩍 넘어섰다. 랜드의 모든 철학 소설의 판매 부수는 현재 분명 2000만 부를 넘는다.

27 앤 헬러, 『아인 랜드와 그녀가 만든 세계』 뉴욕 2009년, 117을 참조할 것.

28 아인 랜드, 『기원』 예나 2019년, 988쪽 이하.

29 랜드의 청소년기에 관한 세부적인 이력 사항에 대해서는 앤 헬러, 『아인 랜드와 그녀가 만든 세계』 뉴욕 2009년, 22~52쪽을 참조할 것.

30 그 당시 그 도시 주민의 인상적인 증언에 대해서는 다음 책을 참조할 것. 알레스 아다모비치, 『도시 봉쇄의 기록: 레닌그라드 1941~1944』 베를린 2018년.

31 데이비드 해리먼(편집), 『아인 랜드 일기』 뉴욕 1999년, 347쪽.

32 같은 책, 350쪽.

33 한나 아렌트, 『우리 난민들』 라이프치히 2016/1943년, 26쪽.

34 같은 책, 10쪽과 21쪽.

35 같은 책, 33쪽.

36 마르틴 하이데거, 『최종 수고에 기초한 전집. 16권. 인생 여정(1910~1976년)의 연설과 기타 기록』 프랑크푸르트 암 마인 2000년, 184쪽.

37 엘리자베스 영 브륄, 『한나 아렌트: 삶, 작품 그리고 시대』 프랑크푸르트 암 마인 2018/1982년, 261쪽.

38 아렌트가 귄터 가우스와 나눈 대담을 참조할 것.
https://www.youtube.com/watch?v=J9SyTEUi6Kw&t=1820s39

39 한나 아렌트, 『우리 난민들』 라이프치히 2016/1943년, 23쪽.

40 같은 책, 35쪽.

41 이것에 대해서는 아렌트의 후기 저서 『전체주의 지배의 여러 요소와 기원들: 반유대주의, 제국주의, 전체주의 지배』에 나오는 구호를 참조할 것. 여기에서는 카를 야스퍼스의 다음 인용이 관련된다. "과거의 것에 빠지지도 말고, 미래의 것에도 빠지지 말라. 중요한 것은 온전히 현존하는 것이다."

2장

1   엘리자베스 영 브륄, 『한나 아렌트: 삶, 작품 그리고 시대』, 프랑크푸르트 암 마인 2018/ 1982년, 164쪽. 아래 설명도 마찬가지로 영 브륄의 책에서 인용했음.

2   같은 쪽.

3   현재 아렌트의 새로운 전기를 쓰고 있는 토마스 마이어가 대화 중 내게 알려준 것처럼, 아 렌트는 그녀의 진술과는 달리 단 하루 동안만 유치장에 있었다.

4   한나 아렌트, 『라엘 파른하겐: 낭만주의 시대의 한 유대인 여성의 이력』, 뮌헨 1981/1959년, 26쪽 이하.

5   같은 책, 26쪽 이하.

6   같은 책, 17쪽.

7   같은 책, 133쪽.

8   로테 퀼러(편집), 『한나 아렌트-카를 야스퍼스: 서신 교환 1926~1969년』, 뮌헨 2001년, 50쪽.

9   카를 야스퍼스, 『막스 베버-정치적 사고, 연구 그리고 철학하기에 있는 독일적 본질』, 올덴 부르크 1932년.

10   로테 퀼러(편집), 『한나 아렌트-카를 야스퍼스: 서신 교환 1926~1969년』, 뮌헨 2001년, 52쪽.

11   같은 책, 56쪽.

12   같은 책, 58쪽.

13   엘리자베스 영 브륄, 『한나 아렌트: 삶, 작품 그리고 시대』, 프랑크푸르트 암 마인 2018/ 1982년, 166쪽.

14   시몬 베유, 『억압과 자유-정치적 글들』, 뮌헨 1975년, 232쪽에 있는 「독일의 상황」이라는 글.

15   같은 쪽.

16   시몬 페트르망, 『시몬 베유-어떤 삶』, 파리 1973년, 212쪽.

17   같은 책, 274쪽.

18   시몬 베유, 『편지 모음집』, 파리 2012년, 140쪽에 있는 5번 각주를 참조할 것.

19   같은 책, 150쪽.

20   시몬 베유, 『억압과 자유-정치적 글들』, 뮌헨 1975년, 137쪽에 있는 「전망-우리는 프롤레 타리아 혁명을 향해 가고 있는가?」라는 글.

21   이 잡지는 1933년 가을이 지나는 동안 여러 차례 인쇄되었고, 스페인어와 네덜란드어로 번 역되었다.

22   시몬 베유, 『억압과 자유-정치적 글들』, 뮌헨 1975년, 119쪽.

23   같은 책, 128쪽.

24   시몬 베유, 『편지 모음집』, 파리 2012년, 154쪽.

25   이것에 관해서는 인상적인 연구서인 앤 애플바움, 『붉은 기근-우크라이나를 상대로 한 스 탈린의 전쟁』, 뮌헨 2017년을 참조할 것.

26 시몬 베유, 『억압과 자유-정치적 글들』, 뮌헨 1975년, 133쪽.

27 시몬 페트르망, 『시몬 베유-어떤 삶』, 파리 1973년, 258쪽.

28 모임의 경과와 인용문은 시몬 페트르망, 『시몬 베유-어떤 삶』, 파리 1973년, 278쪽 이하와 시몬 베유, 『트로츠키와 나눈 대담』, 파리 2014년, 9~12쪽에서 인용함.

29 시몬 페트르망, 『시몬 베유-어떤 삶』, 파리 1973년, 279쪽.

30 레온 트로츠키는 1940년 8월 21일 멕시코시티에서 소련 첩자 라몬 메르카데르Ramón Mercader가 그 전날 얼음도끼로 그에게 입힌 부상 때문에 죽는다. 같은 해 스탈린은 살인자에게 레닌 훈장을 수여했다.

31 시몬 페트르망, 『시몬 베유-어떤 삶』, 파리 1973년, 291쪽.

32 시몬 베유, 『억압과 자유-정치적 글들』, 뮌헨 1975년, 151~240쪽.

33 시몬 드 보부아르, 『가장 좋았던 시절』, 라인베크 2008/1960년, 140쪽.

34 같은 쪽.

35 같은 책, 110쪽.

36 오랜 논의 끝에 전년도에 시험에 떨어졌던 사르트르에게 1등이 주어졌다. 시험 역사상 가장 어린 졸업자였던 보부아르에게는 2등이 주어졌다.

37 시몬 드 보부아르, 『가장 좋았던 시절』, 라인베크 2008/1960년, 111쪽.

38 케이트 커크패트릭, 『보부아르 되기-어떤 삶』, 런던 2019년, 143쪽.

39 시몬 드 보부아르, 『어느 양갓집 딸의 회상』, 라인베크 2018/1958년, 323쪽 이하.

40 르네 데카르트, 『성찰』, 함부르크 1965년.

41 같은 책, 29쪽.

42 시몬 드 보부아르, 『어느 양갓집 딸의 회상』, 라인베크 2018/1958년, 311쪽. "내가 연계된 주관주의적 이상주의는 세상으로부터 물질적 특성과 특별한 본질을 빼앗는다."

43 시몬 드 보부아르, 『가장 좋았던 시절』, 라인베크 2008/1960년, 118쪽.

44 훗날 1938년에 작성된 글에서 사르트르는 후설의 세계와 의식의 관계를 다음과 같이 시적으로 표현했다. "의식은 자신을 정화했다. 그것은 세찬 바람처럼 투명하다. 자신을 피해 달아나고, 미끄러지듯 자신으로부터 벗어나려는 움직임 이외에 의식에는 더 이상 아무것도 존재하지 않는다. 불가능한 것이기는 하지만, 만약 당신이 의식 속으로 파고들려고 한다면, 회오리바람에 사로잡혀 밖으로, 나무 근처로, 먼지 속으로 내동댕이쳐질 것이다. 의식은 어떤 '내부'도 지니고 있지 않기 때문이다. 그것은 자신의 '외부'일 뿐이다. … 아주 따듯할 때, 창문이 닫혀 있을 때, 의식이 다시 자신을 파악하고, 자신과 일치하려고 시도하려고 하면, 의식은 스스로를 파괴한다. 자신 이외의 어떤 다른 것에 대한 의식으로 존재하고자 하는 의식의 필연성을 후설은 '지향'이라고 명명한다." 장 폴 사르트르, 『에고의 초월성: 철학 에세이 1931~1939년』, 라인베크 2010/1947에 수록되어 있다.

45 시몬 드 보부아르, 『가장 좋았던 시절』, 라인베크 2008/1960년, 155쪽 이하에서 인용함.

46 같은 책, 156쪽.

47 같은 책, 174쪽.

48 같은 책, 136쪽 이하.

49 이 시기의 자세한 이력에 대해서는 앤 헬러, 『아인 랜드와 그녀가 만든 세계』 뉴욕 2009년, 71쪽 이하를 참고할 것.

50 같은 책, 71쪽.

51 마이크 벌리너(편집), 『아인 랜드의 서간집』 뉴욕 1997년, 7쪽.

52 같은 책, 8쪽.

53 앤 헬러, 『아인 랜드와 그녀가 만든 세계』 뉴욕 2009년, 72쪽.

54 같은 책, 74쪽.

55 마이크 벌리너(편집), 『아인 랜드의 서간집』 뉴욕 1997년, 17쪽 이하.

56 같은 책, 8쪽.

57 아인 랜드, 『살아 있는 우리』 런던 2010/1936년, 423쪽.

58 데이비드 해리먼(편집), 『아인 랜드 일기』 뉴욕 1999년.

59 같은 책, 66쪽.

60 제니퍼 번스, 『시장의 여신: 아인 랜드와 미국 권리』 옥스퍼드 2009년, 25쪽.

61 데이비드 해리먼(편집): 『아인 랜드 일기』 뉴욕 1999년, 73쪽.

3장

1 앤 헬러, 『아인 랜드와 그녀가 만든 세계』 뉴욕 2009년, 77쪽을 참고할 것.

2 아인 랜드, 『세 편의 희곡』 뉴욕 1999년, 3쪽 이하.

3 같은 곳.

4 오르테가 이 가세트, 『대중의 반란』 라인베크 1956/1929년.

5 데이비드 해리먼(편집), 『아인 랜드 일기』 뉴욕 1999년, 71쪽.

6 위에 언급된 헬러의 책 107쪽에 언급된 일화.

7 같은 책, 79쪽.

8 시몬 드 보부아르, 『가장 좋았던 시절』 라인베크 2008/1960년, 178쪽.

9 같은 곳을 참조할 것.

10 나중에 『구토』라는 제목으로 출간된다.

11 시몬 드 보부아르, 『가장 좋았던 시절』 라인베크 2008/1960년, 199쪽.

12 같은 책, 204쪽 이하.

13 같은 책, 206쪽.

14 같은 책, 217쪽.

15 같은 책 182쪽을 비교 참조.

16 보부아르/사르트르, 『사르트르에게 보낸 편지 1권 1930~1939년』 라인베크 2017년, 41쪽.

17 시몬 드 보부아르, 『가장 좋았던 시절』 라인베크 2008/1960년.

18 같은 책, 190쪽.

19 같은 책, 191쪽.

20 같은 책, 190쪽. 언급된 책은 1979년 『마르셀, 산탈, 리자…』라는 제목으로 독일어 번역본으로 출간되었다.

21 디어드리 베어, 『시몬 드 보부아르─평전』 뮌헨 1998년, 230쪽.

22 시몬 드 보부아르, 『가장 좋았던 시절』 라인베크 2008년, 207쪽.

23 같은 책, 206쪽.

24 같은 책, 218쪽.

25 시몬 드 보부아르, 『마르셀, 산탈, 리자…』 라인베크 2005년, 122쪽.

26 같은 책, 141쪽

27 시몬 베유, 『억압과 자유─정치적 글들』 뮌헨 1975년, 232쪽.

28 위제트 부샤르도, 『시몬 베유─평전』 파리 1995년, 132쪽.

29 시몬 베유, 『공장 일기와 산업 체계에 관한 또 다른 글들』 프랑크푸르트 암 마인 1978년, 121쪽.

30 시몬 페트르망, 『시몬 베유─어떤 삶』 파리 1973년, 335쪽 이하를 비교 참조.

31 시몬 베유, 『공장 일기와 산업 체계에 관한 또 다른 글들』 프랑크푸르트 암 마인 1978년, 48쪽.

32 같은 책 157쪽 이하.

33 같은 책 161쪽.

34 마르크스/엥겔스, 『마르크스-엥겔스 선집 3권』 베를린 1958/1946년, 33쪽.

35 시몬 베유, 『억압과 자유─정치적 글들』 뮌헨 1975년, 162쪽.

36 같은 책, 170쪽.

37 같은 책, 223쪽.

38 같은 책, 227쪽.

39 같은 책, 235쪽.

40 같은 책, 214쪽.

41 같은 책, 같은 쪽.

42 시몬 베유, 『공장 일기와 산업 체계에 관한 또 다른 글들』 프랑크푸르트 암 마인 1978년, 61쪽.

43 같은 책, 121쪽.

44 마갈리 니라드카 슈타이너, 『야자수 아래에서의 망명: 사나리 쉬르 메르의 독일 이주민들』 다름슈타트 2018년, 67쪽.

45 같은 곳.

46 1964년 10월 28일 귄터 가우스와 나눈 텔레비전 인터뷰에서 아렌트가 사용한 표현. 대담

을 기록한 원고는 아래 주소에 있다. https://www.rbb-online.de/zurperson/interview_
archiv/arendt_hannah.html

47 같은 곳.

48 엘리자베스 영 브륄, 『한나 아렌트: 삶, 작품 그리고 시대』, 프랑크푸르트 암 마인 2018
    /1982년, 178쪽.

49 같은 책, 같은 쪽.

50 게르숌 숄렘, 『발터 벤야민-게르숌 숄렘: 서신 교환 1933~1940년』, 프랑크푸르트 암 마인
    2018년, 95쪽.

51 엘리자베스 영 브륄, 『한나 아렌트: 삶, 작품 그리고 시대』, 프랑크푸르트 암 마인 2018
    /1982년, 180쪽.

52 나탄 바인슈톡, 『이스라엘의 종말? 중동 갈등과 시오니즘의 역사』, 베를린 1975년, 60쪽.

53 귄터 가우스와의 대담 때 사용했던 표현이다.

54 한나 아렌트, 『전체주의 지배의 여러 요소와 기원들: 반유대주의, 제국주의, 전체주의 지배』,
    뮌헨 1986/1951년, 605쪽.

55 특히 아프리카 혈통의 노예와 사람들은 두 선언서에서 명백하게 배제되었거나 함께 고려되
    지 않았다.

56 같은 책, 603쪽.

57 같은 책, 604쪽 이하.

58 잉게보르크 노르트만(편집), 한나 아렌트(지음), 『두 사람 사이에만 진리가 있다−친구들에
    게 보낸 편지들』, 뮌헨 2015년, 15쪽.

59 위의 책 63쪽에 수록된, 1946년 7월 17일 블루멘펠트에게 보낸 편지.

60 엘리자베스 영 브륄, 『한나 아렌트: 삶, 작품 그리고 시대』, 2018/1982년 책 182쪽.

61 게르숌 숄렘, 『발터 벤야민-게르숌 숄렘: 서신 교환 1933~1940년』, 프랑크푸르트 암 마인
    2015년, 205쪽.

62 엘리자베스 영 브륄, 『한나 아렌트: 삶, 작품 그리고 시대』, 2018/1982년 책 206쪽.

4장

1 마이크 벌리너(편집), 『아인 랜드의 서간집』, 뉴욕 1997년, 23쪽.

2 같은 곳.

3 앤 헬러, 『아인 랜드와 그녀가 만든 세계』, 뉴욕 2009년, 95쪽.

4 데이비드 해리먼(편집), 『아인 랜드 일기』, 뉴욕 1999년, 77쪽.

5 같은 책, 71쪽.

6 같은 책, 93쪽.

7 같은 곳.

8   같은 책, 93쪽 이하.

9   같은 책, 95쪽.

10 같은 책, 95쪽 이하.

11 같은 책, 97쪽.

12 마이크 벌리너(편집), 『아인 랜드의 서간집』 뉴욕 1997년, 36쪽 이하.

13 로테 퀼러(편집), 『한나 아렌트-하인리히 블뤼허 서신 교환 1936~1968년』 뮌헨 2013년, 59쪽.

14 게르숌 숄렘, 『발터 벤야민-게르숌 숄렘: 서신 교환 1933~1940년』 프랑크푸르트 암 마인 2018년, 224쪽.

15 같은 책, 223쪽.

16 이언 커쇼, 『지옥으로의 추락: 1914년에서 1949년까지의 유럽』 뮌헨 2016년, 396쪽.

17 게르하르트 슈라이버, 『2차 세계대전』 뮌헨 2013년, 12쪽을 참조할 것.

18 앤 애플바움, 『굴락―하나의 역사』 런던 2003년, 73쪽. 1943년에는 400만 명이었다고 한다.

19 이언 커쇼, 『지옥으로의 추락: 1914년에서 1949년까지의 유럽』 뮌헨 2016년, 411쪽을 참고할 것.

20 같은 책 408쪽 이하를 참조할 것.

21 같은 책, 413쪽.

22 엘리자베스 영 브륄, 『한나 아렌트: 삶, 작품 그리고 시대』 프랑크푸르트 암 마인 2018/1982년, 185쪽.

23 같은 책 185쪽 이하를 참조할 것.

24 한나 아렌트, 『아우구스티누스 책에 나타난 사랑의 개념: 철학적 해석 시론』 함부르크 2018/1929년.

25 한나 아렌트/마르틴 하이데거, 『서신 교환: 1925~1975년』 프랑크푸르트 암 마인 1998년, 14쪽.

26 한나 아렌트, 『아우구스티누스 책에 나타난 사랑의 개념: 철학적 해석 시론』 함부르크 2018/1929년, 103쪽.

27 같은 책, 109쪽.

28 같은 책, 97쪽.

29 같은 책, 110쪽.

30 로테 퀼러(편집), 『한나 아렌트-하인리히 블뤼허 서신 교환 1936~1968년』 뮌헨 2013년, 83쪽 이하.

31 시몬 드 보부아르, 『가장 좋았던 시절』 라인베크 2008/1960년, 246쪽.

32 같은 책, 241쪽.

33 같은 책, 239쪽.

34 디어드리 베어, 『시몬 드 보부아르－평전』 뮌헨 1998년, 239쪽.

35 이 주제를 심도 있게 다루기 위해서는 조나단 웨버, 『실존주의를 다시 생각하기』 2018년 옥스퍼드, 57~73쪽을 참조할 것.

36 시몬 드 보부아르, 『가장 좋았던 시절』 라인베크 2008/1960년, 222쪽 이하.

37 같은 책, 222쪽.

38 디어드리 베어, 『시몬 드 보부아르－평전』 뮌헨 1998년, 243쪽.

39 시몬 드 보부아르, 『가장 좋았던 시절』 라인베크 2008/1960년, 245쪽.

40 장 폴 사르트르, 『구토』 라인베크 2018/1938년, 200쪽 이하.

41 같은 책, 266쪽.

42 같은 책, 245쪽.

43 시몬 드 보부아르, 『가장 좋았던 시절』 라인베크 2008/1960년, 243쪽.

44 같은 책, 247쪽.

45 시몬 페트르망, 『시몬 베유－어떤 삶』 파리 1973년, 420쪽.

46 같은 책, 401쪽.

47 이 시기의 이력의 세부 사항은 주로 페트르망의 1973년 책 383~430쪽에서 발췌되었다.

48 마르크스주의 통일 노동자당은 스페인 공산당의 전직 당원들이 세운 수많은 분파 중 하나다.

49 조르즈 베르나노스, 『달빛 어린 공동묘지』 뮌헨 1949/1938년.

50 시몬 베유, 『전쟁과 폭력: 에세이와 기록물』 취리히 2011년, 60쪽.

51 시몬 드 보부아르, 『가장 좋았던 시절』 라인베크 2008/1960년, 247쪽.

52 시몬 베유, 『전쟁과 폭력: 에세이와 기록물』 취리히 2011년, 61쪽 이하.

53 같은 책, 40쪽.

54 시몬 베유, 『전쟁과 폭력: 에세이와 기록물』 취리히 2011년, 37~57쪽 독일어로 쓰임.

55 시몬 베유, 『전쟁과 폭력: 에세이와 기록물』 취리히 2011년, 38쪽 이하.

56 같은 책, 40쪽.

57 같은 책, 60쪽.

58 같은 책, 43쪽 이하.

59 같은 곳을 참조할 것.

60 시몬 페트르망, 『시몬 베유－어떤 삶』 파리 1973년, 415쪽 이하.

5장

1 시몬 페트르망, 『시몬 베유－어떤 삶』 파리 1973년, 467쪽.

2 시몬 베유, 『역사와 정치에 관한 글 모음집 1937~1940년』 파리 1989년, 93쪽 이하.

3 시몬 페트르망, 『시몬 베유－어떤 삶』 파리 1973년, 466쪽.

4 특별히 프랑스에서 1938년 정치적 운신의 폭이 좁아진 것에 대해서는 미카엘 푀셀, 『되풀이

된 잘못-1938년』, 파리 2019년을 참조할 것.

5   시몬 페트르망, 『시몬 베유-어떤 삶』, 파리 1973년, 466쪽.

6   위제트 부샤르도, 『시몬 베유-평전』, 파리 1995년, 214쪽.

7   조제프 마리 페랭, 『신을 기다리며』, 파리 2008년, 75쪽.

8   같은 책, 74쪽 이하.

9   같은 책, 75쪽.

10   시몬 페트르망, 『시몬 베유-어떤 삶』, 파리 1973년, 468쪽을 참조할 것.

11   시몬 베유, 『철학 일기 1』, 뮌헨 2017년, 105쪽

12   같은 책, 172쪽.

13   시몬 페트르망, 『시몬 베유-어떤 삶』, 파리 1973년, 468쪽.

14   같은 곳.

15   같은 책, 469쪽 이하.

16   시몬 베유, 『철학 일기 1』, 뮌헨 2017년, 11쪽.

17   시몬 페트르망, 『시몬 베유-어떤 삶』, 파리 1973년, 466쪽.

18   1절 마지막 구절은 "아무것도 아니었던 우리들이 전부가 되리라"이다.

19   시몬 베유, 『공장 일기와 산업 체계에 관한 또 다른 글들』, 프랑크푸르트 암 마인 1978년,
     121쪽.

20   앤 헬러, 『아인 랜드와 그녀가 만든 세계』, 뉴욕 2009년, 98쪽.

21   앤 애플바움, 『굴락-하나의 역사』, 런던 2003년, 102쪽.

22   같은 책, 99쪽.

23   삶의 이 단계에 관한 세부 사항에 관해서는 앤 헬러, 『아인 랜드와 그녀가 만든 세계』, 뉴욕
     2009년, 102쪽 이하와 제니퍼 번스, 『시장의 여신: 아인 랜드와 미국 권리』, 2009년 옥스
     퍼드, 49쪽 이하를 참조할 것.

24   앤 헬러, 『아인 랜드와 그녀가 만든 세계』, 뉴욕 2009년, 102쪽을 참조할 것.

25   같은 책, 102쪽 이하를 참조할 것.

26   아인 랜드, 『찬가』, 브로츨라프 1938년, 4쪽.

27   같은 책, 3쪽.

28   같은 책, 1쪽.

29   같은 책, 57쪽.

30   같은 책, 65쪽.

31   같은 책, 73쪽.

32   아이노 칼라스와 그녀의 작품에 대한 조언에 대해 피아 페이비외 박사에게 특별히 감사를
     드린다.

33   마이크 벌리너(편집), 『아인 랜드의 서간집』, 뉴욕 1997년, 40쪽.

34 제니퍼 번스, 『시장의 여신: 아인 랜드와 미국 권리』 2009년 옥스퍼드, 50쪽.

35 앤 헬러, 『아인 랜드와 그녀가 만든 세계』 뉴욕 2009년, 105쪽.

36 데이비드 해리먼(편집), 『아인 랜드 일기』 뉴욕 1999년, 95쪽.

37 앤 헬러, 『아인 랜드와 그녀가 만든 세계』 뉴욕 2009년, 117쪽.

38 제니퍼 번스, 『시장의 여신: 아인 랜드와 미국 권리』 2009년 옥스퍼드, 51쪽.

39 프리드리히 니체, 『에케 호모』 전집 6권, 뮌헨 1999/1888년, 365쪽 이하.

40 앤 헬러, 『아인 랜드와 그녀가 만든 세계』 뉴욕 2009년, 123쪽.

41 데이비드 해리먼(편집), 『아인 랜드 일기』 뉴욕 1999년, 192쪽.

42 같은 책, 193쪽.

43 같은 책, 192쪽.

44 아인 랜드, 『기원』 예나 2019년, 17쪽.

45 외르크 슈페터, 『지그프리트 크라카우어: 평전』 프랑크푸르트 암 마인 2016년, 354쪽 이하.

46 한나 아렌트, 『라엘 파른하겐: 낭만주의 시대의 한 유대인 여성의 이력』 뮌헨 1981/1959년, 218쪽.

47 같은 책, 214쪽.

48 같은 책, 218쪽.

49 같은 책, 223쪽.

50 같은 책, 224쪽.

51 같은 곳.

52 같은 책, 218쪽.

53 같은 책, 224쪽 이하.

54 게르숌 숄렘, 『발터 벤야민-게르숌 숄렘: 서신 교환 1933~1940년』 프랑크푸르트 암 마인 2018년, 262쪽.

55 한나 아렌트, 『전체주의 지배의 여러 요소와 기원들: 반유대주의, 제국주의, 전체주의 지배』 뮌헨 1986/1951년.

56 한나 아렌트, 『라엘 파른하겐: 낭만주의 시대의 한 유대인 여성의 이력』 뮌헨 1981/1959년, 222쪽.

57 로테 퀼러(편집), 『한나 아렌트-하인리히 블뤼허 서신 교환 1936~1968년』 뮌헨 2013년, 88쪽.

58 게르숌 숄렘, 『발터 벤야민-게르숌 숄렘: 서신 교환 1933~1940년』 프랑크푸르트 암 마인 2018년, 290쪽.

59 같은 책, 291쪽.

60 오늘날의 이해를 따르자면 숄렘은 이 단어로 '유대인 정착지'를 의미한 것이다. 따라서 오늘날 사용되는 의미에서의 '팔레스타인'을 의미하는 것이 아니다.

61 게르숌 숄렘, 『발터 벤야민-게르숌 숄렘: 서신 교환 1933~1940년』, 프랑크푸르트 암 마인 2018년, 307쪽 이하.

62 같은 책, 309쪽.

63 실제로 이 원고가 전쟁 후 유일하게 존재하는 원고가 되었다고 한다. 숄렘은 아렌트의 부탁 (1941년 10월 17일 자 편지)으로 그 원고를 뉴욕으로 보냈다. 그 원고는 1957년 처음으로 런던에서 영어로 출간되었고, 1959년에 독일어로, 1974년에 미국에서 출간되었다.

64 시몬 드 보부아르, 『가장 좋았던 시절』, 라인베크 2008/1960년, 301쪽.

65 보부아르는 평생 동안 여성들과 성적 관계를 가졌다는 것을 공개적으로 부인했다.

66 케이트 커크패트릭, 『보부아르 되기-어떤 삶』, 런던 2019년, 156쪽 이하.

67 같은 책, 158쪽.

68 같은 곳.

69 실비 르 봉 드 보부아르(편집), 『시몬 드 보부아르: 사르트르에게 보낸 편지들 1권. 1930~1939년』, 라인베크 2017년, 85쪽 이하.

70 같은 책, 85쪽.

71 같은 책, 90쪽.

72 케이트 커크패트릭, 『보부아르 되기-어떤 삶』, 런던 2019년, 143쪽.

73 시몬 드 보부아르, 『가장 좋았던 시절』, 라인베크 2008/1960년, 269쪽.

74 같은 책, 293쪽.

75 같은 책, 269쪽.

76 같은 책, 270쪽 이하를 참고할 것.

77 같은 책, 287쪽.

78 같은 곳.

79 같은 책, 289쪽.

80 보부아르의 여동생 엘렌은 당시 화가가 되려는 중이었고, 보부아르의 친한 여자 친구 제제도 마찬가지였다.

81 시몬 드 보부아르, 『가장 좋았던 시절』, 라인베크 2008/1960년, 290쪽.

82 시몬 드 보부아르, 『그녀가 와서 머물렀다』, 라인베크 2017/1943년, 187쪽 이하.

83 그것으로 인물 배치가 장 폴 사르트르의 후기 극작품 「닫힌 방」과 아주 비슷하다.

84 시몬 드 보부아르, 『가장 좋았던 시절』, 라인베크 2008/1960년, 288쪽.

85 오손 웰슨의 『세계대전』을 개작한 방송극은 1938년 10월에 방송되었다.

86 보부아르의 『제2의 성』은 1949년 프랑스어로 출간된다.

87 실비 르 봉 드 보부아르(편집), 『시몬 드 보부아르: 사르트르에게 보낸 편지들 1권. 1930~1939년』, 라인베크 2017년, 87쪽 이하.

88 빈센트 폰 브로블레프스키(편집), 장 폴 사르트르(지음), 『시몬 드 보부아르에게 보낸 편지

들: 1926~1939년』, 함부르크 2008년, 281쪽 이하.

6장

1   시몬 페트르망, 『시몬 베유-어떤 삶』 파리 1973년, 501쪽을 참조할 것.

2   시몬 베유, 『전쟁과 폭력: 에세이와 기록물』 취리히 2011년, 161~191쪽에 수록되어 있음.

3   같은 책, 161쪽.

4   같은 책, 162쪽.

5   같은 책, 165쪽.

6   시몬 페트르망, 『시몬 베유-어떤 삶』 파리 1973년, 488쪽을 참조할 것.

7   시몬 베유, 『전쟁과 폭력: 에세이와 기록물』 취리히 2011년, 168쪽.

8   같은 책, 170쪽.

9   같은 책, 189쪽.

10 시몬 페트르망, 『시몬 베유-어떤 삶』 파리 1973년, 502쪽 이하.

11 앤드루 로버츠, 『화염 폭풍-2차 세계 대전의 역사』 뮌헨 2019년, 77쪽 이하를 참조할 것.

12 시몬 베유, 『전쟁과 폭력: 에세이와 기록물』 취리히 2011년, 170쪽 이하.

13 같은 책, 175쪽 이하.

14 마르틴 하이데거, 『시간 개념』 프랑크푸르트 암 마인 2004/1924년, 116쪽.

15 시몬 베유, 『전쟁과 폭력: 에세이와 기록물』 취리히 2011년, 177쪽 이하.

16 같은 책, 179쪽.

17 같은 책, 181쪽 이하.

18 같은 책, 182쪽.

19 같은 책, 184쪽.

20 같은 책, 187쪽

21 같은 책, 190쪽 이하

22 시몬 페트르망, 『시몬 베유-어떤 삶』 파리 1973년, 502쪽.

23 실비 르 봉 드 보부아르(편집), 『시몬 드 보부아르: 사르트르에게 보낸 편지들 2권. 1940~
    1963년』 라인베크 1998년, 198쪽.

24 빈센트 폰 브로블레프스키(편집), 장 폴 사르트르(지음), 『시몬 드 보부아르에게 보낸 편지들:
    1940~1963년』 함부르크 2004년, 292쪽 이하.

25 시몬 드 보부아르, 『가장 좋았던 시절』 라인베크 2008/1960년, 379쪽.

26 같은 책, 380쪽.

27 케이트 커크패트릭, 『보부아르 되기-어떤 삶』 런던 2019년, 175쪽을 참조할 것.

28 빈센트 폰 브로블레프스키(편집), 장 폴 사르트르(지음), 『시몬 드 보부아르에게 보낸 편지들:
    1940~1963년』 함부르크 2004년, 41쪽 이하.

29 실비 르 봉 드 보부아르(편집), 『시몬 드 보부아르: 사르트르에게 보낸 편지들 2권. 1940~
    1963년』, 라인베크 1998년, 60쪽. 1월 15일 편지.

30 같은 책, 66쪽. 1월 18일 편지.

31 마르틴 하이데거, 『칸트와 형이상학의 문제』, 프랑크푸르트 암 마인 2010/1929년, 285쪽.

32 시몬 드 보부아르, 『가장 좋았던 시절』, 라인베크 2008/1960년, 373쪽.

33 같은 책, 380쪽 이하.

34 그곳에서도 역시 그런 장면이 역사적으로 증명되기는 하지만, 그것은 종종 독일 국방군에
    의해 쫓겨난 스탈린 군대에 의해 자행된 비슷할 정도로 비인간적인 범죄를 배경으로 고려하
    면 나름대로 설명이 된다. 하지만 어쨌든 그것과 결부되었던 주민의 희망은 곧 끔찍하게 실
    망을 겪게 되었다.

35 빈센트 폰 브로블레프스키(편집), 장 폴 사르트르(지음), 『시몬 드 보부아르에게 보낸 편지들:
    1940~1963년』, 함부르크 2004년, 297쪽. '경험'이라는 단어가 독일어 원문에 적혀 있었다.

36 시몬 드 보부아르, 『전쟁 일기: 1939~1941년』, 라인베크 1994년, 391쪽 이하.

37 같은 책, 420쪽.

38 같은 책, 201쪽. 1940년 7월 11일 일기.

39 시몬 드 보부아르, 『가장 좋았던 시절』, 라인베크 2008/1960년, 393쪽.

40 같은 책, 402쪽.

41 같은 책, 403쪽.

42 빈센트 폰 브로블레프스키(편집), 장 폴 사르트르(지음), 『시몬 드 보부아르에게 보낸 편지들:
    1940~1963년』, 함부르크 2004년, 299쪽.

43 실비 르 봉 드 보부아르(편집), 『시몬 드 보부아르: 사르트르에게 보낸 편지들 2권. 1940
    ~1963년』, 라인베크 1998년, 201쪽.

44 같은 책, 226쪽.

45 시몬 드 보부아르, 『그녀가 와서 머물렀다』, 라인베크 2017/1943년의 '구호'를 참조할 것.

46 같은 책, 552쪽 이하.

47 마리 루이제 크노트(편집), 『한나 아렌트-게르숌 숄렘 서신 교환 1939~1964년』, 프랑크푸르
    트 암 마인 2010년, 17쪽.

48 같은 책 21쪽의 각주 10번.

49 엘리자베스 영 브륄, 『한나 아렌트: 삶, 작품 그리고 시대』, 프랑크푸르트 암 마인 2018
    /1982년, 229쪽.

50 아르투르 쾨스틀러, 『지상의 더러운 거품』, 프랑크푸르트 암 마인 1971년.

51 같은 책, 424쪽.

52 한나 아렌트, 『우리 난민들』, 라이프치히 2016/1943년, 18쪽 이하.

53 한나 아렌트, 『전체주의 지배의 여러 요소와 기원들: 반유대주의, 제국주의, 전체주의 지배』,

뮌헨 1986/1951년, 908쪽.

54 같은 책, 921쪽.

55 같은 책, 912쪽.

56 같은 책, 922쪽.

57 한나 아렌트, 『우리 난민들』 라이프치히 2016/1943년, 12쪽.

58 같은 책 24쪽.

59 한나 아렌트, 『전체주의 지배의 여러 요소와 기원들: 반유대주의, 제국주의, 전체주의 지배』 뮌헨 1986/1951년, 925쪽을 참조할 것.

60 헨리 롤니츠(편집), 『테오도어 아도르노-발터 벤야민 서신 교환 1928~1940년』 프랑크푸르트 암 마인 1994년, 441~443쪽.

61 (미리 반신료를 지불한)=책의 저자 아일렌베르거가 첨가한 설명임.

62 데틀레브 쉐트커(편집), 『아렌트-벤야민: 글, 편지, 문서』 프랑크푸르트 암 마인 2017년.

63 시몬 페트르망, 『시몬 베유─어떤 삶』 파리 1973년, 523쪽.

64 마리 루이제 크노프(편집), 『한나 아렌트-게르숌 숄렘 서신 교환 1939~1964년』 프랑크푸르트 암 마인 2010년, 18쪽.

65 데틀레브 쉐트커(편집), 『아렌트-벤야민: 글, 편지, 문서』 프랑크푸르트 암 마인 2017년, 101~112쪽.

66 같은 책, 106쪽.

67 같은 책, 112쪽.

68 한나 마이어-모세스, 『과거로의 여행: 귀르스 수용소의 생존자가 나치 독재 시절의 박해를 회상하다』 욥슈타트-바이어 2019년, 10쪽. 당시 바덴에서 약 5600명이 귀르스로 이송되었다. 그중 3분의 1이 귀르스와 부속 수용소에서 죽었다.

69 마리 루이제 크노프(편집), 『한나 아렌트-게르숌 숄렘 서신 교환 1939~1964년』 프랑크푸르트 암 마인 2010년, 10쪽.

70 같은 책, 19쪽.

71 엘리자베스 영 브륄, 『한나 아렌트: 삶, 작품 그리고 시대』 프랑크푸르트 암 마인 2018/1982년, 223쪽.

72 앤 헬러, 『아인 랜드와 그녀가 만든 세계』 뉴욕 2009년, 132쪽

73 같은 책, 133쪽.

74 같은 책, 129쪽.

75 마이크 빌리너(편집), 『아인 랜드의 서간집』 뉴욕 1997년, 23쪽.

76 앤 헬러, 『아인 랜드와 그녀가 만든 세계』 뉴욕 2009년, 116쪽.

77 데이비드 해리먼(편집), 『아인 랜드 일기』 뉴욕 1999년, 209쪽.

78 같은 책, 215쪽.

79 같은 책, 209쪽 이하. 이 기록에는 날짜가 적혀 있지 않다.

80 같은 책, 229쪽.

81 같은 책, 228쪽.

82 같은 책, 229쪽.

83 아인 랜드, 『기원』 예나 2019년, 822쪽.

84 앤 헬러, 『아인 랜드와 그녀가 만든 세계』 뉴욕 2009년, 134쪽을 참조할 것.

85 제니퍼 번스, 『시장의 여신: 아인 랜드와 미국 권리』 2009년 옥스퍼드, 43쪽 이하를 참조할 것.

86 오늘날까지 대부분의 유럽 관찰자들에게는 혼란을 일으키는 미국 영어의 '자유주의적'이라는 단어는 좌파적 태도를 표시한다. 그리고 그사이 소속 정당이라는 의미에서 거의 '민주당원'과 동의어가 되었다.

87 데이비드 해리먼(편집), 『아인 랜드 일기』 뉴욕 1999년, 345쪽 이하.

88 같은 쪽.

89 같은 쪽.

90 같은 책, 350쪽.

91 같은 책, 351쪽.

92 같은 책, 355쪽.

7장

1 시몬 드 보부아르, 『가장 좋았던 시절』 라인베크 2008/1960년, 415쪽.

2 같은 책, 411쪽.

3 같은 책, 413쪽.

4 게르하르트 슈라이버, 『2차 세계대전』 뮌헨 2013년, 58쪽.

5 같은 책, 42쪽.

6 같은 책, 66쪽.

7 시몬 드 보부아르, 『가장 좋았던 시절』 라인베크 2008/1960년, 413쪽.

8 디어드리 베어, 『시몬 드 보부아르－평전』 뮌헨 1998년, 310쪽.

9 시몬 드 보부아르, 『가장 좋았던 시절』 라인베크 2008/1960년, 430쪽.

10 시몬 드 보부아르, 『전쟁 일기: 1939~1941』 라인베크 1994년, 452쪽.

11 같은 책, 453쪽 이하.

12 장 폴 사르트르, 『존재와 무』 함부르크 2019/1943년, 254쪽 이하를 참조할 것.

13 같은 책, 1071쪽.

14 장 폴 사르트르, 『실존주의는 휴머니즘이다: 다른 철학적 에세이 1943~1948』 라인베크 2018/1947년, 145~191쪽.

15 이 점에서 커크패트릭의 책(2019년) 198쪽에 있는 판단에 무조건 동의할 수 있다. "사르트르가 20세기 철학에서 가장 인기 있는 운동 중 하나인 실존주의 윤리를 발전시켰다고 잘못 추정했다. 하지만 실제로 보부아르가 했다."

16 시몬 드 보부아르, 『가장 좋았던 시절』, 라인베크 2008/1960년, 424쪽.

17 같은 책, 428쪽.

18 케이트 커크패트릭, 『보부아르 되기―어떤 삶』, 런던 2019년, 178쪽을 참조할 것.

19 시몬 드 보부아르, 『가장 좋았던 시절』, 라인베크 2008/1960년, 433쪽.

20 같은 책, 431쪽.

21 시몬 드 보부아르, 『전쟁 일기: 1939~1941』, 라인베크 1994년, 456쪽.

22 같은 책, 460쪽.

23 시몬 페트르망, 『시몬 베유―어떤 삶』, 파리 1973년, 571쪽 이하.

24 같은 책, 581쪽.

25 같은 곳.

26 시몬 베유, 『마르세유의 글들 1940~1942』, 파리 2008년을 참조할 것.

27 이 시기의 사고를 적은 메모장은 『철학 일기 2』(2017년)와 『철학 일기 3』(2017년)이라는 제목으로 독일어로 번역 출간되었다.

28 "가톨릭 철학자 가브리엘 마르셀Gabriel Marcel(1889~1973)이 사르트르의 철학을 특징짓기 위해 '실존주의자'라는 개념을 처음으로 사용했다. 언어적으로 특히 독일어에서 프랑스어로 옮기는 번역에서 카를 야스퍼스가 키르케고르의 전통 속에서 자신의 단초적 생각을 특징짓기 위해 사용했던 '실존철학Existenzphilosophie'이라는 개념과 전문 용어상의 유사성이 생긴다.

29 시몬 베유, 『철학 일기 2』, 뮌헨 2017년, 102쪽.

30 같은 책, 105쪽.

31 같은 책, 210쪽.

32 시몬 베유, 『철학 일기 3』, 뮌헨 2017년, 249쪽.

33 시몬 베유, 『철학 일기 2』, 뮌헨 2017년, 289쪽.

34 같은 책, 320쪽.

35 같은 책, 180쪽.

36 같은 책, 323쪽.

37 같은 책, 240쪽.

38 시몬 베유, 『철학 일기 3』, 뮌헨 2017년, 145쪽.

39 같은 책, 10쪽.

40 같은 책, 145쪽.

41 같은 쪽.

42 같은 책, 341쪽.

43 같은 책, 118쪽.

44 같은 책, 310쪽.

45 같은 책, 256쪽.

46 같은 책, 194쪽.

47 시몬 베유, 『철학 일기 2』, 뮌헨 2017년, 233쪽.

48 같은 책, 238쪽.

49 같은 책, 177쪽.

50 시몬 베유, 『철학 일기 4』, 뮌헨 2017년, 67쪽 이하.

51 시몬 베유, 『철학 일기 2』, 뮌헨 2017년, 224쪽.

52 같은 책, 104쪽.

53 같은 책, 316쪽.

54 같은 책, 349쪽.

55 같은 책, 193쪽.

56 스피노자, 『윤리학』, 라이프치히 1986/1677년을 참조할 것.

57 루트비히 비트겐슈타인, 『논리-철학논고』, 프랑크푸르트 암 마인 1984/1923년을 참조할 것.

58 이것에 대해서는 페터 윈치, 『시몬 베유: 오로지 평정 상태』, 캠브리지 1989년을 참조할 것.

59 시몬 베유, 『철학 일기 3』, 뮌헨 2017년, 331쪽.

60 시몬 베유, 『철학 일기 2』, 뮌헨 2017년, 254쪽.

61 루드비히 비트겐슈타인, 『논리-철학논고』, 프랑크푸르트 암 마인 1984/1923년, 305쪽 '철학적 조사'에 대한 서문을 참조할 것.

62 시몬 페트르망, 『시몬 베유-어떤 삶』, 파리 1973년, 608쪽.

63 시몬 베유, 『철학 일기 2』, 뮌헨 2017년, 24쪽.

64 조제프 마리 페랭과 티봉, 『우리는 시몬 베유를 알았다』, 파더본 1954년, 172쪽.

65 시몬 베유, 『철학 일기 2』, 뮌헨 2017년, 617쪽.

66 마리 루이제 크노프(편집), 『한나 아렌트-게르숌 숄렘 서신 교환 1939~1964년』, 프랑크푸르트 암 마인 2010년, 26쪽 이하.

67 같은 책, 29쪽.

68 마리 루이제 크노트(편집), 『한나 아렌트: 설령 달나라에 있더라도 사람들은 반유대주의로부터 안전하지 않다-망명 유대계 독일 신문 「건설」에 실린 칼럼 기사 1941~1945』, 뮌헨 2004에 기고한 모든 칼럼이 수록되어 있다.

69 같은 책, 21쪽, 1941년 11월 14일 칼럼.

70 마리 루이제 크노트(편집), 『한나 아렌트: 우리 유대인-1932년부터 1966년까지의 글 모음집』, 뮌헨 2019년, 179쪽.

71 마리 루이제 크노트(편집), 『한나 아렌트: 설령 달나라에 있더라도 사람들은 반유대주의로 부터 안전하지 않다-망명 유대계 독일 신문 「건설」에 실린 칼럼 기사 1941~1945』, 뮌헨 2004년, 28쪽에 수록되어 있는 1941년 11월 28일 칼럼.

72 게르하르트 슈라이버, 『2차 세계대전』 뮌헨 2013년, 64쪽 이하.

73 마리 루이제 크노트(편집), 『한나 아렌트: 우리 유대인-1932년부터 1966년까지의 글 모음 집』 뮌헨 2019년, 179쪽.

74 같은 책, 188쪽.

75 같은 책, 177쪽.

76 마리 루이제 크노트(편집), 『한나 아렌트: 설령 달나라에 있더라도 사람들은 반유대주의로 부터 안전하지 않다-망명 유대계 독일 신문 「건설」에 실린 칼럼 기사 1941~1945』, 뮌헨 2004년, 122쪽.

77 같은 책, 120쪽.

78 예를 들면 같은 책 82쪽에 다음과 같은 글이 있다. "오늘날 억압받는 여러 민족의 자유를 위한 투쟁을 파시즘의 역병에 걸리지 않도록 깨끗하게 유지하는 것만큼 우리 정치에 중요한 것은 거의 없다. 이 전쟁이 진행되는 동안 모든 민족이 해방될 때 그리고 모든 '인종'이 민족으로 변화될 때에만 이 전쟁에서 승리할 수 있다."

79 마리 루이제 크노트(편집), 『한나 아렌트-게르숍 숄렘 서신 교환 1939~1964년』, 프랑크푸르트 암 마인 2010년, 39쪽.

80 엘리자베스 영 브륄, 『한나 아렌트: 삶, 작품 그리고 시대』, 프랑크푸르트 암 마인 2018 /1982년, 240쪽.

81 마이크 빌리너(편집), 『아인 랜드의 서간집』 뉴욕 1997년, 59쪽.

82 제니퍼 번스, 『시장의 여신: 아인 랜드와 미국 권리』 옥스퍼드 2009년, 71쪽 이하를 참조할 것.

83 앤 헬러, 『아인 랜드와 그녀가 만든 세계』 뉴욕 2009년, 143쪽 이하.

84 제니퍼 번스, 『시장의 여신: 아인 랜드와 미국 권리』 옥스퍼드 2009년, 80쪽

85 마이크 빌리너(편집), 『아인 랜드의 서간집』 뉴욕 1997년, 63쪽.

86 데이비드 해리먼(편집), 『아인 랜드 일기』 뉴욕 1999년, 69쪽.

87 같은 책, 221쪽.

88 같은 쪽.

89 아인 랜드, 『기원』 예나 2019년, 980쪽.

90 아인 랜드, 『기원』 뉴욕 1993/1943년, 677쪽.

91 아인 랜드, 『기원』 예나 2019년, 985쪽.

92 같은 책, 987쪽.

93 같은 책, 989쪽.

94 같은 쪽.

95 같은 책, 991쪽.

96 같은 책, 993쪽 이하.

97 같은 책, 994쪽 이하.

98 같은 책, 998쪽.

8장

1 앤 헬러, 『아인 랜드와 그녀가 만든 세계』, 뉴욕 2009년, 165쪽에서 인용.

2 같은 책, 55쪽.

3 랜드는 이 몇 달 동안 당시 미국에서 자주 처방되었던 암페타민 약제인 벤제드린을 (수십 년 동안) 정기적으로 사용하기 시작한다.

4 앤 헬러, 『아인 랜드와 그녀가 만든 세계』, 뉴욕 2009년, 165쪽에서 인용.

5 데이비드 해리먼(편집), 『아인 랜드 일기』, 뉴욕 1999년, 87쪽 이하.

6 같은 책, 88쪽.

7 결국 1957년 『파업』이라는 제목으로 출간되었다. 미국 영어에서 'strike'라는 단어는 여러 의미를 지니고 있다. '파업'이라는 의미 이외에 '타격' 혹은 '명중'을 의미하기도 한다. 동사로는 '성냥을 긋다, 부싯돌을 치다'라는 의미 또는 성공이나 사업을 '성공시키다'라는 의미를 지니고 있다.

8 같은 책, 174쪽.

9 제니퍼 번스, 『시장의 여신: 아인 랜드와 미국 권리』, 옥스퍼드 2009년, 96쪽에서 인용.

10 앤 헬러, 『아인 랜드와 그녀가 만든 세계』, 뉴욕 2009년, 79쪽을 참조할 것.

11 같은 책, 160쪽.

12 같은 책, 161쪽.

13 데이비드 해리먼(편집), 『아인 랜드 일기』, 뉴욕 1999년, 234쪽.

14 실비 르 봉 드 보부아르(편집), 『시몬 드 보부아르: 사르트르에게 보낸 편지들 2권. 1940~1963년』, 라인베크 1998년, 311쪽.

15 같은 책, 312쪽.

16 시몬 드 보부아르, 『사드의 책을 불태워야만 하는가? 실존주의 도덕에 관한 세 편의 에세이』, 라인베크 2007/1955년, 193~264쪽에 수록되어 있다.

17 같은 책, 259쪽.

18 같은 책, 248쪽.

19 같은 책, 256쪽.

20 같은 책, 262쪽.

21 시몬 드 보부아르, 『가장 좋았던 시절』, 라인베크 2008/1960년, 475쪽 이하.

22 빈센트 폰 브로블레프스키(편집), 장 폴 사르트르(지음), 『시몬 드 보부아르에게 보낸 편지들: 1940~1963년』 함부르크 2004년, 329쪽을 참조할 것.

23 시몬 드 보부아르, 『가장 좋았던 시절』 라인베크 2008/1960년, 477쪽.

24 같은 책, 470쪽.

25 마리 루이제 크노트(편집), 『한나 아렌트-게르숌 숄렘 서신 교환 1939~1964년』 프랑크푸르트 암 마인 2010년, 37쪽 이하.

26 같은 책, 39쪽.

27 이것에 대해서는 『사이언스 어드밴시스』 5권 1호 eaau7292(2019년 1월 2일)에 실린 루이 스톤의 「홀로코스트 정량화: 나치 인종 말살 기간 중에 이루어진 아주 강력한 살인율」을 참고할 것.

28 엘리자베스 영 브륄, 『한나 아렌트: 삶, 작품 그리고 시대』 프랑크푸르트 암 마인 2018/1982년, 262쪽을 참조할 것.

29 계획된 책은 2부의 형태로 아렌트의 『전체주의 지배의 여러 요소와 기원들』 속으로 흘러 들어갔다.

30 마리 루이제 크노트(편집), 『한나 아렌트-게르숌 숄렘 서신 교환 1939~1964년』 프랑크푸르트 암 마인 2010년, 39쪽.

31 게르숌 숄렘, 『주요 경향으로 살펴본 유대 신비주의 사상』 프랑크푸르트 암 마인 1951/1941년.

32 마리 루이제 크노트(편집), 『한나 아렌트-게르숌 숄렘 서신 교환 1939~1964년』 프랑크푸르트 암 마인 2010년, 469쪽.

33 발터 벤야민, 『전집 1권』 프랑크푸르트 암 마인 2003년, 695쪽.

34 데틀레프 쉐트커(편집), 『아렌트-벤야민: 글, 편지, 문서』 프랑크푸르트 암 마인 2017년, 30쪽.

35 마리 루이제 크노트(편집), 『한나 아렌트-게르숌 숄렘 서신 교환 1939~1964년』 프랑크푸르트 암 마인 2010년, 482쪽.

36 같은 곳.

37 이마누엘 칸트, 『실용적 관점에서 본 인류학』 라이프치히 1983/1798년을 참조할 것.

38 같은 책.

39 엘리자베스 영 브륄, 『한나 아렌트: 삶, 작품 그리고 시대』 프랑크푸르트 암 마인 2018/1982년, 264쪽을 참조할 것.

40 마리 루이제 크노트(편집), 『한나 아렌트-게르숌 숄렘 서신 교환 1939~1964년』 프랑크푸르트 암 마인 2010년, 39쪽.

41 에마뉘엘 가벨리에리(편집), 『철학 일기: 시몬 베유』 파리 2014년, 195쪽.

42 같은 곳.

43 같은 책, 196쪽.

44 이 시기 삶의 세부 이력 사항은 시몬 페트르망, 『시몬 베유-어떤 삶』 파리 1973년, 673~

693쪽에서 발췌했다.

45   시몬 베유, 『철학 일기 4』 뮌헨 2017년, 317쪽.

46   시몬 페트르망, 『시몬 베유―어떤 삶』 파리 1973년, 680쪽.

47   시몬 페트르망, 『시몬 베유―어떤 삶』 파리 1973년, 684쪽 이하를 참조할 것.

48   같은 책, 689쪽.

49   같은 책, 691쪽을 참조할 것.

숲속 길

1   시몬 페트르망, 『시몬 베유―어떤 삶』 파리 1973년, 692쪽.

2   2009년부터 취리히 소재 출판사 디아파네스에서 이 글들 중 여러 글을 새롭게 독일어로
      번역해서 출간하고 있다.

3   프랑스 신문 「렉스프레스L'Express」(1961년 2월 11일 자)에 실렸다.

인명 색인

4~5쪽 도판 정보

Simone de Beauvoir - © Henri Cartier-Bresson / Magnum Photos
Hannah Arendt, Simone Weil - Alamy
Ayn Rand - Shutterstock

자유의 불꽃

초판 1쇄 펴냄   2023년 11월 15일

지은이   볼프람 아일렌베르거 지음
옮긴이   조이한 · 김정근

펴낸곳   풍월당
출판등록   2017년 2월 28일 제2017-000089호
주소   [06018] 서울시 강남구 도산대로53길 39, 4,5층
전화   02-512-1466
팩스   02-540-2208
홈페이지   www.pungwoldang.kr

만든 사람들
편집   박나래
디자인   정승현

ISBN 979-11-89346-46-1 03160

밤의책은 내밀하고 깊은 읽기를 위한
밤의책   풍월당의 작은 브랜드입니다.